读懂军事理论的第一本书

战争论

克劳塞维茨◎著　孙永彧◎编译

中国华侨出版社

图书在版编目（CIP）数据

读懂军事理论的第一本书:《战争论》/ (德)克劳塞维茨
著;孙永彧编译.—北京:中国华侨出版社,2012.6

ISBN 978-7-5113-2376-7

Ⅰ.①读… Ⅱ.①克… ②孙… Ⅲ.①战争理论
Ⅳ.①E8

中国版本图书馆 CIP 数据核字(2012)第086811 号

读懂军事理论的第一本书:《战争论》

著　　者 /	(德)克劳塞维茨
编　　译 /	孙永彧
责任编辑 /	尹　影
责任校对 /	李向荣
经　　销 /	新华书店
开　　本 /	787×1092 毫米　1/16 开　印张/24　字数/500 千字
印　　刷 /	三河市华润印刷有限公司
版　　次 /	2022 年 2 月第 1 版第 3 次印刷
书　　号 /	ISBN 978-7-5113-2376-7
定　　价 /	39.80 元

中国华侨出版社　北京市朝阳区静安里 26 号通成达大厦 3 层　邮编:100028
法律顾问:陈鹰律师事务所
编辑部:(010)64443056　　　64443979
发行部:(010)64443051　　传真:(010)64439708
网址:www.oveaschin.com
E-mail:oveaschin@sina.com

作者自序

所谓的科学，不仅仅指的是体系和结构都完整的理论大厦，这个观点如今已经达成了广泛共识。在本书的叙述中，从表面上看，压根就找不到任何体系，这里也没有完整的理论机构，只有建筑大厦的材料。

本书的科学性主要体现在它探索的是战争的实质，指出战争行为以及构成战争的那些事物之间的联系。当然，本书中也有一些哲学思辨，但是当哲学不能说明所有问题的时候，作者就不会在这些形而上的东西上多做纠缠了，而是会通过一些经验中恰当的现象来阐明问题。这就如同是某些植物一样，树干长得太高，反而不会产生果实，因此在实际生活的园地里也不能让纯理论的东西过分滋长，而是要将理论联合实际，即接近它们固有的土壤。

如果根据麦芽的化学成分去构想麦芽的形状，那肯定是错误的。其实若想知道麦芽是什么形状，到田地里一看便知。研究和观察，哲学和经验，既不应该彼此轻视，也不应彼此排挤，它们相辅相成，不一而足。因此，本书里具有内在必然性的一些原则，或者是建筑在经验的基础上，或者是建筑在战争概念本身的基础上，就像拱形屋顶建筑在支柱上一样。所以，本书中的理论并不空泛。

要想写一部有思想、有内容、有系统的战争理论，几乎是不可能完成的事情，因为我们现有的理论还不足以帮助我们完成这一愿望。我们姑且不说这些理论缺乏科学精神，仅仅由于它们极力追求体系的连贯性和完整性，就导致这些理论在陈述中充满了陈词滥调和空话。如果有人想看一看它们的真实面目，就请读一读李希滕贝格从一篇防火规程中摘出的一段话吧。

"如果一幢房子失火了，那么人们首先想到的问题肯定是去防护位于左边的房子的右墙和位于右边的房子的左墙，因为，想要防护位于左边的房子的左墙，那么这幢房子的右墙位于左墙的右边，因而火也在这面墙和右墙的右边（因为我们已经假定，房子位于火的左边），所以，这栋房子的右墙离火更近一些，而且在火烧到受到防护的左墙以前如果不对右墙加以防护，那么房子就可能彻底烧毁。因此我们可以说，未加防护的东西可能被烧毁，而且是在其他未加防护的东西之前被烧毁。所以，人们必须放弃后者而防护前者。为了让人们对事情有更进一步的认识，我们必须要指明：如果房子位于火的右边，那么就防护左墙；如果房子位于火的左边，那么就防护右墙。"

为了避免啰唆的语言将那些心智明晰的读者吓跑，也为了避免在好的东西里加入水分，冲淡它的美味，作者宁可将自己与那些了解战争的天才人物的交往中和从自己的许多经验中所获得的、可以确定是正确的东西铸成纯金属的小颗粒献给读者。本书就是在这种条件所作而成的。在本书中，章节之间的联系并不紧密，不过，它们之间其实并不缺少联系。也许将来会出现一位伟人，他会将这些零碎的知识组合起来，形成完整而有价值的理论。

目录
MULU

第五篇　军队

第七篇　进攻

第一篇　论战争的性质

第一章　战争是什么

一、引言

战争是由各个要素组成的,在研究战争的各个部分或环节之前,我们必须先把握整体,只有这样才能掌握它的内在联系。

二、定义

战争,实际上就是扩大了的搏斗。我们不妨想象一下,两个人为了某个目标而战斗任何一方都想用体力迫使对方服从自己的意志。那么,怎么才能达到这一目标呢?——打垮对方,让对方没有任何抵抗的能力。因此,从战争的要素——搏斗来入手研究其定义,能帮助我们抓住实质。

由此,我们可以得出:战争的实质就是利用技术和科学成果,采取暴力方式使敌人服从我们的意志。纵然,实施暴力的一方不得不面对国际法的限制,然而,这并不能削弱暴力的力量,因为这一限制通常都是微弱的。

此时,又衍生出一个新的概念——暴力。究竟什么是暴力呢?暴力就是一种手段、一种途径。通过暴力,我们才能让敌人臣服,接受我们强加的意志。而为了顺利地达到这个目的,就必须使敌人先放弃抵抗。事实上,让敌人没有抵抗的力量也是战争行为的真正目标。这个目标取代了上面的目的,并将它作为不属于战争本身的东西而在一定程度上排斥掉了。

三、最大限度地使用暴力

不战而屈人之兵,是战争的最高境界。但不要天真地以为,在战争中实施仁慈之术会感动敌人,也不要以为,你会找到除暴力以外的第二条退敌制胜的途径。在战争这类事情中,仁慈思想是最为有害的。这一看似美妙却很消极的思想,在战争中一定要消除。

我们不妨来分析一下原因:战争中,如果有一方产生这样的想法,而另一方却会感受到这是突击的有利时机,于是,他们会不顾一切、不惜流血地使用暴力,从而取得优势。面对这种情况,仁慈的一方会怎么做?当然是"以暴制暴",于是双方就会走入极端。这股力量一旦施展开,那么除了受内在的牵制力量的限制以外,就不再受到其他任何的限制了。

我们不得不承认一个事实,即使你讨厌战争残暴的要素,也不能忽视其残暴的本质。历史上,那些文明民族发动的战争,其残酷性与破坏性比野蛮民族发动的战争要小得多,但即使有这种情况的存在,也只能表明交战双方本身的社会状态良好以及他们之间的关系没有到"大打出手"的地步。因此,假如非要说缓和因素属于战争哲学本身,那么这是极不合情理的。

现实中,人和人之间的斗争一般都包括情感上的敌对和意图上的敌对这两种要素。而在定义战争时,我们会选择后者作为一个标志,这是因为它具有普遍性。以野蛮民族为例,即使他们具有仇恨感,如果缺乏敌对意图,也是无法发起战争的。在野蛮民族中,出于感情的意图是主要的;而在文明民族中,出于理智的意图却是主要的。不过,这样的差别并非由野蛮和文明本身决定的,而是由社会状态、制度等决定的。

所以,并非所有的场合都必然有这种差别,而只是大多数场合有这样的差别。也就是说,即便是两个最文明的民族,也可能激起强烈的仇恨感。

因此,有人认为,文明民族之间的战争是一种政府理智的行为,认为战争能摆脱一切激情的影响。当双方都明白敌人的兵力之后,就可以不再动用军队和武器的力量,通过代入演算就可以了,那显然是极大的错误。

这种理论已经开始向这个方向发展了,不过最近的几次战争却纠正了它。战争是一种暴力行为,那么战争必然属于感情的范畴。即便战争发动的起因不归结于情感因素,可总会或多或少地与感情有关,并且关系的大小不取决于文明程度的高低,而取决于双方利害关系的大小和长短。

在文明社会的战争中,我们看到的不再是摧毁城市和乡村,也不再是掳掠,这并不是因为不使用暴力了,只是因为进攻方使用了智力,他们找到了比粗暴的发泄更能达到有效目的的方法。

另外,火药与火器的不断改进以及人们对战争武器的钻研也充分表明了文明程度的提高,并没有阻碍或改变固有的消灭敌人的倾向。

在此,我们再强调一下上面所提及的论点:战争是一种暴力行为,暴力的使用是没有限度的,这样,必定导致敌对的每一方都迫使对方不得不像自己那样动用暴力,就此产生相互作用。相互作用必然会导致极端情况的发生,这是我们遇到的第一种相互作用和第一种极端的情况。

四、使敌人无力抵抗是战争的目标

上文已经提到过,战争的目标是使敌人无力抵抗而接受自己的意志。至少,这种结论在理论上是如此的。

战争,必定是由于某种利益或者矛盾上的冲突所致,而要让敌人"缴械投降"、屈从于我们的意志,就必须要让敌人明白:只要按照我方所做的指示做出某方面的牺牲,那么他们的情况必将比现在更为有利,这种有利的情况至少从表面上看也不是暂时的,否则,一旦有利的机会出现在敌人面前,那么他们就不会再屈服了。此时,军事行动若继续进行,那我们必须要保证,战争引起的任何变化都必须是有利于我方的,也就是要对敌人更加不利,使敌人陷入更为不利的处境,失去抵抗的力量。

因此,如果想迫使敌人屈服于我们的意志,就必须让敌人失去抵抗的力量或者陷入无力抵抗的境地。解除敌人的武装或者将敌人打垮都是战争行动的目标。

另外,我们不能忽视的一点是:战争是一种双方行为,它是两股活的力量之间的冲突,而并非是活的力量对死的物品所进行的单方面行为,因此,假如一方绝对地忍受,那就不能称为战争。

所以,以上所谈的战争行为的最高目标等都是针对战争双方而言的,也是双方都要考虑的。战争是斗智斗勇的活动,除了要想方设法打垮敌人外,还总要担心被敌人打垮,如此,我们就不能再主宰自己,不得不像敌人那样行动,就像敌人如我们行动一样,这就是第二种相互作用,导致出了第二种极端。

五、最大限度地使用力量

知己知彼,百战不殆。要想将敌人打垮,就要先做一番准备工作,比如估算敌人的抵抗力等。不过,敌人的抵抗力是两个不可分割的因数的乘积,而这两个因数就是现有手段和意志力的强弱。

当然,现有手段是可以确定的,因为它有实际的数量可作根据(虽然并非完全如此)。然而,意志力的强弱却是主观意义上的活动,其强弱是难以确定的,只能根据战争动机做大概的估计。战争前,如果我们能从两个方面多做了解,估算出敌人的抵抗力,那么我们就可以根据它来决定自己应当投入多大力量,或者在可能的情况下加强自身的装备与实力,或者加大力量以造成优势。

不过,不可忽视的是,我们能想到的、做到的,敌人也会。因此,这必然又是一种相互间的竞争。从纯概念的角度讲,它的发展必然又会趋向极端。这就是第三种相

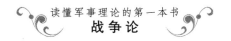
互作用,导致出了第三种极端。

六、在现实中的修正

事实上,思考是一场除了服从本身内在的规律以外,不受其他规律所约束的那些力量的冲突。因为在纯概念的抽象领域里,思考的对象是个极端的东西,所以思考活动在达到极端以前是绝不会停止的。在战争的纯概念里,如果非要为提出的目标和动用的手段找到一个绝对点,那么在这种时常的相互作用中,我们的思想就会走入极端,就会陷进玩弄逻辑所引起的不可捉摸的概念游戏之中。如果坚持这种追求绝对的态度,认定任何时候都必须应付极端,每一次都必须将力量最大限度地使用,而不理性地考虑一切困难,不按照严格的逻辑公式去进行,那么这样的做法就是纸上谈兵,不适用于实际战争。

即便我们最大限度地使用战争的力量,甚至能求出绝对数,我们仍然需要认识到一点——人的感情很难接受这种逻辑幻想的支配。而如果接受了这种支配,那么在某些情况下就会造成力量的无谓浪费,这必然与治国之道的其他方面产生抵触。

现在,我们不妨由抽象的概念转换到现实。在抽象领域中,一切都受乐观主义的支配,一切往往都被想象得尽善尽美。但是,在现实中是这样的吗?我们并不否定,但必须要达到以下这些前提条件:

1.战争是突然发生的,跟先前的国家生活没有一丝联系,并且是完全孤立的行为。

2.战争是唯一的一次决战,或是若干次同时进行的决战。

3.战争的结局对战后的政治形势不发生任何影响。

七、战争不是孤立的行为

这条是针对上面的第一点而谈的。这里,我们认为敌对双方的任何一方对另一方来说都不是抽象的,甚至包括意志这个在抵抗力中不依赖于外界事物而存在的因素。因为意志并非完全不可知的,它的今天能预示着明天。而任何战争也不是空穴来风,它的扩大不是瞬间发生的事情。

因此,战争双方中的任何一方大多可以根据对方是怎样的以及正在做什么而做出判断,而不是根据对方(严格地说)应该是怎样的和应该做什么来判断。这是由于人都不是完善的,不可能在什么事上都做到尽善尽美,所以这种双方都存在的缺陷就成为了一种有效的缓和因素。

八、战争并非是短促的一击

针对以上的第二点,我们有了如下的看法:

假如以上条件成立，也就是在战争中只有一次决战或者同时进行数次决战，那么，我们不难想象到，战争双方都会倾尽全力，甚至会朝着极端发展。因为如果稍有不慎或者准备不足，那么在战争开始后都将会无法补救。然而，现实世界并不允许这种绝对情况，因为能作为衡量这种准备的至多是我们所能掌握的敌人的准备情况，其余的一切都只是抽象的。而如果战争是由一系列连续的行动所构成，那么前一个行动及其一切现象当然就可以作为衡量下一个行动的尺度。如此一来，现实就会取代抽象，从而缓和地向极端发展。

另外，关于第二点提到的同时决战，我们不妨也做个假设：如果能够使用或者同时使用全部的斗争手段，那么，每次战争也就是一次决战或者数次同时进行的决战。事实上，任何一次失利都会使这些手段减少。由此，我们不难得出这样一个结论：如果在第一次决战中就已动用全部手段，那么就没有必要再设想第二次决战了。就算日后再进行一些军事行动，但实质上都归属于第一次行动的延续。

但是，现在我们已经了解到，在战争的准备过程中，现实已经代替了纯概念，现实已经代替了极端的假设。此时，在战争双方交战的过程中，就都不会做到极端，也都不会将力量使用到最大限度，因而就不会从一开始使用全部的力量。就这些力量的性质和使用来看，也并非可以全部同时使用。这些力量包括：国家、盟国和军队（战斗力量）。

战争中，国家（包括土地和居民）不仅是兵力的源泉，本身还是战争中不可缺少的因素。需要特别指出的是，它是指战区或者对战区有显著影响的那部分，因为无论哪场战争都很可能会动用一个国家的全部军队，但是所有的河流、山脉、要塞和居民等，要使其同时发挥作用是绝对不可能的，除非这个国家非常小，战争起初就覆盖全国。其次，同盟国这一外界力量的合作也不以交战国的意志为转移，它们往往在战斗发生后才会参战，或者为了恢复失去的均势才来支援，这是由国际关系的性质所决定的。

我们还要明白，最终的均势也是可以恢复的。因此在这里，我们只想指出：同时使用一切力量是违背战争的性质的。当然这并不表明我们可以不在第一次决战中增强力量，因为一次失利的决战是谁都不想发生的。同时，第一次决战的意义还在于：它的规模越大，对后面的决战影响也就越大。所以，对于第一次决战而言，敌对双方的任何一方由于存在弱点而没有使用全部力量，这对对方来讲就成为缓和的客观理由。通过以上这种相互作用，向极端发展的趋向又会缓和到按一定程度使用力量。

九、战争的结局不是绝对的

战争的结局并不是绝对的，战败国虽然在战争中失利，但这只是暂时的，并可以在将来的政治关系中得到补救。很明显，这样的情况必然会大大缓和紧张程度以及力量使用的激烈程度。

十、现实中的盖然性替代概念中的极端和绝对

若按题目所言，整个战争的力量使用就会摆脱向极端发展的法则。因为此时，只要你开始不再担心对方的行为过于极端，那么你自己也就不再追求极端，这样就可以通过判断、通过现实的材料和盖然性规律来确定使用力量的限度。既然敌对的双方不再是抽象的概念，而是具体的国家和政府，具有自身规律的行动，那么就可以推断出将要发生的事情了。

十一、显露出政治目的

在前面的论述中我们提及，打垮敌人并使敌人无力抵抗这一意图一直掩盖着政治目的。然而，这一意图一旦遇到趋向极端法则的作用减弱的情况，就会与目标分离，这时战争的政治目的就会显露。

对于这一点，我们的考虑是建立在具体的人和具体的条件之上计算的。正因为如此，作为战争最初动机的政治目的也就必然在计算中成为很重要的因素。假如我们能使敌人所做的牺牲越小，那么敌人的反抗就会越小；敌人的反抗越小，那么使用的力量就会相应越小；而我们的政治目的越小，对它的重视程度就会越小，这样就会很容易放弃它。

总结起来，我们发现，作为战争最初动机的政治目的不但成为衡量战争行为要达到怎样的目标尺度，还成为衡量应当动用多少力量的尺度。然而，政治目的并不能单独成为这种尺度，它必须要与双方国家联系起来，这是因为我们所分析的是实际事物，并不是简单的概念。只有当我们确认政治目的能对它应动员的民众发生作用时，才可以将它当做一种尺度，这就是我们为何要考虑民众情况的原因。但是，就算是同一政治目的，也可能因为民众对战争的支持或反对的态度而产生不一样的结果。两个民族和国家之间可能有着一些紧张的关系，当这样的紧张关系积累到一定程度时，即使战争的政治动机很小，也可能引发真正的战争。

以上这一点，更加针对政治目的应当为战争行为确立何种目标。但是某些时候，政治目的本身也可以作为战争行为的目标，比如占领某一地区；有时政治目的本身并不适于作为战争行为的目标，那么就需要另选一个目标作为政治目的的对等物，并在谈判时代替政治目的。不过，即便是在这种场合，也要首先考虑相关国家

的特点。很多时候,当政治目的需要用对等物来交换时,这个对等物就会比政治目的大得多。

假如战争行为的目标是政治目的的对等物,那么战争一般就会变得缓和,而此时政治目的作为尺度的作用就会显著,这也证明了这样一个没有矛盾的问题——歼灭战到单纯的武装监视之间存在着重要性和强烈程度不同的各类战争。然而,此时又出现了新的问题,需要我们加以分析和说明。

十二、以上出现的问题是军事行动中为什么会有间歇

在军事行动中会不会有片刻停息,这是一个值得深入研究的问题。这里,涉及到一个名词——行动的持续时间。这个名词的含义是:完成每一个行动需要的时间。现在我们并不讨论这种时间快慢的问题,因为时间不存在具体性,并且其本身就是行动持续的一部分。

假设战争中的每一个行动都有它的持续时间,那么我们不难推测出,持续时间以外所用的任何时间都是军事行动中的间歇。当然,这里的间歇指的不是敌对双方的这一方或那一方的进展问题,而是整个战争进展的问题。

十三、只有一个原因才能让军事行动停顿,并且其只能存在于战争的一方

敌对双方已经做足开战准备,此时,只要双方还没有放下武器或者没有议和的意向,那么敌对因素就依然存在。这种敌对的态势只有等到敌对双方的每一方都想等待比较有利的时机时才会停止。而从表面上看,似乎只能一方拥有这个条件,另一方则恰恰相反。

假如双方均势,同时一方动机较强,那么所掌握的力量就会相对变小。这样,双方力量与动机的乘积就会是相等的。我们还必须指出:如果作战双方都预料到均势不变,那么他们必然会议和;如果双方预料会有变化,而变化的结果只对一方有利,那么必然会引起另一方的行动。不难发现,均势这一概念本身并不能说明导致间歇的原因,其结果仍然是等待较有利的时机的出现。

十四、军事行动会出现连续性,使一切又走向极端

我们先假设一下,如果军事行动真的有连续性,那么因为行动的不间断,会使得一切又走向极端,让双方在作战中的情绪更为激动,使一切更加激烈和狂暴。对此,我们暂且搁置不议,如果行动的连续性会使其衔接得更紧,使各个行动之间的因果联系更为密切,那么这些行动实际上是更加重要和危险的。

然而,我们知道,军事行动很少或者从未有过这样的连续性。在很多战争中,真正战斗的时间是很少的,只占到全部时间的一小部分,剩下的时间都是间歇。这一

现象并不反常,在军事行动中完全可能有间歇。现在我们就来讨论一下间歇以及生成间歇的原因。

十五、这里要用到两极性原理

假设战争中的一方统帅所追求的利益正好与另一方统帅追求的利益对立,我们就需承认真正的两极性。

两极性原理只有在同一事物的正面因素和与之对立的负面因素恰好抵消时才会起作用。两军对垒,交战双方的每一方都想取得胜利,但一方的胜利必定会排斥另一方的胜利,这便是真正的两极性。另外,假如我们分析的是两个外在共同关系完全不同的事物,那么两极性就不存在于这两种事物的本身,只存在于它们的关系之中。

十六、两极性不适用于进攻和防御,因为它们的作战形式不同,强弱也不相等

何谓两极性?我们先做个假设:作战形式只有一种,也就只有进攻而没有防御。其实,也就是他们的动机不同,一方的动机是积极的,另一方则没有积极的动机。而事实上,他们的斗争形势却是相同的。归结起来,两极性就是:在攻防中,对一方有利的就是对另一方不利的,这就是两极性。

但事实上,军事活动并不是单一的活动,它分为进攻和防御两种形式,它们之间的强弱是不相等的,因此两极性只存在于攻防的关系中,即决战中。战斗中,如果一方统帅愿意晚决战,另一方的统帅就一定愿意早决战,这自然只是就同一作战形式而言。假如甲方不是现在而是4个星期以后进攻乙方有利,那么乙方就不是4个星期以后而是现在受到甲方的进攻才有利。这就形成了直接的对立。然而,不能因此得出结论说乙方现在立即进攻甲方有利。

十七、两极性的作用会因防御强于进攻而消失,这就是军事行动为什么会有间歇的原因

作为一种作战形式,如果防御比进攻强大,那么就要观察晚决战对进攻甲方有利的程度是否像防御对乙方有利的程度那么大。假如不是的话,那么前者也就不能用它的对立物来抵消后者。可见,利害关系的两极性所具有的推动力会因为防御和进攻的强弱而消失,从而不发生作用。

所以,如果时机对一方有利,但他的力量太弱,不能放弃防御,那么就只好等待不利的将来。在不利的将来进行防御作战会比当前进攻或者议和有利。防御的优越性越大,而且比起初想象的要大得多,那么战争中大多数间歇产生的机会也就越多。

十八、第二个原因是对情况不完全了解

让军事行动停顿的原因还有另外一个,那就是对情况的不了解。作为统帅,所了解的只有自己一方的情况，而对敌人的情况只能根据并不太确切的情报来了解。因此，统帅就可能出错，从而把自己应该采取的时机误认为是敌人应当行动的时机。如果我们考虑到人们往往容易过高估计而不是过低估计敌人的力量，那么通常都会同意这样一种看法：对情况不完全了解，必然会在很大程度上阻止军事行动的进展，使它走向缓和。

十九、战争中发生的间歇使战争更脱离绝对性

战争中，其进程越缓慢，间歇的次数就会越多，间歇的时间也会越长，而错误就越容易得到纠正。因此，统帅就越敢大胆设想，也就越不会趋向极端，越会把一切建筑在盖然性的计算上和推测上。每个具体情况要求人们依据现有的条件进行盖然性的计算，军事行动的发展越缓慢，就越能为进行这类计算提供一定的时间。

二十、战争并不缺少偶然性，一旦偶然性出现，战争行动就会变成赌博

我们发现，战争的客观性质会使战争成为盖然性的计算。此时，只要再加上一个偶然性的因素，战争就成为人们所说的"赌博"。但不能否认的是，战争中确实会出现偶然性的情况。可以说，战争是人类活动中唯一一个经常而又普遍地与偶然性接触的活动。而且，随偶然性而来的机遇以及因此而来的幸运，在战争中占有着相当重要的地位。

二十一、战争无论就其客观性质还是主观性质而言都与赌博类似

从战争的主观性质，也就是战争所必备的力量入手，我们惊奇地发现，战争无异于一场赌博。军事活动本身就是一项危险性极高的活动。不过，在这一项危险性活动中，最难能可贵的是精神力量，即为勇气。与勇气相应而生的便是智谋，这就是为什么人们常说"战争中需要有勇有谋"了。这二者可以同时存在并不互相排斥，但它们毕竟是不一样的精神力量。这里，信心、大胆、冒险、蛮干，等等都只是勇气的一种表现，因此，对于机遇，它们是不可缺少的，都必须要寻找。

为此，在军事艺术中，并不存在数学上所说的绝对值，而只有各种可能性、盖然性、幸运和不幸运的活动，这些因素交错在一起，才会使得战争在人类各种活动中最近似于赌博。

二十二、这点最适合人的感情

理智告诉我们应该追求肯定和确切。但实际上，似乎我们并不是沿着这条道路前进。我们总是不愿随理智走上那条哲学探索和逻辑推论的狭窄小径，因为沿着这条狭窄小径，我们会不知不觉地进入到一个完全不曾涉足的领域和境界，原先熟悉的一切似乎会离我们而去，所以我们宁愿和想象力一起留在偶然性和幸运的世界里。

但是,理论真的可以摒除人的情感因素而单纯追求绝对的结论和规则吗?假如这一观点成立,那么它也就失去了很多现实意义。理论并不应当只是理论,还应该把感情因素囊括进去,应当让勇气、大胆,甚至蛮干获得应有的地位。

军事艺术是一项复杂的活动,它需要与活物的对象、谨慎力量打交道。所以在任何时候,它都不可能达到绝对和肯定。事实上,在战争中,无论大事或小事,到处都有偶然性活动的天地。在有了偶然性的情况下,如果再有自信心和勇气,那么自信心和勇气越大,偶然性发挥的作用就越大。为此,我们可以得出这样的结论:自信心和勇气也是战争中非常重要的东西,理论确立的规则应当使这些必不可少的最宝贵的武德能够自由地通过不同形式充分表现出来。不过,在冒险中,也得要有机智、谨慎,只是它们需要用别的标准来衡量。

二十三、战争是为了达到严肃的目的而使用的严肃手段,这是对战争的进一步说明

战争绝不是消遣,不是为了追求意气用事的冒险活动或者为了娱乐,更不是心血来潮的产物,战争是为了达到严肃的目的而采取的严肃手段,战争中指挥作战的统帅和指导作战的理论也如上所述。由于幸运的变化所带来的一切由于激情、勇气、幻想和热情的起伏而表现出的一切只不过是这一手段的特色。

战争是一种政治行为,文明民族的战争甚至包括整个社会共同体(整个民族)的战争。战争通常都是某种政治形势的产物,或者由某种政治动机引起。假设有这样一种情况:战争是一种纯概念推断下的衍生物,是一种完善的、不受限制的行为,是一种暴力的绝对体现,此时,它才会被政治引起后就似乎完全独立于政治以外的东西而代替政治,也才会排挤政治而只服从自身的规律。直到现在,每当政治与军事之间产生了不协调而引起一些理论上的分歧与争辩之后,人们仍然这样看待这一问题。实际上,情况远非如此,因为我们已经了解到,现实的战争并不是极端的行为,它和爆炸并不相同,战争是一些发展方式和程度不尽相同的力量的相互作用,这些力量有时很强,但有时也会太弱。

因此,我们可以把战争看成一种暴力的脉冲,它时急时缓,逐渐消除紧张和消耗力量,并朝着各自的目标迈进,尽管速度不一。不管怎样,战争中都有一段持续的时间足以让交战中的任何一方做足准备、调整现状,以接受外来的作用。也就是说,战争仍然脱不开服从指导战争的意志的支配。所以,既然我们认为战争是政治目的引起的,那么这个引起战争的动机在指导战争时应当首先得到极大的重视。但是政治目的也不是因此就可以任意地决定一切,它必须适应手段的性质,因此我们说,政治贯穿于整个战争行动中。

二十四、战争无非是政治通过另一种手段的延续

事实上，我们不难推断，战争并不仅仅是一种政治行为，更是一种政治交往过程中另一种手段的实现。因此，战争还是一种真正意义上的政治工具。然而，军事艺术却在总的方面要求政治意图和具体的政治方针不与这一手段发生矛盾，很多军事统帅也在具体的政治场合下这样要求过。不过，我们完全可以将这一要求对政治意图的影响看成是对政治意图的一种修改。因为政治意图是目的，战争是手段，没有目的的手段是不能想象的。

二十五、战争是多种多样的

战争中，很多要素都是与战争的动机相联系的。一般来说，战争的动机越强烈、越明确，战争对整个民族所造成的影响就会越大，战前局势也就越显得紧张，战争也就越接近抽象状态。此时，战争就会上升到纯军事的状态，而与政治的关系变得疏远。反之，战争动机越显得模糊，局势就会变得越平和，政治规定的方向同战争暴力的自然趋向就越不一致，因而战争离开它的自然趋向就越远，政治目的也就凸显出来。

然而，为了避免误解，我们还必须强调一点，这里所指的自然趋向指的是哲学上的、纯粹逻辑意义上的，而不是实际情况中发生冲突时的各种力量的趋向。对此，我们可以从作战双方的作战情绪和激情入手。我们不能否认，有时，作战者的激情很高，甚至情绪高涨到已经很难保持在实现预定的政治轨道上。当然，这种情况一般是很难发生的，因为有这样强烈的斗志，就必须要有一个相应的、宏大的计划。假如计划追求的目的不高，那么群众的状态就会很低，这样往往需要激发他们的情绪，而不是加以抑制。

二十六、战争可以看作是政治的行为

归结起来，我们还是可以发现，战争是一种政治的行为。而假使表面上，政治在某一场战争中似乎消失了，却在另一场战争中表现得尤为明显，此时，我们仍然可以确信一点，这两种战争都是政治的，因为如果我们把政治上升到一个国家的头脑的高度，那么，产生前一种战争的各种条件必然包括在政治要考虑的范围之内，此时，我们只有不把政治理解为全面的智慧，而是按习惯的概念把它理解为一种避免使用暴力的、谨慎的、狡猾的甚至阴险的计谋，才可以认为后一种战争比前一种战争更具有政治色彩。

二十七、应当依据上面的观点理解战史和建立相应的理论基础

1.在任何时候、任何情况下,战争都是政治的工具,而不是独立的东西。理解了这一点,才有可能对战争有更深层次的理解,也才不致和全部战史发生冲突和矛盾。

2.根据以上观点,我们得出一个结论:由于战争动机和产生战争的条件各不相同,战争也不是千篇一律的,因此,任何政治家和战争统帅最重要的工作之一,也是最重大的和最有决定意义的判断是从战争这一角度上,以这种观点正确认识他所从事的战争,而不应该把那种不符合当时情况的战争看作是他应该从事的战争,也不应该使他所从事的战争成为那样的战争。这是所有战略问题中首要的、涉及面最广的问题,我们以后在论述战争计划时将进一步加以研究。

到这里,关于什么是战争这一问题,就告一段落了。

二十八、战争在理论上的结论

战争是易变的,在每一种具体的情况下甚至包括它的性质也或多或少会在某些情况下发生变化。而通过它的全部现象就其自身的主要倾向来看,还包括以下 3 个方面:

1.战争要素中的仇恨感和敌忾心,都可以看作是盲目的自然冲动;

2.盖然性和偶然性能使战争成为一种自由的精神活动;

3.作为政治工具的从属性,战争因属纯粹的理智行为。

这 3 个方面涉及的也是不同的对象:它们分别与民众、统帅和其军队、政府有关。战争中迸发出来的激情并不是空穴来风,而是早已存在于人民中。在盖然性和偶然性的王国里,勇气和才智能在多大的范围内活动取决于统帅和军队的特点;而政治目的则纯粹是政府的事情。

这 3 种倾向就如同 3 条不同的规律,植根于战争的性质当中,并发挥着各自不同的作用。实际上,这三者也是相互制约的。任何一种理论,只要忽视这中间的任何一种倾向或者想任意确定这三者的关系都是行不通的,因为它会和现实产生矛盾。所以,我们如果希望理论站住脚,就必须在这 3 种倾向之间找到一个平衡点。

但是,不管怎样,这里确立的有关战争的概念是投射到我们理论基础上的第一道曙光,它有助于我们区分大量的现象,让我们能够清楚地认识战争。

第二章 战争中的目的与手段

在第一章中,我们已经通过分析而了解了战争复杂多变的性质。而这一章,我们需要分析的是:战争的性质对战争的目的和手段有着怎样的影响。

首先,我们不妨来发问:若希望战争成为政治目的的合适工具,那么战争应该追求什么样的目标呢?不难发现,真正的目标就如同战争的政治目的和战争的具体条件一样,也是复杂多变的。

假如还是摒弃战争的其他要素,只从战争的纯概念入手,那么,我们还是会得出这样的结论:战争的政治目的本来就是应该脱离战争的领域而存在的。对于这一点,我们还是要归结于对战争的正确认识,因为战争本身就是迫使对方屈从我们的意志的一种暴力行为,它要达到的直接目的便是打垮敌人,使之没有反抗的能力。这个从概念中推导出来的目的与现实中许多事情要达到的目的非常接近,所以我们先要在现实中来探讨。

在谈其他问题之前,我们在这里先要弄清敌人的军队、国土和意志这3个要素,因为它们是可以概括其他一切对象的总的对象。

在一般意义上,打败敌人指的是消灭敌人的军队,或者说使敌人的军队毫无还手之力。如果想要取得绝对胜利,还应当做得更为彻底一些——占领敌国,否则给敌人"翻身"的余地,敌人还可以再建立新的大规模部队。

再推进一步,即使我们在保证以上两点的情况下,只要敌国人民没有屈服、军队没有缴械投降,或者敌国政府没有签订投降合约,那我们依然不能掉以轻心,因为敌对的紧张状态和敌对力量的作用可能并未消除。在这种情况下,即便我们占领了这个国家,对方也很可能会在同盟国的参战下卷土重来。而一旦签订了合约,很多可能再度燃烧的火星就会熄灭,紧张也会趋于缓和。所以我们要承认:只要签订了合约,那么目的就已经达到,战争就算终止。

军队是一个国家的大门,它起着抵御外侵的作用。由此可以得出:理论上我们应该是先消灭对方的军队,然后占领对方的国土。然而,这两者常常是相互制约、相互影响的,因为地区的丧失反过来会使军队的力量受到削弱。但实际上,情况并非如此,还有另外一种可能性:对方的军队在没有受到怎样的削弱情况下就退到了国土的另一边，或者完全退到了国外。此时，就可以把敌人的国土大部分占领，甚至全部占领。

然而，我们使敌人无力抵抗这一政治目的是抽象意义上的，在现实中也并不是到处都有其地位的，更不是双方媾和的必要条件。多数合约缔结的时候，敌对双方中的任何一方并非一定已经到了无力抵抗、必须缴械投降的地步，有些甚至在均势没有破坏的情况下就已经签订了合约。

因此，只要我们细细观察便可得知，很多时候，尤其是双方力量悬殊，而你处于弱势时，战胜敌人可谓是一种毫无意义的幻想。同时，现实战争与纯概念战争有很大差异，这就是为什么我们从概念中推导出来的战争并不能普遍应用于现实战争的原因。我们先设定这样一种情况：我们将一场战争放入纯概念之中，那么也就不存在力量悬殊的两个国家发生战争了。在纯概念中，当双方物质力量的差距低于精神力量所能弥补的程度时，才有可能发生战争。但是，这是完全不与当今一些社会状况想符合的，精神力量所能弥补的物质力量的差距是有限的，而这一点也就是为什么我们总能发现即使两个实力不相当，甚至有很大差距的国家却发生了战争，是因为现实战争往往同它的原始概念有着很大的差距。

现实中，签订和平条约的原因除了无力抵抗外，还有获胜的可能性不大以及获胜的代价过高。而这3点就是结束战争、宣布和解的重要内在原因。也就是说，战争的结束并非一定要一方被彻底打垮，当其中一方已经处于疲于战斗或者战争动机已经变得很弱、战争局势不紧张等情况下，那么处于不利的一方就会做出让步。而与之相应的另一方假如能看到这一点，也必定会做出明智之举——努力实现这一可能性，而不会继续耗费兵力将敌人打垮，因为其战争的目的已经实现。

为什么会出现这样的情况？这还要归结于第一章所讲的战争并不是盲目的冲动，而是一种政治工具，是受政治目的支配的。也就是说，政治目的必将决定愿意付出多大的牺牲作为代价。如果在战争中付出了过大的代价，甚至已经超出了政治目的的价值，人们自然愿意放弃战争而进行更为明智的和解。

因此，我们发现，交战双方是否和解是受两个因素支配和影响的：获胜可能性的大小和要消耗力量的多少。此时，如果一方和解的愿望比较强烈，那么另一方和谈的想法就可以少一些。但只要双方在此事上达到一定的共识，和谈自然就在情理之中。而此时，对和谈想法较少的一方就比较有利。

还需要指出的是，我们并没有谈及政治目的的积极性和消极性在战争中可能导致的各种影响及差别，即使这一点极为重要。但此时，我们暂且搁置这一问题，对其只作一般的论述,因为最初的政治意图在战争过程中可能变化很大,最后可能变得完全不同,这是由于政治意图还取决于已得的结果和可能的结果。

此时,又出现了这样的问题:获胜的可能性如何才能增大呢?

首先,我们想到一种最直接的方法,那就是打垮敌人,并占领其后方资源——国土。然而,这两种方法对于增大获胜的可能性和打垮敌人是不一样的。对于这一点,我们不妨想象一下:攻打敌人,然后通过一次性的打击消灭敌人的战斗力,再进行下一次的攻击,直到将敌军全部消灭与取得一次胜利以打破敌人的安全感,使他们觉得我们已占有优势而对未来感到不安,这两者是完全不一样的。

如果我们的目的是后者,那么只要消灭"拦路虎"——妨碍达到这一目的的敌人就可以了。而倘若我们的目的并不是如此,并且敌人还害怕流血决战,那么,我们可以采取一条捷径——占领敌人防御薄弱的或完全没有防御的地区就会带来利益。

除此之外,我们还必须指出一种可以不用打垮敌人就能增大获胜可能性的特殊方法,那就是从源头上解决问题——政治关系。战争中,我们绝不可忽视同盟国的作用。为此,我们不妨利用政治关系的作用破坏敌人的同盟或使其同盟起不了作用,甚至可以为自己争取新的盟国等。这些措施将会大大增加获胜的可能性,它们比打垮敌人军队所达到的目标要更加便捷。

但是,要想使敌人付出更高的代价,还有什么样的方法呢?

这里有个名词,叫作"敌人力量的消耗",它是指包括军队的消耗和地区的丧失,即军队被消灭和地区被占领。我们可以总结一下能直接加大敌人力量消耗的3种方法:

第一种是入侵,也就是夺得敌人的某些地方,但并不占领它,只想在那里索取军税,甚至破坏。这种方法并不是为了达到占领敌人国土的目的,更不是为了打垮敌人,而只是为了使得敌人遭受某些损失。

第二种方法是我们的行动主要针对增大敌人损失的对象上。我们可以划分出两种用法:一种方法是打垮敌人时比较有效,另一种方法不是打垮敌人或不能打垮敌人时比较有利。不难理解,前一种更多的是军事的,后一种更多的是政治的。但如果从最高的角度来看,两者都同样是军事的,而且只要同当时的条件相适应,每一种都是合适的。

第三种方法则是疲劳法。就应用广泛性这一点来说,它是最重要的一种方法。在作战中,疲惫这个概念的意思是:通过持久的军事行动来逐渐消耗敌人的物质力量和消磨敌人的意志。

　　然而,当我们面临持久战的时候,就必须具备一定的抗压能力,也就是要尽量满足那些尽可能小的目的。因为任何目的的实现都是有一个过程的,在实现大的目的之前,我们必须实现小的目的。也就是说,大的目的的实现必定要比小的目的的实现消耗更多的力量。对于最小的目的,我们不妨理解为纯粹意义上的抵抗,也就是无积极意图的作战,也可理解为忍受。在这种情况下,我们的手段能相对地发挥最大的作用,取得的结果也更有把握。可是,这种消极意义的作战真的能做到无极限吗?当然不能。因为纯粹的忍受就不是战争了。我们知道在个别的行动中,消极的意图比积极的意图产生的效果要差一点儿,当然,这是在积极的意图能够实现的前提下,但是这两种意图的差别在于前者比后者容易实现。

　　战争中,对于进攻和防御的差别,我们随处可见。而在这里,我们只提出一点:这种消极的意图本身所表现出来的意义在于提供了一切有利条件和较强的作战形式,从而有助于实现这种意图,胜利的大小和获胜的把握之间的哲学上的力学定律就体现在这种意图里。当然,对于所有这一切,我们以后还要研究。

　　以上叙述已经帮助我们了解到了消极的意图在战争中的作用,也就是说,集中一切力量单纯抵抗,是可以在战争中取得先机和优势地位的,并且,它所表现出来的力量甚至可以强大到足以消灭敌人。那么只需通过持久的作战,就能够逐渐地消耗敌人的力量,使其付出无法承受的代价,从而不得不放弃原先的政治目的。这种方法,多用于弱者抵抗强者的时候。

　　可见,我们在战争中可以达到目标的方法很多,比如:消灭敌人的军队、占领敌人的地区、单纯占据敌人的地区、单纯入侵敌人的地区、采用直接同政治有关的措施和单纯等待敌人的进攻等。这些方法都可以挫伤敌人的意志,然而,使用哪一种,则要根据具体情况来确定。

　　除此之外,如果我们顺着思维推进,便不难想象到个人的力量在战争的作用,这是一条达到目标的捷径,我们可以将其称之为因人而异的方法。任何时候,我们都不能否定,在人类交往的任何一个领域中,都有着超越一切物的关系的个人特点。这里,我们只想指出存在这些方法,因为要想把它们分类,那是过于呆板的做法。由于有了这些方法,所以我们可以说,达到目标的方法是无穷无尽的。

　　我们还必须认识到,之所以会引发战争,其政治目的是多种多样的。争取国家生存的殊死的战争同由于有强迫结成的同盟或行将瓦解的同盟而勉强履行义务的战争之间也是有很大距离的。认识到这两点,是为了不致把这些能达到目标的捷径估计过低,既不把它们仅仅看成是少见的例外,也不认为它们在作战中造成的差别是无关紧要的。在现实世界中，这两种战争之间存在着无数种类的战争，如果我们有权在理论上否定其中的某一种，那么就有权把它们全部否定，这就是完全无视现实世界。

以上分析了人们在战争中追求的目的，现在来谈谈战争的手段。

我们不能否认，斗争的形式是繁杂的，斗争同粗暴地搏斗不同，斗争中夹杂着很多本身不算是斗争的行为。但我们必须承认一点：战争中产生的一切效果都必然来源于斗争，这一点是战争这个概念所特有的。

事实上，与武装有关的一切都属于军事活动的范畴。这是因为战争中所体现的一切都是通过军队表达出来的，只要有武装起来的人们，就有斗争的存在。

显然，建立和维持军队只是手段，使用军队才是目的。战争中的斗争并不是零散的，而是一个整体，只不过它由众多的部分组成。不过，我们可以按照不同的标准将其划分：一种按主体区分，另一种按客体区分。在军队中，通常总是把一定数量的军人编成单位，一定数量的单位又构成高一级组织。因此，这些组织中的任何一个单位的斗争就构成一个或多或少可以区别的斗争单位。另外，按斗争的目的，也可以把斗争分成单位。因而，我们把斗争中相互区别的每一个这样的单位都统称为一个战斗。

我们知道，军队的使用就是数次战斗的决定和部署。因此，军事活动必然直接或间接地与战斗有关。从军人应征入伍、拿起武器、接受训练到整装待发，这一切都是为了进行战斗，为了打败敌人。从这里，我们可以发现一个简单的道理：任何军事效果与成绩都不会从部署和实施战斗以前存在的条件中直接产生，而只能从部署和实施战斗中产生。

战斗的最终目的并非总是为了消灭敌人的军队，还有其他对象可以作为战争中追求的目标，从而成为战斗的目的。有些作为从属部分的战斗，即使它们是为了打败敌人的军队，也并非必须直接消灭敌人的军队。

例如，假如有一个步兵营奉命驱逐某一高地、桥梁或其他地方的敌人时，那么他们首先要做的事就是占领这些地方，而在这些地方消灭敌人的军队只是一种手段或次要的事情。倘若有其他更好的方法，比如，假装行动就驱逐了敌人，那么目的也就达到了。当然，占领这个高地或桥梁，通常是为了给未来创造更大的机会，从而更有效地消灭敌人的军队。

这一道理可以应用到更广泛的范围内，因为在小范围内的战场是这样，那在整个战区亦是如此。很简单的道理：整个战区不仅是一支军队和另一支军队在对抗，而且是一个国家和另一个国家、一个民族和另一个民族在对抗。在这里，可能出现的各种关系必然会增多，因而行动方式就必然会增加，战斗的部署就更加多种多样，而且由于目的层层从属，最初的手段离最后的目的就更远了。

既然战斗的目的并不都是消灭参与其中的军队，并且也不必都经过实际的战斗，只要部署了战斗并通过由此形成的态势，就往往可以达到战斗的目的，那么这就可以说明为什么在整个战争中活动很频繁，而实际的战斗却没有起显著的作用。

要证明这一点，战史中实在有太多的例证，而我们同时可能会产生疑问：在这些例证中，到底能找出多少能证明是采用这种不流血的方法而达到目的的呢？在这里，我们暂且不谈，我们只想表明一点，那就是这样的战争过程是存在的。

寻根究源，战争就是战斗，这也是战争的唯一手段，但这并不代表这种手段的用法也是唯一的。实际上，我们可以根据不同的目的采取不同的用法，这样一来，表面上看，我们的研究似乎毫无结果了，但实际上并非如此，因为从这个唯一的手段中，我们可以为研究找出一条线索，这条线索贯穿在整个军事活动中，可以把整个军事活动联系在一起。

消灭敌人的军队，一直被我们认为是战争中要实现的重要目的之一，但具体这一点有多重要，我们还并未探讨过。尽管我们深知它在每一个具体场合的重要性是由具体情况决定的。但从总的方面来看，它有多大价值，我们还没有确定。现在我们继续回到这个问题上来研究这一目的到底有多大的价值。

战斗中，打垮甚至消灭阻碍我们的敌人是最有效、直接的手段，这也是一切军事行动的基础和台柱。但我们必须保证一点：所有的行动都必须对我方有利。要知道，武力决战同一切大小军事行动的关系就像现金支付同期票交易的关系一样，最终总是要兑现的。

由此，我们也可以得出这样一个结论：与我们对峙的敌人同样可以通过一次胜利的战斗使我们行动中的任何一个失去作用。此时，即使我们的行动并非在一场战斗上，只要这场战斗足够重要，那么任何一场战斗都会对我们产生重大影响。因为任何一场重要的战斗，即消灭对方的军队都会影响以前的其他一切战斗。这些战斗本身就如同一碗水一样，总会被端平。

所以，我们最终还是可以得出：自始至终，战争中最优越和最有效的手段就是将敌人的军队消灭。当然，这一结论也是有前提的，那就是在其他条件均相同的情况下。据此，我们绝不可以断定盲干比谨慎的计谋好。我们这里所说的战争的效果并不是就方法而言的，而是针对目标来说，也就是将达到这一目标产生的效果同达到那一目标产生的效果加以比较。

另外，我们所说的消灭敌人，包括的不仅是物质力量，还有精神力量，这两者在战争中也是不可分割的。只有摧毁敌人的精神堡垒，才是真正意义上的胜利。其实，我们应该认识到精神因素在战争中与其他因素是不同的，它具有流动性，因为部分精神力量的丧失会影响到其他的部分，这与消灭敌人的其他手段相比较有着很大的价值，但是这个手段存在一定程度上的危险性，甚至会付出很大的代价，因此，人们通常会绕开这一难题，采用其他手段。

那么，采用精神力量为什么会付出很大的代价呢？其实并不难理解，因为在其他条件不变的情况下，当我们在主观意识上越渴望胜利，越渴望消灭敌人时，那么我们的损失就会越大。换句话说，因为我们企图取得较大的效果，所以在达不到的情况下，反而会使我们遭受较大的不利。

因此，采用精神力量以外的方法相对失败时的危险性也就越小。不过，这必须要具备一个条件：这些方法同时为双方所采用。假如敌人采取大规模战斗，那我们除了还击之外别无他法。

然而，这对于我方却是不利的，因为交战的一方决定进行战斗，而它又确信对方并不打算战斗，而是在追求其他目的，那么，它就有很大的可能获得胜利。任何一方只有预计到对方同自己一样不想发动大规模的战斗，这时追求其他的目的才是明智的选择。

但是，我们这里提到的注意力和力量已经用在了其他方面，绝非是指用在为了消耗敌人的力量而进行的单纯抵抗上。要知道，单纯的抵抗都是没有积极意图的，在这种情况下，我们的力量只能用来粉碎敌人的意图，而不会用到别的方面。

接下来，我们开始讨论自己的军队。我们都希望保存自己的军队而消灭敌人的军队，实际上，这二者并不矛盾，反而是联系在一起的，因为它们彼此受到各自的影响，是同一意图不可缺少的两个方面。我们需要了解的是：当其中某一个方面占有主要地位时，会有什么样的影响？其实，消灭敌人是抱着更为积极的目的，并可以产生一些积极的情绪，进而获得积极的结果，甚至会打垮敌人。而单纯地保存自己的军队只是一种单纯的抵抗，这只能延长军事行动的时间，从而消耗敌人的力量，或者说等待胜利这一目的。至于是否等待或者等待的期限等问题，又涉及到进攻和防御的本质。关于这一点，我们也先不作分析，我们只需要了解等待绝不能是绝对的忍耐，而应该在静中求变，找到时机消灭敌军。

在前文中，我们谈及了消极的意图便是一种等待，但这并不意味着有了这一意图就只能寻求不流血牺牲、不真刀真枪上战场的这一方法，这是一种概念上的误解。我们不能否认，当消极的意图占上风时，它会引导人们尽量不采用武力，但此时另一个问题就产生了：这一方法是否合适？

此时，我们还必须考虑到一个问题：是否不流血牺牲并非由我们决定，而是由敌人决定。因此，这种不流血的另一种方法绝不是迫切希望保存自己军队时的必然手段。如果这种方法不适合当时的情况，反而会使自己的军队全军覆没。实际上，在战争史上，犯过类似错误的统帅并不鲜见。其实，在作战中，当消极企图占上风时，那么必然导致的结果便是延迟决战的时间，使人们等待决定性时刻的到来。所以，只要条件允许，结果往往是不仅从时间上而且从空间上推迟军事行动。但是，当推迟下去会极为不利的时候，就必须认为消极企图的优越性已经丧失，于是，消灭敌人军队这一原来被抑制却并没有被排斥的企图就会不可避免地又出现。

综上所述，战争作为一种政治工具，其能达到的目的是多种多样的，但战斗却是唯一的手段。因此，一切都需服从用武器解决问题这个最高法则。总之，在战争中所追求的所有目的中，消灭敌人的军队永远是最高的。

至于别的方法会产生什么样的效果，我们会在以后再加以分析。对于现实和概念之间的偏差以及具体的不同情况，这里我们只一般地承认其是可能的。同时，我们必须指出，用流血的方法解决危机，即消灭敌人的军队是战争中最重要也是最常用的方法。因而，我们称之为"战争中的长子"。

在一场战争中，假若一方政治目的不强、动机弱加上并不紧张，那么此方统帅就可巧妙地运用各种方法，进而避免大的冲突和流血牺牲，或者利用敌人的弱点来达到媾和的目的。如果这位统帅有足够的把握能达到战争的目的，那么我们为此恭喜他。但是，作为身兼重任的统帅，必须小心翼翼并时时提醒自己：我走的这条路虽然是捷径，但也是一条危险的、曲折的小道，甚至随时会遭到敌人的伏击，我必须始终注视着敌人，以免敌人一旦操起利剑，自己却只能用装饰的佩剑去应战。

从以上的论述中，我们了解到什么是战争、战争的目的和手段在战争中发挥怎样的作用、战争与其纯概念的相伴相依——在现实中它时远时近地偏离它原有的严格概念，但又像服从最高法则一样永远顺从它。对于所有的这些结论，我们都需牢牢地记住，并且在以后分析别的论题时要联想到它们，只有这样，我们才能正确地理解这些论题的真正关系以及它们的特殊意义，从而不致常常跟现实发生极大的矛盾，更不致陷入到自相矛盾之中。

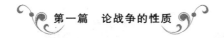

第三章 军事中的天才

生活中，我们常常听到"天才"一词，这一词语很难用某些含义来阐明。然而，我们既不自诩为哲学家，也不自诩为语言学家，摒除这些，从一般含义上说，我们可以把天才理解为"擅长某种活动的超凡的精神力量"。

针对这一解释，我们有必要谈谈这种精神力量的作用和价值。此处，我们还是应该谨记：我们所谈的任何问题都被包括在军事艺术中，"天才"也不例外。因此，这里的天才并不是具有高超的才能，也就是说，我们不谈广义上的天才，毕竟对于这一概念，我们也没有给出明确的界定。

军事活动中，我们着重研究的应该是这些精神力量的一种综合表现，我们可以把这种综合表现理解为军事天才的实质。我们之所以说"综合的表现"，是因为军事天才并不仅仅是同军事活动有关的某一种力量，比如，有勇气，而不包括智力和感情方面的其他力量，这就并非军事天才。军事天才是各种精神力量和谐统一的结合，其中这种或那种力量也许起着主要作用，但是没有任何一种力量是起阻碍作用的。

假如在一支军队中，从统帅到军官，再到士兵都有一些军事天分，那军队的人数乃至规模就会减少很多。

从某种含义上说，军事天才是一种单一的精神力量的特殊表现。为此，在那些以培养多方面精神力量和需要多方面发挥的民族中，军事天才出现的几率就相对较小。相反，一个民族的活动种类越单调，军事活动在这个民族中就越可能占据重要地位，出现军事天才的机会也就越大。

然而，在某些民族中，军事天才出现得多，也只能表明天才出现得很广泛，并不能说明天才的质量很高，因为军事天才质量的高低并不是从一个个体身上就能显现的，而是取决于一个民族智力发展的总的水平。在这里，我们以两个完全不同的民族作为分析的对象：其中一个民族野蛮好战，这种善武的精神在这个民族中也较为普遍，但我们会发现一个奇怪的现象：这一看似百战百胜的民族却并未出现过一个真正伟大的统帅，能够称之为军事天才的更是极为罕见，由此可以推断：天才是需要智力水准的，而在野蛮民族中，智力是不可能得到这样的发展的。

　　另外一个民族崇尚文明,即使作战也是迫不得已,而非真正遵从自己内心的意愿。当然,我们也不能否定即使文明的民族也或多或少会出现一些好战者,他们越是有好战的倾向,军队中具有尚武精神的人就越多。在这样的民族中,普遍的尚武精神和较高的智力相结合,往往就会创造出最辉煌的战绩,罗马人和法国人就是例证。最伟大的统帅也往往是出现在文明程度发展至较高时期的国度里。

　　从以上两个民族的对比中,我们不免有这样一个疑问:智力在军事天分中究竟起到多大的作用呢?现在我们就来细细分析一下这个问题。

　　战争中无处不存在危险,一个军人最重要的精神品质莫过于勇气。关于勇气,我们也先来做一个细分:

　　勇气有两种,一种是敢于冒个人危险的勇气,另一种是在外来压力或内心压力(良心)面前都敢于负责的勇气。在这里,所谈的只是第一种。

　　敢于冒个人危险的勇气又分为两种:第一种是对面临的危险表现出来的无所谓的精神和态度,这种勇气通常要么是天生如此,要么就是后天培育而成,但无论如何,因为这种勇气在任何情况下都是不变的,因此可看作是一种恒态。第二种勇气来自于一种感情,是一种积极的动机,比如爱国心、荣誉心等,因为感情的不稳定性,因而它并不是一种恒态。

　　对比之下,我们发现这两种勇气虽然都是一种积极的精神状态,但绝不是相同的,甚至是截然相反的:前者是一种稳定可靠的勇气,因为它已经根植于人的第二天性中;而后者则通常具有更大的激励作用。顽强主要属于第一种勇气的范围,大胆主要属于第二种勇气的范围,因此,只有两者结合起来,才是最完善的勇气。

　　战争永远需要充足的体力和精神力量,因为它是世界上最劳累的工作。而一个军人若想不被打垮,一定要有健全的智力作为引导。如果我们进一步研究战争对军人的种种要求,那么就会发现智力是主要的,因为战争本身有太多的不确定性,在这里,首先要有敏锐的智力,以便通过准确而迅速的判断来辨明真相。虽然具备平庸的智力偶尔也可以辨明真相,拥有非凡的勇气有时也能弥补失算,但在大多数情况下,智力不足总会或多或少地暴露出一些问题来。

　　在前文中,我们谈到战争有时就像一场赌博。的确,在战争的领域里存在了太多的偶然性。前方的战况就像一场未被拨开的迷雾,任何情报和估计都不一定是可靠无误的,这就造成了这些偶然性的不断出现。战争统帅也会逐渐发现,一切预先规定的计划或作战部署都可能因为新情况的出现而被推翻。当然,这一情况是出现在偶然性导致的影响较大时,于是,一种全新的计划就出现了,代替了原来的计划。

但此时往往缺少必要的材料,而这一点也是由战争的偶然性导致的,统帅已经因猝不及防的变化而手足无措,指挥官也没有更多用来仔细思考的时间。而实际情况是,我们对某些设想的更改和对已发生的某些意外事件的了解并不足以使我们完全推翻原来的计划,它的作用只是动摇了我们对原来计划取胜的信心。我们对情况的了解增加了,战事的不确定性也随之增加。对于这一点,我们虽然得到了更深层次的认识,但我们的决心也随之受到了动摇和冲击,我们也常常枕戈待旦,随时处于戒备状态。

所以,面对战争的不断干扰,我们若想排除的话,就必须具备两种特性:一是在黑暗前依然能发出内在的某种精神之光以照亮真理的智力,二是敢于继续追寻使这种光芒前进的勇气。

在战争中,最为引人注目的必定是战斗。而在战斗中,尤其是在速战速决的骑兵时代,空间和时间是最为重要的因素。因此,在战略上经常需要迅速定下决心、做出判断。然而,并不是所有的人都有这种能力,它需要经过长时间的观察和思考,因而出现了"眼力"一词,许多军事学家也是以这个有局限的含义给它下定义的。但我们必须承认一点,在某个行动的瞬间,能迅速作出一切正确的决定都应该被理解为眼力。然而,眼力并不是指视力,更多的是指洞察力。这个词所要表达的内容多半用于战术上,但在战略上,也时常需要迅速下定决心,所以也是不可缺少的。此处,如果能从这一概念中暂时剔除那些抽象和狭隘的含义,那么,我们就可以将眼力理解为一种迅速辨明真相的能力,对于这种真相,普通人完全不能辨别,或者要经过长时间的观察和思考才能辨别。

在谈完眼力之后,我们自然需要把分析的要点放在果断上,果断也是勇气的一种表现。这种勇气一旦成为一种性格特征,便成为了一种习性。当然,这种勇气并不是逞匹夫之勇,更不是冒无谓的险,而是一种敢于面对精神危险的勇气、是一种敢于负责任的勇气、一种从智力中产生出来的勇气。因此,人们也常说"有智之勇"。当然,单纯的智力不等于勇气。事实上,我们经常也看到,一些看似聪明的人在办事时却并不果断。所以,智力首先必须激起勇气这种感情,以便有所依靠和得到支持,因为在紧要关头,人们受感情的支配比受理智的支配更多些。

在这里,我们暂且认为果断的作用在于:在条件不充分的情况下消除疑虑的苦恼和迟疑的危险。当然,如果抛开那些严谨的语言习惯,那么一味地冒险、大胆、无畏、蛮干等也可以叫做果断。可是,如果一切都掺杂了事先足够的动机,那么无论其是主观还是客观、恰当还是不恰当,我们就不能再断定其是否果断了。

而要想消除疑虑的果断，只有通过智力，并且只有通过智力的一种特殊活动才能产生。我们认为，较高的理解力和必要的感情的简单结合，一般还不能产生果断。有些人虽然具有看透最复杂的问题的极其敏锐的洞察力，而且也不缺乏承受重任的勇气，可是在很多困难的场合，仍不能当机立断作出决定，这就是因为不能产生第三种东西——果断。只有通过智力的这样一种活动，即认识到冒险的必要而决心去冒险，才能产生果断。

所以，智力较差的人不可能是行事果断的人，他们在困难的场合也许会毫不迟疑地采取行动，但这是没有经过深思熟虑的，是没有经过智力分析的，充其量不过是"匹夫之勇"。如果你对这种说法不以为然，那我们不妨思考一下，那些行事果断、彪悍的军官，是不是几乎都是一些不善于深思熟虑的人呢？当然是。在此，可能我们不得不善意地提醒他们，这里所说的是智力的一种特殊活动，并不是指善于深思熟虑的能力。

因此，我们应把果断归结到"智力的特殊活动"这一行列，而具有这一特殊智力活动的人并不是所谓的才华出众，而是一种意志上的坚强。对此，我们不妨举个很简单且常见的例子：我们经常可以看到，有些人在地位较低时曾表现得非常果断，而当地位较高时却不果断。即使他有时也想要下定决心，可又因为对面前的新事物不了解而踟蹰，还会担心错误的决定会给自己带来危险。此时，他的智力已经失去了原本的力量和光芒，这种光芒会因为他的害怕而逐渐失去甚至丧失殆尽。

在谈完以上两点——眼力和果断后，我们便顺利过渡到下一个问题——机智。我们都知道，战争不仅处处充满危险，更是时时都可能出现意外，而这其中，机智就起着非常大的作用。具备机智，在作战中就能顺利地处理很多意外事件，这一点是很令人钦佩的。同时，它能对意想不到的提问作出巧妙恰当的回答，能对突然出现的危险局面迅速想出救急的措施。当然，面对这种回答和方法，我们只要求它在方式上是恰当的，而并不要求它是非比寻常的，因为同一个回答或办法，当它经过了太多的思考、揣摩和推测之后，也就变得平平常常了，只能给人们留下习以为常和平淡的印象。但当它是敏捷的智力活动的结果时，却能令人钦佩。

因此，我们发现机智绝对是一个完美的词语，它非常准确地表述了智力是一种能及时而敏捷地提出救急办法的能力。

现在，我们再来回想一下，形成战争气氛的4个要素，即危险、劳累、不确实性和偶然性。此时，不难发现一点，要想在困难重重和危机四伏的战争中获取胜利，就需要在感情方面和智力方面付出巨大的代价。事实上，那些讲述战争和报道战争的人，通常会把他们称为干劲、坚强、顽强、强刚和坚定。而实际上，这些英雄本色的表现完全可以归结为同一种意志力在不同情况下的不同表现。当然不能否认的一点是，无论它们多么相似，但绝对不是一回事。在这里，把这些精神力量的不同表现至少比较精确地区别一下，对我们也是有好处的。

首先，我们需指出足以激发指挥官上述精神力量的压力、负担或阻力，只有极少一部分是直接来自敌人的活动、抵抗和行动。之所以指出这点，是为了使观念明确。我们要知道，敌人的各项活动直接影响到指挥官的，最先只是他个人的安危，而不是他作为一个指挥官的活动。我们不妨想象一下，面对进攻，如果敌人抵抗的时间是4个小时而不是2个小时，那这名指挥官需要面临的危险事件就不是2个小时，而是4个小时。倘若这名指挥官升职了，情况又会产生不同。对居于统帅地位的人来说，这种危险系数几乎是零，因为这种危险是随着指挥官职位的提高而减小的。

其次，一旦敌人长时间的抵抗使得我军受到伤亡，那他们的抵抗也就对指挥官发生了作用。指挥官本身就对这些损失负有责任，他会因此而出现焦虑的情绪，因为这一战争考验了他的智力和意志力。当然，这远远不是他承受的最沉重的负担。最重要的是要掌握自己。当然，敌人的抵抗一般不是对指挥官直接产生作用，而是通过他们的部下间接产生作用。

接下来，我们再来谈一下干劲。所谓干劲，是指引起某种行为的动力的强度。这种动力的来源一般包括理智上的认识和感情上的冲动。要想发挥巨大的力量，感情的冲动是必不可少的，因为任何一个军人都能深刻地认识到荣誉心对自己的重要性，它确实可以算是人的最高尚的感情之一，它是在战争中使人的躯体获得灵魂意义上的真正的生命力。当然，如果一个军人随意使用这一感情，那也可能会对人类犯下不可饶恕的罪行，对于职位最高的统帅来说更是如此。试问，自古以来，哪一个伟大的统帅没有荣誉心？一个伟大的统帅没有荣誉心简直无法想象。

至于坚强，它是指意志对猛烈打击的抵抗力，顽强则是指意志对持续进攻的抵御能力，这二者在本质上有着明显的差别。人们对猛烈的打击所表现出来的坚强可以仅仅来自感情力量，但顽强则更多地要依靠智力的支持。随着进攻时间的延长，要不断调整、加强行动的计划性，顽强的力量有一部分就是从这种计划性中获得的。

现在来谈一谈刚强，显然，所谓的刚强不是指感情激昂，它是指在最激动或热情奔放的时候也能够听从智力支配的一种能力。此处我们认为，假如一个人就是在感情冲动的那一刻也能克制自己，让自己服从于理智的力量，即我们所说的自控能力，那是一种感情的力量。这是一种特殊的感情，它能使刚强的人在热情奔放时仍能保持镇静而又不损伤热情,通过这种镇静,智力的支配作用就得到了保证。这种感情就是人的自尊心,是最高尚的自豪感,是内心最深处的要求。所以我们说,刚强是指在最激动的时候也能保持镇静的那种感情。

假如根据感情的不同来区别各种不同类型的人们,通常会把感情不太敏感的人叫做感情迟钝或感情淡漠的人。而对于很敏感的人,他们是一种容易动感情而又能很快恢复平静的人。不过还有一种是容易激动的人,即使他的身边有一个小的火种,也能将其点燃,使其燃烧成大火,但不会持久。最后,还有一种内心"静若处子"般的人,他们不为小事所动,一般来说,他们的感情相对稳定,也不容易被激发,这种类型的人属于感情强烈、深沉而不外露的人。

实际上,之所以有这些感情上的差异,与每个人机体内的各种生理机能和来源于我们称之为神经系统的那种具有两重性的组织有关,而这种组织一方面同物质有联系,另一方面又同精神有联系。

我们知道,那些感情淡漠、不易为周围的人和事所动的人,通常也不会轻易激动失去镇静。我们可以肯定的是,这种人正是因为能够经常保持镇静,所以在战争中才多少有他们有用的一面。这种人一般缺乏行动的积极动机,即缺乏动力,也就缺少行动,当然他们也不容易坏事。但无论这种人有多少优点,我们都绝不可把这种镇静称之为刚强,因为其本身并没有表现出任何力量。

第二种人的特点是遇到小事容易奋起行动,遇到大事却容易消沉。一般来说,这种人的作用只体现在小事上,通常在其他个别人遭受困难和不幸时,他们便会积极帮助,但一旦遇到整个民族的灾难却只剩下唉声叹气,显得束手无策。在战争中,这种人既能起到积极作用,又能保持镇定,但无论如何,他们似乎总是无法成就大事,因为他们没有卓越的智力使他们产生做大事的动机,主要是因为这种类型的人极少会有十分独立的、超人的智力。

第三种人容易激动和暴躁,这种人似乎在任何情况下都不怎么适宜,无论是生活中还是战争中。他们有个最大的优点,那就是冲劲足,但绝不会持久。结合荣誉心这一点,我们发现,如果他们能在战争中担任较低的职务,往往能将这种冲劲发挥到极致。要这种人在情绪激动时保持镇静是十分困难的,因而常常会失去理智,对指挥作战来说是最糟糕的一面。但是,这种人并不是人们常说的不刚强。因为他们一旦接受了某些锻炼、体验和自省的方法,也能在情绪激动的时候及时意识到内心仍然应该保持镇静,从而成为非常刚强的人。

最后,我们需要提到那些很少激动却感情稳定的人。这种人有着其他几种人都不具备的特点，他们不容易被感情支配，也不经常事后追悔。但是，我们绝不可断言他们就不会失去镇静、不会盲目受感情的支配。要知道，任何人一旦失去产生自制力的高尚自豪感，或者当自豪感不强烈时，也会失去镇静，也会被盲目的激情所支配。因此，我们还是要重复这样一个观点：刚强的人不是指单单具有激情的人，而是指那些即使在最激动的时刻仍能保持内心镇静的人。这种人尽管也会内心激动，但他们的信念和独到的见解却依然像暴风雨前看到曙光和黎明的行船人一样，坚定地向自己的方向前进。

所谓坚定，顾名思义就是坚定自己的信念。这里的信念，姑且不论它是自己的信念还是据他人见解得知的，抑或根据某些原则、观点、灵感或智力活动的结果得出的。如果一个人如墙头草一样，经常改变自己的见解，那么我们便不会认为他是坚定的，也不会认为他是有性格的。我们只能把那些信念非常稳定的人称为有性格的人，我们也先不论使其信念坚定是因为其有理论上的指导原则还是因为该信念已经根深蒂固，因而意志活动很明确，使他们拒绝对自己的看法作出任何改变。

但是在战争中，人们在情感方面会获得来自其他各个方面的信息，并产生强烈的印象，因此，他们对现有情况的了解甚至是见解都感到并不可靠。所以，人类战争的活动比其他领域的活动有更多的理由促使他们摒弃原来的思维习惯，对自己和他人的见解都产生怀疑。

既然如此，我们或许只有从那些指导行动的原则与观点较高的角度来看，才能得出那些明确而又深刻的见解。而处在当下，我们似乎只能以一般的原则和观点作为了解的依据，并且，我们面临的困难还有坚持这些已经经过深思熟虑的见解并不受不断出现的新情况的影响，这是极为不易的。个体情况与普遍原则之间常常存在很大的距离，这段距离并不能依靠一系列明确的推论就可以连接起来。

另外，我们必须时刻提醒自己，实际上，那些经过验证的原则在真实性是比较大的。我们应该庆幸这一点，尤其是在暂时现象的印象很强烈的情况下，不要忘记这些现象的真实性是比较小的。此时，假如我们无法作出抉择，能够相信并且坚持当初的信念，那么我们的行动就具备了人们所称为有个性的那种坚定性和一贯性。

此时，我们似乎已经不得不提到另外一个问题——顽固。在某些具体情况下，顽固与坚定似乎难以区分，然而确定它们在概念上的差别似乎不是很困难。

首先，我们要明确一点：顽固和智力无关，也不是智力上的缺陷。实际上，顽固是指拒不采纳更好的见解。如我们所说的，若把它归属为智力问题，那么便产生了矛盾，因为智力是一种认识能力，而顽固是感情上的毛病。这种固执己见、不能容忍不同意见的毛病产生于一种特殊的自私心，顽固的人的最大爱好就是用自己的精神活动去支配自己和他人。这时，我们可能又会想到"虚荣心"一词，这两者其实是有区别的，假如顽固不是比虚荣心稍好一些，我们就会直接把它叫做虚荣心了。虚荣心仅仅满足于表面现象，而顽固则满足于实质内容。

因此，假如我们排除为什么会拒绝别人的几点因素：出于更好的信念、出于对较高的原则和信念的依赖，那么最大的原因就是因为抵触情绪，此时我们似乎就可以把这种坚定归结为顽固了。讨论这一问题实际上并没有多少实际意义，然而它却能帮助我们分清一些问题，进而可以使我们不致把顽固仅仅看作是坚定的一种强烈表现。虽然这二者很相似，但它们却在本质上有着极为不同的区别，顽固的人因为缺乏智力，性格成分也就很少。

以上，我们已经谈完了指挥官应当具备的素质，现在我们再来谈谈战争同地形的关系。

在谈这一问题之前，我们要明确以下 3 点：

第一，任何一支训练有素的正规军队都不可能脱离空间而存在，更不可能与敌军抗战，因此，战争同地形的关系永远存在。

第二，这种关系的影响是巨大的，因为它能影响甚至改变一切力量。

第三，这种关系一方面涉及局部地区最细小的特点，另一方面涉及最广阔的空间。

由此，我们可以发现，作为战争的指挥官也是战争中的一个要素，他的活动也必须在有关的空间进行。而这个空间并非肉眼所能全面观察的，即使竭尽全力也不能探查清楚，况且空间还会经常变更。而这些问题都并非一方所遇到的，对方也是如此，但无论如何，我们还需认识到：首先，有些困难是双方共有的，谁能主动先克服它，谁就占领了先机；其次，只有在一般的情况下，双方的困难才可能是相同的，在具体情况下并非如此，因为在具体情况下，敌对双方通常是防御者比进攻者对地形更为熟悉。

此处，我们将地形与智力结合起来，这就是地形判断力，就是面对无论什么样的地形都能迅速形成正确的几何观念，从而能够快速准确地判明方位的能力。

这需要两方面的力量，一个是肉眼，另一个是智力。此处，智力的作用在于，它能用从科学和经验中得来的理解力来弥补肉眼的不足，并把看到的一些片断合成整体。但是，若要记住这一整体，并让其活生生地印在脑海里，形成一幅完整的图画、一种记忆，使其各个部分不再支离破碎，所有这一切都只有依靠我们称为想象力的这种智力才能实现。此时，我们又产生一种疑问：记忆力究竟是一种独立的精神力量?还是恰好包括在那种能更好地巩固对地形的记忆的想象力之中呢?我们不加以否定,因为就某些关系来看,这两种精神力量确实难以分开。

以上这些论述已经帮我们了解了军事行动要求人们必须具备的智力和感情力量的各种表现。我们得出这样一种结论:智力无论在哪里都是一种起主要作用的力量,不论军事行动从表面上看多么简单,不具备卓越智力的人在军事行动中是不可能取得卓越成就的。

现实生活中,人们有一种惯性思维,他们总是认为那些出色而单纯的军人同那些思维敏捷、有发明天赋或者科研工作者,甚至才华出众的人是两种截然不同的人,甚至把他们对立起来。我们不能否认,这样划分是有一定的现实根据的,但是这并不能证明军人的才干只表现在勇气方面,也不能证明他们要成为出色的勇士就不需要某种特殊的智力和才能。这里,我们还必须提醒读者,某些人一旦升迁到其才智与之不相称的较高职位时,就会丧失活动能力,而我们所说的卓越成就是指能使人们在他们的职位上获得声誉的那些成就。所以,在战争中,各级指挥官都必须具备与之相应的智力,同时享有相应的声誉。

例如统帅,即指挥整个战争或一个战区的司令官,和他下一级的司令官之间的差别是很大的。

对于这一点,我们很好理解,职位越高,所需要参与的智力活动也就越多,由于后者受到更具体的领导与监督,因此智力独立活动的机会很少,范围也狭窄得多。举个很简单的例子,现实生活中,我们会看到一些头发斑白的老军官,他们的职位虽然不低,但却次于统帅。由于多年来只从事一方面的活动而显得智力贫乏,人们甚至认为他们有些迟钝,因而在敬佩他们勇气的时候,又不免感叹他们的头脑简单。此处,我们并不打算为这些勇气可嘉的人说些什么,因为这样做毫无用处,并不能提高他们的智力,更不能为他们带来荣誉,我们只是想说明实际情况,以更正人们认为战争中只要有勇气就可以所向披靡这一错误的认识。

可见,无论职位高低,只有具备一定的天才,才可能在战争中取得卓越的成就。然而,我们还不难发现一点,无论是历史还是评说,人们似乎总是把一些战争成功的功劳归结于那些战争领袖——统帅身上,认为他们才是真正的军事天才,这是因为这种职位要求具备极高的精神力量。

而除了战争,我们发现,统帅只有将战争与政治合二为一、对较高的国家关系有远大的见解,才能保证整场战争或战局中的大规模军事行动实现目标。此时,这位统帅也就应当成为政治家。当然,军事统帅不应该成为一个纯粹的政治家,他一方面要概括地了解所有政治情况，另一方面又要确切地知道用自己所掌握的手段能做些什么。这些关系并不是简单的，也没有明确的界限，需要考虑的因素又很多，因此，如果这名统帅没有足够的洞察力来做到明察秋毫，那么他的思维就会陷入混乱，就不可能做出正确的判断。

这里，需要考量的是对一个统帅智力的综合力和判断力，这二者甚至可以发展为惊人的洞察力，具有这种能力的统帅能迅速拨开迷雾，而智力一般的人却不能做到，甚至要花大力气来弄清这些概念。但是，具有这种较高智力的人，即具有这种天才眼力的人，倘若缺乏我们前面讲过的感情上和性格上的特征，仍然不能载入史册。

事实上，促使人们行动最强的动力总是来自感情，而最强大的支持力量则来自感情和智力的结合，这种结合就是我们前面讲过的果断、坚强、顽强和坚定。因此，仅仅认识真理并不能产生多大的动力，所以在认识和意愿之间、在知和能之间仍然存在着很大的距离。

此外，即使一个统帅有这种高超的智力和感情活动，但却没有尽显给人们看，而只是人们愿意相信他有这种力量，那么他也是很少会载入史册的。

最后，我们来总结一下，假如我们对这一较高的精神力量无法从理论上做出更精确的界定，而只是从概念上按照语言习惯承认智力的差别，那我们必定会产生这样一个疑问：究竟具有哪种智力的人才最能被称作军事天才呢？答案就是：这种人与其说是有创造精神的人，不如说是有钻研精神的人；与其说是单方面发展的人，不如说是全面发展的人；与其说是容易激动的人，不如说是头脑冷静的人。战争中，我们愿意将生命以及祖国的荣誉和安全托付给这种人。

第四章 战争中的危险

战争并非儿戏，面临的是流血牺牲，但似乎人们在经历这些之前都不曾想象过它的可怕，甚至对其充满幻想，认为它是吸引人的。当人们抱着这样的激情，就会猛然冲向敌人。此时，谁还会管子弹和死亡？因为，当人们意识到这一问题的时候，一切都已经发生了，无人能知是自己还是别人可以逃脱死神的魔掌。这一切的发生并不困难，然而这个瞬间并非是一蹴而就，而是如药片一般需要时间将其冲淡和溶化。

现在，假设我们作为陪同者和那些从没有上过战场的人一起前往战场吧。看，我们离战场的距离越来越近了，炮声、枪声震耳欲聋，很明显，我们这些初来人已经被这些炮火吸引住了，尽管它们是相当危险的。接下来，我们看到的是，身边居然也有落下的炮弹，为了安全起见，我们赶紧跑向指挥官和他的随从人员们所在的地点。在这里，炮弹也在附近纷纷落下，残酷的现实这时就打破了我们和初来人的天真的幻想。瞬间，我们的一个熟人倒了下去，炮弹继续落在人群中，人们也开始感到不安，这时，即使那些看似勇敢的人也会慌了神、乱了阵脚。我们继续向前走，看到了一位指挥官，我们的心稍稍安定了一些，但激烈的战斗还是继续进行着，炮弹的轰炸并没有停止。我们从指挥官身旁来到一线指挥官身旁，这位指挥官是大家公认的很有胆量的人，他谨慎地隐蔽在小山冈、房屋或树木的后面。我们真切地看到，那些如流星般落下的炮弹撒在田野上、马路上、居民的房顶上，有的甚至从我们的头上和身边飞过，周围不断响起枪弹的尖叫声。我们继续向前走，来到了顽强战斗、坚持了好几个钟头的火力战的步兵部队。在这里，我们看到的是更为猛烈的战斗，到处都是枪弹声，子弹正从耳边、头上和胸前掠过。看着受伤的士兵、死亡的生命，我们那颗颗跳动不安的心开始变得悲痛起来。

我们是普通人，面对这些危险，已经感到非常害怕了。而假如有一个人来到战场，却能表现出沉着冷静、当机立断，那么他一定是一位与众不同的人。诚然，习惯可以帮助我们逐渐冲淡这些危险带来的印象，甚至在经历了半小时的战场生活后，我们便开始对周围的一切习以为然了，但无论如何，普通人在这种情况下不可能完全处之泰然。

由此可见，一个人在这种情况下仅仅具有普通的精神力量是远远不够的。如果要他担任更大的责任，那么情况也就越是如此。在战火连天的战场环境下，一切活动如果想要取得在一般的、平稳的室内活动那样的效果，那人们就必须具备更伟大的精神力量，比如，强大的、百折不挠的、强烈的荣誉心或者久经危险的习惯。

战争中的危险是战争中的一种自然阻力，如果对它有一个正确的认识，那是符合真理所必需的，因此我们不得不在这里提及它。

第五章 战争中的劳累

战场上，假如一个人因为外部环境而导致身体状况不佳，比如，酷暑难当或者饥寒交迫,那么此时,他对战争中各种情况的正确判断就会减少。不过,这样的判断至少在主观上是准确的,也就是说,它们确实可以反映判断者与被判断事物之间的关系。

但是,即便主观意识准确,劳累对战局的影响也是明显的。例如,我们是一起不幸事件的目睹者,或者我们本身就是这起事件的当事者,那么我们对这起事件的认识往往是消极悲观的,甚至超过了其本身状况。在这里,我们便能看到疲惫可以产生的负面影响有多大。

战争确实是世界上最为劳累的工作。战争中,我们很难严格规定很多事物的使用限度,尤其是体力。如果体力是一切力量的系数,那它一定是在不被任意使用的前提下。事实上,我们任何人都不能确切地指出人体究竟可以承受住多大的劳累,这就好比一个人,只有具备弓箭手般强大的臂力,才能将弓拉得很紧。而战争中,似乎能有这一种力量的只有统帅。比如,一支战败的军队正面临全军覆没的危险,而此时,只有加倍的劳累才可以拯救他们;一支胜利的军队在自豪的感情鼓舞下,可以接受统帅任意的指挥。这二者都是劳累,但却并不一样,前者的劳累只能引起人们的同情,而后者却一定使得我们钦佩,因为要做到这一点非常困难。

此处,即使一个毫无战斗经验的人,一样能理解劳累在战争中的消极作用,它是暗中约束智力活动和消磨感情力量的众多因素之一。在这里,我们对指挥官本人的劳累问题绝不能忽视,即使我们所讲的只是指挥官要求部下吃苦耐劳的问题。

劳累和危险一样,都是产生阻力的重要原因之一,同时它们也都没有一定的衡量标准。因此,为了避免过分强调战争中的各种困难条件,也为了避免过分地使用上述论点,似乎我们天生就有一种指导判断的感觉。比如,如果我们在一个人受到侮辱和诽谤的时候提及他的缺点,这是毫无好处的;而假如此人已经通过各种手段证实了自己,并成功攻击了这些诽谤者,此时提及他的弱点还是有好处的。同样的道理,任何一个统帅或者军队如果被人们描绘为危险、困难和劳累,他们会感到这是一种失败的耻辱;而当他们获胜时又是另外一种心情,这是一种战胜困难的光彩。

可见,我们的感觉阻碍我们得出的判断容易出现表面公正的论断,因为我们的感觉行为是一种更高的判断。

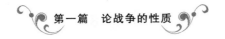

第六章　战争中的情报

　　情报是一种信息，是关于我们对敌国和敌人所掌握的全部信息，是我们所有计划和行动的基础。在听到这一词语时，我们就能感受到它的多变性和不可靠性，也就能感受到战争的危险。

　　我们都知道，战争中的情报不一定是准确的，有时甚至是假的或者互相矛盾的。而如何判断其可靠性，就需要军官有一定的识别能力。这种能力不是一般人随便可以获取的，是需要通过对事物的深入认识和判断才可以获得。在这里，军官一定要遵循盖然性的规律。交战前，对于最初的作战计划，我们已经难辨真假，而随着战火的蔓延，各种情报也会像雪片一样纷至沓来，此时困难就会被无限地放大。如果这些情报互相矛盾、是非难分，需要仔细辨别，那还算是较为幸运的。对没有经验的指挥官来说，更糟糕的是一个情报接着一个情报，一个情报补充着一个情报，就像在图画上不断添加新的颜料一样，最后，他不得不匆忙作出决定，但是不久又发现这个决定是愚蠢的，所有的这些情报都是虚假的、夸大了的和错误的，等等。

　　从常理上来讲，人们似乎更愿意相信坏的消息，而不愿意相信好的消息。有时候，人们还会在无意识中把坏消息加以放大。值得庆幸的是，一切的预感都会随着时间的推移而逐渐消失，但也可能会没有任何预兆地出现。而此时，指挥官的作用就必须显现出来了，他要做的就是坚定自己的信念，就像屹立在海中的岩石，经受得起风吹浪打。当然，要做到这一点却并非易事。

　　从感觉而得来的印象会比经过认真思考而产生的观念更为强烈，并且这种强烈的程度极大，使得指挥官在完成比较重要的行动时，不得不在一开始就克服一些新的疑虑。而如果你是一个天生悲观的人，或者你从没有经过战争的洗礼，再或者你的判断力不强，容易被周围的环境扰乱心绪，那么你最好强迫自己，也就是违背自己内心的想法而面向希望。而只有做到这一点，你才能让自己做到镇定和清醒。

　　归根到底，人毕竟不是生活在由自我决定的世界里，多数人都易受他人意见的左右而难果断行事，这也是由人的天性所定。因此，人们常认为，情况绝不是如此，尤其当他们听到来自多当面意见的时候，就会变得更加不自信。就算是那些亲自指挥作战的统帅，估计也不能幸免于此，他们看到实际情况的时候，也容易对原来的想法产生怀疑。这时，只有坚定自信心，才能使他们抵挡住暂时的假象的冲击。

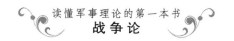

第七章　战争中的阻力

任何一个没有经历过战争的人，都无法理解战争的困难。在一些人的眼里，战争中的一切都十分简单，所需要的各种知识都十分浅显，各种行动也都是如此平常。然而，当他们经历过战争以后，这一切就成为可以理解的了。不过，要说明引起这种变化的原因、指出这种看不见而又到处起作用的因素是什么，却是非常困难的。

最简单的事情往往最困难，战争更是如此，当这些困难积累起来达到一定程度时，阻力就形成了。而一个没有经历过战争的人是不会对此有深刻的、正确的认识的。战争中，未知、不可预料甚至细小的因素实在太多，一切过程的进展都不会理想，那些原定的目标也会因此而变得不易达到。此时，统帅、指挥官乃至全体军人的意志如何就极为重要。统帅的坚强意志则像交叉道上的方向牌一样起到指导作用，在军事艺术中占有十分重要的地位。只有依靠钢铁般的坚强意志才可以克服这些阻力、排除各种障碍。当然，军队必然会遭到很大的损伤。

我们可以这样认为，区别实际战争和纸上战争的唯一概念便是阻力。战争中，军事机器的任何部分都是零散的，而不是一整块的，它由众多独立的个人组成，而这些人也自然会遇到属于他们个体的阻力。比如，作为一个营长，他的任务是负责执行上级的命令，而这一个营就是通过纪律组成的整体，营长也必定是公认勤勉之人，只有当这个营的所有人都行动起来，整个营才会围绕营长这个轴心运转起来。表面看起来，这一理论着实不错，然而实际却并非如此，因为这一理论中有太多理想和夸大的成分，只要战争爆发就会立即显露出来。既然组成了一个营，那么就会有一定的人数，如果机会凑巧，有时他们中间就算最一般的人也会造成障碍甚至混乱。我们也不能否认，劳累和危险也会加大战争的阻力，而我们也可以将这二者看作是阻力产生的最重要的原因。

另外，一旦遇到偶然性的因素，阻力便会加大，并且可能会发生一些无法预料的事情。比如，天气就是一个偶然性的因素。如果遇到大雨，那么便会导致这个营来不了，那个营又不能及时达到。而如果出现大雾，则有可能让我们无法准确判断敌人的位置，从而妨碍火炮适时射击以及妨碍我们向军官呈送报告，等等。

因此，我们可以把战争中的行动比作在有重重介质的阻力中的运动。一个真正的军事理论家应该也如同一个有应变能力的游泳教练，能够教别人在陆地上练习水中所需要的动作，尽管这些动作在从来没有游过泳的人看来也许是荒唐的或是夸大的；而那些没有实战经验或者只对经验有研究的理论家必然是不切实际的，甚至还会是愚昧的，因为他们只会教谁都会做的动作。

此外，任何一场战争都是唯一的，都有其自身的特点。打个比喻，当一支军队要经过一个未经航行过的、充满礁石的航线时，指挥官虽然不能亲眼看到这些暗礁，但凭借他的智力，就可以感受到这些暗礁，并且在黑暗的夜里绕过它们。而此时，假如再遇到其一特殊情况，比如刮起一阵风，那就要求指挥官具有高超的技巧和机智，做出非一般的努力。这一切对于周围观望的人来说似乎都显得异常顺利，而一个优秀的指挥官必须承受并且熟悉这些阻力，这是作战经验的重要部分。

相反，在战争中，也不乏那些能认识阻力但又最怕阻力的指挥官，他们不是最好的指挥官。一个好的指挥官必定能熟悉这些阻力，这样有利于做足准备工作；而同时，面对那些由于阻力的阻碍作用而不能达到的目标，他们也不能强求。当然，在理论上，我们并不是预言家，不可能全部认识这种阻力，退一步说，即使我们能认清，也缺乏经过实战所得出来的判断力，人们将这称为随机应变。这一能力往往在充满各种细小问题的领域更为需要，而不是那种重大问题的场合。因为在重大场合，人们可以自己思考，也可以与别人探讨。只有实战经验丰富的军官才能在众多问题上恰当地作出决定并及时处理，只有这样，指挥官才可以迅速判断出什么是可行的、什么是不可行的。

一个优秀的指挥官，除了具备丰富的经验和坚强的意志之外，还必须具备他人所不具有的非凡的精神素质，因为，如果他在战争中经常暴露其弱点，那就会动摇别人对他的信任感，这是非常危险的。这时，阻力等使看来容易的事变得困难起来。关于这一点，我们在后面的内容中会提到。

第八章 结束语

在上面的几点中，我们找到了构成战争气氛的因素，即危险、劳累、情报和阻力等，这些因素对战争都起着妨碍作用，因此，我们又可以把这些因素归结在阻力这个总的概念中。此时，我们会发出这样的疑问：难道就没有减少这种阻力的方法吗？

当然有,而且只有唯一的一种,它是指挥官和军队在实战经验中总结出来的,那就是军队的战争锻炼。

战争锻炼的作用在于:它可以使身体承受巨大的劳累、使精神可以承担极大的危险、使判断不容易受最初印象的影响。通过锻炼还可以获得一种重要的品质,即沉着,这是士兵以及指挥官所必须具备的品质,因为它可以帮助指挥官减少在行动中的困难。

事实上,任何一个军官都没有赐予士兵战争锻炼的特异功能,即使平时的实战演习也不能,因为它与实际的战争总是有不小的差距。当然,所谓差距,是有一定的比较对象的,它并不是同以训练机械的技巧为目的的军队的操练相比,而是同实战经验相比。因此,我们也不能否定它的作用,如果每个指挥官都能在平时的演习中安排有上述阻力的活动,那么,士兵的判断力、思考力甚至果断力都能得到锤炼,其意义比没有实战经验的人所想象的大得多。更为重要的是,阻力可以使军人不致刚走入战场就出现初上战场时的慌乱现象。

阻力方面的锻炼不仅有助于肉体,更能使精神习惯于劳累。因为在战争中,我们常常见到那些新兵上战场时将过度劳累当成是整个指挥的严重失误或者是束手无策的结果,从而产生消极、沮丧的情绪。假如他们在平时已经经过锻炼,那就不会出现这种情况了

那么,如何在平时获得战争的锻炼呢?我们可以提供这样一种方法:招聘有战争经验的外国军官。从欧洲和其他各洲的情况来看,战争从没有停止过。因此,我们需要提醒那些长期处于和平的国家,一定不能掉以轻心,最好的方法是想办法从那些有战争经验的国家招聘一些优秀的军官,或者将自己的军官派到他们那里熟悉战争的气氛。

虽然这些军官的人数并不多,但我们决不能忽视他们的作用。他们的经验、精神上的特征和性格上的修养对其他军官乃至士兵都会产生积极的影响,即使他们并未在军队中担任高层职务,但至少应该把他们当做熟悉某一地区某一情况的特殊人才,在具体情况下询问他们的意见,做到为我所用。

第二篇　论战争理论

第一章　军事艺术的划分

　　战争的实质就是斗争，只有斗争才能产生效果。这一点，是针对广义的战争而言的。不过，斗争并不仅仅是物质力量或精神力量的较量，而是二者的结合。很明显，在这里我们不能忽视精神力量，因为对军事力量具有决定性的影响的正是精神状态。

　　我们不能否认，为了赢得斗争的胜利，人们会动一些脑筋、做一些发明等。因此，斗争的形式就发生了很大的变化，不过，这并不能改变战争的实质，它依然是战争最根本性的东西。

　　那么，我们不免产生疑问：这些发明是什么呢？首先，应该是武器和装备上的发明。实际上，这两者在战争开始前就要制造好，我们并不能赤手空拳上战场。另外，熟悉和掌握这些武器装备也是战前重要的准备工作。同时，武器和装备一定要适合斗争的性质。但无论如何，制造、熟悉和掌握武器装备的活动与斗争本身并不是一回事，只是为了斗争做准备，而并不是实施斗争。所以，配备武器和装备本质上不包含在斗争这个概念中，因为换一种武器甚至包括空手的打斗也是斗争。

　　当然，斗争与武器装备也不是毫无关系的，斗争决定武器和装备，而反过来，武器和装备又改变斗争的形式，两者之间往往相互产生作用。抛开这一形式，斗争本身仍然有其特殊性，并且因为是在十分独特的条件中，即危险中进行的，因此就更为独特。

　　所以在这里，我们有必要把这两种不同性质的活动区分开。因为按照常理来讲，通常在某些领域有特殊才干的人，在其他领域就会呈现出完全不同的状态，甚至是没有用处的书呆子。只要指明这一点，就可以说明将这两种活动区分开来的实际意义了。

此处，如果我们把已经武装好的军队当成是一种现成的手段，那么只要了解其主要的效能就能很好地使用它，这样，在研究时把这两种活动区别开来就会很简单。

此处，我们便可以把狭义的军事艺术与广义的军事艺术加以区分。我们不妨把狭义的军事艺术称为作战方法，因为它是在斗争中运用现成手段的艺术。而广义的军事艺术包括一切为战争而存在的行为，也就是包含建立军队的全部工作，包括征募兵员、装备军队和训练军队。

区分这两种活动之所以非常重要，是针对理论到底有没有现实意义而讲的。假如把军事艺术的起点归结为建立军队，也就是最初的工作，并且按照它所规定的军队来制订战法，那么这种军事艺术便不能通用，它只能在现有的军队恰同这种军事艺术所规定的军队相一致的较少场合才可以适用。可是，换个角度看，假如我们确实需要一种通用的、在任何场合下都需要的理论，那么这种理论就必须以一般的战斗手段为依据，并且只能以它们最主要的效能为根据。

由此可见，作战方法正是部署和实施斗争。做个假设：如果斗争是一次单独的、独立的活动，那么，再对其作进一步的区分已经毫无意义了。然而，事实上却并不是如此，斗争是由众多本身非常完整的单个的行动组成的，我们将这些行动称之为战斗。根据这一点，就划分出来两种完全不同的活动，这就是战斗本身的部署和实施以及为了达到战争目的对这些战斗的运用。在这里，前者就是战术，后者就是战略。

现在，人们已经将作战方法区分战术和战略了，也能很清楚地知道一些现象应当列入战术还是应当列入战略。

依照我们的区分，可以对战术和战略这两个概念作进一步的比较：战术是在战斗中使用军队的学问，战略是为了战争目的而运用战斗的学问。就时间来讲，即就连续进行的几次战斗来讲，一次战斗的持续时间应当以战斗出现的危机完全过去为界限。就空间来讲，也就是以同时进行的几次战斗来讲，一次战斗的范围正是个人命令所达到的范围。

当然，我们不能否认，有时会出现一些无法比较的情况，众多战斗可以看作一个战斗，但这一点决不能成为否定我们如此区别的原因，因为一切现实事物的划分总是通过不断的过渡才得出，这种活动当然也不能排除在外。所以，哪怕观点不变，也会有一些活动列入战略范畴和战术范畴。

这里，我们的区分只是针对军队的使用来讲的，即使战争中仍有一些虽然为军队服务，但又不是使用军队的情况，其中有些与它的关系较为密切，有些又跟它的关系较为疏远。但是，所有这些活动都与维持军队有关，这是它的必要条件。

不过,经过仔细思考,我们只能把这些与维持军队有关的活动看作是斗争的准备,这就是为什么我们把这些像其他活动准备一样不列为狭义的军事艺术的原因,即真正的作战方法之内,并且从理论上说,首要任务是把不同种类的事物分开来讲的。

那么,我们不难想到的是,没有谁会将给养和管理这一套琐碎的事务列入真正的作战方法内。即使他们与使用军队有互相作用,却在本质上与其是不同的。

可以说,战斗是达到其他一些活动目的的前提条件。没有战斗,一切都无从谈起,不过这些活动之所以能达到目的,也是有其一定的自身规律的。关于这一点,我们有必要谈一谈。

战斗之外的其他活动在性质上是不一样的,有的是属于维持军队,而他们之所以对斗争造成一定的影响,是因为他们和斗争有相互作用——一方面属于斗争的本身,与斗争相同,但另一方面却又为维护军队服务。不难想象,这就是军队活动中的行军、野营和舍营,因为这 3 种活动是军队 3 种不同的状态,而军队到哪里,哪里就会有战斗的观念。

伤病员的救护、给养和武器装备方面的补充属于维护军队的活动,而行军和使用军队是完全一样的。我们称之为战斗的那种活动不可分割的一部分就是战斗内的行军,也就是平常所说的展开,这并不是真刀真枪地与敌人战斗,却与其有着密切的联系,因为战斗外的行军则无非就是为了实现战略决定。这里所谓的战略决定,就是指何时、何地,以何种方法与敌人进行战斗,而行为则是实现这一决定的唯一手段。

所以,军队的战斗并不是预先规定好的,随时都有可能发生,因此,行军这一战略意义上的手段不仅要服从战略的法则,还要服从战术的法则。当然,它并不属于战略。比如,假如我们作为指挥官,告诉士兵们在某座山的这一面进军,那么这就是一个战略上的决定。这里还有一层意思:如果战斗发生的话,那么可以与敌人在山的这一面作战,而不是在那一面作战。再举一例,为了便于行军,我们发出指令,要求军队分成许多小的纵队,这就是战术意义上的决定,因此这些决定与发生战斗时如何动用军队有关。

行军内部方面的部署具有战术方面的性质,因为它跟战斗的准备有关,它是可能发生的战斗的提前部署。

进军是战略用来部署战斗的手段,是在战略上只考虑战斗的结果而不考虑战斗的实际过程。因此,在研究中,经常会有人用进军这个手段来替换战斗这个有效要素的情况。例如,人们经常会认为决定性的、巧妙的行军就是行军所产生的战斗。而实际上,这是一种概念的替换,尽管这种替换的原因和过程显得很自然。我们必须记住它本身的意思,不然就容易产生错误。

一些人进行行军和机动,不经战斗就完成了目的,于是就得出这样的结论:存在一种不要经过战斗就能战胜敌人的手段。这种认识是十分错误的,我们在以后会指出。

在前面,我们已经了解到行军是斗争中的重要部分,但实际上,行军中的一些活动却并不属于斗争。从大的方面看,它既不属于战略,更不属于战术。诸如架桥、筑路等这些便于军队行动的行动。表面上看,它们和使用军队很接近,甚至几乎是相同的,然而它们本身并不同于使用军队,因此关于它们的理论不列入作战理论。

野营比舍营更为集中,因而也更具有战斗准备的配置。野营是军队的一种静止状态,即休息状态。但同时,它也可能是在该地进行战斗的战略决定,并且通过布营的方式。它既包含了战斗的轮廓,即进行防御战斗的条件。因此,野营是战略和战术的重要组成部分。

舍营是为了使军队更好地休息而代替野营的一种行为,它和野营一样,就营地的位置和范围来看是战略范畴,就准备战斗而进行的内部部署看,则是战术问题。

野营和舍营除了让军队得到休息外,它通常还有另外的目的,比如掩护某一地区或扼守某一阵地。一般来说,凡利于战略的都可以成为战斗的目的,因而战略所追求的目的可能是各种各样的。而维护作战工具,往往也必然会成为一些战略行动的目的。

此时,我们讨论的是如何更好地维护军队,但实际上,这并没有与主题偏离——使用军队的问题。因为无论何时、何地,使用何种配置,这些都是使用军队的问题。

以上提到的是野营和舍营,但此时进行的另外一些为了维护军队而进行的活动,诸如架设帐篷、修筑茅舍、从事给养及清洁工作等,则不属于战略,也不属于战术。

至于防御工事,虽然位置的选定和工事的安排是战斗部署的一部分,因而是战术问题,但就工事建造而言,则并不属于作战方面的理论。战斗理论是以这些知识和技能为前提的,这方面的知识和技能也必须是受过训练的军队早就具备了的。

在单纯军队维持的活动中,唯有军队的给养与战斗的关系最为密切,对军队活动的影响是可以上升到战略范围内。之所以这么说,是因为对于某些特殊的战斗而言,军队的给养对战斗的影响足以达到可以使军队改变作战计划,当然,这一情况并不多见。但对军队给养的考虑影响到一次战局或战争的主要方面的情况是较为常见的,因此,军队给养多数只与战略发生互相作用。可是,无论这种影响多么频繁或者具有多大的决定意义,给养仍然是一种本质上不同于使用军队的行动,它仅仅以自己的结果对使用军队发生着影响。

比如救护伤病员,这是一项很重要的工作,但是它涉及的并不是整个军队,也不是某个集体,而是针对个人或者一小部分人,对其他人的使用只有较少的间接影响。另外,武器装备的补充只需要定期进行,在拟制战略计划时,只有在较少的场合下才能注意到它,除了军队本身经常进行的以外。

但我们不能产生误解,认为这些活动不重要。实际上,它们对军事活动偶尔也会产生决定性意义。医院和弹药库的距离的确可能是在战略上作出极重要决定的唯一依据,我们并不能掩盖这一事实。但我们还需明确一点,我们要谈的并不是特殊与个别情况,而是具有一般意义上的情况,也就是从理论上抽象地来谈。我们不能把救护伤病员与弹药库补充的理论与作战理论的重要性放到同一个平台上,也就是说不值得将这种理论所得出的方法与它们的结果像给养那样并列入作战理论。

所以,我们可以得出结论:战争理论研究的就是战斗这一真正的斗争,并且在这中间注入了一些军队的状态,如行军、野营和舍营等。但在这里,我们需要了解,尽管军队的给养对军事活动起着至关重要的作用,但战争理论不将军队的给养作为自己范围内的行动来研究,而同对待其他存在的条件一样,关注的只是它的结果。

狭义的军事艺术本身又分为战术和战略。前者是研究战斗的方式,后者则是研究战斗的运用。行军、野营和舍营这些军队的状态只是由于战斗才同战略和战术发生关系。但我们到底应该把它们归结为战术还是战略的问题,这得看它们是同战斗的方式有关,还是同战斗的意义有关。

现在肯定有人认为,战术和战略本身就是这样非常接近的事物,何必分得那么细致?这对作战本身并无实际和直接的作用,只有书呆子才会去寻求理论区分对作战的直接作用。

其实,任何一个理论在其产生混淆和杂乱的概念时,我们就有必要站出来为其澄清。同样,关于这一概念,我们也只有达到让名称和概念有一个相同的理解时,才能与读者站在相同的立足点上,也才可能清楚、顺利地研究问题。战术与战略在空间上和时间上互相交错,可在性质上却又不相同,假如不精确地确定它们的概念,就不能透彻地理解它们的内在规律和相互关系。

第二章　关于战争理论

军事艺术起初只被理解为军队的准备

以往，人们将军事艺术或军事科学理解为与物质事物相关的知识与技能的总和。这类知识和技能就是武器的结构、制造和运用，军队的组织及其行动的机械规定、要塞和野战工事的修筑，等等，所有这些只不过是准备工作，一切只是为了准备一支在战争中可以动用的军队。在这里，人们只涉及物质材料、单方面的活动，归根结底就是一种从手工业逐步提高到精巧的机械技术的活动。

在攻城术中第一次讲到作战方法

攻城术又称围攻术，即围攻要塞和城堡的方法。在攻城术中，第一次被提及斗争本身的实施问题也就是运用上面所提及的某些物质的、智力活动的问题，但它并不是通用的。在大多数情况下，这只是一些能迅速体现在接近壕、平行壕、反接近壕、炮台等这一类新的物质对象中的智力行为，它们的发生必须在出现这些物质对象之后才可作数。智力活动在这里只是串联这些创造物所需要的一条纽带罢了。因为在这样形式的战争中，智力差不多只能表现在这类事物中，因而我们谈完这些就已足矣。

后来的战术也开始接触到这个方面

之后，战术也有这样的企图，按照军队的特性为军队的部署制订呆板的规定。当然，这已涉及战场上的行动，不过依然没有涉及自由的智力活动，只涉及通过编成和战斗队形而成为一部自动机器，命令发出就如钟表那样行动的军队。

真正的作战方法只在谈及其他问题时谈到

人们曾经这样认为，真正的作战方法不可能成为我们对于理论研究的对象，而是根据具体情况的需要使用准备好的手段而已，也就是只能靠天赋。随着时间的推移，战争逐渐从中世纪的搏斗向比较有规则和比较复杂的形式过渡，人们便产生了一些新的见解和看法，即使这些看法只是出现在一些回忆录及故事中。

对战争的一些看法引起要建立理论的要求

人们在精神世界的活动越来越丰富，对这一问题的看法也越来越多，而相关历史自然也越来越需要进行批判。假如所有的这些都没有一个中心或者没有明确的规则可言，那一切就将陷入混乱的局面，因此人们就迫切需要一些原则和规则，以期有个准则来解决战史中经常见到的争执和分歧。

为建立呆板的理论所作的努力

随着战争的不断增多，人们也在努力为作战制定一些原则或体系。可即使他们提出了一些目标，却没有意识到在这方面会遇到什么困难。人们忽视的是，作战就如同一个不规则图形，永远没有固定的计算方法，即使你能找出一种体系，也避免不了它带来的局限性，而这就造成了理论与实践之间无法协调的矛盾。

局限于物质的对象

一些理论著作家有这样的想法：只要将这些原则和体系继续局限于物质对象和单方面的活动上，就能免除这些矛盾的困扰。他们认为，战争其实与科学一样，只要得出肯定的和死板的结论，就能研究那些可以计算的东西。

数量上的优势

这是一个物质方面的问题，一些人尝试着把这一问题纳入数学法则，他们从决定胜利的因素中选择了它，是因为通过时间和空间的计算，而至于其他方面，他们则认为完全可以忽略不计甚至完全抵消，因此不予考虑。我们不得不说，假如只是为了要证实数量这一因素而偶然提出这样的假想或实验，那还算是正确的；但假若总是这样做，并且认为数量上的优势是唯一的法则，并认为在一定的时间和地点造成数量上的优势这个公式是军事艺术的所有奥妙，那就是一种经不住现实考验的片面观点了。

军队的给养

也有一些人对这方面给予很多关注，甚至希望使其成为一个体系。而他们的出发点是：军队是一个现存的组织。他们认为，给养对大规模作战有决定性意义。当然，这样考量问题并无过错，也能得出某些肯定的数值，然而那些数值都是以众多推测的假设为依据的，也是经不住现实验证的。

基地

还有一些人曾把众多的问题，包括军队的给养、人员和装备的补充与本国交通联络的安全和必要时退却路的安全等众多问题，甚至与此有关的精神因素都用在基地这个概念里概括起来。刚开始，他们只是用基地来概括以上各个方面，但后来，又用基地的大小，也就是基地的宽度来表示基地，最后用军队和基地所构成的角替代基地的大小。事实上我们不难看出，这一切除了得出几何学的一些结果之外毫无实际意义。因为我们发现一个问题——每一次新概念的推出都是在推翻前一概念的基础上。而基地这个概念对战略来说确实是需要的。我们不能否认，提出者对我们作出了贡献，但正如上面那样使用这一概念是不被允许的，并且必然能得出一些片面的结论，将这位理论家引到极端错误的方向上去，以致太过于强调包围的作用。

再后来，与上面这种错误的方向完全相反的所谓的内线原则出现了，但并不意味着这一原则就比上述理论更具实际意义，尽管这个原则是建立在良好的基础上，也就是说建立在战斗时战争的唯一有效的手段这一真理上。实际上，它也是具有纯粹的几何学性质，因此，只是永远不能指导现实的另一种片面的理论。

所有这些理论都应当加以批驳

在这里，我们需要肯定的是这些理论中分析的部分，我们也可以将这些部分看作是追求真理的进步。然而，其中的一些规则、定论等却是没有丝毫作用的，因为它们忽视了一点——战争中的任何因素都是变化的，都是不能追求这些理论中提到的绝对数值。另外，他们在提出这些理论的时候并未从双方进行。再者，这些理论还只考察物质因素，可是整个军事行动却一直离不开精神力量的作用。

这些理论将天才排斥在规则之外

我们不得不承认，在这些理论中有很多不能解决的问题，而他们却将这些问题都归结于超越规则的天才领域，放置在科学研究的范围以外。

可这些规则对于天才来说似乎毫无用处。事实上，天才本身就是最好的规则，天才完全可以不理睬规则的存在。那些必须在这些贫乏的规则中转来转去的军人是多么可怜。

在战争中不能排斥精神方面的因素

军事活动固然是一种争斗，也就是一种人们在常规意义上理解的用武力解决问题，但我们绝不可忽视军事活动中的精神力量，这是一种使物质具有生命力的力量。这一因素并不是所有人都能看得到的，它需要人们用内在的眼力。

战争中处处都存在危险，所以一切都在危险中进行，因此，影响判断的主要就是勇气，也就是对自己的信心。

不过，毫无疑问，通过经验就可以看出，精神因素肯定是有一定客观价值的。

战争中，任何人都会认为开始撤退的敌人的勇气是小的，都知道奇袭、侧翼攻击和背后攻击的精神作用，也明白不管什么人在追击时和在被追击时表现出的都是完全不同的胆量；任何人也都懂得根据对方的经验、年龄甚至相貌来识别对方，并对自己的行动起一定的指导作用；任何人在作战中都会注意到敌军的士气如何。所有的这些以及类似的精神作用都已经在过往的经验中得到了证明，并且总是在反复出现，所以我们完全有理由认为它们是确切存在的因素。如果理论忽视这些因

素,那还有什么价值呢?

作战理论中存在的主要困难

作战理论中的困难是存在的,为了搞清这一点,并且根据这些困难找出作战理论需要具备的特性,我们就需要进一步思考军事活动的主要特点。

第一个特点:精神力量及其作用

脱离战争而谈,两个人斗争,一般是因为有敌对感情。但在大规模的斗争,也就是战争中,这一敌对感情通常都表现为敌对意图,至少个人之间是没有什么敌对感情的。当然,这并不是说没有敌对感情的存在,尤其在当前这个时代,没有民族仇恨的战争是非常少见的,民族仇恨多少都代替了个人之间的敌意。就算没有民族仇恨,在斗争的过程中也可以燃起敌对感情。这是因为我们任何人,当被其他人施以暴力的时候,我们都会本能地对其本人进行报复,人们在理论上往往习惯于将斗争看成是抽象的、没有感情力量的较量,这是理论没有看到产生的后果而故意犯下的众多错误之一。

除了在斗争中所特有的感情之外,还有别的感情,比如荣誉心、统治欲以及其他各种激情,等等,它们在本质上不属于上述感情,但是与上述感情关系密切,因此很容易和它们相结合。

一切军事活动都是危险的,而斗争作为其本质,也是有危险的。

危险对于人的感情,要么是直接起作用,那么是间接起作用,间接的情况指的是通过智力或者本能起作用。对于前者,人们都会本能地逃避,否则就将要面临危险而产生恐惧。如果情况不是这样,便是勇气使他们克制住了这样的本能反应。不过,我们还是必须确认一点,那就是勇气是一种情感体现,更是一种很高尚的本能,而非智力活动。正因为这样,我们不能将勇气当做一种可以预先规定其作用的、没有生命的工具来使用。勇气不仅可以抵消危险作用的平衡物,还是一种特殊的因素。

事实上,我们不难想象,危险对于一个指挥官的影响远不止肉体上的,因为一旦危险产生的时候,除了指挥官本身已经遭到了威胁,他的部下也是如此,因此,他便要承担更多的精神压力。而同时,假如在一次大战之前就考虑到这个巨大的决定性行动所要带来的危险与责任,任何人都会在精神上多少感到紧张和不安。可以断言,战争中的行动,只要是真正的行动而不是单纯的存在,就不可能完全规避危险。

战争中的一些情感力量是独有的,因为战争中产生的敌意和危险致使他们不得不这样。当然,这并不是说人类生活中的其他感情力量与战争没有关系,它们在战争中也经常起着很大的作用。战争可以说是人类最为严肃的活动,它并不允许有太多细腻的情感,只有职位低的指挥官才可以这样。他们需要接受的是危险的煎熬和各种劳累与辛苦的折磨,那些虚伪的习惯早已被他们抛之脑后了。因为在生死关头是不容虚伪的,无暇顾及生活中的其他事情,于是他们就具有一种被看作是军人最好的标志的简单的性格。然而,倘若他们是职位高的军官,那他们所思虑的问题就不再那么简单了。职位越高,考虑的问题就越多,关心的方面就越广,激情的活动就越复杂,这其中有好也有坏、有宽厚也有嫉妒、有谦虚也有傲慢、有温和也有暴躁,所有这些感情力量都能在战争中起作用。

摒除感情的因素,指挥官的智力如何也是一个重要因素。很明显,两个指挥官,一个冷静而强有力,另一个狂热而不成熟,那他们的作为也是不同的。智力的不同也造成了他们达成目标的方法不同。幸运与盖然性之所以起着无比巨大的作用,主要是因为每个人的智力是不一样的。不过这种影响主要表现在官职较高的人身上,因为这种影响是随职位的提升而增加的。

第二个特点:活的反应

军事行动里的第二个特点是活的反应和因此产生的相互作用。前面已经谈过,在精神力量里有太多的不确定性,因此将其作为一个因素来研究是十分困难的,而这种困难已经把计算上的困难都概括在里面了。我们现在要谈的是,作战双方的相互作用按其性质来兑与一切计划性是不相容的。战斗中,我们的任何一个措施都可能会对敌人产生极不相同的影响。然而,任何理论都是有现实依据的,而这些现实依据可能是一些极为相近的现象,但我们决不能把那些个别的、特殊的情况囊括在内。这种特殊的情况在任何地方都只能靠判断和才能去处理,军事行动中出现的各种不确定性因素总会使得那些制订好的计划被意外情况扰乱。因此,我们可以说,军事行动绝不同于人类其他活动,它更多的是需要依靠才能,而不是理论上的规定。

第三个特点:一切情况的不确实性

前面我们已经提及过这一问题,在这里我们再细谈一下。我们知道,战争中的一切情况都不是明朗化的,似乎一切活动都是在灰暗的灯光下或者雾霭的早晨里进行。这些因为光线微弱而看不清的一切,都要靠幸运来解决,或者靠才能来推测。

建立呆板的理论是不可能的

在以上论述中暗含一个观点:军事活动有其自己的特点。如果我们非要为其制订一套呆板的理论,或者非要为指挥官制订一套行事的标准,那是绝对不可能的。即使我们假定它是可能的,可真到指挥官参与作战方针的制订或者真刀真枪杀敌的时候,这些标准还都是会被摒弃的,甚至与它对立。而且,无论死板的理论多么全面,总会出现我们前面所讲到的结果：才能和天才不受法则的约束、理论与现实对立。

困难的大小并不到处都一样，摆脱这些困难的出路有两条。

首先，以上我们对军事活动所呈现出的特点分析并不是一概而论的，而是有一定对象的。职位越低，在战斗中就越需要有自我牺牲的勇气，而在智力和判断上的要求就会相对较少，接触的事物就比较有限，追求的目的和使用的手段就比较少，当然，知道的情况也会比较确切，因为其中大部分甚至是亲眼可以看到的。而职位越高，困难就越大，到最高统帅的地位，困难就会达到顶点，一切都必须依靠天才来解决。

即便就军事活动本身而言，困难也不是处处都是一样的，这主要体现在精神领域和物质领域的区别。军事活动的效果越是体现在精神领域，成为意志的动力，困难也就会越大；越是体现在物质领域，困难也就会越小，所以，我们也不难得出，对战斗的运用规定理论远比在战斗的部署、组织和实施规定理论要难得多。关于后者，是用物质手段进行战斗的，虽然其中也包含一定的精神因素，但毕竟还是以物质为主。然而，在运用战斗的效果时，也就是当物质的结果变为动力时，人们所接触的就只有精神了。总之，为战术建立理论比为战略建立理论困难要少很多。

建立理论的第二条出路所依据的看法是：理论不应当是死板的，也就是说，它不能规定行动。假如我们需要采取某次军事活动，其中涉及某些目的和手段，而这些目的和手段只是存在细微的变化，但它们所采取的方式是多种多样的，它们依旧可以是理论考察的对象。而实际上，这样的考察才应该是理论中最应当受到重视的，并且只有这样的考察才能称为理论。这样的考察是细致的，可以对事物有准确的了解，假如对经验进行这样的考察，就可以深入地了解它们。

可见，假如理论不对行为有呆板的规定，而是可以使人们深入地了解事物，那这些客观的知识就可以变成主观的能力，也就可以在一切依靠才能来解决问题的场合发挥作用。这就是说，它对才能的本身发生着作用。而这种情况如果运用到战争的各个部分中，就可以较为清楚地区分看起来好像混乱不清的东西，可以全面地说明手段的特性、可以指出手段能产生的效果、可以明确目的的性质、可以不断批判地说明战争里的一切问题。如此，它的主要任务就达到了，就可以作为用书本学习战争问题的人的方法，为他们指清道路，让他们顺利前进，而且还能培养他们的判断能力。

我们知道这样一个道理，假如某个专家费尽一生心血钻研出一直以来都隐晦不明的问题，那么，我们自然会认为这位专家对这一问题的了解和研究要比那些只用很短的时间来研究这个问题的人要深得多。在这里，我们可以说明，建立理论的目的就是：让他人可以不必从头整理材料，利用已经研究好的成果培养未来的指挥官的智力。也就是说，军事理论应当起到一个指导指挥官自修的作用，而不应当陪着他们走向战场，正如一位高明的教师应当开启和促进学生发展智力，而不是一生拉着他走一样。

如果我们能从这些理论研究中得出原则和规则，那么理论就不与智力活动的规律相对立，反而应该将这二者树立起来。不过，之所以如此，并不是为了规定一套供战场上使用的公式，而只是为了要与人们思考的逻辑关系相一致，明确众多线索的汇合点，因为就算是这些原则和规则也主要是确定思考的基本线索，而不是像路标那样指明行动的具体方向。

有了上述观点才可以建立理论，才可以消除理论和实践之间的矛盾。而且，只要我们对这一理论运用得当，就能产生现实作用，而不与实际相背离，最后完全消除理论脱离实际这种反常的现象。这样的现象使理论和健全的理智相对立，通常是不合理的理论所引起的，但却往往被那些智力贫乏而愚昧无知的人用来为他们天生的愚笨做辩护。

因此，理论应该考察目的和手段的性质。在战术里，实施手段是为了获取胜利，至于如何进一步确定胜利的概念，以后在研究战斗时我们会更详细地阐述。在此，我们的目的就是退敌。通过这样的胜利，可以达到战略为战斗规定的目的，这种目的使战斗具有真正的意义，这种意义对胜利的性质会产生一定的作用。比如，在同样是胜利的前提下，以减弱兵力为目的和占领敌人的某一阵地为目的，这二者是不一样的。可知，战斗的意义对战斗的组织和实施发生明显的影响，因此也应当是战术的一个研究对象。

战术的使用手段离不开各类条件

战斗离不开一些条件，诸如时间、地形和气候，在使用军队时自然就要考虑到它们。

地形分为两个概念，即地区和地貌。严格来讲，假如我们的战斗发生在一览无余的荒原上，那这一条件就不会对其有任何影响。

在草原地区，这样的情况有可能发生，但是在文明的欧洲地区几乎就是空想了。所以，对于文明民族而言，假如摒除地形这一条件，是不可以想象的。

谈到时间，必然有昼有夜，而昼夜对战争的影响也并非有一定明确的界限，因为战争本身就是一场持续的活动，有些规模太大的战斗甚至要持续很多个小时。对

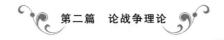

组织一次大规模的会战来说，从早晨开始还是从下午开始是有重大区别的。可是，确实有很多战斗不受时间的影响，总的来讲，时间对战斗的影响是比较有限的。

气候对战斗发生决定性影响的情况非常少见，通常只有出现雾才可以发生一定的影响。

战略上的目的和手段

在战略上，本来只有胜利才能有议和。但在战略上运用手段达到目的时，同样也依靠多少对此发生影响的那些条件。

这些条件仍然是：时间与天候，地区与地貌。

战略将上面的条件和战斗成果结合在一起，就使战斗成果，也就使战斗本身具有了特殊的意义，也就是使战斗有了特殊的目的。但在此之前，假如这个目的没有直接导致议和，那么，我们只能将其看作是手段。在这种情况下，我们便可以把具有各种不同意义的战斗成果或胜利都当成是战略上的手段。其中，同地形结合在一起的战斗成果便是夺取敌人的阵地。这样，不仅应该将具有特殊目的的单个战斗看成是手段，在共同目的下进行的一系列战斗所组成的任何一个更高的战斗单位，也必须将其当成是一种手段。

也就是说，能被称之为目的的只是那些可以被当成是直接导致议和的因素。在理论上，我们一定要把这些手段和目的区分开。

第一个问题是战略如何将这些手段和目的详细地列出来。假如我们从哲学的角度思考，那么便无法得出作战和作战理论间的这种逻辑上的必然性，易陷入到种种困难之中。因此，只能面对经验，根据战史提供战例进行研究。当然，用这种方法得出的理论会带有一定的局限性，因为在任何一种情况下，用理论分析的问题都是从战史中抽离出来的，如果说这种局限性存在于现实中，倒不如说是存在于概念里。

这样的方法有一个较大的优点：可以让理论切合实际，不致钻进牛角尖和流于泛泛的空想，让人们陷入杂乱的思考中。

另一个问题是，理论对手段应当分析到何种程度。毫无疑问的一点是：只需要分析它们在使用时的各种特性就可以了。比如，对于战术来讲，我们比较关心的是火器的射程和效能。对于战略来讲，只需要通过军用地图，而不需要研究三角测量，就可以取得辉煌的战果。

知识的范围极大地缩小

综上所述，我们发现，理论所研究的范围与对象再也不像从前，作战所需要的知识范围也大大缩小。一支军队在作战前往往需要进行一番准备，这其中不乏一些必备的军事知识和技能。在最后要应用到战争以前，这些准备都必须压缩成为数极少的几条主要结论，就如同一个地方的许多条溪流在汇入大海以前先汇成几条大河一样，只有那些直接注入战争这个大海的主要结论才是指挥战争的人所必须要掌握的。

实际上，我们通过研究只能得出这样的结论，假如得出的是其他的结论，那就说明我们的研究是不正确的，因为只有这样的结论才可以证明为什么那些并没有参加过战斗的人却能在军队中担任较高的职务，甚至当了统帅，而同样也能告诉我们为什么那些杰出的统帅从来不是知识渊博的教官。所以，人们常常把那些认为培养未来的统帅必须从了解一切细节开始，或者认为这样做至少是十分有益的人视为可笑的书呆子。不难证明，对于统帅来讲，并不一定非要了解一切细节，而实际上，这样做也是十分有害的。为什么呢？因为人的智力是可以通过他所接受的知识和思想培养起来的。对于大问题的知识和思想能让人成材，而假如不作为与己无关的东西而拒绝接受的话，那么关于细小和枝节问题的知识和思想就只能让人成小材了。

以往的矛盾

以前，人们总是认为所需要的知识是繁杂的，并将这些知识与军事服务的活动知识相混淆，而当这一切与现实世界的现象产生冲突时，他们就把这一切归结为天才，认为只有天才才能解决这些问题。

有这样一些靠着天赋做事的怀疑论者认为：非凡的天才与有学问的人有着天壤之别，他们根本不认同理论，认为战争是否胜利完全取决于个人的能力，而能力的大小则取决于个人天赋的高低。我们必须承认一点，那就是这种人比那些相信错误知识的人要好一些，不过可以看出，这种人的观点是没有实际依据的，因为没有一定数量的知识积累，就不能从事智力方面的活动，这种观念至少大都不是先天带来的，而是后天获取的。那么，我们需要的是哪方面的知识呢？可以确定地说，战争中需要的知识就是人们在战争中需要直接处理的事情的知识。

不一样的职位需要不同的知识

在军事活动的领域中，所需知识的范围与大小与指挥官的职位大小有着一定的关系。如果指挥官职位不高，那么其需要的是一些涉及面较窄而具体的知识。比如，如果我们让一个统帅改当骑兵团长，那他并非会做得出色，反过来也是一样。

其实，战争中需要的知识并不难，因为它涉及的范围并不广，并且在多半情况下只需轻松地运用这些知识的结论即可。不过，话虽简单，而真正运用这些知识却并非易事。因为在战争中，我们会不可避免地遇到各种困难，有些困难只有在较低的职位上才能顺利解决。此时,我们并没有考虑勇气这一因素。而随着职位的提升,其困难就会增加,到了统帅这样的职位,智力活动就成为人类最为困难的精神活动之一。

应当具备怎样的知识

一个统帅可以没有渊博的知识,可以不是敏锐的性格分析家,可以不是细致的人物观察家,也可以不知道车辆的构造以及火炮的运作,但他必须熟悉国家大事,必须对传统的方针、当前的利害关系和存在的各种问题以及当权人物等有一定的了解和正确的评价,也必须了解自己部下的性格、思考方式、习惯和主要的优缺点,更必须正确地估计一个纵队在不同情况下的进军时间。这些知识都不能靠科学公式和机械方法获得,只能在考察事物时和在实际生活中靠理解事物得来。

所以,对于这类职位较高的人,他们需要获得的军事知识是可以在研究或者在思考和观察中获得的。

谈了这么多,只为说明一点:任何一个伟大的统帅在智力上绝对没问题,我们没有必要为了强调智力在军事活动中的作用而陷入到夸大的泥潭中。不过我们必须承认,一些人之所以表现得很突出,是因为他们身处较低的职位,然而一到较高的职位时就由于智力方面的不足而表现得十分平庸。所以,位于统帅的位置,智力应当是不凡的,这一点也是毋庸置疑的。

要将知识变成能力

知识与能力之间永远有着一条无法逾越的鸿沟,而如何跨越这条鸿沟就需要我们将知识融会贯通,变成属于自己的东西,使它不再是某种客观上的东西。在战争中,突变的因素实在太多了,人们的精神因素会发生变化,客观情况也是如此,这就要求指挥官必须将所有的知识变成自己的东西,必须随时随地下定决心,因此,一个优秀的指挥官必定做到将思想和实践融为一体,继而成为真正的能力。而在旁观者看来,他们行事是那么的容易,似乎一切都归功于他们的天赋。当然,这里提到天赋,是为了将这种才能与那些通过分析和研究培养出来的才能区分开来。

谈到这里,这个问题应该告一段落了。在前面的研究中,我们已经非常明确了作战理论的任务,并提出了将这一任务完成的方法。这里,作战方法被我们划分成战术和战略两个范畴。建立战略理论有着很大的困难,因为战术仅仅涉及有限的问题,而在战略上,可以直接导致议和的那些目的是无限的。不过需要知道的是,这些问题,一般都是由统帅来考虑的。

所以,战略理论,尤其是涉及重要问题的部分与战术理论比起来,更应当是对各种事物的考察,而这也是统帅更应该认识的事物。一旦这样的认识与统帅的思想融合一体,就可以让他更顺利和更有把握地采取行动,而不致被动地服从客观的真理。

第三章 军事艺术或军事科学

用词没有统一

对于我们到底该称其为"军事艺术"还是"军事科学",实际上,其用词不必统一。通常,人们总是习惯地认为以分析知识为目的的就是科学,以培养能力为目的的就是技术。但在这一简单的问题上,人们始终无法下定论,因为并没有什么依据。

之前,我们也讨论过知识与能力是有一定的界限的。而对于这之间的界限,我们也是可以轻易看出来而不容易混淆的。我们一般不能把能力写在书本上,技术也是如此。可实际情况是:人们似乎已经形成一种习惯,总是把掌握某种技术所需要的知识称为技术理论,抑或称为技术。因此,在人们的思维习惯里,也就自然产生了这样的区分方法:将凡是以培养创造能力为目的的都称为技术,比如建筑术;把凡是单纯以分析知识为目的的都称为科学,比如数学、天文学。任何技术理论都包含某几门独立的科学,这是毋庸置疑的。然而,值得注意的是,任何科学的产生与建立都不是独立成一体的,都需要技术的支持,比如数学,算术和代数的应用就是技术,当然,这远远不是两者之间的界限。这是因为,人们固然承认知识和能力的差别,但这是相对人类知识的总和来说的,而在每一个个体身上,就很难区分了。

将认识与判断分开是非常困难的

任何一种思维都是一种能力。当一个逻辑学者在白纸或者黑板上画出一条横线的时候,那么表示前提(即认识的结果)已结束,而判断却开始了,能力即开始起作用。通过智力也是如此,这也是一种能力。一个人必须同时具有认识力和判断力,二者缺一不可,否则就是难以想象的,因此,能力和知识是不能分开的。在外界形态上,这二者体现得越具体,表明其区别也就越明显。凡是以创作和制造为目的的都是技术的领域,凡是以研究和求知为目的的都是科学的领域。由此可知,使用军事艺术这个术语比运用军事科学更为恰当一点。

为什么我们会对这个问题加以长篇论述?因为战争并不是真正的技术与科学,

正因为看不到这一点,人们才不知不觉将战争与其他各种技术或科学等同起来,并进行了很多错误的类比,最终会在概念乃至实际应用中犯错误。

对此,可能人们已经有所领悟,所以,一些人会把战争说成手艺,而实际上,这种说法是有害的。首先我们必须明确手艺的定义,手艺只是一种比较单纯的、初级的技术,甚至是狭隘的、固定的。当然,我们也必须承认一点,军事艺术有一个时期是带有手艺的性质,这就是佣兵时期。然而,军事艺术产生这种倾向的原因是内在的,而不是外在的,更何况历史已经证明这在当时就是很不正常,也是很不能令人认可的。

战争是一种人类交往的行为

战争只属于社会生活的领域,而不属于技术或科学的领域。同时,战争是一种特殊的冲突,是用流血牺牲这一方式进行的利害关系的冲突,这是它与其他冲突的不同之处。在这里,我们可以把战争比作一种贸易,因为贸易也是人类利害关系和活动的冲突。但事实上,战争更接近政治。另外,政治还是直接孕育战争的母体,战争的轮廓在政治中就已经悄然形成,这就如生物的属性在胚胎中已经形成一样。

区别

战争与技术或艺术的区别在于:战争是介于技术和艺术之间的一种意志活动,它既不像技术只处理呆板的对象,也不像艺术处理的是人的精神和感情这一类活的,但却是被动的、任人摆布的对象。因此,我们能得出一点:技术和科学所使用的机械思维很少能适用于战争,同样也可以看出,如果我们从战争中找出那些由死的物质总结出来的规律,那么这就是战争中的失误之处。然而,以前人们在确立军事艺术时,在潜意识中是以技术为效仿榜样的,因为相对来说,艺术本身缺少一定的规则和原则。

需要清楚一点的是,我们可以用研究精神来阐明战争这个对象,也多少可以弄清楚它的内在联系,而且只要做到这点,理论就是事实意义上的理论了。

第四章　方法主义

　　毋庸置疑,方法和方法主义在战争中起着巨大的作用。为了弄清它的概念,我们必须从大致意义上观察一下支配一切行动的那一套逻辑层次(就像一级级的政府机构)。

　　法则,是一个对于认识和行动都一样适用的最普通的概念。从这一词语的表面含义上来看,我们发现它有着某种主观性和武断性。不过正是这一点恰好表达了我们和外界事务所必须要遵循的东西。从认识这一层面讲,法则是表明事物与它的作用之间的关系;而对于意志来讲,法则与命令和禁令有着同等的意义,是对行动的一种规定。

　　原则与法则有同有异。相同的是,它也是对行动的一种规定,而不同的是,它只有法则的精神和实质,不像法则那样死板。比如,面对现实生活中的复杂事件,我们已经不能用法则来判断,那么,我们就有必要放弃这种死板的形式而选择原则。此时,你的判断会显得更自由。可见,原则实际上只是行动者的指南。

　　根据不同的划分标准和角度,我们发现,原则既是主观的,又是客观的。如果说原则是客观真理的产物,那么,我们便可以把它安放到任何人身上。而假如原则含有主观的因素,只对提出它的人有着价值,那么它就是主观的。

　　人们常讲"没有无例外的规则",却不讲"没有无例外的法则",这句话说明人们在运用规则时有着较多的自由。即使规则容易被理解成法则,它却和原则具有一样的意义。而在另外的角度,规则还是凭借外露的一些特征去认识深藏的真理并确定符合这一真理的行动准则的手段。这类规则包含所有赌博的秘诀以及数学上的简便法。

　　另外,还有一些涉及的更加细小、更加具体的情况,它们也是对行动的规定,这就是细则和规则。然而,这些情况过于琐碎,不值得为它们建立一般性的法则。

　　最后,我们来谈方法和方法主义。方法是从众多可能的办法中选取出的一种常用的办法,方法主义则是依据方法,而不是根据一般原则或个别细则来决定行动。有一个前提是:运用这一方法处理的事情,表面上是一样的,但实际上并非如此。因此,即使某些部分相同,但也有更多的可能。也就是说,这种方法应该适用于最有可能出现的那些情况,所以我们便能理解方法主义的普遍性,它是依据很多相似情况的盖然性提出的一种适用于一般情况的真理,而不是以个别的情况为前提的。而假如我们能经常对这一真理加以运用,那么,不久就可以达到信手拈来般熟练的程度,到最后就几乎可以自然而然地作出正确的处理了。

其实,我们在战争中谈论法则完全是冗余的,因为战争中复杂多变的现象一般没有规律,而有规律的现象又不复杂。所以,相对于一般简单的真理来说,法则并没有多大的效果,而凡是可以简单概括或者用简单的言辞表达的,却用了复杂、模糊甚至夸张的陈述,那么,这就是一种资源的浪费或者说矫揉造作。

不过,原则、规则、细则和方法都是不可缺少的概念,因为在固定的条文里,真理只能以结晶的方式出现。但对于这一点有个前提,那就是使作战理论成为固定的条文。而实际在作战方式上,战术理论最有可能成为条文,所以上述概念在战术上也是较为常见的。比如,在敌人没有进入有效射程前,是不能使用火器的;不能用骑兵攻击队形完整的步兵;战斗要节约兵力,这些全都是战术的原则。对于所有这些规定,指挥官必须铭记在心,即使这些原则并非在任何场合都是绝对可用的,但这些规定所含有的真理可以在需要发挥时不浪费机会。

规则在现实战斗中的应用很多,比如,当你看到做饭时间发生了改变,那么你就要做出判断敌人可能准备转移;如果敌人有意暴露自己的行踪,那就意味着他们准备佯攻,这种认识真理的方法就叫规则,因为从这些明显的个别情况可以进一步推论出敌人的意图。

另外,如果你看到敌人的炮兵开始撤退,那么就应当立即猛烈地发起攻击。这就是说,我们可以从个别现象中推测出整个敌情,然后根据敌情做出一条行动的规定,而不用勘察敌军的方方面面。这个敌情就是敌人开始放弃战斗,此时它不会进行过多的抵抗。

至于细则和方法,只要做到一个前提:整个军队训练有素,并能将它们作为行动的准则,至此,所有备战工作就已经就绪。而对于队形、野战勤务、训练的一切规定都是细则和方法。有关训练的规定主要是细则,而有关野战勤务的规定则主要是方法。通过列举以上几个例子,我们也能对细则与方法有大致了解,这些细则和方法在实际作战中都是有用的、现成的办法,所以必然会作为现成的方法被包括在作战的理论中。

不过,细则是不可以自由运用的,因此,对于自由使用军队的活动不能规定细则。而相反,方法则不一样,它是落实到具体的执行任务中的,因此,它可以把原则和规则的精神贯彻到实际的运用中去。同时，它也是可以被列入到作战理论中去的。但前提是：它不失去原本的面目，不会成为死板和定性的体系，而是代替个人决断的一种捷径，是一般办法中可以供选择的最好方法。

不可避免的是，作战往往按方法办事。战争是一种血腥的斗争，但一切如果在假定和不清楚的情况下进行，那么你就危险了。因此，我们一定要按方法办事。因为敌人为了胜利，也会千方百计地阻碍我们了解对部署有影响的情况，时间也不容许我们充分了解这些情况。并且，即使能了解这些情况，也会因为其他一些原因，诸如范围广、过于复杂等原因而无法调整部署，只得根据某些可能的情况进行部署。同时，在每一事件中需要同时考虑的具体情况是无限的。我们除了进行一些大致与粗略的估计外，并没有其他更好的方法。

最后我们还要清楚，越是下级，上层军官的人就越多、情况就越繁杂，也就越不能指望他们有独立的见解。一般来说，除了那些简单的，比如勤务细则和经验中获取的见解外，是不会从他们身上得到其他的见解的。正因为如此，指挥官有必要教给他们一套类似细则的方法作为他们判断事物的依据，这样有助于防止他们在战斗或军事活动中出现胡乱的猜想。在经验非常有用的领域里，乱想是非常危险的。

我们还必须承认，方法主义不是教条，它有着很多的优点，是不可缺少的。因为反复运用同一种方法可以减少很多推敲、验证的过程，可以帮助我们做到熟练和精确，进而减少战争中的阻力，让机器方便运转。

因此，我们不难推断，职位越低，方法就会用得越多，也就越不可缺少；职位越高，方法就会用得越少；而到了最高的职位，方法也就用不上了。所以，方法在战术中比在战略中有着更重要的用处。

从最高角度来看，战争并不能一刀切，而需要分别处理，尤其是具有决定意义的各个重大事件。举个通俗的例子，战争不像长满庄稼的土地，而像满是大树的土地。秋收之时，收割农作物，不用考虑其形状，收割得好坏取决于收割工具的好坏；而用斧头伐大树时，就应当考虑每棵大树的形状以及方向。

在军事领域内，方法使用的多少取决于事情的大小，并不取决于职位的高低。一般来说，在处理重大事情时，指挥官很少使用这样的方法。比如，指挥官在战斗队形、布置前卫和前哨方面采用老一套的方法，不仅会约束他们的部下，而且还会在某些情况下束缚自己。诚然，这些方法的来源可能有多种，要么是根据情况采用的，要么是自己创造的，不过，只要它们是以军队和武器的一般特性为依据，它们也能成为理论探讨的对象。不过，如若按照同样的方法来指挥占据和决定战争计划，那么必定是被反对的,这就如同机器制造东西一样,人们总不希望制造出来的东西千篇一律。

实际上,只要还没有让人满意的理论,那对于作战的研究就还不够完善,即使那些职位高的人有时也使用方法主义。之所以这样,是因为他们没有机会通过专门的研究和上层社会的生活来提高自己。面对那些不切实际的而又矛盾的理论,他们显得束手无策。此时,他们除了接受经验的指导外,已经别无他法。因此,如果他们身处需要单独处理问题的场合,他们也喜欢通过运用经验得到的方法,即按照最高统帅所特有的行动方式,如此就可以自然产生方法主义。例如,弗里德里希二世的将军们总喜欢使用所谓的斜形战斗队形,法国革命时期的将军们总喜欢使用绵长战线的包围战法,拿破仑手下的将率们则经常集中大量兵力进行奋战。

由此可见,即使是一名高级将领也经常会出现效仿别人的做法。而假如能出现一套有助于研究作战的方法,有助于提升力图上进的人们的智力和判断力,那么仿效方法的范围就不会这样大。而那些被看作是不可或缺的方法,至少会是理论本身的产物,而并非是单纯仿效的结果。同时,我们发现,任何一位统帅,即使他被世人敬仰,即使他办起事来显得很高明,但也必须承认:他的办事方法里总有一些主观上的东西。如果他有特定的作风,那么这种作风就会在很大程度上反映他的个性,而那些企图模仿他的指挥者就会在个性上表现得不一样。

我们还要承认一点:那些企图完全抛弃主观主义的想法都是不正确的。我们应该辩证地看问题,把主观的方法主义当做是战争特性对众多个别现象所起的影响的一种表现。在理论还没有完善以及研究这种影响时,就只能依靠方法主义。任何革命战争都有它特殊的打法,这是十分自然的,哪一种理论可以事先将它的特点包含进去呢?遗憾的是,在一定情况下所产生的方法极易过时。事情总在悄然地变化着,而方法本身却没有改变,因此理论应当通过明确而合理的批判去预防使用这种不合时宜的方法。我们可以从 1806 年的几次战役中找到例证:普鲁士的指挥者们,如路易亲王在扎耳费尔特、陶恩青在耶拿附近的多伦山、格腊韦尔特在卡佩伦多夫前面和吕歇尔在卡佩伦多夫后面,他们之所以全军覆没,都是由于沿袭了腓特烈大帝的斜形战斗队形,以致霍亨洛黑的军队遭遇到了空前的惨败。而归结起来,不但因为这样的方法已经过时,还因为在那时,方法主义已让智力变得贫乏。

第五章　批判

无论如何,理论上的真理总是能够经受得住现实的批判。那么,什么是批判?批判实际上就是一种验证,是将理论上的真理用到实际事件中。因此,它的作用在于:不仅使理论上的真理更具有现实意义,而且通过不断的应用,使人们接受并习惯于这样的真理。所以,批判的重要性已不用多说。用何种观点进行批判,对于建立理论也很重要。

在这里,我们有必要进行一些区分,对象就是批判地论述历史事件与简单地叙述历史事件。对于后者,它体现在"简单"一词上——它仅仅列出一些事实,至多只是叙述一些最直接的因果关系。而批判地论述历史事件,则有 3 种不一样的智力活动。

首先,那些有疑点的事实就是它考证的对象。这是研究层次的活动,也是单纯的,并不是理论。

其次,从原因推测结果。这是纯粹的批判性的研究。因为理论需要用经验来确定、证实,甚至只需加以说明的一切,这种研究对于理论来讲是不可或缺的。

再次,是对使用的手段进行检验。这一层次的批评一般公平公正、有褒有贬。当然,我们也深知理论的研究对象是历史,或者较多的是用来从历史中汲取教训的。

后面两种探查历史的批评就是以探寻事物的根源为研究对象的,也就是需要弄清那些毫无意义的真理,决不能中途放弃,不能满足于某种随意作出的论断或猜想。

事实上,要从已知原因推测事物的结果非常困难,因为有些事物的真正原因并不为我们所了解。这类困难在战争中比在实际的任何其他活动都较为常见。战争中,出于多种原因,对于事件的真相很少可以完全了解,而对于人们行为的动机也不外乎如此,因为人们常常刻意隐瞒了动机,也因为这些动机的偶然性和短暂性,也就被历史遗忘了。

关于批判,我们必须懂得一个道理:任何结果的产生并不一定是原因的必然产物。尽管在批判时,我们采用的是将批判与历史相结合的方法。我们可以发现,有时批判的结果与原因常常还是不相符合,于是就产生了一些脱节的现象。就是说,有些历史事件我们根本不能从中汲取教训。但实际上，理论要求我们将研究终结于此。而如果我们误以为已知的原因已经足以说明结果，因而对它过于重视，这才是最为糟糕的。

除了以上提到的困难外，还有一种较大的困难：在战争中，结果往往是众多原因使然，而不是由单一的原因产生的，因此，我们需要弄清每一个原因的作用，而不是仅仅公正、认真地追溯事件的一系列根源。假设情况如此，那我们要做的就是必须对原因的性质作详细的探讨，因此对于批判的研究就会进入到纯粹的理论中。

对批判手段的检验，要求我们弄清当事者在使用这些手段时会造成什么样的结果，而这些结果又是否符合当事者批判时的意图。当然，要了解这一点，我们还必须分析手段的性质，到此，问题又进入了理论的范畴。

我们说过，在批判中一定不能随意论断，而要追求事物的真理。假如不够严谨，那么也就无法让人信服，很容易被他人的反对意见驳倒。如此一来，争论就产生了，这对于得出事物的真理毫无用处。

不得不承认，无论是从探讨原因的角度还是从检验手段的角度，我们都可以将其引入到理论的领域，也就是一般真理的领域。如果我们可以找到一种可供参考的理论，那么它就是有用的，我们也不必再去苦苦追寻。然而，我们也不能否定另一种截然相反的情况的存在。若是情况如此，那么著作家的工作就变得烦琐，就会有无数的事情需要做，这对于每一个问题都进行从容的研究几乎是不可能的，结果，他们也不得不限定自己的探察范围，不得不满足于随意提出的意见。

因此，我们必须承认并确认一点：理论的有用性才是批判的前提，一切不在此基础上的批判都是无法让人信服的。我们再反过来思考一下，假如理论已经很成熟，甚至已经涵盖了所有每一个抽象的真理，那么批判的任务只是看看具体情况是不是符合相应的法则，那就只是一种想象。

在批判的过程中，如果还有一种创造理论的精神，那么它也就能成为我们进行批判工作的指导。并且批判有了这样的精神，通常就会进入到理论的领域，从而进一步说明对它特别重要的问题。反之，如果我们过于呆板地使用理论，那么我们永远也不可能达到目的。此时，即使我们得出了一些结论、原则甚至规则和方法等，它们也是死板的条文，越缺乏普遍性，就越没有绝对真理的性质。

实际上，这些东西有其有用性，而至于是不是适用这一问题，则应当由批判来断定。在批判时，我们决不能让理论上的这些结论成为我们衡量一切的标准和法则，而只能像当事者那样作为判断的依据。比如，我们知道，在战术上有一个规定，在总的战斗队形中，骑兵配置在步兵的后面，而不同步兵配置在一线。而倘若有人违背了这一配置，我们都加以责难，这是一种愚蠢的行为，我们应该找出他们违背这一配置的原因，只有发现理由不充分，才能引用理论上的规定。再比如，理论已经告诉我们：多路进攻导致失败的可能性会大很多，可是，凡是采取了多路进攻而战斗恰好遭到失败的场合，不通过了解就认为致使失败的原因就是因为多路进攻也是不正确的。同样，如果多路进攻取得了胜利，就很武断地认为这一理论出现了问题，这也是错误的。以上两种都是批判时的分析精神所不容忍的。总之，已经总结出的理论必定有其可考性和可依据性，批判时就可以不用再重新确定了。理论实际上就是为了批判时有现成的东西可以使用，因此作出相关的规定。

批判的任务归结起来，就是原因产生了什么样的结果，并对其使用的手段进行探讨。当经过批判得出原因同结果、目的和手段都十分直接和明朗时，批判的任务也就达到了。

我们可以假设这样一种情况：一支军队因为遭到奇袭而不能有条不紊、合理地发挥它的力量，那么奇袭的效果就没有什么可怀疑的了。如果有这样一种理论，认为在会战中进行包围攻击能获得比较大的胜利，然而实际情况却相反，那么，问题出在了哪里？问题就在于指挥官采用这个方法的目的是否主要是为了获得较大的胜利。此时，我们可以肯定：他的手段并没有错，但他使用这个手段是为了获得较有把握的胜利，如果他不是从具体情况出发，而是像常见的那样只根据包围攻击的一般性质采用了这个手段，那么他就混淆了手段的性质，因而犯了错误。

之前，我们谈到探讨原因和检验手段，这两者都不困难。当然，前提是局限于考察最直接的结果和目的。同时，如果撇开同整体的联系，仅仅考察事物的直接关系，那事情自然是很简单的。

但是，战争并不是如此简单的活动。在战争中组成整体的一切都是彼此联系着的，每一个原因，即使是很小的原因，都可能起到对结局产生决定性的影响，甚至改变整个结果。同样，每一个手段肯定也会影响着最终的目的。

因此，对于任何一个现象，只要它还有考察的价值，我们都可以继续研究原因导致的结果。同样，人们检验手段的方法不仅可以直接根据目的，还可以把这一目的当做达到更高目的的手段来加以验证。这样，这些目的就是互相从属的，而对这些目的的必要探讨一直到不被怀疑才可以停止检验，并且，有时候，当涉及有决定性的重要措施时，我们应该做到在不考察到最终的目的前绝不停止。所谓最终的目的，即直接导致议和的目的。

　　显然，这是一个向上追寻的过程。一旦我们走到新的阶段，在判断时就有一个新的立足点。而同样的道理，一切都是变化的，那些手段在较低的立足点看是合适的，但在较高的立足点未必合适，甚至是需要被摒弃的。

　　在对军事行动进行批判地考察这一过程中，我们常常会将这二者结合起来进行，即研究某种现象的原因常常根据目的检验手段，这样做的目的是为了找到值得作为检验对象的东西。

　　可是，因为事件和时间距离的关系，我们发现，从下而上和从上而下地追溯，都会遇到很大的困难，因为这中间的距离越远，可能遇到的情况和支配它的力量就越多。此时，人们在探讨事件原因的时候，离事件本身也就越远，所以人们探讨的原因离事件越远，需要考虑的原因也就越多，并且还应当辨别这些原因对事件可能产生什么样的影响。倘若一次战争失败了，而人们也能一次性地找到原因，那么自然也就可以找到这次影响整个战争结局的原因，当然，这个原因并不是全面的。根据情况的不同，还有或多或少的其他的结果的原因也同样影响着战争的最后结局。

　　同样，立足点的高低是与检验这些手段的复杂性成正比的。立足点越高，这种复杂性就会越大，所付出的代价也就越大。当然，这里的代价指的就是一种手段，而战争的最终目的是任何军队都追寻的，所以，为了达到这个目的所做出的一切都必须予以详细考察。

　　很明显，我们考察的范围便需要无形中扩大了。在这样的情况下，很多问题便需要作出假定，因为有些事情实际上没有发生，但却有可能随时随地发生。对于这一点，人们常常十分容易迷惑并遇到困难。

　　1797年3月，一支由拿破仑带领的意大利军团从塔利亚曼托河进攻卡尔大公。拿破仑的意图是在卡尔大公所盼望的援军还没有从莱茵河方面赶来之前迫使他决战。在这里，假如只从直接的目的来看，那么手段是非常正确的，并且结果也证明了这一点。当时，因为兵力不足，卡尔大公在塔利亚曼托河只尝试了一次抵抗，就退出了战场并放弃了诺里施阿尔卑斯山的山口。拿破仑利用这个胜利可以达到怎样的目的呢？他可以一直深入奥地利帝国的心脏，支持莫罗和奥舍带领的两支莱茵军团进攻，并与他们保持紧密的联系。

　　不过，我们如果换个立足点，也就是较高的法国督政府（它能够并且应当看到，6星期以后才能开始莱茵战局）的角度来批判，拿破仑越过诺里施阿尔卑斯山的进军只能当做是冒险的行为，因为假设情况转变，也就是如果奥地利帝国人利用从莱茵河方面调来的援军在施太厄马克建立强大的预备队，那么卡尔大公完全可以用它们来进攻意大利军团。这样的话,不仅意大利军团可能被全部消灭,而且整个战局也会遭到失败。拿破仑到菲拉赫后认识到了这一点,于是很乐意地签订了停战协定。

可是,我们再提升一下批判的层次,从更高的的立足点看,并且也知道奥地利帝国人在卡尔大公的军队和维也纳之间并没有预备队,那么就可以看到维也纳会因意大利军团的逼近而遭到威胁。

我们再提一个假设性的情况,如果拿破仑很清楚一点,那就是奥地利的首都没有军队,同时也清楚自己在施太厄马克对卡尔大公仍然有着决定性的优势,那么,他急速进军奥利地利心脏的目的就再明显不过了。而至于他这样做值不值得,那就要看奥地利人对保住维也纳的重视程度了。在这里,我们自然需要考虑:假如奥地利帝国人非常重视保住维也纳,宁愿接受拿破仑提出的议和条件,那么拿破仑就完全可以以威胁维也纳来达到自己的目的。而假如拿破仑足够聪明,已经事先了解了这一点,那么批判就可以到此为止。而假如对这一点还有什么疑问,就必须从更高的立足点来继续批判。此处,我们必须还要做很重要的另一个假设,若奥地利帝国人放弃了维也纳,向本国辽阔的腹地继续退却,那么情况又将如何呢?

很明显,在某种情况下,尤其是不先分析莱茵地区军队之间可能发生的事情,这个问题的答案我们便无从找起。在法军兵力占决定性优势的状况下,取得胜利是没有疑问的。可是,又出现了一个问题,胜利后,法国督政府的目的何在呢?到底是想乘胜消灭奥地利帝国?还是只想占领奥地利帝国的大片土地作为以后议和的资本呢?若想知晓最后的答案,就必须要在这两种可能的原因的基础上找出结果。假设法国想彻底打垮奥地利帝国并这样做了,那么必然会引起整个局势的根本变化。再退一步说,即使法国没那么大的胃口,只想占领奥地利帝国的大片土地,那么,他们的兵力也会吃紧。此时,人们也可能会产生这样的想法:意大利军团所处地位和想象中相差太远,继而寄予它较小的希望,这无疑是拿破仑明知卡尔大公孤军无援却同他签订坎波福尔米奥和约的缘故。

实际上,在这个合约中,奥地利帝国也并没有作出很大牺牲,除了使奥地利帝国丧失一些即使在最成功的战局之后也难于收复的地区。但是,如果法国人没有考虑下面两个问题,那么他们就别指望签订这个好处不大的坎波福尔米奥和约,也不可能把签订这个和约作为大胆进军的目的。第一个问题是,奥地利帝国人又是如何估价上述两种结果的呢?即使继续战斗,他们也有获胜的希望,但他们也需要做出牺牲,继而签订一个条件不太苛刻的和约来规避这些牺牲,此时,他们觉得作出这样的牺牲值得吗?第二个问题是,奥地利帝国政府是否利用有利条件坚持到战争的最后胜利?是否考虑对方最后可以得到什么?是否不致因一时的失利而失去勇气?

对于第一个问题的思考,它的实际意义是重大的,毕竟这个计划是极端的,在决定实施之前,人们往往会作出这样的考虑,同时也有可能因为产生这样的顾虑而不去实施这一计划。

对于第二个问题的思考,同样也有必要,因为人们一直抗衡的并不是抽象意义上的敌人,而是实际存在的。大胆的拿破仑也懂得这一点,他相信自己的威名可以先声夺人,这样的信念让他在1812年大胆地进攻莫斯科,但很不幸的是,他失算了,而他的威名也因此有所下降。

此处,我们对此战例的分析告一段落,我们的分析也足够证明一点:在考察中,如果人们渴望追求最终目的,那么他们就必须付出巨大的代价,因为对这一目的的考察会涉及非常广泛的范围和非常繁杂的对象。从这里还能看到,除了这些理论上的认识能起到一定的作用外,先天的才能对于批判的考察的价值有着巨大的影响。说明各种事物的关联,在错综复杂的无数事件中辨识哪些是重要的,这主要依靠天赋的智力。

另外,天赋的才能也应用在另外一个方面,因为批判的考察需要做的不仅是检验已经使用的手段,更要检验一切可能使用的手段。因此在考察中必须提出,即找出可能使用的手段,在没有找出更好的手段之前,我们没有权利指责已经使用的手段。虽然在大多数情况下提出的这种可能使用的打法是很少的,但不能不承认这是一种创造。当然,这种创造不能用理论加以规定,而只能靠丰富的智力活动,并不是对现有事物的简单的分析。

我们这样论述,并没有想把那些归结起来只是少数实际可行的、非常简单的打法都看作是伟大天才的表现。有一点我们认为是可笑的,有人常常把提出迂回敌人阵地这一打法当做是伟大天才的表现,但是尽管如此,这种独立的创造活动还是必要的,而且批判的考察的价值主要取决于这种行动。1796年7月30日,拿破仑作出了一个重大的决定,他决定放弃对芒托瓦的围攻,以便迎击前来解围的乌尔姆塞尔,并集中兵力各个击破了被加尔达湖和明乔河隔开的乌尔姆塞尔的军队,他的这种做法看起来是获得辉煌胜利的最可靠的途径,事实上,他也获得了这样的胜利,并且,当敌人以后几次前来解围时,他都用这种手段取得了胜利,这一点深受普遍的赞扬。

不过,我们发现,假如拿破仑并没有这样做,也就是不完全放弃继续围攻曼图亚的想法，那么他在 7 月 30 日的行动就不能采取，因为这样的行动无法保住攻城装备，而且在这一战局中他也无法获取第二套装备。实际上，以后的围攻已经变得没有多大的难度，它们已经变成了简单的包围，虽然拿破仑在野战中获得了胜利，但对于这个只需要围攻一星期的要塞，他却花了半年的时间。

批判者一度认为这是无法避免的事情，之所以会这样，是因为他们自己也没有想到更好地对付援军的方法。人们早已经开始轻视和批评在围攻防卫圈上迎击前来解围的敌军的这个方法。这一手段早在路易十四时代相当盛行，但直到百年之后，人们也没有想到这是一种可以考虑的手段。假设这一手段可以运行，那么接下来的研究，我们不难得出，当时以拿破仑的兵力和备战状态，也就是他在曼图亚围攻防卫圈内配置的 4 万精锐的步兵也有着坚固工事的条件。此时，他完全不必害怕武尔姆泽所率领的前来解围的 5 万奥军，因为他们即使是向围攻防卫圈做一次进攻的尝试也是十分困难的。接下来，我们不打算继续论证，只是想表明，这种手段即使被遗忘，但依然可以被考虑。实际上我们发现，在他的回忆录和其他已出版的资料中都找不到他曾考虑过这点的痕迹，后世所有的分析中也都没有提到能采用这一手段，它已经完全被人遗忘了。如果我们想重新拾起这一看来并没有什么了不起的功劳，其实不难，只要我们摒弃那些所谓的时尚的观点即可。

不过，还是必须指出，我们重新找出这一手段并将它与拿破仑所使用的手段进行比较却是非常有必要的。不管比较的结果如何，在批判中都要这样进行比较。

1814 年 2 月，拿破仑又开始了自己的新一轮战争，在打败布留赫尔的军队以后，他就抛开布留赫尔，把目标转向施瓦尔岑堡，并在蒙特罗和莫尔芒打败了敌手。这里，我们还是必须欣赏拿破仑，因为他巧妙地利用了联军分兵前进的错误，忽东忽西地调用自己的主力。虽然我们知道他最终以失败告终，但我们并不认为这是他的错。直到现在，也没有人敢提出这样一个假设：拿破仑并没有在当初的作战方向上战斗，不把目标由布留赫尔转向施瓦尔岑堡，而是继续进攻布留赫尔，并且将他一直追至莱茵河边，战局又会如何呢？但我们可以确信，在这样的情况下，整个战局可能会有根本的转变：联军的主力就可能退回莱茵河东岸，可能不进攻巴黎。当然，对于这样的看法，我们并没有要求所有人都同意，但既然这一打法已经被提出，那么就有必要为其做一番分析。

这里所提出的打法，实际上比在前一例中提出的打法更易被人发觉，但人们似乎已经习惯盲目地追求一种见解，而忽视应该公正地看问题。

有些批判者认为，一味地指责那些失败的战术是无意义的，他们觉得有必要提出更好的战术,我们应当赞同这一精神,但问题是,似乎他们在这一问题上并没有提供相应的论据,一切只是纸上谈兵。如此一来,所提出来的战术也不能起到征服人心的效果,因为别人也可以提出另外的战术,这样就会产生没有任何依据的争论。

因此,即使有人提出某些手段,但只要手段的优点并不能让人信服,那就需要证明——对两种手段进行比较、分析他们的特点,还需要结合其目的。假如能这样,争论势必会减少,否则争论就会无休止。

在此,我们继续以上例为分析对象,假如我们不满足于提出一个较好的打法,而想继续证明不断追击布吕歇尔要比把目标转向施瓦岑贝格更好,那么我们就能提出以下简单的理由作为依据。

1.在进攻方向上,对于一个方向的进攻比忽东忽西地进攻更为有利,因为采取后一种打法会浪费时间和精力。同时,如果我们处于有利地位,那么这种进攻方式更能取得最新的胜利,并且可以充分利用已经取得的优势。

2.布吕歇尔的兵力比施瓦岑贝格少,但这并不代表他不是危险的敌人。实际情况完全相反,因为他显得更果敢,也是很有分量的人物,不容忽视。

3.当时布吕歇尔已经损失惨重,同时在莱茵河这个方向上也没有一支像样的援军。此时,拿破仑占有非常大的优势,因此,要迫使布留赫尔一直退到莱茵河边并非难事。

4. 恐怕被拿破仑赶到莱茵河是布吕歇尔最为恐惧的事情,这是一种失败的印象,特别是使施瓦岑贝格这样以优柔寡断出名的将领产生恐惧和失败的印象。施瓦岑贝格侯爵也十分了解符腾堡王太子在蒙特罗和维特根施坦伯爵在莫尔芒一带遭到的损失。如果布留赫尔在从马恩河到莱茵河这条完全被隔离和孤立的战线上遭到失败,那么这一消息会在第一时间传到施瓦尔岑堡那里。在这里,拿破仑还使用了"恐吓"这一手段,为了以威胁性的战略迂回来影响联军,在3月底曾向维特里进军。可此时,一切都变了,布留赫尔已经带领10万大军向施瓦尔岑堡靠拢,而拿破仑已经在郎城和阿尔西两地遭遇了失败。

当然,以上4点理由可能并没有起到说服所有人的目的,但至少已经堵住了一些反驳者的嘴:假如拿破仑继续向莱茵河前进,威胁施瓦岑贝格的基地,那么施瓦尔岑堡也会威胁巴黎。然而,上述理由已证明,施瓦尔岑堡根本就不可能向巴黎进军。

我们就上面的1796年战局所引述的例子来谈谈这个问题,在拿破仑看来,他的战术是摧毁奥军最可靠的方法,但实际上,即使他的想法正确,充其量他获得的不过是一个徒有虚名的胜利,对于攻陷曼图亚并没有起到显著作用。因此,我们可以认为，我们提出的战术是阻止解围的可靠得多的方法。就算正如拿破仑认为的那样，认为这个战术不怎么可靠，甚至认为采用这个打法获胜的可能性更小，但我们也有必要将这两种战术作一番比较：一种战术获胜的可能性相对大一些，但却得不到什么好处，也就是效果有限；另一种战术完全相反，虽然获得胜利的可能性较小，但效果却大得多。这样，如果权衡一下，那么有胆略的人就会赞成后一种战术，而如果把看问题的眼光停留在表面，自然也就不难得出第一种战术了。我们承认，拿破仑确实是一个勇敢的人，但问题是，他并不能和我们现在一样，能够从历史的经验中认清当时情况的性质，并看到事件可能出现的后果。

考察手段时通常都需要引用战史，这是十分自然的事，因为在军事艺术中，经验要比一切哲理都有价值得多。然而，这种历史的引证有着它特定的条件，关于这一点，我们会在专门的一章里进行论述。

现在，还有一个重要的问题必须加以分析，就是批判者在判断某一个事件时，在多大程度上可以完全站在当事者的立场上考虑问题，并且利用对事物的较全面了解，利用为结果所证明了的东西，或者说在什么时候和什么场合必须抛开这些东西。

例如，即使批判者想指责或赞扬当事者，那么都必须尽可能地站到当事人的立场上去。也就是说，一方面我们必须搜集当事人知道的所有情况和产生行为的动机，而同时，又必须客观地看待当事者不知道的所有情况。不过，这也只是一种愿望，在实际情况中是不可能达到的。因为出于各种原因，在当事者眼里和批判者眼里，即使同一个事件，他们所认为的情况都是不相同的。实际上，当事者所了解的肯定有许多是批判者所不知道的。关于这点，有以下几种情况的存在：在事件发生的当时，有一些可能影响当事者决心的细小情况已无从考查；有一些主观的动机也从来没有提到过。这些主观动机只能从当事者本人或同他很亲近的人的回忆录中，去了解，但是在回忆录中关于这方面的问题往往写得不怎么细致，或是故意不写实情。

另一方面，一旦批判者知道了比当事者更多的情况，那么，即使他想抛弃这一点，也十分困难。假如要抛开偶然发生的事情，即同事件本质没有联系的事情，那还是较为容易的。可是，要抛开一切重大的事情，就是已经同时间的本质发生关联了，此时就十分困难，并且是不可能完完全全做到的。

我们来谈一谈结果，假如结果的产生不是偶然的，在此基础上再分析产生结果的事物，就肯定和这一结果有必定的关联，并受其影响。因为我们是在知道结果的情况下来认识这些事物的，其中某些部分只有参照结果才可以完全了解。批判者可以把战史的全部现象当成是一种教训的源泉，批判者用全面考察历史所得到的认识来阐明事物是很自然的。因此，有时尽管想抛开结果，但仍然无法完全做到。

这一点实际上也同样适用于那些事后发生的情况，并且对于事前发生的情况也是如此。关于这方面的可考资料，相对于当事者而言，批判者了解得更多。可能有人认为，可以在主观上抛开多知道的那部分，但实际上并非如此。从当事者的角度看，他所了解的情况也并不准确，还必须建立在大量的推测和假定的基础上，即使要了解的情况不完全是偶然的，但几乎所有的情报也都是建立在假定和推测的基础上，因此，在得不到确切的情报时，就只有用推测或假定来代替了。不难理解，那些不亲临现场的后世批判者，当他们在考虑当事者不了解的情况中，哪些情况的可能性较大时，他们本来不应该受多知道的材料影响，可是我们认为，要想完全抛开多知道的资料，就如同要抛弃结果一样，是完全不可能的，其原因也相同。

以上的分析告诉我们，即使批判者想指责或赞扬，并且认同这种批判需要站在当事者的角度，也是有限度的。在很多情况下批判者在这方面可以满足实际要求，但是在有些情况下却根本无法满足，这一点必须要注意。

另外，有人说，让批判者和当事者保持一致，这是完全不必要也是不可取的，更违背了很多实际情况。战争本身就像一切艺术或者技术活动，需要天资，这样的天资称之为造诣。不难看出，我们不能保证当事者和批判者的造诣相同，甚至这种情况是几乎不存在的。当事者与批判者的造诣不同，并常常比批判者的要高。也没有哪个批判者敢说自己的造诣很高，如同弗里德里希二世或拿破仑这类人物。因此，如果批判者想对一个伟大的人进行批判，很自然，他就免不了需要运用很多比当事者知道得多的有利条件。而批判者在对伟大的统帅进行批判时，更不能像演算数学公式一样，用当事者用过的材料再来对其完成的任务进行检验，而是应该根据伟大统帅所取得的结果和对事件的准确预测来欣赏其优秀的天才活动、了解他天才的眼光所能预见到的事物的本质的联系。

反过来，有时候被我们批判的当事者的造诣很低，此时，在对他们进行批判时也需要站在较高的立足点上，以使自己掌握丰富的、客观的判断根据，尽量避免将自己有限的智力作为批判的标尺。

我们必须承认，在批判的时候站在这样较高的立足点上，然后根据对问题的全面了解进行赞扬和指责，这是批判时必须做到的，也不会引起人们的反感，但一旦我们的动机不纯，比如想突出自己、认为以上做法实属天才的表现，那么就容易让人反感了。虽然这种骗人的手法容易被看穿，但是虚荣心却容易诱使一些人这样做,因此,引起别人的不满是很自然的。更为常见的是,批判者并没有抬高自己,却因为没有注意方法而被人们误认为是自夸的表现,说他们缺乏批判的能力。

所以,当批判者自己指出像弗里德里希二世或拿破仑这类人物的错误时,可能批判者自身都会犯这样的错误。他甚至可能承认,如果他是百万雄师的统帅,他可能会犯更为严重的过错,只是他能做到的是察觉事物间的联系、发现这些错误,并指出当事人是可以用自己的聪明才智来察觉这些错误的。

以上提到的就是依据事物的联系进行的分析,但是,如果我们只是采用简单的结果证明某种措施正确与否,那么结果对于判断就会有一种截然不同的作用。对于这类判断,我们称为根据结果进行的判断。从表面来看,这样的判断似乎是完全无用的,但事实并非如此。

比如,1807年弗里德兰会战后,与1805年和1809年奥斯特利茨和瓦格拉姆会战后迫使弗兰茨大帝议和一样,拿破仑迫使亚历山大大帝议和。1812年,拿破仑进军莫斯科,而是否胜利都取决于可不可以通过占领这个首都而促使亚历山大大帝议和。假定他没有达成议和,那么他除了撤兵以外就没有其他的办法,这就是一种战略上的失败。

此处,我们并不想了解拿破仑为了到达莫斯科曾做过一些什么,是否错过了很多可以促使亚历山大大帝下定议和决心的机会,也不想谈拿破仑在撤退时是如何的狼狈不堪。然而,问题依然如是,因为即使拿破仑在进军莫斯科的过程中取得了更为辉煌的胜利,但仍旧不能保证亚历山大大帝会因为感到恐惧而议和。也就是说,就算撤退的损失没有那么惨重,但总的战略却是一个大的失败。试想一下,如果亚历山大大帝于1812年签订了妥协的和约,那么,情况似乎就与前面提到的与瓦格拉姆不谋而合了。反之,假如拿破仑在这几次会战中都没有达到签订和约的目的,那么拿破仑就可能遭到类似1812年的惨败。

所以,我们发现,无论这位世界征服者如何努力、如何聪明、如何机智,他依然战败了。但我们决不能根据1812年战局的失败就否定1805年、1807年和1809年的战局,或断然认定这几次战局都不是明智之举,其胜利并非是理所当然,也不能认为1812年的战争结果才是战略上的理所当然,因为沿着事件之间必然的联系,没有人可以看到战败的君主的决心。

然而,我们还是必须承认一点,那就是1812年的战局本身应该取得与前几次战局相同的结果,但实际上并非如此,而原因是不合理的,因为我们不能将亚历山大的顽强看成是不合理的。

比较恰当的说法是，拿破仑对于他所经历的战局的判断有失误也有值得肯定之处，因为在 1805 年、1807 年和 1809 年，他对敌人的判断是正确的，而在 1812 年，他对敌人的判断是错误的，可以说，在前几次战局中他做对了，而在 1812 年，他却做错了。

前面我们已经提及，战争中一切行动追求的结果都不是肯定的结果，而只是可能的结果。而对于那些不确定性的因素，我们也就只能靠幸运或者命运去获得。当然，人们可以要求尽量少地依靠幸运，不过，这只是对某一具体场合来说，因为在具体的场合可以尽量少地依靠命运或幸运，但这并不表明不确实性最少的场合总是最好的。假如要这样说，那就会同我们的理论产生矛盾。同时，我们深知，在有些场合，最大的冒险行为反而表现出最大的智慧。

可能我们认为，在某些情况下，当当事者必须依靠命运时，似乎他个人并没有努力，也没有功劳，也不需要负任何责任。即使如此，我们还是会经常看到这样的场景：当他实现了自己的希望时，就抑制不住内心的兴奋；而当他的希望落空时，又会觉得不愉快。抛弃这些，即使作为批判者，如果根据结果作出的对当事者正确与否的判断，也会有这样的表现。

不过，不能否认，当事者之所以会出现两种完全不同的心情，是由于存在着一种模糊的感觉，似乎在他们的内心有这样一种想法：凭空得来的结果会与天才之间有一种微妙的联系。当然，我们也很乐意设想这种联系确实是存在的。一旦这种感觉遇到一个当事者经常胜利或失败，那么变得更为固定了，这就为以上的分析提供了证明。

从这里可以看到，在战争和赌博中都存在幸运，但幸运在前者中却看起来要高贵得多。如果一个幸运的统帅只要在别的方面没有影响我们对他的好感，那么我们就很乐意思考他的事迹。

对于我们的智力不能确定的东西，就需要根据结果来进行判断。这一判断方法尤其需要在确定人的精神力量这一因素上，一方面是因为人的智力并不能解决这一问题；另一方面，人的精神力量与意志力是联系在一起的。如果决心被勇气所控制，那么在决心和它们之间就不能找出任何客观的东西，因此，在凭借智慧和推测来判断可能的结果时，我们就失去了可供参考的依据。

现在，我们有必要就语言问题作一些分析，因为无论在战争中的行动还是批判中，语言都是相同的。从实质上来讲，批判本身也是一种思考，并且我们可以认为，它与行动以前应该做的思考是相同的，因此，批判时所采用的语言和战争中的思考有着相同的特点，这点十分重要。否则，这座让批判走向现实的桥梁就失去了现实意义。

在前文中，我们已经提及了一个问题，那就是理论不能为指挥官提供呆板的条文，以此来成为他们智力的工具、作战的方针等。理论应该具有自由性，应当培养他们的智力，更确切地说，在培养过程中起指导作用。

目前我们已经看到，只有那些冗长的道理才能道清事物的性质，这时，批判就不得以理论上已经确定的相关的真理为依据。当然，战争中的当事者在依照这种理论上的真理时，不能将它们当作是外在的、僵硬的法则，而只是深刻地领会这些真理的精神。同样，领会这种精神也不能忽视重新阐明这一真理的正确性，也就是不能把它当成一种公式来使用。而至于如何更精确以及更详尽地证明这些真理，便可以用理论去进行。如此，批判时的语言就可以明朗化，也变得简洁和清楚多了。批判时就可以避免使用隐晦的语言，就可以运用简洁的语言和清楚的观念。

当然，不是所有的批判者都可以做到这一点，不过，每一个批判者都应该以此为目标，在表达时尽量简洁、明了，并且规避使用复杂的词句和概念。比如，补助线这一概念就不是万能的工具，必须让不受任何体系限制的洞察力来说明一切。

不过，遗憾的是，似乎我们只能发现少数批判者才会作出如此的努力。在多数的考察中，因为虚荣心的缘故，批判者大多充满了炫耀自己才识的现象。

在批判中，我们总能发现某些弊病：

第一种弊病是，有些体系本身就不健全，甚至是片面的，却被批判者拿来当教条，甚至滥用它们，以致到了令人难以容忍的地步。实际上，这种体系的片面性一旦被捅破，法官式的威严就会破产。在这里，我们只是指出一种现象，实际上，这种片面体系的危害并不大，因为它毕竟不多。

另一种较大的弊端是词语的不恰当使用甚至是乱用词。这些词语一般包括名词、术语和比喻。这些词语就如一群散兵，在整个战局中是如此不和谐，甚至横冲直撞，影响其他士兵的发挥。我们还发现，在一些批判者的眼里，似乎没有一个体系能让他们满足，但他们似乎又想从这些体系中抓住一星半点作为指出某些统帅行动的缺点的根据，甚至这些只言片语就是他们批判的重点所在，如果缺少这些根据，他们根本无法进行批判。这些片断中最小的就是术语以及比喻。实际上，它们也只是论述的附属品，只起到点缀的作用，而一切原属于一定理论体系的名词术语一旦从原先的体系中被抽离出来，被应用到其他试图说服别人的所谓的真理当中去，就会失去其原先的准确性和光彩，变得一文不值。

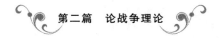

因此，这样的情况就不免发生了：一些理论和批判性书籍不是运用简单的逻辑思维方式和轻松易懂的语言，让读者对自己的理论性叙述一目了然，而是尽量玩文字游戏，甚至充斥含义不明和容易引起歧义的术语，以致读者与作者的理解差异较大。然而，更为严重和不能忍受的是，这些术语还常常只是一些毫无内容的空洞之语，有时甚至连作者本人也不明就理。

接下来，我们提到的是第3种在批判中使用的弊病，那就是滥用史例以炫耀自己博学。我们已经谈及了历史对于军事艺术的作用，下面我们还想在专门的章节中分析对举例和战史的看法。一个史实对于引证的影响并不一定是正面的，也就是说，如果这一史实没有经过验证，那么，便完全可能因为其他人的使用而起到证明相反的观点的作用。比如，假如我们使用两个从相隔很远的时代和国家中挑选出来的案例并拼凑在一起，那么，可能导致的结果就是混乱，而并没有说服力，因为只要详细地考察它们，就可以看出它们有没有用处，这只不过是作者的自我吹嘘罢了。

所以，这些看上去天花乱坠的、杜撰的概念对于现实生活没有丝毫好处，因为一旦理论使用了这样的概念，就会与现实相脱节，从而受到聪慧的将帅们嘲笑。然而，假如理论能切实考察作战过程中的各种问题并加以确定，然后用简洁的语言来加以表达、真正注重事实，并联系在战场上靠着观察力指挥作战的人，那么理论就会现实得多，也就不会产生以上种种的弊端了。

第六章 关于史例

诚然，对于一些问题，能从战史中找到答案，在经验科学里，它们最具有说服性。然而，它们并不为一般的理论著作家欣赏，因为一旦运用太多的史例，反而会起到相反的作用，读者很可能会因此而产生理解上的障碍与困难。因此，防止滥用史例和正确运用史例是非常重要的。

军事艺术基础里的各种知识，多数都是通过对事物性质的认识而得到的。因而，它们多属于经验科学的范畴，这些事物的性质很多都是通过经验才可以认识的。当然，运用这些知识的方式并不是一成不变的，而是根据具体情况随时变化，所以，只依据手段的性质是根本不能完全认识其作用的。

我们都知道火药在军事活动中的作用，一直以来，人们都没有停止过对火药的研究。而火药的发现正是经验的作用。装备好火药的弹丸,顿时可以变得威力无穷。然而,其他条件也同样更精确地决定这种作用,其中有些条件只有根据经验才能认识。并且,我们要注意的不仅仅是物质作用,还有精神作用。同时,我们应该对精神作用加以分析,而要认识精神作用并给予评价,除了根据经验以外,没有别的方法。我们不难发现,在火器刚刚发明时,由于结构不够完善,其物质作用比现在要小得多,不过精神作用却比现在要大。

如果我们能了解拿破仑在东征西讨时将那些部队在猛烈的炮火中培养出来的顽强性,那么也就能了解一支在危险中久经锻炼、对自己有较高要求的军队能够做些什么。当然,光凭想象是肯定达不到让人们相信这一目的的。不过,对于任何一种经验科学,我们始终不能否定,它们都不能使自己提出的真理总有史例作为证明,军事艺术的理论也是这样。而之所以会产生这样的情况,一方面是因为每一个真理都用史例作证时过于烦琐,另一方面是由于用单个的现象也难以论证经验。倘若有这样一种手段,它一旦被人们证实很有效,就会被不断引用,而流行也就是这么产生的。这样,这种手段就通过经验得到了广泛的运用,并在理论中占据了地位。在这种场合,理论只是一般地引用经验说明手段的由来,并没有加以论证。

但是,如果换一种情况,如果我们借用经验来达到以下 3 种目的,比如,否定某种常用的手段、指出值得怀疑的手段、介绍一种新的手段,那么,情况就变得不同了。在此处,我们还是要举出实例以证明。

假如我们详细了解史例的运用,那么就会很容易发现运用史例有 4 个着眼点:

第一,运用史例能够单纯地说明某些思想。比如,面对一些容易被人误解的、难以理解的或者抽象的考察,假如作者担心这些情况的发生,那么史例便能说明自己的思想,以确保读者正确地理解作者的原意。

第二,用史例能够帮助说明某些思想的运用。那些细小问题的处理情况完全可以通过史例来加以说明。而在通常情况下,则不能够将这些情况包括进去,这正是理论与经验之间的区分。

上面两种情况是纯粹的举例,以下两种情况则是用来证明。

第三,用史实可以证明自己的论点。这一点对于证明某些结果或现象的可能性是完全足够的。

第四,通过叙述某一史实或列举众多史实汲取一些教训。在这种情况下,史实本身也就成为了一种证明。

针对第一种情况,我们在使用时完全可以提出一个例子,因为人们运用的也就是它的一个面。此时，甚至史实的真假与否都显得不那么重要了。不过，史例总是具有优点，它比较实际，能使所说的思想更接近实际的生活。

当作为第二种情况使用时，事例就必须被详细地陈述出来，而其正确性与否也是次要的，不过我们也要作与前一场合相同的说明。

当作为第三种情况使用时，只需列出的史实准确即可。比如，如果认为修筑阵地在一定条件下可以发挥出应有的作用，如此只要举出"崩策耳维次阵地"这类的例子就可以证明。

不过，如果问题变得复杂一点儿，比如，叙述某些史实以证明一般性的道理，那么就必须详细地阐述与这个论点相关的一切，必须展现给读者以准确、全部的史实。在这一点上，如果做得不到位，其说服力就越小，需要事实来弥补的地方也就越多。因为人们相信，当不能叙述一个事实的详细情况时，可以引用一定数量的事实作为补救。

再比如，如果想证明这样一种配置——配置在步兵后面比配置在侧翼位有利，那么，只列举几次因为这样的配置而导致战斗失利的例子肯定是不够的；同样，若证明在没有掌握绝对优势的情形下分几路纵队深远地进行包围敌人是十分危险的，只列举"利佛里会战"或"瓦格拉姆会战"的例子也是完全不够的。为了证明这些，在举例的同时，我们还必须说明当时的情况，说明配置形式和进攻形式是如何严重地造成了不利的结局，如此，我们就能一目了然地了解到这些形式的不合理性到底在哪里。最重要的也就是这一点，因为全部加以否定是有害真理的。

以上我们讲过，对于某件事，如果你的证明力不足，那么你就可以搬出史例来加以补充。不过，正是因为它有这样的作用，经常会被人们滥用。有些人不愿或者没有能力去详细叙述一件事，此时，他的方法就是不断列举一些史实。然而，这样做也不能证明什么。因为，对于同样的情况，其他人也可以以此方法列出一些反驳的史例。很简单，假如有人为了证明多路进攻会遭到失败并举出多则史例，那么，我们也同样可以举出以此方法获胜的史例。可见，如此做不可能得出任何结论。

对于有些史例，如果我们不详细地叙述，而是简单地提示一下，那么它就变成了一件很模糊的东西，似乎从各个角度看都是相同的。这样的史例事实上对对立的两方面意见都能够证明。比如，有人认为道恩指挥的几次战争是深谋远虑的案例，而也有人认为是优柔寡断的案例；我们可以把拿破仑于1797年穿过诺里施阿尔卑斯山的进军当成是英勇果断的表现，但也可以当成是鲁莽的行为；1812年，拿破仑在战略上的失败可以说是勇猛的结果，也可以说是勇猛不足的结果。这样针对同一史例产生截然不同的两种意见的情况远不止以上几个。之所以会如此，是由人们对于事物间联系持不同的看法而产生的。可是，这些相互对立的意见又并非是正确的，其中必然有一方是错误的。

在弗基埃尔的回忆录里，我们得到了很多史例，这些史料很多已经被湮没，而且他还是第一个通过这些材料使理论观念与实际生活相接近的人，他所列举的史例可以当成是对论点的解释和进一步说明。假如现代读者对此没有成见的话，他的目的也可以说是达到了——用史料证明理论上的真理。不过，就算他已经就事件作出了详细的说明，但还是不能否认一点——他的结论都是从事件的内在联系中必然产生的。

现在，我们必要提示一下读者，关于史实证明理论的另一个缺陷：如果读者对史实不够了解和熟悉，或者对史实只是一个模糊的印象，那么就不可以从中领会作者的思想。在这样的情形下，读者除了盲目地赞叹或者完全不相信外，不可能还有别的。

但是，如果为了达到这一目的——用史实证明论点而将某些事件再现的话，确实是一件困难的工作。因为在引证的过程中，必然会受到材料的约束。但至少我们不能否认的一点是：在此论证过程中，详细地将这一事件叙述清楚比堆砌10个毫无意义的史实更有效。浅尝辄止地引用史料的主要弊端不在于作者想要向这一论点靠近的目的，而是在于根本没有对这些事件做到认真分析、在于轻率地对待历史将产生数以百计的错误见解和杜撰的理论。假如作者意识到他提出的想用历史证明的一切其实都是一种各个事物间自然的流露，那么这种情况也就能避免了。

事实上，运用史例的上述困难已经摆在我们的面前了，同时，如果人们能认识到上述的要求是必要的，那么也就不难发现，对于最近的战史，只要我们能做到认真分析，就是选择史例的最重要的来源。

随着时间的推移，那些久远年代的作战方法似乎却被人们记下了。事实上，它们的教育意义和实际意义并没有如我们想象中的那么重要。不仅如此，战史就如其他历史一样，许多在起初还清楚的细小情节和特征会逐渐湮没，就如图画一样，原先的形象和彩色会慢慢消失，变得模糊不清，到最后遗存了一些线条和一块块颜色，而这些线条和颜色却因此受到过分的重视。

现在，我们继续回到现代战争，我们肯定会说，与现代战争近似的，至少在武器方面类似的，主要是于1740年至1748年发生的奥地利皇位继承战争，是欧洲封建王朝争权夺利的战争。奥皇查理六世逝世后，其长女玛丽亚·蕾西亚继位，而法国、普鲁士、巴伐利亚、萨克森、西班牙、撒丁、瑞典等结成同盟，以不承认玛丽亚·特蕾西亚的皇位继承权为借口发起战争，英国、荷兰和俄国等则支持奥地利。这场战争耗时 8 年，普鲁士国王弗里德里希二世在西里西亚的军事行动是这次战争的主要组成部分。1748 年 10 月签订《亚琛和约》，奥地利将西里西亚割让给普鲁士，并放弃了在意大利的一些领地，玛丽亚·特蕾西亚的皇位得到了承认。我们不得不承认，从那时开始，战争已经在悄然发生着变化，与现代战争非常近似，我们可以从中汲取一些经验。

不过，在遥远的年代里，事件越牵扯到细节就会越特殊，我们越不能拿来作为寻找典型的史例以及经验的依据。因为，本身对这些事件的不熟悉已经否定了我们的发言权，同时，现代战争手段的改变也不允许我们这样做。

然而，令我们不解的是，似乎每个时代都有这样一些著作家，他们都喜欢引用古代史例。此处，我们先抛弃虚荣心这一点，也不想过问其欺骗成分，然而，我们却看不到任何可以说服别人的诚恳的愿望和为此所做的努力，因此，我们不得不将这样引用史例当作是掩盖错误和缺点的装饰品。

当然，如果能以史例来教他人学习战争，正如像弗基埃尔想做的那样，那这的确是一个巨大的功绩。然而，如果要考虑长期的作战经验，那么就要明白，这是需要花费毕生精力的事业。

假如有人甘愿从事这样的事业，那么，但愿他能如去远方朝圣般虔诚，做到不惜时间、不怕困难、不畏权贵，克服虚荣心和自卑心去讲真理，只讲真理，完全地讲真理。

第三篇　战略概论

第一章　战略

　　前面，我们已经提及战略一词。所谓战略，就是为了达到战争目标而对战斗的运用。其实，战略本身较简单，它只与战斗有关。但战略如果上升到理论的层次，就变得复杂多了，因为战略理论必须同时和战斗的实施者和与军队相关的主要问题进行研究，而且，战斗是由军队进行的，并且首先对军队发生影响。因此，对于战斗本身，战略理论必须就其能取得的结果以及运用战斗时起着智力和感情力量的作用来进行分析。

　　战略需要做到为整个军事行动制订适应战争目的的目标（拟制战争计划），并将目的与一系列的行动结合起来，也就是制订各种战局的方案和部署其中的战斗。当然，此类工作都有一定的不可预测性，因为涉及细节的规定根本不可能在事先做好。很明显，战略只有在战场上才能发挥作用，以便适时地处理各类问题，并且不断地对预先制订的计划作出调整。因此，我们可以说，战略并不是固定的，任何时候都在进行。

　　在制订计划时，理论是服务于战略的。理论会说明事物本身和事物之间的关系，并且突出那些少数作为规则或者原则的东西。

　　假如一个君主或者统帅能有自己的目的和手段，并能很好地应用于战争中，那么他就是天才。然而，天才的作用不是表现在那些奇特的行为方式上，而是在战争胜利这一结局中。应当予以赞赏的是，当我们发现原先那些看似不起眼的假定起作用时，整个行动是那么的协调。

　　而作为一名研究者，如果连这种协调都看不到的话，那么，你找寻天才的领域可能就选错了。

　　其实，如果我们夸张地讨论一个具有一般常识的人，那么，人们会认为这是一种可笑的行为。因为战略使用的手段和方式极其简单，并且由于经常运用，已被人们熟知，这就好比我们称赞那些被无数次运用过的迂回运动为最杰出的天才的表现，这的确是一种怪谈。

更可笑的是，一些庸俗的评论者却将一切精神因素都排除在理论之外，只想分析物质因素，以致把一切都局限在优势和均势、空间和时间这些数学关系上，局限在几条线、几个角上。实际上，如果战争活动真的如此简单，那么，即使是一个小学生也能将其分析透彻。

我们相信，最难把握的永远是精神力量的因素。当然，即便是精神力量，它也已经是最高水平的战略了，也就是接近政治和治国之道。这就像我们说过的那样，它们对军事行动规模的影响大于对行动方式的影响。而同时，我们也不难理解，在行动方式占主导地位的地方，例如在战争的具体大小的行动中，精神力量的数值就会降低。

可见，在战略上，一切都看似简单，却绝非易事。在制订战略计划时，首先要做的是根据国家的情况确定战争，也就是确定战争可以做些什么，找出进行战争的道路。然而，要沿着这条道路坚定不移地走下去，并将计划贯彻到底，那么除了思维的坚定外，还必须有清醒的大脑和坚强的性格。我们不排除有这样一些优秀的人，他们要么以智力著称，要么以洞察力见长，要么以大胆或意志坚强出众，但如果有一个人可以兼备这些品质，那么他绝对不是一般水平的统帅。

我们还必须认识到一个问题：在战略上下决心远比在战术上更需要有坚强的意志力。这一点听起来很奇怪，但实际上正是如此。我们作一个对比：在战术上，情况变化得较快，一切问题的出现与解决都似乎发生在瞬间，只需要指挥官坚持自己的作战方针或者不怕危险与敌人搏斗即可。而在战略上，一切进行得都非常缓慢，任何一个情绪上的偏差都可能产生巨大的影响。在战术上，多半的情况是人们亲眼看见的，但在战略上就不一样了，一切都需要靠揣测和猜想，因此信心就会相对较小。如此，大多数将帅在应该行动时则会陷入到错误的疑虑中。

我们再来简要地说明一下，在分析战略这一问题时，我们会先说明那些最重要的部分，然后再谈整体，最后以战局计划和战争计划结束。

如果我们把军队配置当成一个分析的部分，那么这只能表明在这里可能发生战争，但不一定会真的发生。而这样的可能性能不能当作是一种现实性、实际的东西呢？当然可以。一些战斗的可能性一旦有效果，它就是实际的东西。而实际上，它也总是有效果的。可能发生的战斗因为有效果，所以应当看作是实际的战斗。

不难理解，假如我们拦截即将逃跑的敌人的退路，而敌人没有进行战斗就投降了，那么正是我们的部队准备进行战斗，才会让敌人作出了这样的决定。如果没有我们的军队,敌人自然就逃之夭夭了。

再比如,如果我军攻占了敌人一个没有设防的地区,从而导致敌人失去了一个重要的补充力量,那么,我军可以占有这个地区,只是敌人已经看到:假如要夺回这个地区,就要同我们进行战斗。

以上两种场合都表明一个观点:战斗的发生也许只是一种可能,但正因为如此,才产生了效果,因为这种可能性会一触即发。而在以上两种场合下,假设我们在发兵之后,敌人反而派发更为精锐的部队与我们抗衡,甚至导致我们主动投降,那么,即使遇到这种情况,也不表明我们的战斗是无效果、无意义的,因为我们将敌人的兵力吸引来了。就算整个行动失利,也不能说是没有效果的,只是它的效果与第一次失利的战斗的效果类似而已。

可见,无论战斗是实际进行抑或只是作了部署,想要将敌人打垮,只有通过战斗的效果才可以实现。

战斗的效果是双重的(直接的和间接的),这一点也不难理解。假如我们的目的并不是消灭敌人,而是为了通过引发别的活动来达到,比如,曲折地,但却以更大的力量去达到消灭敌人军队的目的,那么这样的战斗效果就是间接的。而直接的目的无非是占领某一个地区、要塞、桥梁、道路、仓库等,但这类活动肯定不是最终的目的,它们只能被当做取得更大优势的手段,其目的在于最终在敌人毫无招架之力的情况下与我们作战,因此,它们只能被当做是中间环节、通向有效要素的阶梯,而不能被当做是有效的要素本身。

在以上认识的基础上,人们就会有产生这样的疑虑:假设敌我双方在战争中,任何时刻都发生战斗,那又会产生什么样的效果呢?考虑这个问题是必要的,因为只有这样才能在制订战局计划或战争计划时确定起初应当采取哪些措施。

假如我们这么看问题,那么我们对其他活动就会产生某种错误的评价。假如我们不能习惯于将战争或战争中的各个战局当做一条完全由相互衔接的一系列战斗所组成的锁链,或者认为占领某些未设防的地区有某种价值,那么,战争胜利的果实未免就太容易取得了。如果这样来看待问题,人们的思维就会产生短路。在战争中,任何一次战斗的胜利或者失败都并不是最终的结局,在战争中,只有最终的结局才可以决定每一次行动的成败。

假如统帅的智力可以延伸至每一次战斗,也就是说能用在一系列战斗上,那么,这条通往目标的道路就会走得比较平坦,就会具有一种不受外界干扰的、恰如其分的速度。换言之,意愿与行动就会具有一种不受外界影响的合适的动力。

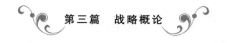

第二章　战略要素

我们将决定战斗运用的战略要素分为这几类：精神要素、物质要素、数学要素、地理要素和统计要素。

第一类指精神素质和与其作用所引起的一切；第二类指军队的编成、数量、各兵种的比例等；第三类指作战线构成的角度、向心运动和离心运动等；第四类指制高点、山脉、江河、森林、道路等地形的影响；第五类指一切补给手段等。

接下来，我们会对这些要素作一番分析，在分析之后，那些虚假要素的重要性也就自行消失了。例如，即使作战基地只是作战线的状况的问题，但在如此简单的形式里，与其说作战基地的价值是由作战线构成的角这个几何要素决定的，倒不如说是由作战线所通过的地区和道路的状况所决定的。

需要指出的是，这些要素一旦用于真正的军事活动中，它们就是纷繁复杂并且紧密结合在一起的。因此，如果有人想根据这些要素来分析战略，那么这种想法就大错特错了。这样做的结果只能是与实际情况脱离，好比幻想将梦中的桥墩向现实转化一样，没有任何实际意义，也完全不可能。

希望不要有人做出了这样的开端，我们绝不想离开整个现象的世界，也不想使我们的分析超出读者所理解的范围。我们的思想并非从抽象研究中得出的，而是从整个战争现象给予我们的印象中得出的。

第三章　精神要素

精神要素始终贯穿整个战争领域，并且与意志，也就是支配和推动整个物质力量的意志紧密结合在一起。实际上，意志本身也是一种精神要素。遗憾的是，我们在所有的书本中并没有发现它们的踪迹。之所以这样，是因为意志本身就是一个抽象的概念、不能表达成任何可见的物质等，只能偶尔感觉到它的存在。

其实,精神要素很多,这其中包括军队的武德、统帅的才能以及政府的智慧和其他精神素质、作战地区的民心、一次胜利或失败引起的精神作用。这些本身都是不一样的,而且对我们所处的情况和目的也会产生不一样的影响。

实际上,这些问题在军事艺术活动中并不是意外,它们同样属于军事艺术理论的范畴。我们还必须强调一点:如果有人把精神要素排除在原则和规则之外,并将这种例外规定下来,将其当作规则,那么就会有人认为有那些超乎一切规则之上的天才并求助于他们,而这无非是在向世人宣告,规则不仅是为蠢人而定的,而且它本身也是愚蠢的,只能是一种可怜的哲学。

如果缩小军事艺术的理论范围,小到只注意精神要素,那么,也只能说明一点:对其作充分的估价和考虑到它的重要性。而这本身也是一种范围的扩大,扩大到物质因素以外的部分。而且,只要人们明确这一点,就会给那些妄图在理论的法庭上只用物质力量的关系替自己辩护的人提前进行判决。

事实上,物质力量的作用与精神力量的作用是完全融汇在一起的。因此,即使为了建立所谓的规则,也不能将精神要素排除在外。当理论为物质力量制订规则时,都要考虑精神要素可能占有的比重,否则,就如上所说的一样,规则会变为绝对的条文,要么显得专断,要么表现出某些局限性。如果我们决定完全摒弃精神因素,我们还是得承认会在无意识的情况下涉及这一要素。假如不考虑精神的影响,那么任何问题压根都不可以得到说明,比如胜利的作用就是如此。

因此,本篇分析的大部分问题都不是独断专行的,无论是精神的还是物质的。而且,物质的原因和结果都只是刀柄,精神的原因和结果才是真正的刀刃。

事实上,很多历史事件已经为我们证明了精神要素的惊人价值所在,而这本身就是指挥者们应该从历史中汲取到的精神养分。不过,在这里必须指出,总的印象、各类的感受与一时的灵感更可以播下聪慧的种子、结下精神的果实,这一点与理论阐述、学术研究和批判地探讨截然相反。

在这里,我们不能否认采取的是一些不全面、不完全的叙述方法,但这样做的目的仅仅在于让大家意识到这个问题的重要性,并且指出本篇所有论点的精神实质。

第四章 主要的精神力量

什么是主要的精神力量?是指统帅的才能、军队的武德以及军队的民族精神。于是,我们会产生疑问:在这几种主要的精神力量中,哪一种价值较大?关于这一点,谁都不能给出明确的答案。因为如果单单就它们的价值进行分析,这本身已经是个困难的问题了,而再深一层次地将它们进行比较,这更是困难的工作。其实,我们应该做的是不轻视任何一种力量。事实上,人们在判断的时候,似乎总是不能站在天平的中间,总是左摇右晃。值得安慰的是,我们还是可以利用充分的历史事实来说明这3种精神力量的作用。

诚然,目前来看,欧洲各国在技能和训练方面的水平已经差不多,也有一套几乎每国都通用的作战方法。正如那些哲学家所言,都得到了自然的发展,以致个人的、特有的力量在这里已经不可能得到更多的期待了。

因此,不容置疑,就目前的状况来看,军队的民族精神和战争锻炼有着非常重要的作用,这类情况经过较长的和平时期可能会有所改变。

军队的民族精神,即热情、狂热、信仰和信念在山地战中表现得最为突出。因为此时,每个士兵和指挥官都必须独立活动,而非成集体状态,因此说山地是人民武装最合适的场所;军队的熟练技能以及经过锤炼的勇敢精神,在广阔的平原上可以得到最为充分的发挥;而统帅的才能在复杂的地形和丘陵地带最能发挥作用。因为,相比之下,统帅的这种指挥才能在山地战中不需要绝对地发挥,而在广阔的平原上,指挥部队又太过简单,更不能充分地施展统帅的才能。因此,在制订作战计划时应当考虑以上这些明显的关系。

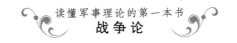

第五章 军队的武德

这里所说的武德,是指军人在战争中特有的某种精神力量,它并不是简单的勇气,不是对战争事业的热情,也不是普通人的勇敢。普通人的勇敢是一种天赋的品质,而军人的勇敢也可以通过锻炼和训练培养出来。武德是有纪律的,它必须服从更高的要求:服从命令、遵守纪律、遵循规则和方法。同样,对战争事业的热情虽然能为一个军人增加一些生命的活力,但我们并不把它列入武德的组成部分。

假设有这样一支军队:即使面对猛烈的炮火仍然可以保持正常的秩序,不被想象中的危险吓倒,不在真正的危险面前慌乱;假如它在胜利时感到自豪,在失败时也不会变得丧失意志,也不丧失对指挥官的尊重与信赖;假如它能视战争中的劳累为一种制胜的手段;假如它始终坚信军人的荣誉感至关重要,不忘上述一切的义务以及美德,那么它就是一支富有武德的军队。

不过,在这里表达的只是武德这种精神力量,而并不是说,没有这样的武德就不可以取得胜利。强调这一点,只是为了让武德这一概念更加明确,不致被人们误解为武德可以超越一切力量。事实上,武德的确不是一切,武德是一种能够单独考虑的精神力量,其作用是可以估计的,就像一件工具一样。

谈完武德的特点,接下来要谈的是武德的积极作用以及用何种方法可以获取武德。

我们可以把武德与军队各部分的关系比作统帅与军队整体的关系。一个统帅可以指挥的应该是军队的整体,而不是某些单独的部分。这中间那些差缺的部分,便是武德发挥的空间。我们知道,选拔统帅与选拔指挥官肯定有不同的标准,前者注重选拔对象的优秀品质方面所享有的声誉,而后者则需要经过详细的考察。而指挥官的职位越低,这样的考察越少,对个人才能的要求也可以相应地降低,但是相对地需要具有武德。

但是,如果一个民族被勇敢、机智、刻苦和热情等天赋品质武装起来,也能起到相同的作用,这些品质和武德可以互相替代。在此可以看出两点:

1.只有常备军有武德,并且也只有它最需要武德。当然,民众武装的天赋品质可以替代武德,并且这些品质在战争时期发展得也很快。

2.若常备军的作战对象是民众武装，那么，比对常备军作战更加需要武德。因为在这种场合下，兵力较为分散，每支部队更多需要靠自己。反过来，在兵力集中的情况下，则更需要统帅的指挥，这一点也可以用来弥补武德方面的不足。一般来说，战区和其他情况能使战争变得复杂，这样兵力就会变得分散，此时，武德作用就越明显。

从上面两点可以得出：当一个军队缺乏武德的时候，就应该尽可能地简要组织战争，或者加倍注意战争组织的其余方面，而不要对那些所谓的常备军抱有希望。

所以，武德在战争中发挥着重要作用，假如缺少这种力量，就应该用其他精神力量作为补充，比如统帅的卓越才能、民族的热情等代替，否则的话，做出的努力就收不到应有的效果。

一般来说，其他精神力量的来源有两种，并且只有当这二者结合在一起的时候才可以产生这种精神力量：第一种来源是多次战争中的胜利，另外一种来源是军队常常受到极度的劳累和困苦，但却受到了磨炼，感受到了自身的力量。因此，武德成长的环境就是艰难困苦的土地或者胜利的号角声响亮的战场。在武德长成为强壮的大树的那一刻，就能抵制住和平时期的松懈。我们不能忽视战争中统帅的指挥对武德成长的重要作用，不过这样的精神力量一旦产生，即便这支军队在平庸的统帅领导下和长期处于和平时期，都可以保持好几代。

一支久经锻炼、懂得军人荣誉并以发扬团队精神为荣的部队，比那些仅靠死板的命令和操典糅合在一起的自负和虚荣心的部队要精锐得多。我们不能否认那些严厉的规则对军人的制约作用，但是它们却不能产生武德。因此，尽管我们承认这些都是永远有价值的，但不能对其作过高的估价。我们应该重视那些良好的秩序、技能、意志、一定的自豪感和饱满的情绪等，但它们并不能单独地发挥作用。

整体只能靠整体来维持，但即使他们在上战场前信誓旦旦并有最好的作战热情，但经过一番挫折，也容易变得胆小、畏惧甚至恐惧。这样的军队是没有自发性和自主意识的，他们只有依靠指挥者才可以有所作为，而单靠自己则将毫无作为。这样的军队在没有经过劳累的打造和锤炼之前，指挥者对此必须加倍小心。因此，我们不可以将武德与情绪相互混淆。

第六章　胆量

　　促使人们在精神上战胜危险的力量，在战争中也应当看作是一种独特的要素。实际上，这种力量就是指胆量，假如不是在战争中，那还会在哪一个领域内更有它的地位呢？

　　一个军队从上到下，胆量都是最为可贵的品德。

　　我们知道，胆量在战争中的作用是不容小觑的。战争中，假使一方力量明显强于另一方，对方的怯弱此时就要生效了。胆量是真正的、创造性的力量，即使在现实生活中，两个胆量不一样的人进行决斗时我们也会发现，胜利者一般都是有胆量的人，因为怯懦可以让人失去镇静。只有碰到十分谨慎的人，才会处于不利的地位，因为谨慎同样也是一种胆量，或者说与胆量有着同样的坚强。不过，这样的情况是少见的，在所有谨慎的人当中，很多人都是胆怯的。

　　在军队中，我们完全不必担心培养胆量会影响军队其他力量的发挥，因为军队在遵守一些现有规则的情况下是可以服从更高的意志的。

　　对于指挥官来讲，职位越高，就越需要有深思熟虑的智力来指导胆量，否则胆量就可能成为一种盲目的冲动，甚至对整个军队造成危害。因为地位越高，涉及个人牺牲的问题就会越少，涉及他人生存和整体安危的问题就会越多。和军队受勤务规则的约束一样，指挥官也要受深思熟虑的约束。在行动中，指挥官如果只依靠胆量，这种想法就是可怕的。但这种错误还是可行的，不能等同于其他的错误。那些常常表现出胆量的军队还是好的，就如生长茂盛的杂草，它们正是土壤肥沃的有力证明。

　　我们绝不可低估任何一种胆量，即使它没有目的。从本质上讲，它与胆量都是一种情感力量，只不过它的特殊之处在于它并不受任何智力因素的约束。因此，只有当胆量与服从背道而驰、忽略上级明确的意志时，才可以将其看作是一种危害。不过，它之所以会被看作是一种危害，是因为拒绝服从，而不是胆量本身的缘故。此处，我们可以发现服从在战争中的重要性。

　　在战争中，那些因胆小怕事而坏事的情况比胆大坏事的情况多得多，对于这一点，很多读者也有共识。

一般来讲，在合理的目的下，胆量是存在的，但它的价值会降低，可是事实却正好相反。

一旦智力占了上风，胆量就会随之下降。我们可以理解为：指挥官的职位越高，胆量就会越小，因为他们会担心一点——错误的决断和可能导致职位的不保。当然，各类的情况和各种思考也会从外部施加强大的压力，他们越是缺乏个人的认知，就越容易感到压力的沉重。在历史上，被人们认为平庸甚至优柔寡断的统帅，在职位较低时几乎都是大胆和果断的。

在某些行动中，大胆的能量来自于情况的必要性，而这类必要性也是我们需要深刻分析的。假如必要性十分迫切，当事者如果稍微迟疑，就会遭遇同样大的其他危险，那么值得我们称赞的就只是他的果断了；相反，行动的必要性越不急切，必须考虑的情况就会越多，必要性也就越不影响胆量。

战略是统帅或者是最高指挥官的任务，但尽管如此，从战略的角度考虑，他们的武德与其他人一样，也是非常重要的。一支勇敢且经常培养胆量精神的民族军队，其发挥出来的力量是那些缺乏武德的军队所不能发挥出来的。因此我们原本要说的是统帅的胆量，可是当我们阐明了胆量的特性之后，有关于统帅的胆量就显得不那么重要了。

智力、理解力和认识力在指挥官的活动中所起的作用是随着其职位的上升而上升的，指挥官的职位越高，就越容易起到主导作用，而胆量也逐渐会退居幕后，因而在身居最高职位的人中间，胆量是很少见的。正因为如此，这类人身上的胆量就越值得称赞。我们通常会把优秀智力作为英雄的标志，这种胆量的表现是在决策时对准确的判断迅速作出的较高的决定予以有力的支持，而不是敢于违反事物的性质和粗暴地违背盖然性的规律。另外，智力与认识力受到胆量的鼓动与它们的作用间也是呈一致的趋势的。这种鼓动越大，它们的作用也就会变得越大，眼界也就会越广阔，而结论也就越容易正确。诚然，在这里永远不能忘记，较大的目的与较大的危险也是相关联的。我们先不谈怯懦的和优柔寡断的人，假如是一个普通人，也只有远离危险和抱着不负责的态度才可以得出那种显而易见的、不用观察就可以得出的正确的结论。而假设危险出现的时候，这种观察能力便会丧失，就算因为别人的帮助而没有失去这种能力，可也会失去决断能力，因为在这方面，他人是无法提供帮助的。

所以，我们认为，一个杰出的统帅必定是有胆量的。而另外一个问题是，当一个人的职位上升时，这种通过修养和生活锤炼而有所发展的感情力量还剩下多少？当然，如果他能坚持当初的胆量或者剩下较多的胆量，那么他就是杰出的，并且，这种力量剩得越多，禀赋的翅膀就会越硬，而飞得也就越高，从而冒险的精神也就越大，追求的目标随之就会提高。我们先不论这种胆量产生的原因，即使是荣誉心引起的，或者由于已经预见的必要性引起的，对于批判的分析来讲几乎都是一样的。

现在我们还要再考虑一个重要的问题。

一支军队之所以具有大胆的精神，原因可能也是多方面的：可能是民族本身的天性，也可能在有胆量的统帅的领导下，通过不断赢得胜利培养了这样的精神。不过，在后一种情况下，这支部队最开始是不具备大胆的精神的。

实际上，除了战争，尤其是那些依靠胆量进行的战争，再也没有其他途径能培养这种民族的大胆精神了。一个民族只有经过战争锻炼与民族的性格不停地相互促进，才有可能在世界的政治舞台上占有一席之地。

第七章　坚忍

战争有其特殊性，它在想象与现实之间有很大的差别，这一点，是人类其他任何活动都不具有的。在战争里，作为统帅，时时都可能受到来自外界的冲击，比如，真假情报、由于疏忽和急躁而引起了某些决策上的失误、一些由正确的或错误的见解或其他原因所引起的违抗行为，以及连他自己都不曾想象到的突然事件等。

总而言之，统帅总是要接收一些感受，而这些感受只有少数是令人鼓舞的，多半则是让人担忧的。统帅之所以为统帅，必定有其过人之处，实际上，长期的战争经验已经使他能根据具体情况快速做出反应，强大的勇气和内心的坚强能使他像岩石抗拒波涛的冲击一样抵御住这些感受。假如谁在这些感受面前退让，那么谁就会一事无成。因此，在实现企图时，假如你还没有足够的理由来否定这个企图，进而放弃它，那么你就要有坚忍的精神来与这些感受对抗。

更何况，任何一场战争的胜利、任何功绩的获得，必定都是通过无限的劳累和辛苦才能获得的。假如连这种精神和肉体上的劳累都能使人屈服的话，那么，似乎也就剩下那种表现为世代所赞赏的坚忍精神的意志力才可以引导统帅达到目标。

第八章　数量上的优势

　　如果一场战争有数量上的优势,那么它绝对是制胜的重要因素。这一点,无论从战术上还是战略上来讲都是如此,所以首先应该就其普遍性进行分析,为此我们进行以下的论述。

　　战斗的时间、地点以及兵力,这些都是战略规定的范畴,并通过这类规定对战斗的开始有着重大的影响。一旦战斗开始并取得了结果,那么即使失败了,战略都可以根据战争的目的来运用这一结果。当然,战争的结果与目的一般都是间接的。然而,它们之间依然有一些手段被当做目的而从属于战争这一大的目的。这样的目的实际上是多样的,甚至整个战争的目标在每次战争中都是不相同的。

　　战略决定战斗,当战争的第一枪打响时,其实这种决定性的影响就已经发生了,但这些产生影响的事物都并非那么简单。比如,战略在规定时间、地点和兵力时都会有不同的方法,而多种不同的方法对战斗的开始和战斗的结果都会产生不一样的影响。关于这一点,我们有必要再进行一番研究。

　　假如,我们只谈抽象意义上的概念,也就是先抛开战斗的意义以及产生战斗的条件所引起的一切变化,再抛开军队的质量不谈,在这个抽象的斗争里,除了作战双方的数量之外,就没有别的东西来区分了。

　　此时,一切便由数量决定了。当然,为了得到这个结论,我们要先撇开一系列问题,由此可见,任何一场战斗,其数量上的优势只是制胜的原因之一,并不代表就可以赢得一切,也远远谈不上获得主要的东西,而且由于其他同时起作用的条件的变化,获取的东西还可能特别少。

　　当然,这种优势在程度上有着不同,可以是几倍或者几十倍,甚至可以是绝对压倒对方的数量,要知道,数量上的优势就会压倒其他的一切。

　　此时,我们不难得出结论,在数量上获得优势绝对是制胜的一个重要因素。从这里可以得出一个直接的结论,即尽可能多地在决定性的战场上投入更多的兵力。无论投入战斗的军队是不是够用,我们在这方面都要做到现有手段可以做的一切,这正是战略上的先决原则。

　　因此我们认为,决定性地点上的优势兵力是非常重要的。就算在一般情况下,这也是一个十分重要的条件,因此,首要的规则应该是将尽可能多的军队投入战场。

遗憾的是,似乎很长时间以来,人们并没有意识到军队的数量对战争胜利的重要性:多数战史,就连在18世纪比较详细的战史中,我们也难发现这一点。兵力的数量不是压根没有提到,就是只顺便谈到,从来没有被人认真地重视过。

同样,大量史例可以证明,正是因为没有认识到数量上的重要性,人们并没有将全部的兵力投入到会战或战争中;相反,如果人们认识到集中兵力就可以夺取他们渴望夺取的那些东西,并把这点运用到对战争的准备上,会将尽可能多的兵力投入战争以使自己在兵力上占有优势,至少不会让敌人在兵力上占有优势。

当然,投入多少兵力并不是统帅也不是士兵个人决定的,而是政府决定的。因此,在这种情况下,统帅必须发挥自己的智慧,即使不能获得绝对的优势,也要巧妙应用军队,在关键地点获取相对优势。

这样看来,我们发现,空间和时间的计算似乎就是最重要的了,于是很多人认为,对于战略的计算可以囊括使用军队的所有问题,也有些人甚至认为一个优秀的统帅应该天生有一种在战略上可以进行计算的天赋。然而,空间和时间的计算就算在任何场合都是基本的工作,但却并不是最具有决定性的。假如我们能摒弃偏见、翻阅战史,就能发现,至少在战略上,这些计算上的失误导致了重大损失的情况是极为少见的。

如果想在决定性的地点上集中优势兵力,即获得绝对的优势,那么就需要首先选定决定性地点,并使自己的军队一开始就有正确的方向,就必须为了大量集中兵力而不惜牺牲次要的东西。

到此,关于数量这一问题就可以告一段落了。对于这一优势,我们应当看作是最基本的原则,并在任何条件下都应该尽力争取。不过,我们并不能因为这一优势的作用就认为它是取得胜利所不可或缺的条件,否则就完全误解了我们的分析,我们只是单纯地表明军队的数量在战争中的重要性。因此,只要可以最大限度地集中兵力,就可以符合这样的原则。

第九章 出敌不意

战争中,要取得相对优势,其中一个重要的因素就是出敌不意。如果排除它,即使有决定性的地点,要取得优势也是不大可能的。

因此,我们可以认为出敌不意是取得优势的手段之一。不过,它也可以被当做一个独立的因素,这一点是就精神效果来看的。假如我们能成功地出敌不意,便会让敌人陷于慌乱之中和丧失勇气,因而可以成倍地扩大胜利。当然,这里讲的出敌不意并不是进攻范围内的奇袭,而是针对一般情况采取的措施,尤其用调配兵力的方法。这样的出敌不意在防御上同样能够采用,而在战术防御中则显得更为重要。

我们说,一切行动都要以出敌不意为基础,但这一基础并不一样,因为行动的性质和行动的条件是不一致的。这样的差别由于军队、统帅以至政府的特点不同就已经存在了。

要做到成功地出敌不意,离不开两点:秘密和迅速。而这两者往往取决于政府和统帅是否具有巨大的魄力和军队能否严肃地执行任务。我们应当争取出敌不意,但实际上,成功的案例并不多,这是由它本身的性质所决定的。假如我们过高地估计这一手段的力量,认为通过它能得到很大的效果,那这种认识便是错误的。在想象中,出敌不意是美好的、引人入胜的,但是在实践中,它却多数因为各种的阻力而难以达成。

从某种意义上说,战略高于战术。而战术涉及的时间、空间范围明显小于战略,因此,出敌不意更容易实现。而越是接近政治范围的措施,就越难以出敌不意,因为任何一次备战要做到掩人耳目都不是一件容易的事,比如,几个月的备战时间、集中不到主要地点、营建仓库和补养站,还需要大规模的行军,而这些动向会很快被对手知道。

所以,如果出敌不意上升到国家的高度,比如挑起国家间的战争、大兵指向另一国,都是非常少见的。与此相反,那些短时间能完成的活动,成功地实施出敌不意倒是可能性较大。比如,行军上抢先一步于敌人、先夺取某一阵地、某一地点或者某一条道路等,往往并不是困难的。不过,这样的出敌不意也收效不大。如果有谁认为这样小规模的出敌不意能达到如夺占一个重要仓库、赢取一次会战一样大的目的,那么我们只能说这是天方夜谭。

在战争里,出敌不意能否取得巨大的效果,除了依赖指挥官的魄力和果断外,还必须具备一些其他条件。在这里,我们并没有否认出敌不意能取得巨大的成效,只是为了表明实现它的成功必须与一些条件结合起来,因为很多指挥官对此并没有指出来。

这是一个关键问题,只有可以左右对方的人才可能做到出敌不意,只有行动正确的人才能够左右对方。假如我们的目的是出敌不意,却采取了错误的措施,那么不仅不能获得成效,反而会打草惊蛇,至少对手对这种措施不需要特别的担心,他们可以从我们的错误中找出防止不幸的对策。一般来说,进攻者采取这一措施较为多见,因为进攻比防御更积极些。但实际上,进攻者和防御者也可以同时采取出敌不意的行动,这在后面我们会谈到。这时,哪一方的措施最恰当,哪一方就会占上风。

常理是如此,但现实生活似乎告诉我们,情况并不是如此。原因很简单,出敌不意对于被进攻者来说也绝非毫无积极意义,甚至常常可以使最坏的事情变成好事,使得对方不能正确地下决心。此处,我们所指的不光是对方的高级指挥官,同时还指每一个领导者,因为出敌不意会让部队散乱,每个领导者的个性在这时都非常容易表现出来。

在这里,问题也就复杂化了,这一切都取决于双方情况的对比。我们必须确认,出敌不意能做到使对方的士气低落和惊慌失措,这就是出敌不意在精神方面的巨大效用,甚至在立当失败时也可以取得较好的结果。

第十章　诡诈

诡诈,顾名思义,就是在作战中隐瞒企图,它与直率的、无所隐瞒的,也就是直接的行动方式是相对立的,与说服、收买、压服等手段没有相同之处。实际上,诡诈与欺骗也通常有异曲同工之妙,如果诡诈可以得逞,它本身就是一种欺骗,但在某种意义上,它又绝非一般情况下的欺骗,因为它并非是直接的言而无信。一个人若想成功地使用诡诈,就要比被欺骗者有更深邃的眼力,也就是看到事物的真相。因此可以说:假如双关谐语是在思想上和概念上变戏法,那么诡诈就是在行为上变戏法。

从表面上看,我们认为战略这个词来源于诡诈不是无道理的。即使从希腊时代

以来,战争已经在很多方面发生了翻天覆地的变化,但这依然掩盖不了战略这个词诡诈的实质。

人们认为,战争这种暴力行为的实施方式便是战术。那么,我们先撇开其他感情力量,其他天赋似乎都不能像诡诈那样适合于指导和鼓舞战略活动。

实际上,我们需要了解战争中指挥官在狡猾、机智和诡诈方面的较量情况,可遗憾的是,战史中却很少有这方面的记载,并且它们在大量的关系和情况中也是很少突出的。

为什么会这样?因为战略活动和其他活动并不同,它不可以在口头和文字上进行活动,诸如发表讲话、声明等,它是同采取部署战斗有关的措施。不过利用诡诈进行欺骗时,却反而要借助以上这些廉价的东西。

当然,战争中也有与此相同的活动,比如,有意向敌人泄露假情报、透露为了欺骗的方案和命令……只是这些活动在战略范畴内通常只起到较小的作用,因此不能当作是统帅随意进行的活动。

不过,如果为了让敌人受骗而部署战斗等类似的活动,那么代价就变大了,因为这需要花费大量的时间以及兵力,活动的规模越大,花费的时间也就会越多。所以,所谓佯动在战略上收到预期效果的情况是很少发生的。其实,如果一支部队在较长时间内都被用于欺骗敌军,那么这是一种危险的行为,因为这可能不但起不到作用,还会导致这支部队不能再用于其他战斗。

如果一个统帅已经深刻了解了这一点,那么他对这个狡猾的把戏也就嗤之以鼻了。反而,单调而严肃的必然性往往会迫使他采取直接的行动,使他没有玩弄这些把戏的余地。总之,在战略的棋盘上,是不存在狡猾和诡诈所不可缺少的灵活性的。

为此,我们得出以下的结论:对于统帅来讲,正确而且准确的眼力比任何诡诈都更有必要,也更为有用。即使我们不能否认尽管诡诈在不妨害必要的感情力量的状况下没有怎样的害处。

不过,在战略上,当支配的兵力较少时,诡诈就派上用场了,并且当兵力弱小、任何谨慎和机智都无能为力时,诡诈就成了最后的手段。因为,身处绝望处境中的人们绝对会孤注一掷,这时恰恰就是诡诈增加了他们的胆量。在不考虑其他任何因素的情况下,胆量和诡诈才可以相互促进,使得希望的微光集中在一点,成为一道或许可能引起火焰的星火。

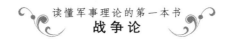
第十一章　空间上的兵力集中

总兵力永远是任何战略都必须首先要考虑的因素，然后才是在决定性的地点上保持强大的力量。为此，除了努力扩充兵员之外，最重要也是最简单的莫过于集中兵力了。

除非在紧急情况下必须将兵力调开，否则在任何时候，脱离主力都相当危险。认识并严格遵守这个准则，我们才能逐渐认识到什么是分割兵力的合理理由。同时，我们也要看到，上面的准则是放之四海而皆准的，在任何战争中都会产生效用，而且由于目的和手段不同，它还可能产生不同的效果。

有一种愚蠢的却在战史上重复过几百次的现象：很多人往往糊里糊涂地就按照别人的做法将兵力分割和分散，但却并不知道为何要这样做，尽管我们也难以置信。

假如我们能看到以上所提到的集中兵力是一个准则，而其他任何分散和分割兵力都只是例外，那么我们不仅可以避免那些愚笨的行动，而且还可以杜绝一些分割兵力的错误理由。

第十二章　时间上的兵力集中

在这里，很多人对这一概念可能已经产生了错觉。为了明确这一点，我们有必要进行一番分析。

我们已经了解过，战争是一场人类特殊的活动，是两个方向相反的力量碰撞。为此，我们不难得出：较强的一方不仅可以抵消另一方的力量，还能迫使对方做出反方向的运动。因此，在战争中逐次发挥力量的作用是不容许的，同时还规定了一个最基本的法则：使用全部的力量进行一次碰撞。

不过在战术上，如果战争会致使双方力量互相抵消，那么力量的作用就可以逐次发挥,这主要是因为火器的运用,它是一切战术的重要基础。当然,还有其他的原因,假如双方进行的是一场火力战,一方兵力是另一方的两倍:一方是 500,另一方是 1000,那么双方伤亡就会与双方参战人数的多少都有直接的关系。因为 1000 兵力的一方发出的子弹是另一方的两倍,当然,他们被击中的可能性也就无形中多了一些。如果是多一倍的话,那么双方的伤亡就是相同的。比如用 500 人战斗的一方伤亡 200 人,那么使用 1000 人的一方也就同样有 200 人伤亡。假如用 500 人战斗的一方还有 500 人保留在火力范围之外,那么,双方都还剩下 800 个可以作战的人。不过,其中一方的 800 人中有 500 人是弹药充足、体力充沛的后备军,而另一方的 800 人的情况却截然相反,他们队形松散、弹药不足和体力不支。然而,以上假定,也就是仅仅由于 1000 人比 500 人多一倍,那么被击中的可能性就会提高一倍,这是错误的。所以,剩余一半兵力的一方在起初也可能受到很大损失,这是一种不利的情况。同时我们应当承认,在一般情况下,用 1000 人战斗的一方起初就拥有将敌人赶出据点和强迫敌人退却的有利因素。但是,在以后作战中,这一方却已经只有 800 已经处于松散状态的士兵,而对方却有 500 名精锐后备军。此处,我们不免又有疑问,在新的战况下,这两种条件能否互相抵消呢?至于这一点,我们还需进一步讨论。但至少,对于那些有战争经验的人,都会认为优势在有后备军的一方。

以上例证表明,战争中,使用过多的兵力虽然可能在起初时看到一些利益,但在以后却会付出巨大代价。

不过,上面这种危险的情况也只有当军队秩序混乱、队形松散和身体疲惫时才会出现。因此,当一方的军队处于削弱状态时,对方相当数量的后备军的到来就起着决定性的作用。

但是,如果胜利方此时的状态已经有所改变、不再松散,甚至已经充斥着胜利带来的喜悦时,对方再投入后备军也无法挽回败局了,甚至还会面临失败。一支被击溃的军队即使有再强大的后备军,也是不能扭转战局的。从这里我们可以看出战术和战略之间的区别,这是一个非常重要的缘由。

一般来说,有些成果,比如在战斗进行中和在战斗结束前取得的,那么,多数是在队形松散和疲惫的情况下取得的。如果谈到整体上的、战略意义上的成果,则决不是在这种情况下取得的。因为战略上的成果并不是独立的,而需要各个部分的战斗成果结合在一起。此时,军队就能恢复到原先的状态,而危机就已经不存在了,损失的只是被消灭的那部分。

如此,我们就不难区分:兵力在战术上可以被逐次使用,在战略上却只能一同利用。在战术上，如果开始阶段的成果并没有解决一切问题，那么我们的眼光就必须放长远一点，往下一阶段看，如此就会得出以下的结论：兵力是不能一次性使用完的，在开始阶段使用必要的兵力。至于其余的兵力，应该配置在火力战和白刃战的杀伤范围以外，以便用来对付敌方的后备军，或者用来战胜已经削弱了的敌人。不过在战略上却并不是这样，一方面，就如前面我们所说，战略成果出现后，危机不复存在：在战略上一旦发生了成果，就不需要担心敌人的反击；另一方面，被敌方削弱的兵力一般都是战术上的，而并不全部是战略上的。

因此，如果兵力占有优势，那么就会出现这样一些部队：他们没有参加过战斗或者参加战斗不多，但仅仅由于自身的存在就能够与参加战斗的部队起着决定性的作用。一旦战争结束，这些部队仍保持着原先的状态，就像没有参加战斗的部队一样，并可以用于其他的目的，因此不难看出，有了这样的部队，在战术上参加战斗的那些兵力将会很大程度地减少。

从战略上看，兵力增加并不会带来多大的损失，相反，损失还会减少，从而对于决战有着更大的保障。我们自然就可以得出这样的结论：在战略上使用的兵力越多越好，所以必须同时使用现有的一切兵力。

对于这一原则，我们有必要从另一方面进行论证。至目前为止，我们所谈论的只是斗争的本身。我们承认，斗争是真正的军事活动，可是，斗争是与时间和空间这些因素一起发生作用的，因此，这些因素产生的作用也被我们列在考虑范围之列。

战争中，存在这样一种损害因素，那就是劳累和物资缺乏。当然，它们并不属于斗争本身，却与斗争有着密切的关系，特别是与战略有着密切的关系。对此，我们有必要就它与战略和战术的不同关系进行分析对比，因为战术行动的持续时间较短，对于这种负面影响可以不必作更多的考虑。但是在战略上，时间和空间的范围都较大，这种影响不仅非常明显，而且通常起着决定性的作用。

假如我们也能像对火力战和白刃战那样来分析战略上的这种损害，那么可以设想：某次战局或者战略阶段结束时，处于这种损害范围的军队总是会陷于削弱状态。此时，进入战场的后备军就派上用场并发挥重要作用了。因此，战略也像战术一样，最初阶段的成果应该用少量的兵力来达到，以将后备军留在最后时刻使用。

这些观点似乎在任何场合下都正确，但是否如此，我们有必要分析它的各个具体概念。首先不能混淆的是，以后增加的兵员与原来的后备军是不一样的。在多数情况下，一旦战争进入尾声，那么无论是失败的一方还是成功的一方都希望能增加兵力，而这一点也经常被他们认为有决定性意义。

对于这一问题，我们暂且先不谈。还有一些观点，认为在精神价值方面，新投入的部队比作战已久的部分更有意义，就好比后备军比那些已经遭受重创的部队更值得重视。很明显，这种观点是与经验相矛盾的。失利可以使部队受到挫伤，但相反，胜利却可以使勇气和精神力量得到增强，将两者平均起来，使得失互相抵消，而战争锻炼却如纯利一样被剩余下来。此外，还应当更多地以胜利的战局为着眼点，而不是失利的战局，因为假如推测失利的可能性较大，本来兵力就较少，不可能将一部分兵力留作以后使用。

现在，还有另外一个问题：劳累和物资缺乏使军队受到的损失是不是也会随着兵力的增加而增加呢？在这里，我们可以肯定的是：答案是否定的。

劳累从哪里产生？很明显，是从危险中产生的。军事活动中，处处充满危险，而要避开这些危险，就必须进行大量的活动，这些活动就是战略上和战术上的杂务。杂务的轻重是与兵力成反方向态势的，兵力越少，这样的杂务就会越繁重，而兵力优势越大，这样的杂务就会越轻松。因此，在战局中，如果敌人的兵力少，那么抵制他们的劳累就会小很多。

以上所谈的是关于劳累的问题，而至于物资缺乏又有所不同。

物资缺乏主要有两个方面：给养物的缺乏和宿营条件的缺乏。很明显，如果军队集结在一起，兵力越多，这种缺乏必当会增多。但我们也不难想到，如果向外扩张，进而取得空间优势，那么必然会取得更多的给养和宿营条件。此时，兵力优势不正是恰当的手段吗？

还有重要的一点需要论述，为了尽量加大部分战斗带来的成果，确定兵力的主次是相当必要的。不过，从战略上讲，这几乎没有任何可能，因为战略上的成果是灵活的、没有限度的，而不是呆板的，因此，在战术上可以当作是过剩的那部分兵力，而在战略上却需要当作是能用来扩大战果的手段。利益是随着战果的大小而增减的，因此，使用优势兵力的好处在于：很容易取得谨慎使用兵力所永远无法得到的东西。

此处，我们需要明确的是，在战术范围内，时间是削弱军队的因素，一旦实际应用军队的时间延长，军队必然会因此而受到削弱。不过在战略范围内，时间并不是如此起作用的，它起作用的方式是间接的，尽管时间对军队也起到损害的作用，但危害却常常因为兵力的优势而被抵消；另一部分则可以通过别的途径获得补偿。因此，在战略上、在考虑时间问题上，我们决不能认为通过逐个使用兵力的方法就对自己有利。

在这里，我们只强调时间，是为了表明实际上，时间也是与其他条件一起产生作用的。另外，这和作用对作战一方可能产生和必要产生的影响与时间本身直接产生的影响是不一样的，前者并非无足轻重，对于这个问题，我们将要再进行研究。

我们要说明的准则是：应当一同使用用于某一战略目的的兵力，并且越是将一切兵力集中用于一次行动或一个时刻就越好。不过，在战略范围内，有时也应该逐个展开后备军的问题，尤其是后备军争取最后胜利的主要手段上。关于这一问题，我们会在另外的章节进行分析，此处先提及，是为了让读者不把上面分析的问题误认为是我们还没有完全谈到的问题，从而产生误解。

第十三章 战略预备队

预备队有两个不同的任务：一是延长和恢复战斗，二是应付意外的情况。第一个使命的前提是以逐次应用兵力所能取得的利益，这一点不可能发生在战略范围内。至于将一个部队调到快要失守的地点去，很明显，这属于第二个使命的范畴，因为在行动的过程中有很多不能预见的因素，比如遇到敌人的袭击等。

那么，究竟什么是战术预备队呢？假如一个部队存在的原因仅仅是为了延长战斗并配置在火力范围以外，但同时它仍然受这次战斗的统帅指挥，那么它就是战术预备队，而不是战略预备队。

当然，战略预备队也是需要的，因为即使是战略意义上的，也偶尔需要预防意外情况。而在战术范围内，人们需要经常在某种程度上应付可能出现的意外情况，比如，任何一片小林或地褶都可以将敌人的行为隐蔽起来，这就需要人们通过观察来了解敌人的行动。总而言之，要针对敌人的情况来调整我方的兵力配置。

这一情况也可能出现在战略范围内，因为战略行动与战术行动有着直接的联系。在战略上，有些部署的确定只能根据观察和随时获得的不确切的情报以及战斗而产生的实际效果来判断，因此，我们需要根据情况的不确切程度而保留一定的兵力以备以后使用，这正是战略指挥上的重要条件之一。

这样的情况会不断出现在防御中，尤其在山地、江河这类地形的防御战中。然而，战略活动与战术活动的距离越远，这样的不确实性就会越小，一旦这种战略活动接近政治的领域，这样的不确定性自然也就几乎不复存在了。

在这里,我们还需表明一点:行动的规模越大,就越难做到出敌不意。另一方面,行动越涉及全局,战略后备队的作用也就越小。比如,要知道敌人的军队将要派往何处会战,这需要我们观察;而敌人选择的渡河地点是哪里,这可以从对方事先暴露的某些准备行为中来了解;而敌人会选择什么方向和缺口入侵我国,通常在没有开战以前,报纸就已经透露了,因此这是人所共知的。

我们知道,某些小型的战斗从其本身来看似乎没有多大意义,但只要我们把它放到整体的战斗结果中,便能发现它的价值了。

然而,即便我们知道的是整个战斗的结局,它的意义也不是绝对的,而是相对的,这类意义的大小也是视具体情况而定的,被击溃的敌军在其全部兵力中占的比重越大,这一结局的意义就越大,反之就越小。如果我们打败的是一支小部分,那么对方可以用一个军团的胜利来弥补,甚至一个军团的失利还可以由更大的军团的胜利来抵消。而如果被击溃的那部分敌军很重要,那么敌人通过日后的行动来挽回失败的可能性也就会相对小一些,这一点同样是十分清楚的。至于如何进一步明确这点,我们会在其他地方进行研究。

现在,在提到以上两点之后,我们再为之加上第三点。假如在战术上,兵力的逐次使用已经使决定性行动推延到整个行动的末尾,那么在战略上同时应运的兵力的准则就几乎是使主力会战在一次大规模行动的开始就进行了。我们依据这 3 点的结论就有了充分的理由:战略后备队的使命越广泛,战略后备队的好处、必要性就越小,而其带来的危险就会越大。

在战术上,我们的确可以把后备队当成是应付意外甚至是战斗失利时无法预见的手段,但即使如此,在战略上我们也绝不可以这么做,起码在大规模的会战中不应当动用这种手段。诚然,某一地点的失利往往只能通过他处的胜利来弥补,在少数情况下也可以借助别处的兵力,不过决不能,也不容许为了挽回败局而事先保留兵力的观点。

实际上,我们承认这一明显的观点,建立不参加主力决战的战略后备队的观点是错误的。而我们之所以还费唇舌对这一问题进行分析,主要是因为还存在那些继续将这种错误的思想运用于战争的情况。

第十四章　兵力的合理使用

前面我们已经提到，人的思维空间是宽泛的，也是不安分的，它很少仅仅顺着一些原则和观点呈直线发展，总是具有自由活动的余地。在实际生活中，一切艺术都在证明这一观点。毕竟坐标系里横纵坐标描绘出来的似乎都是一个点，而不是一条完美的线条；用代数公式演算出来的也是结果，而画不出圆和椭圆的。因此，一个统帅有时在作决策时需要依靠高度精准而快速的判断，有时还需要将惯用的办法作为行动的根据。

我们认为，随时随地注意不将任何的兵力放置不用就是一条合理运用兵力的法则。如果一个指挥官在战斗时将一部分兵力闲置不用或者在不必要的地方闲置太多的兵力，那么这位指挥官就不善于合理地使用兵力。从这个意义上讲，有的时候不用比用而不当更加不好，因为就算有些活动不合适，但因为它们已经存在，至少能起到牵制敌军的某些作用，而完全搁置军队却是无法起到这样的作用的。因此，一旦战斗打响，就需要让所有的兵力活动起来。显然，这个观点与之前所阐述的原则是同一个真理。而在这里，我们分析的用意在于从更广泛的角度为其总结一个单独的概念。

第十五章　几何要素

这里的几何要素指的是兵力的配置。那么，究竟这一配置在多大程度上能够成为战争中的重要因素？在修筑术里，我们看到几何学的作用是无法代替的，甚至差不多支配着从大到小的一切问题。当然，在战术上，几何学也起着不小的作用，并且在军队运动的有关理论中，几何学被看成是它的基础。而在野战的建筑中以及在关于确定阵地和对阵地进攻的学说里，几何学上的角和线像一个统治者一样，有绝对的权威。在这里，一些几何因素并没有被合理运用甚至是被乱用了，而剩下的那些

则只是没有作用的游戏。

现代战术力求每战必包围敌人，几何要素也起着极为重要的作用，它被简单地、反复地应用。虽然这样，相对于要塞战而言，它的一切都不那么呆板，也囊括了人的个性、精神力量以及偶然性，因而几何要素也不像在要塞战中那样占有统治地位。而在战略范围，几何要素的影响也就逊色多了。在这里，尽管兵力配置的形式和国土的形状依然影响较大，但几何要素却不像在修筑术中起着决定性的作用，也不像在战术中那样重要。至于这种影响的表现方式在以后再次提到几何要素时会慢慢予以说明，此处，我们想表达的是，这个问题在战术和战略这两个不同的氛围内并不是相同的。

在战术范围内，时间和空间会变得很小。假如一支军队被三面夹击，那么它就毫无退路了，这是一种近于无法继续战斗的处境，为此，必须想法设法脱险。当然，如果能事先预防，避免形成这样的阵势最好。而采取的行动一开始就会具有十分强大的效力，这是因为使敌人对后果产生了疑虑。因此，产生以上作用的一个非常重要的因素就是兵力配置的几何形式。

不过，在战略范围内，空间和时间相对于战术范围内而言也就不同了：空间较大，时间也较长，相比之下，这一切都显得微不足道。人们不能从一个战区射击到另一个战区，实现一个预定的战略迂回往往需要几个星期或几个月的时间。另外，因为空间的广阔性，即使采取最好的措施，要想分毫不差地达到目的，可能性也微乎其微。

可见，相对于战术而言，在战略范围内，几何要素的作用显然要小得多，但正是因为如此，反过来看，一次实际地点上的胜利所产生的影响也就不容忽视。另外，我们还可以充分发挥这一胜利的作用，但前提是在它没有被可能的失败抵消之前。因此，我们敢这样说：在战略上更为重要并不是联系这些战斗的几何形式，而是胜利的规模和次数，而这也是一条已经完全确立的真理。

不过，我们不解的是，现代理论中还是有很多人热衷于这一论题，并且他们认为这一观念可以使战略凸显更好的意义，使战争变得高贵亦即科学化。对此，我们认为，我们之所以强调这个问题，是因为这种现代理论常常以几何要素的概念为出发点，因为一个完善的理论的主要用处在于揭露这些荒谬论点的迷惑作用。

第十六章　军事行动中的间歇

　　前面我们提及,可以把战争看成是互相消灭的行为,因此我们可以认为,双方一般说来都是在行进的。同时,假如时间停留在某个时刻,那么一方在前进的同时,另一方肯定在等待。因为双方的状态不可能是完全一样的,也不可能是永久相同的。当然,随着时间的变化,这些情况也都在发生改变。因此,就当前这一时刻而言,对于这一方就会比对于另一方更为有利。

　　假设战争双方的统帅都清楚这一点,那么,一方前进的依据同样也是另一方等待的依据,这一点再明显不过了,因此,对于战争双方而言,不可能在同一个时刻都感到相同的益处,也不可能同时持有同样的目的,这一原因并不是一般的两极性,而是因为双方统帅是根据同一依据下定决心的,也就是情况改善还是恶化的可能性。

　　退一步讲,假使双方情况一样,或者统帅对敌人的情况并不了解,误认为情况是一样的,即使如此,仍旧不可能有间歇的产生,因为产生战争的政治目的肯定是不同的,一方是进攻者的同时,另一方必定是防守者。如果双方处在相同的角度,那么也就不可能产生战争了。进攻的一方有积极的目的,而防御的一方有消极的目的,只有这样才可以达成积极的目的,进攻的一方必然会采取积极的行动。为此,就算双方的情况完全一样,积极的目的也会让进攻的一方有所行动。

　　可是,如果我们依据这一观点,势必会导致一个问题:军事行动中的间歇与战争的性质相矛盾。战争一旦发生,双方所处的关系就必定是敌对的,一方肯定不会停止消灭另一方,直到一方完全消失,他们之间的相互作用才会停止。可是,这一问题似乎又在两个僵持不动的摔跤者身上出现了特殊,此时,我们该作何解释呢?军事行动本来应该一发而不可收拾,如同上紧了的发条,但实际上,无论战争的性质多么暴烈,总还是因为人的弱点的存在而受到限制,人们一方面会追求危险和制造危险,另一方面又害怕危险。战争中有着这样的矛盾,人们不会为此感到十分惊讶。

　　此时,假如我们翻看一下战史,就能看到不同的情况。我们知道,间歇与停顿是军队的基本状态,也就是说,即使战争有其自己的目标,也决不是毫不停歇的,不过前进却是例外。前进的出现似乎让我们开始否定以上的观点。尽管战史都证明情况是这样,但最近新发生的一些战争却最好地证明了前面的观点,这就是革命战争,尤其是拿破仑指挥的每次战争,战争的进行达到了最大地发挥力量的程度,我们认为这就是暴力的自然规律。如此看来,战争达到这种程度是可能发生的,既然是可能实现的,那就是必然的。

假如战争的目的不是为了前进,那么又为何在战争中付出巨大的力量?可能是为了使得对方也付出如此巨大的代价以使自己能与之抗衡吧。如果是,那又为何要做如此巨大的努力呢?

对于这个原则的总的方面,我们目前就谈这些,现在,我们把目光转移到现实情况中,来谈谈它的变化情况。当然,这里并非指一些具体情况所引发的变化,而是指事物性质决定的变化。

我们必须指出引起这种变化的 3 个原因:

第一个原因指的是人们本质上的怯懦和寡断。这属于人的精神因素方面,这一消极的、抑制的精神因素会使人们停止前进的脚步,使行动有着趋于停顿的倾向。不得不承认,它虽然是精神世界中的重力,但是由斥力导致而并非引力,也就是由害怕危险和害怕负责所引发的。

战争是残酷的,为此,有些人会变得笨拙甚至退缩。为了保证行动的开展,就需要除了战争目的以外的其他更强的精神力量来推动它。比如,上级的施压或者善战、敢作敢为的精神,否则,停顿就会发生,前进就停止了。

第二个原因是由于人们的认识和判断的局限性引起的。在战争中,这种局限性体现得尤为突出,因为人们对自己的认识并不全面、明确。而对于敌人的情况,因为具有隐蔽性,自然也不能加以确认,只是单方面地揣测,所以常常会发生这样的情况:即使事实上,等待只是对一方有利的态势,但如果双方都在等待,那么他们都会认为这是一种明智之举。

第三个原因是防御强而有力,这就如同可以使时间停顿下来的钟表的制动装置。战争中的一方可能认为自己力量弱小、胜利机会不大而不去攻击对方,而对方却力量足够。因此,假如一方采用进攻而不防御的话,那么不仅可能会丢失这种力量,甚至会把它拱手让给对方,所以,双方不但同时会觉得无力进攻,并且事实上也的确如此。

正是基于这个原因,有些人认为谨慎小心和害怕巨大的危险是符合常理的,并已经在军事艺术中有了立足点,因而抑制战争固有的强烈性。

可是,事实上,这些原因的证明力还远远不够。比如,过去那些不是由重大利害冲突引起的战争里为什么会有长时间的间歇？这样的战场几乎都是在毫无作为的时间里度过的。这种现象的发生，主要取决于一方的要求以及另一方的状况，还包括和情绪对战争的影响，对于这一点，我们在之前已经谈过。

这样的情况还可能产生非常巨大的影响，以致让战争成为一种假象而不伦不类。这里的战争更多地体现为一种武装监视，或者只是为了支持谈判而摆出的一种姿态，抑或只是勉强履行同盟的义务。

此时，战争似乎已经失去了它的本色，因为它利害冲突不大、敌对因素不强，任何一方都想保持一种僵持的状态而不想对对方采取过分的行动，从而不是非常害怕对方。换言之，致使这种场合的出现是因为没有很大的利害关系使他们拿起武器。在这样的情形下，双方政府并不会为这场战争花血本，甚至是比较小的赌注，从而就出现了温和的战争。

战争越是温和，必然性相应也就越少，偶然性就越会增多，建立理论就会越缺乏必需的依据和基础。

可是，这种战争也可以作为才能发挥的土壤，并且与其他一般战争相比，它或许还会出现更多的表现形式，活动范围也更广泛。在这里，作战的时间都花费在假装的小行动上，就是半真半假的前哨战。

由上述的原因中能看出，一次战局中的军事行为是有一定间歇的，而不是连续的。所以，即使战争中的流血牺牲在此之间也有一个相互观望的时期。不过通常来看，哪方抱有较高的目的，就会主要采取进攻的原则。因为有前进的存在，这样的观望也是不一样的。

第十七章　现代战争的特点

之所以会提到这一问题，是因为现代战争对于一切作战计划，特别是对战略计划有着非常大的影响。

拿破仑本人及其各种战略方针的出现，尤其是他的胆识和幸运一掌击毙了以前人们常说的各种作战手段，甚至很多强国几乎都被他一击即溃。而西班牙人顽强的抗争表明，人民武装以及起义总的来讲可以起到很大作用，尽管我们也承认个别方面还有缺点和不完善。1812年俄国的战局告诉我们两点：要征服一个辽阔的国度是不可能的,即使会战失利、首都沦陷和失守一些地区也不一定表明最后会失败。

1813 年普鲁士的战局表明,民兵的作用不可忽视。在紧急情况下,建立民兵能使军队快速扩充至平时兵力的 6 倍,而他们在国外也可以同样使用。并且,民心和民意在军事力量、国家力量和作战力量中是十分重要的因素。既然每个政府都知道这些辅助手段,那么就很难想象它们在未来战争中不会动用这样的手段,无论是危险临近生存也好,还是强烈的荣誉心驱使它们这样做也罢。

当然,如果采用举国的力量和只依赖常备军进行的战争,那么,组织的原则肯定是不一样的。以往的常备军似乎是舰队、陆军与国家其他方面的关系和海军同国家别的方面的关系一样,因而陆军的军事艺术在以往使用过海军战术中的一些原则,但现在却已经无法再使用了。

第十八章　紧张与平静

——战争的力学定律

在前面的篇幅中,我们已经说明在大多数情况下,间歇和平静的时间总是多于行动的时间。在上一章中,我们也谈到了现代战争的各种不同特点。可是,我们还是必须肯定地说,真正的军事艺术仍是被时间长短不一的间歇所中断。所以,我们需要对这两种状态的实质作一番探讨。

均势的产生是有一定的潜伏期的,如果双方都有不积极的目的,彼此就会陷入平静,军事行动也就产生了间歇。诚然,这里所指的是最广义的、是包括一切关系和利害在内的均势,而不是单指军队的物质力量与精神力量的均势。可是在这种情况下,只要其中一方开始有新的积极目的并进行某些活动,那么对方对此也会采取相当的对策,双方就会出现紧张状态。这种紧张态势除非遇到某一方放弃自己的目的,或另一方作出让步,否则便为会持续直到决战结束为止。

在双方一系列战斗效果的基础上进行的决战停止之后,就会出现向其他方向的活动。倘若这样的运动遇到一定要克服的困难,或新出现的对抗力量的作用而减弱下来,那么若不是再度的宁静,就是产生新的决战和新的紧张态势,而接着又将会出现一个新的在多数形势下方向相反的活动。

从理论上区分均势、紧张和运动,对于实际活动来讲比起初看来更为重要。

在平静和均势的态势下,也会出现某些活动。然而,这些活动只是由偶然性的原因所引发的,不是由可以导致重大变化的目的所引发的。这些活动的形式很多,比如大的战斗、主力会战。但不管怎样,它们的性质都是不同的。

决战在紧张的态势下似乎总有更好的效果:一方面,人们的意志所发挥的力量也是深一层次的,而环境也会产生强大的压力;另一方面,因为行动的规模比较大,准备得也就比较充分。可以说,这一切只缺少一个导火索,一旦引爆,它的威力是无穷的。而同样规模的事件如果在平静的状态下发生,就起不到如此巨大的效果了。

另外,紧张的程度肯定是不一样的。不难理解,从最紧张的势态到最弱的紧张势态之间是有着各种不同程度的势态的,而最弱的紧张势态与平静势态之间的差别往往微乎其微,甚至不被我们察觉。

从以上分析中得出了这样的结论:行为相同,但态势的紧张程度不同,效果是不同的。在紧张势态中,它所发挥的效果往往更好,而在最紧张的势态下,其重要性就会越大。

不难理解,同样是驻防,在敌人没有办法设防而不得不放弃的地区设防与在敌人伺机而动、等待已久的地区上设防,采用的方法完全是不一样的。此时,一次错误的行军或者一个不合适的阵地都会造成十分严重的后果。可是在均势状态下,这些缺点只有在异常突出时才可以促使敌人行动。

基于对这一理论的进一步阐述,我们认为从理论上区分是相当重要的,因为关于进攻和防御的关系、实施进攻和防御所谈及的一切都与危机状态相关。危机是真正的战争,而均势状态只是危机的一种反射,因此对于在均势状态下进行的活动,我们只当成是派生的东西。

第四篇　战　斗

第一章　引言

在这一篇中,我们来研究战斗。这种活动通过物质与精神的效果,有时直接,有时又间接地体现着整个战争的目的。为此,在这样的活动及其效果上,前面所分析的战略要素肯定又会出现。

战斗本身的部署属于战术范畴,为了了解战斗的概貌,我们只需要对它进行一般的考察。在实际运用中,由于战斗有各种不同的直接目的,因而每次战斗也就具有其特殊的形式(关于这些直接目的,我们在以后才能谈到)。但是,同战斗的一般性质比较起来,战斗的特殊性质大多不是很重要,因此大部分战斗彼此十分相似。为了避免到处重复叙述战斗的一般性质,我们认为在谈战斗的具体问题以前有必要先考察一下战斗的一般性质。

关于战斗的概念,是以现代会战为基础的,这也就是为什么我们在下一章中先从战术角度简单地阐述一下现代会战的特点的原因。

第二章　现代会战的特点

基于对战略以及战术的理解,我们发现,一般战术产生变化,战略势必也会受到影响。在不一样的情况下,假如战术有着不一样的特点,那么战略就必定具有不一样的特点,如此才是符合逻辑和符合情理的。为此,我们可以先解释一下现代主力会战的特点,这样也便于我们进一步分析在战略上如何运用主力会战这一问题。

如今,大会战都是如何进行的呢?第一步,不紧不慢地配置好大量的军队;第二步,按比例展开其中的一小部分,进而让其进行几个小时的火力拼搏,并时而进行小规模的冲锋。当然,这部分兵力也是有限的,当其在战斗力逐渐消耗殆尽时,就会被撤防,取而代之的是其他兵力。

可见,会战是有节制的。当夜幕降临时,谁也不愿意把命运交给上帝,此时会战才会停止。接下来,人们开始运用智力,他们会思考彼此都还有多少可使用的兵力,还会顾及到背后是否安全以及阵地的得失状况。最后,他们会把这些估计好的结果再与敌我双方的精神力量,比如勇敢和怯懦、聪明和愚蠢等方面的表现综合起来,形成一个总的印象,在此基础上,就能作出第二天早上继续战斗还是退出战场的决策了。

以上的描述只是大概画出了现代会战的基本色调,而并非是现代会战的全貌。这一幅画,实质上是适合于进攻者和防御者双方的。而即使我们再为这幅画添一些色彩,比如目的、地形等,也不能改变它的基本格调。

现代会战具有这样的特点绝非偶然,我们有必要表明其原因——现代会战中,敌我双方在军事组织和军事艺术方面的水平总体上是差不多的。现代战争多半都是由重大的民族战争引发,战争要素突破了各种约束,已沿着它的自然方向前行。在这样的情况下,会战就会一直保持着这样的特性。

这个有关现代会战的概念在很多地方都是十分有用的。日后,我们在分析兵力、地形等各类条件的价值时都会用到。不过,以上的情况是有一定的适用对象的,它是指一般的、规模大的并且有决定意义的战斗等,那些小规模的战斗虽然也可以向这个方面变化,但变化程度还是比较小的。如果再对这一点加以说明的话,那就是战术范畴的问题了,以后我们还有机会作补充,将它谈得更加清楚。

第三章　战斗概论(1)

军事活动的实质便是战斗,其他活动只能起到服务作用,为此我们要认真分析战斗的性质。

战斗即斗争,而斗争的目的是为了打垮、消灭或制伏敌人,在战争概念里的敌人也就是敌军,这就是战斗的简单概念,我们在以后会详细来谈它。在此之前,我们需要先谈谈其他的概念。

任何一个国家,其军事力量都是至关重要的。假如将这看作是一个整体,那么,从某种意义上说,战争也可以浓缩为一个大规模的战斗。当然,现代战争是由无数次战斗构成的。而现代战争的情况也是复杂的,这也是为什么我们把军事活动分为这么多行动的原因。

单就现代战争的目的看,它也是不简单的。由于军事行动和诸多条件联系在一起,不可能单单通过一次战斗就能达到,只有结成一个整体,通过许多大小活动才可以达到。实际上,每个活动虽然都是整体的一部分,但却因为有其各自的目的而与整体紧密联系在一起。

使用军队始终是以战斗这个概念为基础的。我们之前说过,任何一个战略上的行动都可以归结到战斗这一概念上,因为,这些行动本身就是使用军队。所以,在战略范围内,我们便能将军事活动的一些问题进行逐步阐明。我们想指出的是,任何一场战争,无论大小,它的目的都是从属整体的。既然这样,那么无论是消灭敌人还是打垮敌人,它的目的都是相同的,只是实现这个相同的目的的手段不同而已。

可是,这样的结论也只是从形式上看是正确的,只是为了使各个概念在逻辑上有联系才是重要的。为了防止人们这样看问题,我们特别指出这一点。

什么是制伏敌人呢?顾名思义,就是消灭敌人的军队。不管采取什么样的方式,也不管消灭规模的大小,只要敌人已经不再愿意战斗,就已经制伏了敌人。因此,只要撇开各个战斗的一切特殊目的,就可以把全部地或部分地消灭敌人看作是一切战斗的唯一目的。

在这里可以很明确地说,多数情况下,尤其是大规模战斗的情况下,有些特殊的目的能让战斗具有特殊性质,并且使它与更大的整体联系在一起。然而,即使这样特殊的目的也只是一般目的的另一种形式而已,或者只是同一般目的联结在一起的从属目的,它的重要之处是在使战斗具有特殊性质的方面。而相对于一般目的,它就没那么重要了。也就是说,这个目的是从属的,即使达到了,也只是完成了战斗的次要的而非最终的目的。假如以上论断正确,那么,认为消灭敌人的军队只是手段,而目的总是别的什么东西的看法只有从形式上来看才是正确的。在这里,如果我们将这两者都忘记了,也就是战斗的特殊目的中也含有消灭敌军这个内容、特殊目的只是消灭敌军的一种较小的变形,我们会发现,按照上面的见解,就引发了错误的结果。

实际上,很多时候,人们正是忘记了这一点,才导致了错误的见解、倾向的产生,认为理论上对消灭敌人的要求越低,理论摆脱手艺的习气的可能性才更大。

如果没有这样一些错误的前提作为引导，也没有一些误认为是有效的手段来代替消灭敌人的军队，就不会产生上述那种理论体系了。当然，一旦有机会，我们都会与这种错误抗争。同时，我们也应该将提防那种纯粹形式上的真理所引起的谬论、强调消灭敌人军队的重要性以及它的真正价值作为研究战争的前提。

我们都知道，在多数情况下和在最重要的情况下，将敌人消灭才是最主要的，但如何证明这一点呢？有这样一种唯美的想法：消灭敌人并不需要多少兵力，也就是用一种特别巧妙的方式就可以消灭敌人的少量兵力，或者运用规模一般但又巧妙的攻击就使敌人陷入瘫痪状态并挫伤敌人的意志。没错，在不同的地方战斗可能价值不一样，并且在战略上，部署各次战斗也确实有巧妙和笨拙之分，这是我们不能否认的。但是，永远的、最重要的事情就是消灭敌人，这也是我们在这里要努力强调和说明的。

需要提醒的是，此处谈的是战略而不是战术，也就是消耗很大力量消灭敌人、烦琐的手段。我们认为直接消灭敌人是战术成果，而只有当战术成果达到一定的层次时，才能导致重大的战略成果，才会显现出重大的意义。

证明这一点并不难，证据便是采取任何一次巧妙的行动必定要花费较长的时间。于是，我们又产生一个疑问：简单的攻击与那些巧妙但复杂的攻击，哪一个更能产生更大的成效？如果敌人并不和我们一样是主动的，而是完全被我们所掌控的，那么，毫无疑问，后者的效果大。但实际上，这样的攻击是需要大量的时间做准备的，为此，只有在敌人对我们一部分军队进行攻击，还不能破坏我们军队的准备工作的效果时，我们才可以赢得这样的时间。一旦敌人在短期内发起攻击，那么我们肯定毫无招架之功，从而使我方的大计划失去了作用。只有在不怕敌人用较为简单的攻击来破坏我们的准备的情况下才能采取复杂的攻击。因此，在使用后者这种攻击方式之前，我们必须将准备期间里有可能发生的一切危险因素考虑进去。这样，即使敌人破坏我们的袭击，也能比较简单地开始行动，并且还必须根据敌人的特点、状况以及其他的情况采取尽可能简便的行动。而实际情况似乎并没有这么理想，因为任何一个行动机灵、勇敢而又果断的敌人是不可能让我们有时间去计划大规模的攻击的。对付这样的敌人，才干是最需要的。至此，我们已经从反面分析了直接、简单的效果要比复杂、巧妙地行动的效果更重要。

当然，这里也并不是要表明简单的袭击就是最好的攻击，而只是认为需要考虑攻击的时间不可以超出环境许可的范围。并且，敌人越尚武，我们越应该采取直接攻击的方式。此时，与其花费很多心思与准备在作战计划上取胜，倒不如想办法在简单的行动方面永远行走在敌人的前面。

假如我们将这两种战术还原到最初的状态就会发现：一种打法是智慧，另一种打法是勇气。此时，人们可能会认为高超的智慧与普通的勇气比出众的勇气与普通的智慧有着更为重要的作用。很明显，这是一种违反逻辑的思维，实际上，我们也没有权利认为在勇气起主要作用的危险领域内，智慧比勇气更加重要。

经过以上这些抽象的分析后，我们的工作并没有到此结束，同时还要指出，即使依据实际经验也只会得出以上结论，并且正是依据实践经验，我们才进行了以上的分析。

对待历史不抱偏见，就能得出这一结论：在一切武德中，作战的魄力最可以让军队获得荣誉和成功。我们的原则是将敌人的军队消灭，这是一个不仅仅在整个战争里，而且在每个战斗中都应该引起高度重视的问题。而如何贯彻这个原则以及如何使它与产生战争的各种情况所必然要求的一切形式和条件相适应，我们会在以后加以研究。

通过以上的论述，我们只想说明这个原则的一般的重要性，现在我们根据上面的结论再来探讨战斗。

第四章　战斗概论（2）

在前面一章，我们谈到战斗的目的就是消灭敌人。为了证明这一点，我们还作了专门的分析。将敌人的军队消灭在战争中永远是最为主要的，并且在大多数情况下和在规模较大的战斗中总是这样。至于将消灭敌人的军队这个目的混合在一起的、或多或少地有一定重要性的其他目的，我们将会在以后作分析。在这里，我们先将战斗的其他目的完全抛开，只将消灭敌人当成是战斗的唯一目的来分析。

我们该如何理解消灭敌人的军队呢？应当理解成在损失上，敌人的损失比例比我方大得多。假如我方军队数量多，这当然占有优势，而当双方兵力相同时，我方的损失自然就会比敌方小。也可以这样认为，这对于我方来讲是有利的。既然我们已经排除了战斗的其他目的，自然也应当将那些用来消灭敌人的目的排除在外。那么，此时的目的无外乎是那些相互杀伤和破坏过程中直接取得的利益。因为这样的利益是绝对的，会被收录在整个战局的账本上，且在最后的结算中总是一种纯利。至于别的胜利，有可能是暂时的，也可能只通过在这里根本不准备谈的其他目的取得的。

假如我们在与敌人交战前进行了一番巧妙的部署和精密的准备，并且敌人也因为这些部署而陷入不利的境遇，此时，敌人简单地抵抗一下就撤退了。表面上，我们将敌人制伏了，但我们并没有思考敌人的损失。如果敌我双方的损失一致或者我们的损失较大，那么，此次胜利并没有带来多少利益。因而，像这样制伏敌人，其本身不是在这里所要分析的问题。因此，我们也不能把它放到消灭敌人目的这一定义里。就如前面所讲的那样，如此就能包括在这个定义中的只是相互破坏和杀伤过程中直接取得利益的那种目的了。这样直接取得的利益不仅包括敌人在战斗过程中所受到的损失，还包括敌人在退却过程中直接遭遇的损失。

对于战斗中的损失，我们常常有这样一种经验：在战斗过程中，无论是胜利者还是失败者，在物质损失方面一般都没有明显的差别，甚至根本就没有差别。但奇怪的是，似乎有时胜利者的损失还大于失败者，而失败者的决定性损失是在开始退却后才会出现。当然，这种损失也有精神方面的。双方都会受到挫伤、震撼或者一蹶不振。因为一场战斗能否继续靠的不仅是人员、马匹和火炮的损失情况，还要考虑秩序、勇气、信心、内部联系以及计划等方面受到损害的情况。

在这里，尤其是在双方物质损失一样的情况下，起决定作用的主要是这样的精神力量，也唯有这些力量。

战斗时，将双方的物质力量进行对比并非易事，但对比精神力量的损失就不难了。有两点可以对这一对比作出说明：第一，作战地区的丧失；第二，敌人后备队的优势。我方后备队比敌人的预备队减少得越多，就越能说明我方为了保持均势而投入了更多的兵力。很明显，这也能证明敌人在精神方面占有优势，这使指挥官苦恼，使他低估部下的力量。不过，关键是作战时间长的部队无论如何也会出现一些子弹打光、队形散乱、体力和精力都耗尽，勇气也大受挫折的景象。总体上来说，他们与战前的状况是不一样的。因此，根据后备队的消耗程度可以衡量其精神力量上所受的损失。

这个时候，决定撤退与否的两个主要原因就出现了：地区的丧失和后备队的缺乏。当然，我们并没有想忽视其他原因，例如各支军队的联系以及整个作战计划遭到破坏，等等。所以，任何战斗都是以流血的方式和破坏的方式来进行的、双方物质力量和精神力量上的相互较量。在这场较量中，最终谁能在这两方面剩余的力量多，谁就是胜利者。

在战斗过程中，其中一个决定胜负的主要原因就是精神力量。并且，即使胜负已分，精神力量的损失还在继续增长，而这种损失会一直持续到整个行动结束。此时，这种精神力量已经达到顶点了。为此，摧毁敌人的意志，也就是让敌人的精神力量遭受损失也是取得利益的一种手段。比如，一旦敌军的队形陷入混乱，那么行动就无法协调，即使个别部队仍然殊死抵抗，那也无济于事。然后，整支军队的勇气也将受到挫折，原本即使打算誓死杀敌的决心估计也丧失殆尽了。这时，对于多数人来说，危险是不能激发他们的勇气的，反而仅仅是一种严厉的处罚。所以，假如军队发现敌人胜利在望时，他们的力量会因为锐气受挫而被削弱，从而也就不能只依赖危险激发出的勇气来解除危机了。

此时，即将胜利的一方一定要懂得利用这个机会，从而将敌人的意志最大限度地摧毁，进而取得绝对性的胜利。当然，只有在摧毁对方物质力量方面得到的利益才是可靠的，因为失败者的精神力量可以逐渐恢复起来。相反，胜利者在精神方面获得的优势在多数情况下却只有一小部分能保留下来，甚至无法保存下来。因为有时候，那些失败者会产生复仇心理，这是一种相反的精神效果。与此相反，在杀伤敌人、俘获敌人和缴获敌人火炮等方面，胜利者所获得的利益永远不会被勾销。

对于会战的损失，在会战前后是不同的。会战过程中的主要损失是人员的伤亡，这对于胜败双方都是存在的；而会战后的损失却是火炮的丢失以及人员的被俘，这种损失只是失败的一方才有，至少对于失败一方，这样的损失要大很多。

为此，我们常常会把那些缴获的枪支弹药以及人员当成战利品，它们同时又会被当作是衡量胜利的标尺，至少我们可以根据这一切衡量胜利的大小和胜利者在精神上的优势的大小。这些战利品也是产生精神效果的新力量。

精神力量是有弹性的，即使是战败、精神意志被摧毁，同样可以恢复到毫无痕迹的地步。但实际上，这只是就整体中的一小部分而言的，至于整体中的大部分，很少可以这样。再上升到国家和政府，可能性就微乎其微了，甚至根本不会有这样的可能。因为在政府和国家中，人们是从较高的角度出发而判断问题的，自然，作出的评价也就较少含有个人方面的偏见，因此，他们依据敌人夺取的战利品的数量再将这些战利品与伤亡人数作比较，就会很容易看出自己军队软弱的程度。

总之，我们不能对精神力量的削弱有所忽视，尽管它是没有价值的，并且也不一定会在最后的战果中体现出来。因为精神力量受到削弱有时能成为举足轻重的因素，以无法抗拒之势压垮一切。为此，我们应该把削弱敌人的精神力量当做军事行动的巨大目标。关于这一点，我们会另作分析，此处，我们还应该分析一下它的另外几个方面。

不难明白的是，被击溃的敌人的数量越多，胜利的精神效果也就越大；但反过来,精神效果却是以更大的比例在增加。这不仅在范围上,还在强烈程度上。一支被击败的小军队,只要它与更大的部队靠在一起,是容易恢复秩序的。这样,对于我方来讲,即使这种失败的精神效果还存在,也已经起不到任何作用了。但是,假如整支军队在一次会战中失败,那就不容易恢复了,这会导致整个军队在精神上和物质上相继坍塌。

另外,胜利的精神效果如何也是视具体情况而定的,而这一情况就是双方兵力的对比。比如,以少敌多并取得胜利,那么这种胜利的精神效果就是双倍的,而且它能让胜利者看到自己的力量、让失败者看到对手的威严。不过,这也只是我们的美好理想,这种影响实际上也并不容易被看出来,对敌军消息的获取也都是不确切,甚至是虚假的,而对于自己的兵力也不一定能作客观的估计,便无法了解这种差异,或者在长时间内不了解兵力占优势的全部真相。如此,他就可以避免因为这一点而产生的不利的精神影响。的确,那些作为当事者不为了解的情况,到了后来才被人们发觉。这时,对于以少胜多的军队以及它的指挥官来讲,当然可以增加光彩,但毕竟成为历史,这种精神力量已经成为谈资而起不到任何现实作用了。

俘虏人员和火炮是体现胜利的重要标志,同样,在战斗中,我们也需要注意这一点。在这里,杀伤敌人而将敌人消灭只是一种手段。这一点对战斗本身的部署有什么影响不是战略上的问题,但这点同战略对战斗的决定是有关系的,这主要体现在如何保全自己的背后以及威胁敌人的背后这一问题上,因为保全自己的背后和威胁敌人的背后在一定程度上可以决定能俘获敌人和缴获火炮的数量。不过在很多情况下,如果战略上极为缺乏相应的措施,那么我们决不能把希望完全寄托于单单依靠战术。

任何时候,即使是在被迫的情况下,也不要与敌人进行两面作战,因为这是极为危险的。如果断了退路,后果将不堪设想,因为这两种做法都会导致整个军队的抵抗力削弱甚至瘫痪。另外,假使已经战败,那么它们还会增加军队的损失,甚至是最高限度的——军队被消灭。可见,背后受到威胁不但可以让失败的可能性增大,而且使失败变得更为严重。

所以,在全部作战的过程中,特别是在战斗中,人们已经形成了想要保护自己的背后和威胁敌人的背后的本能。这样的本能要求是从胜利的概念中衍生出来的,就像我们说过的那样:胜利的概念和纯粹地杀伤敌人是不一样的。

我们认为战斗中最紧要的任务是争取保障自己的背后和威胁敌人的背后。在任何一次战斗中,假如不采用上面两种或者其中的一种行为,而只是采取单纯的硬拼，后果是极为危险的。即便是一支小部队也不会愚蠢到不顾自己退路而攻击敌人。另外，聪明的做法是在保护自己的背后的同时切断敌人的后路。

在这里，我们只想指出这种本能的要求是战斗中的一个自然的法则，至于这样本能的要求在多变的情况下如何经常地受到阻碍以及在遇到困难时又常常必须服从其他更重要的考虑，等等，这些说起来就会偏题太远。

假如再研究一下胜利的总的概念，就可以发现它包含 3 个要素：

1.我方物质方面的损失小于敌人；

2.我方精神方面的损失小于敌人；

3.敌人放弃自己的意图，公然承认以上两点。

我们都知道有这样一些虚假报道可能是为了振奋军心，也可能有其他目的，便公开表明双方的伤亡、战利品等。如果报道中战利品的数目较小，那我们确实应该怀疑到底有无战利品了。至于精神力量的损失，如果不考虑战利品这个因素，那么我们几乎没有任何可以考量的依据。为此，在众多情况下，只有一方放弃战斗可以作为对方获胜的唯一的并且是确凿的证明。所以垂下军旗的意思很明晰，那就是承认敌人在此次战斗中强于自己。战败后承受这种屈服与耻辱与在战斗中失去均势而引起的精神压力是极为不同的，它是构成对方胜利的一个重要部分，因为对公众舆论以及对交战国和所有盟国的人民和政府产生影响的恰好是这一部分。

另外，关于退出战场是否承认战败这一点，我们需要表明的是：退出战场并非是放弃的意图。举个简单的例子，一个前哨在完成了自己的任务后，自然要退出战场，此时，我们难道说他放弃了自己的意图？再比如，事先计划好的退却就是一边撤退一边仍在消灭敌人，这原本就是我们在谈论战斗的特殊的目的时所要谈及的问题。在此提出这一点，是要表明在多数的情况下，放弃意图和退出战场是无法区分的，两者更不能等同，退出战场在军内和军外所引起的影响更是不可忽视的。

实际上，即使那些并没有多少战绩的军队统帅即使有特殊的计划，也不愿意撤退。因为，虽然撤退并不是真正的失败，但却给人们造成败退的印象，这种印象也会带来十分消极的影响。想要消除这种消极的影响，就必须将自己的全盘计划公之于众，但他并不能这样做。

当然，我们也承认真正意义上的败退。此时，如果一方获得了胜利，甚至将敌人的精神意志彻底地瓦解并获得了惊人的战利品，那么对于对方来讲，失利的战斗便成为一种不同寻常的大败。在这样的情况下，失败者完全丧失抵抗能力，最终导致全部败退、逃跑。

第五章 战斗的意义

在这一章中，我们要将战斗作为一个更大的整体的一部分来分析它与其他部分之间的关系。首先，我们来探讨战斗的直接意义。

我们都知道，战争是敌对的双方互相消灭的行为。为此，我们可以认为，战争双方都应该集中全部力量，包括物质上的和精神上的力量，然后将这些力量集中于一次大规模的战斗，继而解决一切问题，这一理论在现实中也是如此，这样的看法实际上也在很多地方被证明是正确的。而在战斗中，假如人们也能坚定这一看法，能客观地认为那些小战斗中出现的损害是无法避免的，那么总的看来，这是十分有益的。

不过，问题绝非这么简单。战斗数目的增多，是因为兵力被区分的缘故。对于被区分的兵力的目的与每个战斗的目的，我们都应该加以分析。不过，具有这些目的的战斗以及这些目的本身一般还是可以分类的。弄清这些类别对于我们阐明论点有较大的好处。

我们谈到战斗的目的是将敌人消灭，这一点毋庸置疑，但与消灭敌人这一目的结合在一起的还有其他一些目的，它们甚至占有重要地位。为此，我们有必要区分这两种情况：一种是消灭敌人的兵力是主要目的，另一种是消灭敌人的兵力是主要手段。第一种情况，除了这一目的之外，占领一个地区或者占领一个地区也可以被放在总任务中。这种总的任务只有3者中的一项，也可能不止一项。第二种情况，在多种手段中，自然也有一种是主要的。在不久将要谈到的进攻和防御这两种主要作战形式中，比如以上3项中的第一项是一样的，而其他的两项却不同。如，进攻战斗：1.消灭敌人的军队；2.占领一个地点；3.占领一个目标。防御战斗：1.消灭敌人的军队；2.防守一个地点；3.防守一个目标。

不过，以上提到的目的是在没有考虑到侦察和佯动的情况下。如果加以考虑，那么以上目的就不全面了。很明显，上述中的任何一项都不是这场战斗的目的。另外，假设存在第4种情况，经过分析我们可以得出，侦察是为了使敌人暴露，骚扰则是为了让敌人疲惫，而佯动则是为了使敌人不离开某一地点或者将他们从某一地点引到另一地点。但这些目的都不可能直接达到，需要借助以上3种目的中的一种。比如，侦察时就得装出进攻、打击或者驱逐对方的状态。然而，这些假借的目的都并非是真正意义上的目的，这与我们这里所分析的真正目的相违背。因此，除了以上3种目的之外，还有第4种目的的存在，即诱使敌人采用错误的措施。换言之，就是进行佯攻。这个目的只具有进攻的性质，因为这是由事物的性质决定的。

此外，就防守这一问题，我们也必须指出，它有两种形式，即绝对的和相对的。绝对的形式，即根本不许放弃那个地点；相对的形式需要防守一定的时期。后一种情况往往出现在前哨战和后卫战中。

战斗中，要完成的不同任务也影响着战斗本身的部署。比如，只想赶走敌人的哨兵与将他们消灭是不同的，与完全消灭他们时使用的方法是不一样的。又比如，想方设法坚守一个地区与暂时阻挡敌人时使用的方法是不一样的。在前一种情况下，考虑撤退的情况较少，而对于后者而言，撤退却成了必须考虑的情况。

不过，以上谈及的都是一些战术范畴的问题，也只是为了举例说明问题，至于在战略上怎样看待战斗的不同目的，我们会在谈到这些目的的章节中再进行分析，这里只作以下几点解释：

第一，这些目的的重要性并不等同，一般是按前面所列的次序依次递减的；

第二，第一种目的在主力会战中居先决地位；

第三，防御战的后两种目的是消极的，一般不可能直接带来利益，即使带来利益，也是在有利于达到别的积极目的的情况下达到一些间接的目的。所以，如果这样的战斗过于频繁，那就是战略形势发生恶化的征兆。

第六章　战斗的持续时间

假如我们先不谈战斗本身，而是就它与军队每个方面的关系来分析战斗，那么战斗的持续时间具有的就不是一般的意义了。

从一定程度上讲，战斗的持续时间并不是主要的，而是次要的、从属的。这一点对于胜败双方的意义也是不同的。对于胜利的一方来讲，决定战斗胜负从来都是越快越好，因为胜利来得越快，效果也就会越大；而对于失败的一方来说却与之相反，因为失败来得越晚，损失也就会越小。不过，这一重要性一般在相对防御的战斗中才实在地被体现。在这种战斗中，所有的成果往往只取决于战斗的持续时间，这也就是我们为什么将战斗的持续时间列为战略要素。

战斗的持续时间与战斗的几个主要条件有某些必然的联系。这些条件有：兵力的绝对数量、双方兵力的对比以及兵种的比例和地形的特质。很简单，比如，2 万人的消耗能力明显强于 2000 人；抵抗中，如果对方兵力比自己多两倍，那么也不会比抵抗和自己兵力相当的敌人那么持久；骑兵比步兵胜负要快，而有炮兵参加的战斗胜负比只有步兵的战斗又慢些；平原战斗的速度也明显比在山地和森林快些。

可见，只有在考虑到兵力的数量、兵种的比例和配置的状况下才能通过战斗的持续时间来达成某一目的。当然，关于这一点的分析，我们不是单单列出规则，而是将经验在这方面所得出的结论与这条规则联系起来。

很简单，如果有一支普通军队是由各个兵种组成的，并且人数达到 8000 至 1 万人，那么在被围截时，即使敌军占有很大优势也能抵抗数十个小时；如果敌军再摒除这些优势，那么抵抗的时间甚至可以延长至半天；由三四个师组成的军队明显比由一个师组成的军队的抵抗能力强一倍；而一个 8 万到 10 万人的军团，其抵挡时间则大概能够延长两三倍。这就是说，在以上时间内，这些军队都可以独自作战，而假如此时还调来其他军队，其所发挥的作用可以马上与已经进行的战斗所获取的结果合在一起，那么这也仍然是一个战斗。

以上例证中的数字并不是凭空捏造的，而是由实际经验得来的，不过还有一项重要的问题需要进一步说明：决定战斗胜负的时刻与说明结束战斗的时刻是一样重要的。

第七章　决定战斗胜负的时刻

任何战斗，其胜负都不是一时之事。一次战斗的失败是慢慢形成的，就像天平的托盘缓慢下降一样。但我们不能否定，在任何一场战斗中都有一个被当成是决定胜负的时刻，而一旦过了这个时刻，就并非是在延续原来那场战斗了。对于决定利用援军继续这个战斗，这一时刻就必须有明确的概念，这是十分重要的。

人们经常在某些问题上犯错，比如一些战局本不可挽回，但却动用后备军，甚至造成了无谓的牺牲；而对于那些还能扭转战局的战斗，却错过了使用后备军的有利时机。

　　每次战斗都是由每个部分的战斗联合在一起组成的,同样,这些部分战斗的结果也在这个整体中,汇成一个总的结果,而这个总的结果便决定了战斗的胜负。当然,这个总的结果不一定就是我们在前一章里所说的那种胜利。因为有时这种胜利的获得是没有计划的,而有时却因为敌人过早地撤走,让我们失去了取得胜利的机会。很多时候,即便敌人依旧在顽强抵抗,决定胜负的时刻也常常早于构成胜利概念的那个成果。

　　因此,我们不免产生疑问:到底什么是那个胜负的时刻?其实从这一刻起,无论哪一方,即便用一支相当大的后备军也不可能扭转战斗的不利局面。

　　如果抛开本来就无所谓胜负的佯攻不论,那就是:

　　1.如果一个活动的目标是战斗的目标,那么敌人放弃它,就是胜负已分的时刻。

　　2.假如攻占一个地点是我们战斗的目的,那么对方失去这个地点多半就是胜负已分的时刻。不过,这必须要求这个地点的攻占有其一定的难度,否则我们能攻占,敌人也能夺回。

　　3.除了以上两种场合,特别是在以消灭敌人兵力为主要目的的场合,一方胜利后,就不再处于松散、软弱无力的状态;而失败的一方则已经认识到使用兵力并无益处,此时便胜负已分了。正因为这样,我们才在战略上根据这一胜负已分的时刻来规定战斗单位。

　　在以下两种情况下,我们是无法恢复战斗的,第一种是:进攻的敌人即使出现混乱或失去作战能力,但只是一小部分,而我方却已经在不同程度上出现了松散的状态;第二种情况是:敌人在失去作战能力之后很快又重新恢复。

　　因此,实际参战的兵力越小,后备军被使用的兵力越大,依靠后备军夺回胜利的机会就越小;任何指挥者与军队只要做到合理地应用兵力,并且能随处利用强大后备队的精神效果,就可以最有把握地获取胜利。所以我们必须承认,在拿破仑亲自率领作战时,法军在这方面的表现是异常出色的。

　　作为胜利的一方,如果参战的兵力越小,那么它恢复作战能力与消除战斗危机的时刻就会越早来临。比如,在追赶敌人后恢复队形这一问题上,一支小骑兵部队在几分钟内就能做到,而整个骑兵团却需要更长的时间,从而让危机的时间持续更长。当然,这要考虑到每个军队组成的兵种不一样而导致前进方向的不同。但战斗开始后,队形仍然有可能发生混乱,相互间也可能因为不知道对方的位置而加剧队形的混乱。此时,指挥官需要很长一段时间将那些分散的军队和队形散乱的军队重新集结在一起。由此可见,军队的规模越庞大,恢复秩序的时刻来得就会越迟。

另外,黑夜的到来是处于危机状态的胜利者恢复秩序的最为担忧的问题,它会推迟胜利时间的到来。除此之外,还有复杂的地形和遮蔽地。我们还必须想到一点,对于胜利者来说,黑夜还有个益处,那就是掩护。而作为失败的一方,想利用黑夜取得进攻的胜利的情况是很少有的。同样,遮蔽地和复杂的地形对较长时间处于危机状态的胜利者也能够起到掩护的作用,使他不会受到反击。相反,这些对于失败者恢复战斗力来讲并不是什么好事,而是更困难的事。

前面我们分析过,对于失败的一方,自然有援军从后面相助,这是指纯粹增加的兵力,但问题是,援军并未直接从后面袭击,而是从不攻击对方的侧翼或背后,那么情况就完全不同了。此处,我们暂且不讨论这一属于战略范围内攻击效果的问题,只分析为恢复战斗而采用的侧翼攻击和背后攻击主要属于何种战术范围。而分析它的原因,也仅仅是因为它涉及战术效果,而且必须使我们的概念深入到战术的范畴。

一般来说,攻击敌人的侧翼和背后能大大提高攻击的效果,不过如果涉及其他战斗的条件,那么情况就不一定完全是这样了。此处,我们也先不作讨论,但下面两点对我们当前研究的问题却是非常重要的。

第一,侧翼攻击和背后攻击往往对胜负决定本身的影响要小于对胜负决定后的成果的影响。在恢复战斗时,我们应首先考虑到是否会取得胜利,而不是计较结局的大小。我们认为,假如一支援军赶来参战,若不与先前的军队会合而直接攻击敌人的背后和侧翼,这是不利的,至少在大多数情况下是这样。但我们也不否定更多情况的出现,以下我们谈到的就是这一点。

第二,赶来恢复战斗的援军一般可以在精神效果上达到出敌不意。

这一点的效果非常大,因为对于处于危机状态的敌人来说,他们是分散和混乱的,对于这样的攻击一般会显得手足无措。战斗初期,敌人对于背后和侧翼的攻击可能是有防备的,但到了战争后期,情况就不一样了。这一点也是十分明显的。

因此必须承认,在多数情况下,援军攻击敌人的侧翼或者背后可以产生强有力的效果,在这里面,精神力量起着重要的作用,它的效果是不可估量的,因而大胆与冒险就有了一定的用武之地。

当然,我们并不能确定可以挽回一个失利的战局,但还是必须注意以上提到的一切,并考虑到它们相互影响的力量的作用。

在胜负已定之前,如果援军进行的新的战斗与原来的战斗会合在一起并共同取得效果,那么我们必须划除原先的失利这一笔账。而在胜负已定的情况下,就会产生两个独立的结果,此时,假如援军的兵力不足以与敌军相对抗,那么是否会出现新的战斗效果就难有希望了。假如这支援军兵力充足、战斗力强,以至于可以用十分强大来形容,并且不费吹灰之力就进行了一场战斗,那么它尽管可以以胜利的结局来弥补前一场战争的失利,但绝对不可以将前一场战斗的失利从账本中划掉。

不过,如果在战斗结束之前就能看到战斗的不利局面并将它扭转过来,那么之前的失败账不仅可以一笔勾销,还会成就一笔新的胜利账。也就是说,假如人们细细分析一下战斗的战术过程,就很容易看出在胜负已定之前,任何一个部分的战斗结果都是暂时的,在总的结果中不但可以被抵消,甚至还能往相反的方向转变。我们需要明白,我方军队被击败得越多并不是坏事,因为此时敌人已经消耗了更多的兵力,敌人的危机状态越严重,我方后备军的优势就会越大。此时战局已经开始转变,开始对我方有利,我们从敌人手中获取的战利品和战场都将成为我们的纯利,并且我们之前的失败可以走向更大的胜利。在胜负已分后,敌人在之前的胜利就已经完全成为泡影了,剩下的只是对失败的懊悔。

因此,假如在失利的情况下获取新的优势,那我们可以用更大的胜利来报复敌人,最好的方法就是在战斗还没有结束之前就扭转不利的局面,而并非再发动第二次战斗。

可见,在会战之前进行的前卫战只可以当作是迫不得已而采用的下策,假如不是必要,那么应当避免。

我们再来研究一下另一个问题。

假如在一次战斗中就胜负已分,那么新的战斗也就不存在了。而决定进行新的战斗总是因为有其他情况的出现。这一点,与我们要考虑的复仇情绪并不吻合甚至是相抵触的。因为谁都不缺乏这样的感情,尤其是对于在战斗中失利的士兵,这一复仇心理也能激起他们的斗志。然而,这里还有一个前提,被击败的只是整个军队的一部分,否则复仇心理就会因为整个军队感觉没有能力而消失。

所以,为了不致让失利导致严重后果的出现而进行损失的挽回是必要的,特别是在其他条件允许的情况下发动新的战斗,利用以上的精神力量是非常自然的。在很多情况下,这样的新战斗必然是进攻,这是由事物的性质所决定的。

关于这样的例子,我们在很多从属性的战斗里都能找到。当对于那些规模较大的会战的促成,一般不是由于这样较弱的精神力量促成的。

战斗的持续时间以及胜负的时刻决定了肩负共同作战任务的几个军队之间的距离。这种配置的目的只要是为了应付一次战斗,那么就属于战术部署的范畴,不过前提是：只有当它们的距离近到不可能同时进行两个独立的战斗时才可以当成是战术部署。然而,在战争中经常可以看到,部队之间即使作战任务相同,保持一定的距离也是有必要的。虽然它们的主要意图是进行同一个战斗，但是它们也可以进行分别战斗。因此,这样的配置属于战略部署。

这一类部署有以下几方面:分成几个部分和分成几个纵队的军队的行军、派出几个前卫和侧方部队以及指定支援一个以上战略点的几个预备队、分散宿营的几个军的集中……我们可以看到,这样的战略部署是经常出现的。

第八章　战斗是否需经双方同意

战斗就是搏斗,不过它是有很大的变化的。很明显,构成战斗的要素不仅包括双方斗争的欲望，还包括战斗联系在一起的目的。这些目的是从属于更大的整体的,即使我们深知战争的本质就是斗争,但仍然改变不了它的条件和政治目的也是从属更大的整体的。因此,标题中我们所讲的斗争的欲望的问题实际上本身就是处于从属地位的,甚至我们可以认为是不独立的,只能看成是更高的意志赖以活动的神经。

一支庞大的军队在作战前必须被编成战斗队形才可以投入战斗。一般来说,它是庞大的甚至是呆板的,只能在平原上才能发挥它的威力,不适合复杂地形、遮蔽地以及山地。因此,这一点也可以成为防御者避免会战的手段。这种情况尽管渐渐减少,但在第一次西里西亚战争前却一直出现。直到过了7年的战争时期,才开始在难以通行的地形上进攻,并且开始逐渐普遍起来。而在现代,尽管地形依旧可以增强其力量,但如果一个指挥官想利用地形来指挥作战,那么它可能已经没有那么大的力量了。

近些年来,地形的因素在战斗中的影响越来越小,若一个人真的想在战斗中决定胜负,那么就没有什么可以阻挠他发现并攻击敌人。如果情况不是如此,我们只能怀疑他的目的和动机,因此,如果有人说"向敌人挑战而敌人没有应战"这类说法,在今天看来只能表明他认为战斗的时机不怎么好,等于承认了这样的说法不恰当,也证实了他只是想借此掩饰事情的真相罢了。

当然,即使在今天,尽管防御者已经不可能拒绝战斗,但是,只要他抛弃阵地、放弃防守阵地的任务,仍然可以避免战斗的发生。在这种情况下,即使进攻者取得了胜利,那么也只是一般意义上的,也只能承认他暂时有优势。

所以,向对方挑战可对方没有应战这样的口头胜利在现在看来只是掩盖前进者停滞不前的状态的一个借口,因为只要防守者没有撤退,那就说明他仍旧希望会战,也可以说成是他在挑战。从另外一个方面看,凡是希望和可以逃避战斗的人是不会被迫战斗的。不过,从进攻者的角度看,他们是不会就此满足的,他们希望获得的是一次真正的胜利。因此,他们会想方设法寻找和运用不多却极为可能的手段强迫敌人进行战斗。

这种迫使方法有两种:一种是包围,目的在于让敌人无法撤退或撤退困难而不得不应战;第二种是奇袭,这种手段在任何活动都不方便的时代都是适用的,不过现在已经不完全起作用了,因为机动性强是现代军队的一大特点,他们甚至能在敌人的眼皮底下撤退,当然这不包括那些地形十分不利的情况。

总体而言,以上的情形总是很少见的,除了真正的夜袭以外。而采取包围的方法强迫敌人进行战斗,这主要针对独立行军的部队。

第九章　主力会战(1)

——决定主力会战胜负的时刻

从字面意义上理解,主力会战是指双方主力之间的战斗,它的意义在于不是为了达到一个次要目的而进行的不重要的战斗,也不是一次可以因为发觉目的不易达到就轻易放弃的常识性的活动,而是为了争取一个真正的胜利而进行的全力以赴的斗争。

当然,任何一次主力会战都可能掺杂着一些次要目的,但一般都是与主要目的混合在一起的。主力会战与一般的会战不同,它虽然也是作为战斗的一个部分而存在的,是整体的一部分,但毕竟在战斗这一斗争形式中,主力会战发动的是双方的主力部队,因此这场战斗自然成为战争的中心部分。所以总体来说,主力会战的明显特点就在于它的独立性比别的战争都大。

我们将主力会战当成专门研究的对象,主要是因为主力会战的特点对于它怎样决定胜负和对主力会战的胜利的效果都有影响，并且决定着理论应当给予作为达到目的的手段的主力会战以怎样的评价。主力会战是有特殊的目的的，但在谈及这一点之前，我们还是要对它进行一般的研究。因为即使它有特殊的目的，也不能改变它是一次名副其实的主力会战这一性质。

主力会战的胜负是取决于它本身的，这是由于主力会战具有独立性而造成的。这句话的含义很简单——只要还能挽回一线生机，还有胜利的可能性，我们就应该把战斗的范围控制在主力会战内。当然，如果兵力不足，这一点是必须放弃的。

那么，怎样才能比较明确地判断决定胜利的时刻呢？

这一点是要分不同时期的情况而定的。在现代军事艺术中的很长一段时期内都有这样的表现：军队中，某种巧妙的队形和编组是军队可以发挥勇敢精神和夺取中，胜利的主要条件。据此，我们发现，如果这种队形被破坏，那么便胜负已分了。再比如，在某个时期，防御的本质在于军队同地形以及地面的障碍紧密结合，军队和阵地成为一体，那么决定胜负的时刻便是占领这个阵地的一个主要地点。因此人们常常说：如果关键阵地丢失了，那么整个阵地就无法守住了，会战就不能够继续了。在上面两种情况下，军队就被击败了。

对于现代军队，队形也就有一定的重要性，但是队形已经不再起决定性的作用。尽管地形障碍还能够用来加强抵抗力，可是已经不再是唯一的靠山了。

在前文中，我们已经概括性地论述了现代会战的特点。根据以上论述，我们可以得出：队形是对使用军队的一种配置，是为了方便军队作战。而真正的会战过程则是双方中的任何一方慢慢消耗对方兵力，最后看谁先让对方兵力耗尽的过程。

所以，在主力会战中，即使要下达放弃作战的指令，也是需要考虑到双方后备军剩余情况的。因为在此时，只有后备军在精神力量上是充足的。这一点，那些已经厮杀很久的部队根本不能与之相比。此时，地区的丧失是衡量精神力量损失的尺度，所以这也在我们的分析范围之内，不过它更多被当成是损失的标志，而不当作是损失本身。因此，一直以来，还没有投入战斗的预备队的人数就成了双方指挥者最为关心的问题。

关于会战的形式，一般在战斗部署时就已经在很大程度上确定了，尽管在战斗开始时并不能被很明显地看出来。一个统帅看不到这种趋势而在十分不利的条件下开始了会战，那就表明他是缺乏这种认识能力的。这样的趋势是什么呢？那就是——即使在会战的部署中和会战开始时没有确定，在会战过程中均势自然地也会缓慢地发生变化，也就是这样的变化起初是不明显的，只是随着时间的发展慢慢越来越大、越来越明显。因为在会战过程中均势的变化并非像有些人依据对战斗的不真实的描写那样,是时刻变化不定的。

虽然我们不得不承认,会战中的均势一般较少受到破坏,有可能一方失利后还能恢复均势。但实际上,任何一个统帅如果即将面临战败,他肯定在撤退之前就已经发现了这种变化。为此,如果有人说某些意外情况的出现在很大程度上影响了会战的进程,那么我们可以不用怀疑地认为这是一个战败的借口。

对于以上这一点,相信那些富有经验的人会站在公正的角度并帮助我们说服那些没有战争经验的读者朋友。此处,我们需要表明的就是这个结论,而如果要依据事物的性质来论证为什么会战过程必然是这样的, 那么就会深入到这个问题的战术领域。

我们已经阐述过,统帅放弃会战逃跑前必定是看到了这种趋势。但同时,我们也承认相反的一面。如果不承认这一点,那么这个论点也就自相矛盾了,因为假设他没有发现战败的结局,那么他就不会拿起武器、耗费大量的兵力去扭转战局,因而也就不会在会战失败的趋势出现很久之后才开始撤退。不过,还有一种极为少见的情况:明明是一方的败局已定,但结果却是对方失败了。然而,就是有那么一些指挥官对这一少见的情况抱有一丝希望,然后忍受身体和精神上的疲惫与敌人进行最后一搏,认为能创造奇迹,而实际上并不是如此。

整体战斗的结果是由部分战斗的结果所组成的,而每个部分战斗的结果则体现在以下 3 个不同的方面。

第一,体现在指挥者内心受到的精神影响上。这种影响实际上组成了一个系列。比如,一个指挥官看到他的下属是如何战败的,他的行动和报告必定会产生消极影响,当他将这一切报告给上级的时候,这一影响又波及上级那里。因此,我们不难发现,一些虽有失利但却能补救的部分战斗也会由此产生不良印象,这种印象总是很容易地,甚至不可抗拒地灌进统帅的心里。

第二,体现在我方军队比对方更快的消耗上。这样的消耗在有序而缓慢的现代会战的过程中是非常容易预测出来的。

第三,体现在领土的丧失上。

所有的这些就像是一个航向标,统帅可以根据它辨别会战的方向。假如炮兵尽失却没能夺取敌人的火炮;假如敌人击垮了我们的步兵,而敌方的步兵却像战神一样攻不破;假如己方战斗队形的火力线已经被迫转移;假如我军想占领某些地点,但我们的步兵却在推进的过程中被敌方雨点般的炮弹打散;假如正在进行的是一场炮战，而我们的炮火明显已经开始减弱，士兵不得不撤退，因此火力线上的步兵不断地减少；假如会战计划被破坏，致使一部分部队被截断或者被俘；假如退路开始受到威胁，那么统帅就必然会从这一切中看出这次会战的趋势。这种发展方向持续得越久，那么趋势便越肯定，如此要想挽回败局就会越困难，而被迫放弃会战的时刻也就越来越近。现在，我们来谈谈这个时刻。

我们曾经数次说过，双方留下的预备队的对比常常是最后决定胜负的主要依据。也就是说，如果统帅已经发现对方留下的预备队占有明显的优势，那么及时撤退是一种明智之举。

现代会战的特点是：后备军可以补救任何会战中造成的不幸和损失。而这一点也是因为现代战斗队形的编组方法与部队投入战斗的方式使人们几乎在任何地方、任何情况下都可以使用后备队。因此，一个统帅即使看到即将遭到不利结局，但只要还有优势的后备队，他就不能放弃这场会战。假如后备队开始比敌方的后备队少了，那么就可以认定胜负已分。至于他是否采取措施以及采取怎样的措施，是要视具体情况而定的，也是与其勇气和毅力有关。但我们不得不提醒他，这一切看来都是一种顽固的抵抗、是毫无意义的。至于一个统帅怎样才能正确地预测双方后备队的对比，这是实践中的技能问题，而不是要在这里分析的问题，我们需要谈的只是这一结论。当然，即使得出结论，也不会当即下定决心撤退。从统帅来讲，这只是一个依据，想要下定决心还要有其他一些特殊的因素。这里有两个经常起作用的主要因素，这就是退却的危险和黑夜的到来。

首先考虑到的是退却的危险，会战过程依旧在进行，而退却的危险也越来越大，并且，此时后备军的消耗已经越来越大，甚至完全打不开新的局面，此时只能听天由命了。这样的情况，长时间地耽误就会让他陷入溃败甚至覆灭。

再次是黑夜的到来。任何一场战斗，在黑夜面前都即将结束，因为夜间的战斗只有在特殊的情况下才是有利的。而黑夜比白天更有利于撤退，因此，但凡必须撤退或者很可能要撤退的人，都十分愿意利用黑夜撤退。

当然，以上这两种因素是主要的，还有一些特殊的、较小的，也容易被人们忽视的因素。因为会战越是临近趋势发生决定性改变的时刻，每个部分战斗的结果对这种改变的影响就越明显。因此，一个炮兵阵地的损失、敌人两三个骑兵团顺利地突入阵地，等等，都能够让人们认识到是退却的时候了。

在这个论题即将结束的时候，我们还需要谈一谈统帅身上的勇气和理智之间的相争问题。

一方面,骄傲的情绪、不屈不挠的意志、高激情引起的顽强抵抗精神方面等都驱使着统帅不离开战场;但另一方面,清醒的理智却又告诉统帅,权衡利弊之后,不能孤注一掷,需要保存一定的力量,以便有秩序地撤退。在战争里,虽然我们应该赞扬第一方面中提到的精神,因为不全心全意争取胜利,胜利是不会到来的,但是,我们不能忽视一个限度的问题,如果超过了这个限度,固执地坚持下去,那么只能认为是愚蠢的行动,任何评论家都不会原谅他。著名的滑铁卢会战就是一个很好的例证,拿破仑不甘失败、倾尽全力,但却无法挽回失败的战局,最终他狼狈地逃出了战场,逃出了自己的祖国。

第十章　主力会战(2)

——胜利的影响

任何一次胜利都不可能毫无影响,否则主力会战便不可能发动了。在这里,我们需要谈的就是这一影响的问题。我们将其区分为以下 3 种:一、胜利对于战争工具本身,也就是对统帅及其军队的影响;二、胜利对于参战国的影响;三、以上两种影响在以后的战争过程中所起到的真正作用。

事实上,无论是胜利者还是失败者,他们在战场上的伤亡、被俘人数以及火炮损失方面的差别常常是不明显的。任何人只要发现这一点,就会为这个微小的差异却能带来大不同的后果而诧异,并认为这是无法理解的。但这的确是极为自然的事。

我们讲过,如果另一方被击败的军队的数量增多,那么,一方的胜利自然也会增大,并且是以更大的比例在增大。要知道,一场大规模的会战对于胜利者或者失败者双方都有极大的影响,尤其是精神影响。在此基础上,物质力量也会因此受到损失。而反过来,物质力量的损失又会加剧精神力量的损失,这是一种相互关联、彼此助长的关系。为此,对于这样的精神影响,人们应当尤为重视。另外,这样的精神影响对于胜利者和失败者所起的作用是相反的:对于失败者而言,它可以破坏各种力量,对于胜利者而言,却可以加强他的力量和活动。

但我们不得不承认,失败者承受了更多的这样的精神影响。因为失败者从原先的水平下降往往比胜利者从原来的水平上升的程度要大得多,同时,这是失败一方造成新的失败的主要原因。另外,我们可以把这样的影响等同于危险、艰难和劳累,是与战争中的其他因素有一样的性质并相互起作用的。而对于胜利者而言,这一切又可以影响它勇气的进一步高涨。事实上,这样的影响在主力会战中一定比在一次从属性的战斗中要强烈得多, 就如同在一次大规模的战斗中比在一次小规模的战斗更加强烈。主力会战是具有独立性的,也就是说它应该以最大的努力争取其应当取得的胜利。主力会战的企图是:在要进行主力会战的这个地方、这个时刻战胜敌人。这一企图体现的是战争计划和一切措施以及对未来的一切模糊的想象以及遥远的希望。而对于这个大胆的问题所作出的答案是命运攸关的观点。为此,全军上下,无论是统帅还是士兵,都会紧张起来,并且,职位越低,这种紧张的程度就会越小,从而产生的影响也就会越小。如果从事物的性质来看,无论何时,主力会战都是一种规模庞大的军事行动,而决不是一种不做准备地、突然地、茫然地进行的例行公事。因此,这样的行动从其本身性质和指挥官的意图上来讲,都比一般的战斗活动更能增强人们的紧张情绪。现实告诉我们,人们对会战的结果越是在意、紧张程度越高,会战结果的影响就会越大。

相对来说,在现代会战中,胜利的精神影响比在现代战史初期的会战中要大得多。但不管如何,现代会战也是一种双方力量的搏斗,正因为如此,起决定性影响的自然是物质力量和精神力量的总和,而不是个别的措施、不是偶然性。

如果人们在某件事上有失误,那么下次就能改正,幸运的话,可能得到更多的好处。可是,一旦精神和物质这两个力量一同起作用,那么改正起来就会增大难度,甚至很难改变。因此,任何一次胜利,对于整个未来都有重要的影响。然而参战的人中,并不是所有人能认识到这一点,甚至只是极少数人。但即使如此,人们还是会在战斗过程中感受到这种变化, 即使有些公开报道可能会引证一些个别情况以试图掩盖真相,但人们多少也能发现这样一个道理:胜负的决定并非取决于个别情况,而是取决于总的情况。

从未参加过大会战并经历失败的人是无法切身感受到会战这个真实的概念的。因为即使小失败带来的抽象概念也无法构成对一次失败的大会战的真正概念。现在,我们再来看一看一次失败的大会战的景象。

在一次失败的会战中,可以左右人的智力的往往是兵力的消耗、领土的丧失、队形的破坏、各部分的混乱和退却的危险,而左右他们智力的顺序正如以上的排列。此时,只要一撤退,军队就必须丢下大批疲惫的以及跑散的士兵,而他们常常都是冲得最远和坚持得最久的勇士。原本,失败的感觉只是存在于高级将领身上,但此时,已经波及每一个指挥官乃至士兵,这种感觉会在他们意识到在这次会战中有许多真正为大家所敬爱的勇敢的战友落在敌人手里的可怕景象时而变得越加强烈。同时，每个士兵都会认为，自己的努力肯定是徒劳的，而这一切都是指挥官的过错，由此会对指挥官产生怀疑，进而失败的感觉就会更加强烈。这种感觉只能证明一点：敌人占有明显的优势，即使在会战开始的时候人们没发现这一点，但一旦会战结束，这一事实总被明显地摆出来。也许人们已经看到了这个事实，可是因为缺乏根据，人们会希望有偶然性的情况出现，他们更相信天意，认为可以冒险，但事实还是佐证了这一切根本无济于事。

对于以上情况，我们并不能说是惊慌失措。要知道，一支军队如果有武德，是不会因为战败而惊慌失措的。而其他军队的惊慌失措也只是在极个别的状况下才是会战失败的结果。以上情况，即使是最优秀的军队也可能产生。如果说长期的战争锻炼和胜利的传统以及对统帅的极大信任有时可以减少这样的情况，然而在失败的起初时刻却不可能完全规避这样的情况。一般来说，火炮的丢失以及人员的被俘往往到了后一阶段才可能出现，并且也不会较快就被大家知道，因此，这些情况也并非是由火炮的丢失以及人员的被俘所引起的。这种情况总会产生，即使均势的变化十分缓慢，而正是这些情况构成了无论在什么场合都要产生胜利的影响。

我们说过，战利品的数量可以加强这种影响。

处于以上的情况下，一个本身作为战争工具的军队势必会遭到很大程度上的削弱。此时，一支已经处于这种削弱状态下的军队如果面对本身的困难都很吃力，更别说期待它做出新的努力。会战前，双方可能存在某种真正意义上或者想象上的均势，但一旦这种均势遭到破坏，在没有外在条件的帮助下，是难以恢复的，即使做出了很大的努力。

所以，在这样的情况下，即使取得最微小的胜利，也会影响到原先如天平般的均势而使之向一边倾斜，直到新的力量的出现使之改变为止。如果没有这种外在的条件，胜利方想通过众多小规模的抵抗使这股精神减缓下来，直至胜利而消失，那对方就一定要有一支久经战争锤炼并且具备高度武德的军队，还一定要有一个优秀的统帅。

下面，我们要谈的是这种胜利对人民和政府的影响，当然，这是针对失败者这一方而言的。大会战的失败会使得他们的迫切希望变成泡影，自尊心遭到彻底打击，收到的是被取代的消息，而最终，他们的意志也就处于瘫痪状态了。这是一次真正的打击，即使在不同的地方会有所不同，但是决不会一点儿也不存在。此时，人们不仅不会再企图扭转战局，反而还会担心自己的努力会白费，因此，他们通常会在前进的时候犹豫不决,甚至已经听天由命。

对于胜利方而言,这一胜利产生的成果,一部分是由胜利方统帅的性格和才能所决定的,不过,更多的则是促成胜利的各种条件以及胜利带来的条件决定的。当然,如果一个统帅没有足够的精神力量,没有胆量或者敢作敢为,那么即使取得的胜利再辉煌,成果也不会显著。然而,即便统帅有胆量、有敢作敢为的精神,但却受到限制,那么它们也会快速地消失。

关于巨大成果的促成条件,我们先不讨论,只研究主力会战本身。我们只想指出:单纯的胜利并不能产生如此巨大的成果,而且这样的影响是随着胜利的增大而增强的。一次会战越是成为主力会战,越是将全部作战力量集中在一次会战中,越是将全部军事力量变成作战力量,那么胜利的影响也就会越大。

可是,难道理论就可以将胜利的影响当成是完全不可避免的吗?难道理论就不应当力求有效的手段来消除这样的影响吗?这个问题的答案似乎是肯定的,希望我们不会找到那些自相矛盾的论证。

实际上,事物的性质已经决定了以上影响的不可避免性。就算我们找到了能抵挡住它的办法,但我们还是不能否定它的存在。就像是一颗炮弹,无论它从什么方向发射,它的速度还是会随着地球自转的作用而逐渐降低,可它仍旧随着地球的自转在运动。

整个战争的进程是离不开人的弱点的,并且也是针对这样的弱点的。

诚然,在以后,我们还是会谈到主力会战失败后应当如何做,还要研究在绝望的处境中还有可能剩下的手段,还相信在这种处境下有可能将失去的一切重新夺回来,但即使如此,也并不意味着这样一次失败的影响就会慢慢消失不见。因为人们用来挽回败局的力量和手段原本可以用到一些积极的目的上去。

还有一个问题,一次主力会战的溃败会引发一些在不失败的情况下根本不可能产生的力量。诚然,可以想象有这样一种情况,并且这也是在众多民族中的事实中出现过的情况。然而,如何才能激起这样强烈的反作用已经不属于军事艺术研究的范围,因为军事艺术只有在假设会出现这样作用的情境下才可以对其考虑。

胜利的号角声在军营中吹响时、胜利者缴获武器时,都可能是唤醒失败者其他力量的时候。虽然这种情况是非常少有的例外,可是既然它存在,我们就必须相信,不同的国家面对的战败,所产生的结果也不一定相同。

第十一章　主力会战（3）

——会战的运用

战争的具体情况是多样的,假如我么从这一概念出发,就可以肯定以下几点:

1.战争以消灭敌人的军队为主要原则。对于积极行动的一方来讲,这是达到目标的重要途径。

2.消灭敌人的军队主要是在战斗中实现的。

3.有着一般目的的大的战斗才可能产生大的结果。

4.一次数个战斗汇合成为大会战,才可以产生最大的结果。

5.统帅亲自指挥的一般只有主力会战,在这样的情况下,他宁愿相信自己,这是由事物的本质决定的。

以上 5 点中,我们得出一个双重法则:消灭敌人的军队主要是通过大会战以及其结果实现的,大会战又以消灭敌人的军队为主要目的。这是相辅相成的两个方面。

诚然,我们不能否定,消灭敌人的军队这个因素在其他手段中也可以多少含有以下的情况:各种有利因素的作用让一次小会战也消灭了很多敌人;而另一方面,在某次主力会战中,其目的却仅仅是争夺或坚守一个阵地。但总体来讲,主力会战的目的是消灭敌人的军队,并且这一目的只能通过主力会战才能达到。

所以,我们应该对主力会战引起高度重视,它是战争的集中表现,也是整个战争的重心所在, 而战争的各种条件和力量全都集中在主力会战中才能够产生高度集中的效果。

几乎在所有的战争中,都会在一定程度上将军队集中成为一个整体。这样的现象表明:无论主动的进攻者还是被动的防御者都有用这个整体进行一次大战斗的想法。假如这样的大战斗没有发生,那就说明就算有敌对感情这个战争的最初动机在起作用,还是有别的缓和及抑制因素在削弱、改变或完全阻止这样的作用。然而,就算双方都不采取行动,主力会战在他们的思想里仍然是未来的目标,是构成他们计划的远焦点。战争越是成为真实的战争,越是发泄仇恨感和对峙感情以及互相制伏的手段,任何活动就越集中在厮杀的战斗中,从而主力会战也就更加重要。

也就是说, 那些积极目的较大或者以较重损害对方对目的的人一般都会采取这一手段,主力会战是最好的手段,因此,害怕大的决战而逃避主力会战的人往往会自食其果。

一般来说,进攻者都是有积极目的的,因此从某种程度上来说,主力会战也主要是进攻者的手段。即使关于进攻和防御的概念,我们还未详细地加以确定,但在此我们必须明确,就算是防御者本身,如果要尽快适应防御的需要而完成任务,那么,在多数情况下也只有采取主力会战这样唯一有效的手段。

主力会战往往是解决问题的最残酷的方法。尽管我们知道它并不等同于单纯的厮杀,但它却能起到摧毁敌人的意志力和勇气的目的,即使没有将敌人杀死,但敌人始终付出了流血牺牲的代价,无论是从名称还是从它的本质来讲,我们都可以找出一个词来加以形容——"屠杀"。无论是统帅还是士兵,都对这点感到毛骨悚然。

不过,使统帅感到更大的精神压力的还是他对于胜利的渴望。在这里,任何的行动都集中在空间与时间的某点上。此时,人们似乎觉得他们的兵力无法在这个狭小的空间内发挥威力,似乎只要有时间,就可以赢得好处,可是事实上,时间却不会带来好处。这样的感觉只是一种错觉,可是这种错觉也是不能忽略的。人们在作任何重要决定的时候都会受这种错觉的影响,特别当一个统帅要作出这样一种重大决定时,这样的感觉会更为强烈。

因此,无论哪个时代,总是有一些政府或者统帅试图找出不通过主力会战甚至规避会战就能达到自己的目的的方法,于是,有些历史学家和理论家们会全力以赴投入到这场寻找主力会战的等价物的活动中来。这样一来,人们就把主力会战看成是一种错误所必然引起的祸害,是正常的、慎重的战争中不可能发生的病态。甚至他们会以为,那些主张或者善用不流血牺牲而进行战争的统帅才有资格被人称颂。

然而,以上见解纯属谬论,现代战史已经做出了充分的说明。当然,我们不能保证这种谬论不会重新出现,不再诱惑当权者相信这种适合人的弱点。或许在不久以后就会有人认为,拿破仑进行的几次战局以及会战是野蛮的、愚蠢的,并以满意和信任的心情再次推崇那种过时的旧式部署以及打法。假如理论能告诉人们警惕这些东西,那么它就对愿意听从理论忠告的人作出了重要的贡献。

战争的概念和经验告诉我们,只有在会战中才可以决定重大的胜负。从古至今,只有巨大的胜利才可以导致巨大的成就,这对于进攻者和防御者来说都是这样。因此,无论是大胆的、有冒险精神的、倔强的统帅,还是那些幸运的统帅,都曾力图用决定性的会战来完成自己的事业。这些统帅对于这个重大的问题所作出的答复,我们还是十分同意的。

我们不能否认战争的残酷，但表明这点，并不是说不采取流血牺牲就能获得胜利，而是警惕我们严肃地看待战争。我们认为大会战决定主要的胜负，当然这不是一次战争或战局中不可少的、唯一的一次胜负。一次大会战能够决定整个战局胜负的情况只有在现代才是经常可以看见的，至于一次大会战可以决定整个战争胜负的情况，那是极其少见的。

一次大会战的胜负，其决定因素有很多，包括会战规模的大小，即集中到会战中的军队的数量以及会战胜利的大小，还有双方国家和军事力量方面的众多其他情况。当然，由现有军队主力进行的战斗而得来的胜负当然也是主要的。胜负之后，从规模上我们实际上是可以推测出来的，尽管并不全面。这种胜负尽管不是唯一的一次，但也会作为第一个胜负而对后面的胜负产生重大影响。因此，周密计划的主力会战按照不同的情况、在不同程度上一直应当看成是当前整个军事行动的中心和重心。统帅越是重视战争，越是投入真正的战争精神，打败敌人的目的和动机越是强烈，就越会将一切都放到第一次会战中，力争在第一次会战里就可以夺取一切。正是基于这一点，拿破仑在他进行的所有战争中都是抱着这样的信念的。

前面我们说过，主力会战所决定的胜负的意义，有些取决于会战本身的规模，即取决于参加会战的军队的数量及会战成果的大小。在此，我们便可以得出：主力会战的规模越大，由这一规模决定的会战胜负的可能性就越大。因此，在不考虑其他因素的情况下，但凡有信心并且致力于取得胜利的指挥者都会尽量在这次会战中投入更多的兵力，以保证胜利的获得。

至于会战的成果，确切地讲，胜利的大小主要由以下 4 个条件决定：

1.会战所采用的战术；

2.地形特质；

3.各兵种的比例；

4.兵力的对比。

很明显，单单正面进攻而不迂回会战，并不会如采用迂回或者迫使对方多少改变正面的会战那样收到很大的成效。同样，在如山地般复杂的地形上会战，获得的成果也是较小的。因为在这里进攻，力量到处都受着削弱。

在骑兵数量上，假设胜利者和失败者一样多，甚至更少一些，那么胜利者乘胜追击而获得的成果也就会少很多，因而就会失去大部分胜利的成果。

最后还有一点：假如已经采用迂回制敌或迫使敌人改变正面的方法的情况下，以优势兵力取得的胜利，要比以劣势兵力取得的胜利有更多的效果。

所以,利用上述 4 种条件,统帅就能够让会战具有决定性的意义。与此同时,他所面临的危险也会因而增大,不过,他的全部活动本来就会要受到精神世界这个力学定律的支配。

可见,战争里,最重要的莫过于主力会战了。因此,一个指挥官和统帅智慧与才能的大小在一定程度上体现在为主力会战提供手段,灵巧地确定主力会战的地点、时间和使用兵力的方向以及利用主力会战的结果上。

以上分析固然重要,但却并不是什么难事,并不需要太多高深的理论,只需要我们有敏锐的判断力、魄力和坚决地贯彻始终的精神以及生气蓬勃的敢作敢为的精神。总而言之,我们以后还要经常讲到的英雄气概在这个方面很少需要书上的知识,如果说他可以学到一点儿知识的话,那更多的还是通过别的途径。

因此,如果想进行主力会战,想在主力会战中主动和把握行动,那就一定要对自己的力量产生信心,并对必然性有某种明确的认识,换言之,一定要有天生的勇气和在广阔生活经历中磨炼出来的锐敏的观察力。

第十二章　会战失败后的退却

如果一次会战失败,那么军队在精神力量上受到的破坏远比物质力量更大。即使出现新的有利条件进行新的一轮会战,也一定会再招致失败甚至全军覆没,这在军事上是一条公理。就其本质来说,退却是有一定的时间限制的,当力量的均势重新恢复时就应该停止。这样的恢复条件可以是多样的,包括得到了增援、有坚固的掩护要塞、利用了大的地形障碍,也可以是地方兵力过于分散提供了契机。均势恢复的时间长短有两个取决要素,一个是失败的大小以及损失的程度,另一个是对方是何种敌人。对于后者的取决因素更为多些。尽管会战中一方已经战败,但败退后,他们可以在不远处进行整顿,关于这样的案例并不少见。但是否有这样的整顿机会,还要取决于胜利方在精神方面是否有着弱点和在会战中所获得的优势是否不足,只有保证敌人很难进行有力的追击,这一切才得以开展。

一般来说,后退者有必要利用敌人的弱点,同时也要保证不能多后退一步。为了保存自己的精神力量,就必须慢慢撤退,甚至必须是且战且退。如果追击者在利用他的优势时超出了限度,就可以大胆并且勇猛地进行反击,这是十分有必要的。

贴切地讲，任何一个伟大的统帅和久经战争锤炼的军队在撤退时都犹如一只受伤的豹子一样，随时准备再度反击。毋庸置疑，这是撤退的最好的理论。

然而很遗憾，人们没有认识到这一点。在脱离险境的时候，他们甚至还采取一些花招，但最终结果却让他们明白，一切都是无意义的活动，纯属浪费时间。不过，会战失败后的总撤退与一般的摆脱危险是不一样的。如果你认为在会战后的总撤退中，可以通过几次急行军就可以摆脱敌人直至安全，那么，我们只能警醒你这是错误的。在这样的情况下，刚开始撤退时要缓慢进行，要本着不受敌人摆布的原则，必须与紧追的敌人进行残酷血战，为此作出的牺牲是值得的。假如你不遵守这一原则而加速撤退，很快就会溃败。那么，仅仅掉队的士兵就比进行后卫战时可能损失的人员还要多，而且连剩下的最后一点儿勇气也会荡然无存。

那么，此时该怎么做呢？有这样一个贯彻以上原则的必要手段：动用最优秀的部队组建强大的后卫军，并且由最勇敢的将军带领，在最关键的时刻全军予以支援、谨慎地利用地形，在追击的敌人行动轻率和地形对我方有利时设下强有力的埋伏。

实际上，会战失败后，撤退时的困难是不一样的，因为每次会战的有利条件以及会战的持续时间是不一样的。从很多会战中，我们发现，如果在抵抗敌人的优势兵力上倾尽了全力，进行的总撤退会十分混乱不堪。

现实中，还有一种分兵退却的论调，它主张撤退时将军队分成几个部分，甚至作离心方向的撤退。实际上，这是一种危险的方法，更是违背事物的性质的，是错误的行为。从反方向来说，此时军队已经处于削弱和瓦解的状态，如果集中兵力，并在集中的过程中尽力恢复秩序、勇气和信心才是最为迫切的。

敌人乘胜追击，而撤退者却将军队分开去袭扰敌人的两侧，这完全是一种谬论。如果敌军胆小谨慎，兴许还能起到效果；而如果不能肯定敌人具有这样的弱点，就不能采取这样的办法。从战略形势讲，如果这是出于掩护两翼的需要，那么也只能限于当时而不能过分地分开，就算如此，可能也只是下下策。

第十三章　夜间战斗

夜间战斗如何进行的以及它有什么特征,这些都是战术上的问题。在这里,我们只是把夜间战斗作为一个特殊的手段来进行考察。

其实,我们可以把任何一场夜间战斗看作是程度较强的奇袭。表面看来,夜间攻击似乎效果很好。在人们的思维里,因为发生在夜间,防御者遭受到的是毫无预料的袭击,而进攻者却有相当完善的准备。为此,他们将夜间战斗想象为:第一,防御者处于极其混乱的状态;第二,攻击者只要在对方混乱中收取果实就行了。

为什么会有上述想象?那是因为有这样的前提:攻击者对防御者了如指掌,因为很多措施经常被采用,甚至已经很明显;而与此相反,攻击者却处在暗处,对方无法了解。然而,攻击者的措施却并非没有漏洞和不能被察觉,如果我们与敌人的距离不是近到可以直接看到对方,那么只需通过搜索和侦察的报告以及从俘获的人员和敌探的口中了解敌人的配置情况。然而,即使以这样的方法获得的情报也是不准确、不完整的。因为这样的情报总是多少有些过时,敌人的配置可能已经发生改变。当然,在以前的军队采取的旧的战术和野营的方法时,要了解敌人的配置自然比现在容易多了。幕营比厂营或露营更容易辨别,部队有规则地展开成横队的野营也比现在常用的各师成纵队的野营易于识别。当然,我们并不能了解它的全部配置情况,即使我们可以看到敌人某个师成纵队地野营的整个营地。

并且,作为进攻者,需要知道的不仅是防御者的配置情况,还有防御者在战斗过程中采取的措施,这样的措施不仅涉及射击的问题。现代战争中,因为要了解这些措施,夜袭的困难比过去的战争要大得多。很明显,这是因为在现代战争中,这些措施比过去要多得多,而防御者的配置却都是临时的,有更大的灵活性,这也是现代战争中防御者比过去更可以出人意料地反击敌人的主要原因。

因此,夜袭时除了观察外,进攻者很少可以或者根本不可以了解到防御者更多的情况。不过,防御者却有一个进攻者不具备的有利条件,那就是对阵地内的地形比攻击者要熟悉得多。尤其在黑夜里,他们也比进攻者更能辨明方向,他们可以清楚地知道军队的各个部分在什么地方,也能够较为容易地到达那里。

由此可见,在夜间的战斗中,攻击者需要像防御者一样了解很多情况,只有基于特殊的原因才能进行夜间袭击。一般来说，这些原因只会与军队的某一部分有关，而很少关联到整体，这也就是为什么夜袭一般只发生在从属的战斗中而很少发生在大规模的会战中的原因。

在其他情况有利的条件下，我们可以把进攻的对象针对敌人的一个从属部分，然后动用巨大的优势兵力将它包围起来进行全歼，或者让它在不利的战斗中受到重创。但以上行动的前提是出敌不意，否则是难以实现的，因为敌人的任何一个部分都会回避这样的战斗。然而，一般只有利用隐蔽的地形和利用夜间作战这一方式，后者才能达到高度的出敌不意。为此，如果进攻者打算利用防御和在从属配置上的不足来达到目的，就必须利用夜色——让真正的战斗在拂晓开始。对于敌军的小部队或者前哨的小规模夜袭就是如此进行的，这一战术的精髓就在于利用优势兵力进行包抄，出其不意地迫使敌人进行一次不利的战斗，让其不受重大损失就不能脱身。

假如防御者的部队较大，这一意图的实现就较为困难，因为较大的部队除了手段上的繁多之外，还能在援军到来之前进行长时间的抵抗。

正是因为如此，在一般情况下，将敌人的整个军队作为夜袭对象而获得成功是完全不大可能的，也是我们不主张采用的。就算抛开援军这一因素，它本身也能制订出足够多的防御策略。特别是在现代，任何指挥者对于这样的攻击都是有戒备的。

另外，多面攻击是否能取得效果与出敌不意并无多大关系，而与其他条件有关。我们需要了解的是，迂回固然可以收到很大的效果，但也会带来很大的危险。因此在一般情况下，除去个别情况，要想迂回就必须像攻击敌军的某一从属部分那样有着优势兵力。

但是，如果敌军是一小支部队，并且选择漆黑的夜晚，那么包围或者迂回制敌还是有一定的可行性的，因为我们使用的只是自己部队的一小部分，而不是拿全部军队去做赌注。这样做也是因为这本身就是一项巨大的冒险活动。此外，无论前去冒险的军队成功与否，剩下的大部分军队都能支援和收容前去冒险的这一个部分，从而减少这次行动的危险，因为夜袭的基础就是出敌不意。小部队比大部队更容易隐蔽地活动，而整个军队的纵队一般不能做到这点。因此，夜袭的对象一般都是敌人的前哨部队，至于较大的部队，只有当它没有足够的前哨时，才能够对它进行夜袭。

在现代，战争比以前进行得更加迅速、更加激烈，为此，即使军队距离很近，即使没有设置强大的前哨,但双方都始终处于胜负结局以前的紧张状态中,因此双方的准备也都是极其充足的。

现代军队已不再像过去的战争,它并不需要带有全部给养以及野营的必需品,因此有必要在敌我之间保持一日路程的距离。而如果我们还想更详细地了解对于整个敌军夜袭的问题,那么就可以看出,能够促使夜袭的原因是少有的,现在总结如下:

1.敌人非常粗心和鲁莽。这一情况很不常见,即使存在,精神因素此时也会起到作用,以此来弥补这个弱点。

2.敌军立即陷入慌乱之中,或者我们的精神力量的优势已经强大到可以代替指挥。

3.能突破敌军优势兵力的包围。此时,一切只能依赖于出敌不意,只有做到这一点,才能突破重围而更好地集中兵力。

4.敌我双方兵力悬殊较大,我方处于异常绝望的处境,因此只有冒着非常的危险才能有成功的希望。

但是,即使情况存在,还必须具备一个前提:敌军在我们前方,并且没有掩护的前卫。再者,之所以称之为夜间战斗,就是因为这些战争在日出时必须宣布结束。而接近敌人与发动攻击都必须在黑夜里进行,如此进攻方就可以更好地利用敌人的混乱,而整个敌军的这些活动都需要一定的时间甚至要接近天明时才开始战斗,那么,自然也就称不上是夜间战斗了。

第五篇　军　队

第一章　引言

本篇探讨的是军队,现在从以下 4 个方面来研究:

1.军队的兵力和编制。

2.军队在非战斗时的状态。

3.军队的给养。

4.军队与地区、地形的关系。

本篇将要探讨的军队的几个方面只是战争的必要条件,而并非战斗本身。它们与战斗有着不同程度的紧密联系以及相互的作用, 因此在谈到战斗的运用时需要经常提到它们。不过,在谈到它们的本质和特点时,我们一定要将每一个方面都当成一个整体来进行研究。

第二章　战区、军团和战局

要想准确地定义这 3 个表示战争中的空间、数量以及时间的不同事物是完全不可能的。但为了避免引起误解,我们尽量详细说明这 3 个概念。

一、战区

什么是战区?战区就是指四周都有掩护,因而具有一定独立性的整个战争空间的一部分。这样的掩护可能是要塞或者较大的地形障碍,也可能是这个部分与战争空间中别的部分之间存在的中间距离。这个部分不但是组成整体的一个部分,而且它本身就是一个小的整体。因此别的部分产生的变化不会直接影响到这个部分,只是有一些间接的影响。假如人们想要在这里寻找到一个明显的标志，这个标志就是：在两个部分空间里，一个部分空间的军队在前进，另外一个部分空间的军队在撤退；在两个部分空间里，一个部分空间的军队在防御，而另外一个部分空间的军队在进攻。不过，并非处处都能够运用如此严格的划分，在这里我们只是指出问题的实质罢了。

二、军团

处于同一个战区内的一切军队就是军团，但这并不是军团的所有含义。"军团"这个概念的标志是"司令官"，这个标志与以上所说的标志有着很密切的关系。如果安排适当，一个战区内应当有一个司令官，而且这个独立战区的司令官有一定程度的独立性。

军团不仅仅是由军队的绝对数量所决定的。即便是在同一个战区里，有可能同一个司令官也会指挥几个军团行动，这并不是因为兵力大而保留着兵团这个名称。在一个战区内数量较多的军队只能将其分成几个军，而决不能将其分成几个军团，不然，这将与军团概念相冲突。假如将每一个在遥远地区独自活动的分遣部队称为军队，那这肯定是比较呆板的做法。不过我们必须注意到：当人们称呼法国革命战争时期的万人军队为军团时，没有人会觉得奇怪。所以，军团和战区通常是互相联系、互相补充的。

三、战局

一年中，一切战区内所发生的军事活动称之为战局。还有一种普遍的说法是一个战区内发生的军事活动。以一年为界限来确定这个概念是不合适的，这是因为战争已经不再能够由固定的以及较长一段时间的冬营而自然而然地分成无数个以一年为限的战局了。每当有较大军事行动所带来的直接影响消失了，以及正在发生新的冲突，那这个战区内的军事活动就会自然而然地分成较大的阶段。所以，我们一定要考虑那些自然形成的军事阶段，将原本属于某一年的全部军事活动归属于这一年。

这几个概念的定义并不十分明确，但也不会带来什么害处，因为它们与哲学定义不一样，不会作为其他定义的某种依据。确定这些概念，只是让我们的分析更加清楚罢了。

第三章　兵力对比

在前面，我们已经说明了在战争中，数量的优势占据很大的价值，这也说明了一般优势在战略上的价值。从这里我们很容易看出兵力对比的重要性。

假如我们客观地研究现代战史，就一定要承认：在战争中，数量上的优势将会起到关键性的作用。所以，对于在关键性战斗中要尽量地多集中兵力的这个原则相比较过去，如今已经提到了更重要的位置。

在过去的每个时期，军队的物质力量因为军队的勇气以及士气而得到成倍的增强，在未来，这样的情况还会一直延续。不过，在历史上也有这样一些时期，军队精神显著的优势是由军队组织以及装备上的巨大优势而造成的。在另外一些时期，军队精神显著的优势则是由军队的机动性所造成的，而其他造成军队精神显著的还有新的战术体系、巧妙利用地形。当然，这种做法已经不符合时代需求了，自然而简单的作战方法将会取而代之。从最近几次战争来看，不管是在整个战局中还是在关键性的战斗中，尤其是主力会战中，这样的现象是少之又少。

如今，各个国家的军队在武器、装备以及训练方面都比较接近，在这方面最好的军队与最差的军队已经没有显著区别。虽然在科学水平上还是有明显的差异，可是在大多数情形下，如此的区分只是一些国家争相模仿另外一些国家在军事上的发明和运用，甚至诸如军长和师长在他们所从事的军事活动里也会产生差不多的见解以及采取类似的方法。除了最高指挥官以外，能够形成显著优势的是军队的战争锻炼，因此，双方在以上所说的各方面越是处于势均力敌，兵力上的对比就越是具有决定意义。

在会战里，假如双方缓慢而有序地进行较量，那么兵力多的一方赢得胜利的希望会很大。不过，统帅没有办法改变兵力的绝对数量，因为这在战略上，大部分是一个既定数。我们如此分析并不是为了表示在兵力悬殊的情况下不能够进行战争。由于政治对战争的决定，每一次战争并非都是自愿的，尤其是在双方兵力相差太远的时候更是这样，所以，在战争中可能会出现任何兵力的对比情况。

因此，在战争中，任何兵力对比都是有可能存在的。虽然理论希望双方兵力差不多，但这并不是说兵力悬殊时理论就不起作用了，这个规定是没有明确界限的。

兵力越弱,目的相应就应该越小,战争所进行的时间就会越短,在这两方面,兵力薄弱的一方会有回旋的空间。在作战时,兵力的强弱到底会带来怎么样的影响,我们在后面会再加以说明,在这里只要说明总的观点就行了。不过,我们还需要作一些补充,以便完善这个总的观点。

被卷入一场兵力悬殊较大的战争中的一方越是兵力薄弱,就越应当提高自己精神的紧张和努力程度。若兵力薄弱的一方缺乏视死如归的气概,那么不管是什么样的军事艺术都起不了作用。假如结合确定目标时的明智以及节制和军队的努力程度,那就会出现既辉煌而又有节制的攻击行动。

但是,节制与谨慎越是不起作用,紧张和努力就越会占据主导地位。假如兵力悬殊太大,不论怎么限制自己都避免不了失败,或者由于危险持续的时间太长,即便是最大限度地节约兵力也不能实现目的,这样就应该将力量尽量地集中在一次决战中。对于一个陷入绝境的人来说,当他不会取得任何支援时,他就会将所有的以及最后的希望寄托在精神力量上,因为显著的精神力量会令每一个有勇气的人不顾一切地寻找出路。最后,就算是做出这些努力依然没有效果,那么也可以在光荣中寻求以后能够复兴的权利。

第四章　各兵种的比例

本章,我们只谈3个主要的兵种:步兵、骑兵和炮兵。

战斗是由火力战和白刃战这两个完全不一样的部分所构成的。白刃战可以是进攻也可以是防御。炮兵发挥作用只能通过火力战,骑兵发挥作用只能通过单兵作战,而步兵发挥作用则可以通过这两种途径。

在进行单个战斗时,坚守原地是防御的本质,运动则是进攻的本质。为此,骑兵完全没有坚守原地的性能,但却充分具备运动的性能,因而骑兵适合用来进攻。步兵具有坚守原地的性能,却没有运作的能力。

从各种兵所具有的基本战斗的性能中可以看出,相比较其他两个兵种,步兵具有优越性与全面性,因为步兵是兼有3种基本战斗性能的唯一兵种。同时还可以清楚地看到,在战争中,3个兵种的联合将会最大限度地发挥力量,这是由于人们通过各兵种的有效联合可以让步兵所固有的各种战斗性能得到增强。

在现代战争中,火力歼灭战起着关键性的作用,不过,构成战斗的真正独立的基础始终是个人对于个人的单兵作战。假如说在战争中有一支军队只有炮兵,这简直是难以想象的。尽管一支由骑兵所构成的军队是可以的,不过它的作战力量却是相当薄弱的。令人意外的是,单单是由步兵组成的军队,它的作战力量是不容小觑的。所以,在一场战争中,如果就单独作战的能力来看,这3个兵种的次序应该是:步兵、骑兵、炮兵。

不过,一旦这3个兵种联合起来,就不会按照这个顺序来排列各个兵种的重要性了。相比较运动,火力所起到的作用将更大,因此在一支军队里,若是根本没有骑兵是可以的,但若是缺少了炮兵,那么这支军队将会减弱很大的作战力量。

两支军队作战,一支只由步兵和炮兵组成,另一支由3个兵种组成,虽然前者会处于不利的位置,不过假如有足够的步兵来代替所没有的骑兵,而且适当改变作战方式,那么它仍然有可能会获得胜利。当然,它在前哨勤务方面会存在一定的困难,在进攻时也不会像骑兵那样猛烈地追击逃跑的敌人,而且在自己撤退时将会更加困难。但是,这些困难都不会促使这支军队就这样放弃战斗。反之,当它们与一支只由步兵和骑兵组成的军队作战时却能够发挥出很大的作用,而后者若是想抵挡住3个兵种联合的军队则是不可能的。

以上是关于每个兵种的重要性分析,是从战争中的通常情况下抽象出来的,而且我们并不会将这个抽象出来的真理运用到所有战斗的每一种实际情形中。比如,在一个担任前哨或正在撤退的步兵营,或许它会拒绝带着几门火炮,而是宁愿配备一个骑兵连。而对于在快速追击或迂回溃逃的敌人的时候,骑兵和炮兵基本上不需要步兵。

假如我们将这些分析的结果概括起来,那就是:

1.步兵是各兵种里独自作战能力最强的兵种。

2.炮兵是完全没有单独作战能力的兵种。

3.多个兵种联合作战时,步兵是最为主要的兵种。

4.缺少骑兵影响比较小。

5.3个兵种联合作战可以发挥最大的威力。

既然3个兵种联合能够发挥如此巨大的威力,或许许多人会问,怎么样的比例才会发挥出最大的威力呢?对于这个问题,似乎根本没有答案。

假如能够比较建立以及维持各兵种所需要耗损的种种力量,继而比较各个兵种在战争中所发挥的作用,或许我们能够得出一个结论,即能够抽象地表示各个兵种最佳比例的结论。这样一个过程就像是在做一个概念游戏,不具备任何实施性,因为在这个比例中的第一项是不容易确定的:就算是可以计算出战斗中的财力消耗。另外一个因素,也就是人的生命价值,这根本是无法用数字来计算的,想必也没有人愿意用数字来表示。

此外,3 个兵种中的任何一个兵种都要以国家某一方面的力量为基础,诸如步兵的基础是该国人口,骑兵的基础是该国所拥有的马匹,而炮兵的基础则是国家现有的财力,这些都是外在的关键性因素。我们能够清楚地看到这些外在的关键性因素在各个民族以及各个时期中起着主导作用。

但是,我们一定要有一个能够用来作比较的标准,能够计算的因素,即钱财消耗,以此来替代这个比例中的第一项。这时通常能够准确得出:按照经验,一个拥有150 匹马的骑兵连,一个拥有 800 人的步兵营,一个拥有 8 门 6 磅火炮的炮兵连,这3 者所需要的装备费和维持费是不相上下的。

对于在这个比例的一个兵种比另外一个兵种大多少的作用,这是很难计算出具体的数字的。假如这个数字只是取决于火力,那么或许还有计算出来的可能性,但我们不能扩大或缩小每个兵种,因为它们有自己专职的任务,也有自己不固定的活动领域。更何况,活动领域的大小并不会带来糟糕的情形,而只会引起作战方式的变化。

人们经常会说到在这方面可以从经验中得出结论,大多数人也会觉得确定各兵种比例的依据在战史中可以找到。不过,这只是一种假想,因为这样的比例并不是以事物的实质和必然性为根据的,因此那些经验在研究中不会起任何作用。

就算我们假设一个确定的数值来表示各兵种的最佳比例,这个数值不过也是一个未知数而已,而且这不过是一个概念游戏。虽然这样,我们还是能够说明,同一个兵种在数量上比敌军占有很大优势或处于很不利时会带来什么样的影响。

在各兵种中,最可怕的是炮兵,它能够为军队增强火力,军队若是缺少了它,将会使自己的兵力遭受明显的损失。另一方面,它也是不擅长运动的兵种,会让军队缺乏灵活性。由于炮兵不可以进行单个战斗,因为往往需要军队的掩护。假如炮兵太多,而它的掩护部队没有办法抵抗敌军的进攻,那么炮兵很容易就会落入敌人手中,这将会给整个战局带来糟糕的影响:敌人完全可以通过缴获而来的炮兵来对付我们。

骑兵能够增强军队运动的灵活性,假如一支军队里配备的骑兵太少,那么这支军队的所有行动都会变得缓慢,他们在组织进行各种行动时就不得不更加小心,相应地,战争要素的速度就会放慢。

假如骑兵太多,固然不能说这会让军队的力量遭受削弱,也不会认为会让军队的内部比例失衡,不过,军队在给养方面就会更加困难、军队的力量会相应地被间接削弱。我们需要明白这样一个道理:少用 1 万名多余的骑兵,就能够多用 5 万名步兵。

由于某个兵种比例不当往往会产生上面的特点,这对于狭义的军事艺术来说是十分重要的,因为狭义的军事艺术是考察运用现有军队的学问。将现有军队交给一个统帅指挥的时候,通常已经定下了各兵种的比例,而统帅在兵种比例方面是起不到很大的作用的。

所以,假如说某个兵种比例不当,那就会让作战的特点发生以下的变化:

炮兵太多,肯定会给作战带来更多的防御性和被动性,这时军队不得不使用更多的坚固阵地、山地阵地、地形障碍等,甚至是山地阵地,方便地形障碍来防御和保护许多的炮兵,让敌军前来受到炮兵的重击,这样一来,整个战争将会循序渐进地进行。

反之,当炮兵缺乏的时候,进攻的、积极的以及运动的原则将是需要我们采纳的。我们一定要拿出自己的特殊能耐:行军、吃苦耐劳,这样一来,战争会变得更激烈、更曲折、更富于变化,一些原本大的军事行动便慢慢地变成了许多小的军事行动。

假如骑兵太多,我们就会在相对宽阔的地区进行大规模运动,并与敌人保持相对的距离,这会让军队得到更多的休息时间,伺机牵制敌人,不给对方喘息的机会。由于我们占据着较大的空间距离,以便于进行大规模的迂回冒险运动,只要能借助牵制性攻击和奔袭这样的辅助手段,我们就可以轻松地让骑兵发挥出它应有的作用。

与炮兵不一样,骑兵并不会减弱军队的运动能力,也不会增强军队的火力能力,这时,战争的主要特点体现为小心谨慎和擅用策略:有效地与敌人缩短空间距离,便于随时能够监视敌人的一举一动;避免快速作战,特别是较为匆忙的运动;集中更好的兵力缓慢前进;在选择地形上,宁愿选择防御和复杂的地形;在进攻时,需要攻击敌军的重心。这些作战策略都是在这样的情形下作出的自然倾向。

由于某一个兵种太多或太少所发生的变化,作战方式很少会有如此的全面和彻底,或许这种变化只是决定了整个行动的方向。在具体战斗中,其他更重要的条件将决定采取战略进攻还是战略防御、在这个战区还是在那个战区、是进行主力会战还是采用其他作战手段。如果人们不这样想,那么他们可能是混淆了主次问题。不过,尽管主要问题取决于其他原因,但某一兵种太多或太少还是会带来一些影响,这是因为在战争的各个阶段和各个具体活动中,在进攻时,人们常常是很小心和谨慎的;而在防御时,他们则会变得异常果敢和勇敢。

另外一个方面,战争的特点也可以对兵种的比例产生显著的影响。

第一,凭借后备军与民军进行的人民战争只能够建立较多的步兵。这是由于在这样的战争中,所缺少的不是人员而是装备,那都是一些最必需的东西,因此人们很容易就会想到这样一个问题:与其建立一支拥有8门火炮的炮兵,还不如建立两个或3个步兵营,因为两者所需要的费用是差不多的。

第二,战争中兵力悬殊的双方。假如兵力薄弱的一方不能依靠民众武装和后备军来求得一条生路,那么寻求均势最简单的办法就是增加炮兵的数量,因为这样既节约了人力,还可以让军队的火力得到增强。而兵力薄弱一方的战区也相对比较小,这正好适合炮兵。

第三,骑兵是适用于进行运动和大规模决战的兵种。在战区广阔、需要广泛活动和企图进行决定性打击的时候,通常军队都会使用骑兵。

我们只想说明一点,一般进攻者和防御者都在一个空间内活动,至少在许多场合都是如此。

自从发明了火炮之后,随着火炮重量的减轻和构造的日益完善,火炮的数量开始增多。但是,至弗里德里希二世时代以来,在战局刚刚开始的时候,火炮的比例始终是每千人两门或3门。在战斗的过程中,炮兵的损失并不会像步兵那么大,因此在战争快要结束的时候,火炮的比例会增大到每千人3门、4门,甚至是5门。对于如此比例是否合适,火炮的数量能否继续增多却不至于在总的方面影响作战,这样一些问题只有靠经验才能得到具体的答案。

现在,我们将整个考察的主要总结归纳如下:

1.步兵是主要的兵种,其他两个兵种从属于它。

2.当骑兵与炮兵缺乏的时候,在指挥上能够通过积极的行动进行弥补,不过,这一定是以步兵比对方强得多为基础条件。而且步兵越是精良,就越容易达到这一点。

3.比起骑兵,炮兵更不能缺少。这是由于炮兵是军队的主要火力,而在战斗中,炮兵与步兵的关系更紧密。

4.就军队的火力来说,炮兵是最强的兵种,而骑兵则算是最弱的兵种。因此在实际作战中,人们一定要考虑这些问题:炮兵的数量多到什么样的程度才不至于对整个战局产生不利影响?而骑兵要少到什么样的程度就能够应付得了整场战斗?换句话说,就是在不会产生不利影响的前提下,炮兵需要多到何种程度?骑兵可以少到哪种程度?

第五章　军队的战斗队形

所谓战斗队形，就是把组成整体各个部分的各个兵种进行区分、编组以及这些兵种的配置形式，这是军队在整个战局和战争中必须遵循的一个标准。

从某种意义上讲，战斗队形就是由一个算术要素和一个几何要素构成的，具体区分的基础是军队平时的固定编制，单位则是步兵营、骑兵连、骑兵团和炮兵连这样的部分，然后再按照实际情况将它们编组成更大的单位甚至是一个整体。按照平日里用来教育和训练军队的基本战术进行配置，它结合了战争中大规模使用军队的种种条件，决定军队进行战斗部署时应该依据的标准。

在过去，大部队开赴战场都是如此，在有些时期甚至会将这样的形式当作是战斗的最主要部分。

在十七八世纪，步兵的数量随着火器的改进得到了大大的增加，步兵开始列为纵深较浅的长横队。当时，战斗队形看上去十分简单，不过编组这样的队形却很不容易，而且需要更多的技巧。

通常，骑兵只能配置在受不到射击且有活动范围的两翼，这是因为战斗队形始终让军队成为一个完整的且不能分割的整体。一旦这样的军队被中间截断，那么整支军队都会失去它本来的作用。所以，整体约束着军队的配置，如果要单独配置其中一些部分，那几乎每次都需要重新进行小规模的编组。整个军队在行军时，就好像不受任何规则束缚一样。如果与敌人近距离作战，在战斗队形上就必须用较高的技巧组织行军，以致某一线或某一翼始终与另一线或另一翼保持一定的距离，从而使整支军队跨过一切的艰难险阻。不过，这样的行军常常是偷偷进行的，而且只有在敌人同样受限制的情形下才可以安然地渡过险境。

到了 18 世纪下半期，人们想出了把骑兵配置在军队后面的方法，如此，骑兵就好像是军队的两翼，不但能够与敌人的骑兵展开单独战斗，还可以完成别的任务，这样的战斗队形无疑是一个很大的进步。军队的整个宽度完全是由类似的军队所构成的，也因此将之任意地分成无数部分，而所分裂出来的每个部分以及别的部分与整体都是极为相似的。这时军队是一个由许多类似部分所构成的整体而不再是一个完整的整体。所以，在行军过程中，军队完全可以自由穿梭、伸展自如。构成军队的各个部分能够轻松地从整体中分裂出去，继而再构成一个整体，在这个过程中，战斗队形依旧保持原样，而那些各兵种所组成的部分就产生了。其实对于这样的战斗队形，人们很早就预想到了，只是在这里将预想变成了现实。

显而易见，所有这些都是从会战的需求出发的。很久以前，会战就是整个战争，即便是未来的会战也永远是战争的主要部分。但是，战斗队形不属于战略而是更多地属于战术。我们之所以说到如此的变化情形，只是想说明一个问题:战术是怎么样通过将大的整体分化成小整体来为战略做准备的。

军队分布的空间将随着军队兵力的增多而扩大。军队越多，分布的地区就越广，而各个部分的作用就会复杂地交织在一起，所产生的战略作用就越大。这样一来，我们所定义的战斗队形肯定会与战略发生一定的相互作用，而这种作用则主要体现在战术与战略的衔接点上，即表现在军队从一般配置转变为战斗的特殊配置的那一时刻。

现在我们从战略的观点来区分各兵种的联合与配置这几个问题。

一、区分。从战略观点出发，我们应该考虑的问题是一个军团应当有几个军或者几个师，而并非一个师或者一个军应当有多大的兵力。愚蠢的做法就是把一个兵团分为3个部分，因为在这样的情形下，司令官几乎是起不到任何作用的。

人们对此已经争论过无数次了:一支大部队或者一支小部队应该具有多大的兵力，不论是依据基本战术还是依据高级战术，都应该具有很大的活动范围。相反，需要将独立的整体分成一定数量的部分，这会让战略有根据来明确大部队的数量以及相应的兵力。而战术范围内所需要讨论的问题，则是像连、营这样的较小单位的数量以及确定相应的兵力。

如果将一个最小的独立整体分为3个部分，那么前卫可以作为一个部分，后卫可以作为一个部分，主力可以作为一个部分。当然，我们还可以更合适地将它分成4个部分，最中间的部分，也就是充当主力的部分比其余的两个部分都要强大一点儿。假如需要将整体分为8个部分，那么前卫作为一个部分，主力作为其他3个部分，即作为右翼、中央、左翼，军队的预备队作为两个部分，还有两部分，右侧部队作为一个部分，左侧部队作为一个部分。

只需要向三四个人下达命令就可以指挥一个军团或者任何一个整体，这是十分方便和简单的。不过，为了实现这个目的，军队指挥官往往需要付出两个方面的代价:第一，传达命令的层次越多，命令的速度、效用以及准确性所受到的影响也就越大，比如，指挥官和师长之间缺少了军长，就属于这种情形;第二，指挥官的直属部下的活动领域越是广泛,相应地,指挥官本身的实际权限和作用就越小。一个拥有 10 万兵力的指挥官,假如将 10 万人分为 8 个师,或者将其分为 3 个师,在 8 个师的情形下,指挥者自身的权限将会更大。造成如此情形的原因有很多,最主要的是不论哪个指挥官都会认为自己对各个部分拥有一定的所有权。所以,如果有人想从他那里抽调部分军队,不管时间长短,这个指挥官都将会以反对的态度待之。对于这样的问题,凡是有些战争经验的人都可以明白这一点。

不过,区分的办法也不要太多,以免造成秩序上的混乱。一个军团的司令部指挥 8 个部分已经很难了,因而区分的每个部分不能够超过 10 个。在师里,由于比较少使用传达命令的手段,因此区分的部分会很少,能够分为 4 个部分,最多也就 5 个部分。

假如觉得"5"和"10"这两个数量还不够,那么还能够适当增添军一级编制。不过这样必然会增加一级新的权限,而会相对减少别的各级组织的权限。

一个旅到底超过多少人才算是兵力强大呢?通常一个旅有 2000~5000 人,不超过 5000 人,原因有两个:

第一,旅是一个指挥官可以直接用口令指挥的部队。

第二,一个步兵部队兵力较大,就不得不配置炮兵,而这样一个由各兵种初步联合的部队必然是一个独立的部分。

我们不想讨论这些战术上的细节问题,也不想争论 3 个兵种的联合应该以什么样的比例,是 8000 人到 12000 人的师里,还是在 2 万到 3 万人的军力进行联合。但是,即便是一些坚决反对这样联合的人,恐怕也不会反对我们得出的结论:只有这样的联合,才能够让一个部队具有独立性。而那些在战争中需要独立行动的部队至少是希望有如此联合的。

一个 20 万兵力的军团被分成 10 个师,每个师又被分成 5 个旅,则每个旅的兵力就是 4000 人,对于这样的区分,想必是比较合适的。当然,这个军团也可以被分为 5 个军,每个军被分为 4 个师,每个师再被分为 4 个旅,每个旅是 2500 人。但抽象地看来,我们还是会觉得第一种区分比较合适,因为若是采用第二种区分,除了多了军一级的机构以外,一个军团被分成了 5 个军,如此会缺少军队的灵活性。一个军被分成 4 个师,如此下来,一个旅只有 2500 人,兵力太小了。采取这样的区分方法,整个兵团中会有 80 个旅,而第一种区分下来只有 50 个旅,相对来说太简单了。人们往往为了减少司令官将领的数量而决定放弃第一种区分法的所有优点。但我们应该清楚,人数较少的兵团分为军显然是不恰当的。

这就是对区分的抽象的看法,在实际情形下,我们还能够按照其他的理由作出不一样的决定。

首先,我们应该承认,对于集中在平原上 8 个师或 10 个师还是可以指挥的。只是,如果这 8 个师或 10 个师是分散在宽阔的山区阵地上,就可能不容易指挥了。比如,一条河流将军团分成两个部分,那么司令员只能指挥一部分却不能指挥另外一部分。

总而言之,具有决定性作用的地形特点和实际情形几乎有上百种,而抽象的原则就是必须服从于它们。但是经验告诉我们,这些抽象的规则却是常常有用的,它们不适用的实际情形比我们想象的要少得多。

现在我们将分析的内容作一个简单的概括,并把重点列举出来。

整体的各个部分只是指直接区分出来的第一级单位,因此可以这样说:

1.如果一个整体区分的部分太少,整体就不会灵活。

2.如果整体的各个部分太大,整体的司令官的权力将会受到一定程度的削弱。

3.增加任何传达命令的新层次会从两方面削弱命令的效力:一方面是多经过一个层次,这样一来,命令的准确性将会受到损失;另一方面是传达命令的时间延长,将会减弱其效力。

这些内容要求尽可能地增加平行的单位,尽量地减少上下的层次。这里有一定的限度:兵团能够成功指挥的单位最多是 8 至 10 个,而次一级的指挥官可以成功指挥的单位最多是 4 至 6 个。

二、各兵种的联合。从战略上来看,对于那些常常需要单独配置、可能被迫独立作战的部分中,战斗队形中各种兵种的联合无疑是最重要的。事物的性质决定着这个单独配置的部分是第一级的单位。当然,大多数会从整体的概念以及需要来进行单独配置。

严格地讲,战略只要求在军的领域中。假如缺少军这一级,就会在师的领域中进行多个兵种的固定联合,而在下一级的单位里就能够按照需要而进行不固定的联合。

不过,人数太多的军也经常需要进行分割配置。在兵力雄厚的军里,各师之间很有必要进行多个兵种的联合,不然在战斗进行过程中,若是从别的地方匆忙抽调一部分骑兵来配属给步兵,肯定会耽误很长的时间,说不定还会造成混乱的局面。如果有人觉得即便是耽误了时间也没有什么,那么我们只能说他是一个完全没有战斗经验的人。

至于关于 3 个兵种联合的具体问题，包括应当在什么样的领域内联合、联合的密切程度是怎么样的、应当按什么样的比例进行联合、一级每个兵种应该保存多少后备队等，这些问题都将被列为纯粹的战术问题。

三、配置。同样属于战术问题的还有：军队的各个部分应该按照什么样的空间关系进行配置，这与会战有关，当然也会有战略上的配置，不过这取决于当时的任务以及要求，而不会包括在战斗队形这个概念中的还有其中合乎逻辑的部分。

由此可见，军队的战斗队形就是对一支准备作战的军队进行区分和配置，各部分的配置应该让每一部分的运用能够满足当时的战术需要。如果没有战术需要，那么各个部分就应当归回原位，如此战斗队形就能成为有效的方法主义的最初环节以及主要基础，这样的方法就在战斗中就如同钟摆一样，它调解着每一个机件。对于这个问题，我们已经在第二篇第四章里讲过了。

第六章　军队的一般配置

当战略上将军队派到战斗地点，战术上给各个部分已经固定了相应的位置以及任务的时候，那将意味着决战的时机已经成熟。在通常情况下，从军队开始聚集到战斗条件完全具备，这中间有很长一段时间。同样的道理，从一次较大的军事行动到另外一次较大的军事行动也会间隔相当长的时间。

在过去，这一段时间完全不属于战争领域。对于这个问题，我们只需要看看卢森堡是怎样进行野营以及怎样行军的就能够了解。卢森堡是当时的代表人物，同时也是以野营和行军而著称的指挥官。在《弗郎德勒战争史》中，相比较别的指挥官，我们对卢森堡的了解会更多一些。

当时，野营的后面通常是紧挨着河流、沼泽或深谷，如此的部署在今天看来或许是很荒谬的。但是，在当时很少会按照敌人所在的方向来决定野营的正面，而经常出现的情形则是背向敌军正面的方向是自己的军队。

可是，在今天看来，如此荒谬的做法在当时却是能够理解的。因为当时的人们在选择野营地点时，唯一考虑的就是是否舒适，他们将野营当做军事行动以外的状态，在野营地里，他们可以忘记战争带来的烦恼，能够无拘无束地生活。能够被当成唯一可行的安全措施还有野营的后面紧靠着大自然的天然屏障，这是由当时的实际作战方式所决定的,假如可能会在野营地被迫进行战斗,那这样的措施是毫无作用的。由于那时的战斗几乎都是经过双方同意才开始的,就如同今天的决斗一样,双方需要到达一个约定好的地点才可以开始,因此人们完全不用为此担心。

在当时,军队是不是在任何地形都可以作战的,这是因为一方面骑兵比较多,另外一方面是军队的战斗队形缺少灵活性。军队一般都配置在比较复杂的地形上,比如中立的地区,如此才能保障军队的安全。但那些配置在复杂地形的军队很少会出去战斗,它们更愿意前去迎击来攻击的敌军,这种勇敢的精神让那位伟大的指挥官想要摆脱旧的作战方式。军事艺术中的大多数变革总是先从某些有决定意义的行动开始的,通过这样的行动再逐步扩展到别的行动上。过去,人们只是将野营当做真正作战以外的状态。每当有人离开野营地而前去侦察敌情的时候,人们总是会这样说:"他作战去了。"这句简单的话,说明了当时人们内心的想法。

过去,人们对于行军的看法与对野营的看法是差不多的。当时的人们认为,行军是真正作战以外的状态,他们在行军时总是会考虑到道路是否安全、是否优良,这时炮兵会完全脱离整个军队,而两翼则常常会互相交换位置,以此为了轮流享受担任右翼的荣誉。

现在,不管是军队的非战斗状态还是战斗状态,两者都有了极为紧密的关系,彼此之间形成了一种最密切的相互作用。当你需要考虑其中的一种状态时,就必然要全面地考虑到另外一种状态。假如说以前的战斗是战局中真正的武器而非战斗状态就是武器的握柄,那么战斗状态是钢刀,非战斗状态是木柄,如此两个性质不同的部分构成了整体。现在我们应该将战斗状态当作是刀刃,而非战斗状态相当于刀背,这两者是你中有我、我中有你,我们已经分不清楚哪些是战斗状态、哪些是非战斗状态了。

现在,在战争中,战斗以外的状态主要取决于两方面,一方面是军队平日的组织以及勤务原则,另一方面则是战时的战术部署以及战略部署。一支军队在战斗以外的状态可能有 3 种:舍营、行军以及野营。这 3 种状态既属于战术,又属于战略,在这里,战术和战略从各个方面看都十分接近,好像彼此交织在一起,又或者真实情况就是如此。所以,我们将军事上的很多部署既可以当作是战术部署,又可以当作是战略部署。

我们想先从总的方面来研究这 3 种状态,继而再结合别的特殊目的来进行研究。由于军队的一般配置对于野营、舍营以及行军来讲是更高一级和更具有概括性的问题,因此我们必须首先研究军队的一般配置。

假如我们对军队的配置进行分析,那么我们只能将其看作是一个整体。也就是说,将军队作为一个进行共同战斗的整体来考虑,这主要是由于这种最简单的形式的任何改变都需要有一个特殊的目的为基础。如此一来,不管军队大或小,都只是一支部队的概念。

另外,在没有任何特殊目的的时候,唯一的目的就是维持军队以及保障军队的安全。这里有两个先决条件:让军队能够安全地存在而避免受到别的不利因素的影响,让军队能够集中起来进行战斗而避免受到严重的削弱。将这两个先决条件与关于军队的存在和安全问题相结合,我们应该考虑以下几点:

1.便于获取给养。

2.便于军队舍营。

3.保障背后安全。

4.前方有开阔地。

5.可以配置在复杂的地形上。

6.有战略的依托点。

7.可以合理地分割配置。

对于以上几点,我们有如下说明:

前两点要求我们寻觅耕作区、大城镇和大道。这两点在一般配置时比军队已有的特别目的时更加重要。

我们将会在《交通线》那一章里详细论述怎样理解背后安全的问题。在这里,需要了解的最迫切和最重要的问题就是将军队配置在与附近的主要撤退道路的垂直方向上。

对于第4点,在通常情况下,一个军团在一般配置时不会观察到正面的整个地区,但其在作会战的战术配置时则不是这样。相比较复杂的地形,他们在宽阔的平原上侦察敌情会容易得多,第5点恰好与第4点相反。

战略依托点与战术依托点存在着两方面的差异:一方面它不需要直接与军队联系在一起,另外一方面,它的范围必须相当宽阔。原因在于:对于战略的性质来讲,相比较战术活动的范围,战略活动的范围将更广阔,活动的时间也更长。假如在距离海岸或者大河河岸1普里的地方配置一个兵团,那么在战略上,它可以将大海或者大河作为依托,因为敌人无法利用如此的空间进行战略迂回,而敌人也不会深入到海里几天或几周,甚至几普里或几天的行程。反之,在战略上,一个周长几普里的湖泊完全不可能成为一个阻碍,在战略活动中,假如只是向左或向右多行走几普里是可以的。而对于要塞来说,只有当它足够大且利用出击所能起到重要作用的时候,才可以成为战略上的依托点。按照特殊的目的以及需要来进行军队的分割配置,在这里,我们只对军队按照一般的目的以及需要所进行的配置进行研究。

首先,需要将前卫与其他侦察部队配置在前方。

其次,所谓的分割配置,就是指一支大的部队往往会将预留队配置在其后方几普里远的地方。

最后,军队两翼的掩护需要配置专门的部队。所谓的掩护侧翼不能粗略地理解为抽调军队的其中一部分去防御侧翼的空间,以致让敌人难以接近那个所谓的薄弱点。假如只是作如此的解释,那么防御两翼的侧翼的任务又将会落到谁的头上呢?显然,这样的看法是错误的。两翼本身并不薄弱,因为对于敌军来讲,它们也有两翼,假如对方想要对我军的两翼进行威胁,那么它们自己的侧翼也会受到同样的威胁,只有当双方的处境很不一样的时候,比如敌军拥有占据优势的兵力,他的交通线比我方的强大,我军的侧翼才会变得十分薄弱。但在这里我们不是谈论如此的特殊情形,自然也不会说到按照别的情形指定某个部队去防御侧翼空间的问题。

对于侧翼来讲,它或许不算是最薄弱点的部分,却是相当重要的部分。一旦出现两翼被敌军迂回的情况,我们抵御敌军就不再像正面交锋那样容易了,而我们所需要采取的措施就会相应地变得繁杂起来,也需要花费更多的时间,所做的准备工作也将大大增加,所以需要特别注意,千万不要让自己的侧翼遭到敌军的攻击。若是能做到这样,那么配置在军队侧方的兵力就一定会比只是用来侦察敌人时的强大一些。两翼的兵力越大,敌人要想击退它们,就需要花费更长的时间、展开越多的兵力、意图会暴露得愈加明显,这样,我们的目的就达到了,对于接下来的任务,应该根据当时的实际计划来规定。

因此,我们可以将配置在侧方的部队当作是侧卫,侧卫的主要任务是阻击敌人向我方的侧翼进攻,同时为我们采取适当的对策赢得时间。假如规定这些部分朝着主力撤退,但主力却不需要在同一时间撤退。当然,这些军队就不应当与主力配置在同一水平线上,而是一定要向前继续行进一段距离,这是因为就算是没有战斗就撤退,也不能让它们全部向着主力的侧面撤退。

由于军队的给养和舍营条件也给军队的配置带来一定影响,在对军队进行分割配置时也一定要考虑到这两个因素,因为这两个问题与上面所说的分割配置的内在原因关联在一起,我们不能满足这一方面就忽略那一方面。在大多数情形下,当一支军队分成5个单独配置的部分以后,舍营和给养方面的困难就已经不存在

了，就没有必要为此再作重要的变化了。

单独配置的部分相距多远还能够相互支援？还能够一起作战？对此不可能作出绝对的规定，只能作一般的规定。

最容易确定的是前卫的距离，由于前卫撤退时向主力运动，因此所派出前卫的距离能够达到一个不至于被迫独自作战的很大一段距离。不过，不应当将前卫配置得太远，至少不应当超过保障军队安全所需要的距离，因为撤退的距离越长，所遭受的削弱将越大。

对于侧方部队，就好像我们之前已经讲过的那样。在胜负未定之前，一个由8000人至10000人组成的普通师一般能够持续数小时甚至半天的战斗，因此可以将这样的师无所顾虑地配置在数小时行程的距离上，也就是一二普里以外的地方。按照同样的理由，能够将一个拥有三四个师的军配置在一日行程的距离之上，也就是三四普里远的地点。

军队的一般配置将取决于事物的性质，也就是将军队分为4至5个部分并按照上面所说的距离进行的配置，从而成为一种方法主义。只要特殊目的不起关键作用，人们总是很呆板地按照这种方法主义去分散配置军队的。

尽管我们已经确定分割配置的基础是彼此分离的每个部分都适于独立作战，而且每个部分都有可能被迫独立作战，但我们千万不能由此就得出结论：分割配置的真正意图是为了独立作战。

军队分割配置多数只是暂时的军队存在条件。假如敌人已经开始靠近我军，希望利用战斗来分出胜负，那么战略配置的阶段已经宣告结束了，所有都要集中到会战上面来，进而达到分割配置的目的。会战起初，就不能够想到舍营和给养的问题，因为已经完成了在正面和两侧侦察敌人以及利用恰当的阻击削弱敌人的运动速度等任务。这时，所有都将朝着主力会战这个大的整体。是否将分割配置只当成是条件或当成迫不得已的下策，而它的目的只是为了一场战斗，这就是判定这种配置是否有价值的最完整的标准。

第七章　前卫和前哨

前卫和前哨方面的问题既可以作为战术又可作为战略。一方面来说，它们都从属于战术部署，作用是使战斗具有一定的形态，还能保证实现战术的企图；另一方面，由于它们常常被配置在距离主力较远的地方，因此往往会导致一些独立的战斗，从而可以将此看作是一系列战略活动的一个环节。恰恰是因为它们在军队中是这样的一种配置，所以我们才会对这两者进行逐一分析，并以此来补充前一章的内容。

对于任何一支没有做好完全准备的作战军队都需要前方的警戒，也就是前哨。毕竟人的眼睛所看到的距离将小于敌人火器的射程距离，在这里，前哨就相当于军队的眼睛，它随时监视着敌人的一举一动。当然，不同的军队对前哨的需求程度也是不一样的，诸如军队兵力的强弱以及其分布、时间、地点、环境、作战方式，等等，甚至一件意外的事件都将影响着前哨的需求程度。因此，我们通常在浏览战史时常常会发现对于前哨的记载并不那么简单和明确，甚至还例举了各种不同的情况。前哨本来就不是想象中的那么简单，对于那些杂乱的记载，我们也不要为此感到诧异。

我们可以发现，有时，一支军队的警戒是由前卫军队固定担任的，而由前哨组成的很长的前哨线也可以担任警戒，或是以上两者共用，或是既不用前卫军队，也不用前哨线，而是从几个行军纵队里派出一个前卫来。通过如此复杂的情况，并不能获得一个明确的观念，因此，我们需要先对这个问题获得一个明确的看法，然后再将这些观念和看法归纳成几条可以运用到实际战斗中的原则。

如果军队正处于运动之中，它的前卫是由较大的部队组成；而当它正在撤退的时候，前卫将会成为后卫；如果军队在舍营或野营，这时前哨一般由兵力不大的哨所配置而成；当军队驻扎在某地的时候，由事物的本质所决定，前方所警戒的地区将远远大于运动时所需要的地区。所以，当军队在驻扎的时候，长长的前哨线将会成为前方的警戒；而当军队在运动的时候，它前方的警戒则会是较为集中的部队。

前卫和前哨所需要的兵力是不一样的，它可以是一个轻骑兵团，也可以是由一个各兵编成的强大的军，可以仅仅是野营地派出的警戒哨，也可以是一条由各兵种组成的坚固防线。因此，前方警戒的作用并不单单是侦察敌情，还可以从一定程度上抵抗敌人。这样的抵抗，一方面可以为军队完成战斗准备赢得时间，另一方面则可以迫使敌人提前暴露自己的措施和意图，从而会大大地提高侦察的作用。

由于前卫和前哨需要根据敌人的特殊部署来组织和规划，如果军队完成战斗所花的时间很长，那么相应地，这支军队应该需要一个兵力相对强大的前卫和前哨。

在所有的统帅中，弗里德里希二世可以称之为是最擅长完成战斗准备的统帅。即使没有足够强大的前哨，他也能通过口头命令来指挥军队作战。这是因为军队在野营时，他选择了距离敌军较近的地点，就好像在敌人的眼前。而在选择警戒的时候，他有时会选择一个骠骑兵团作为前哨，有时候会用一个轻步兵营担任前哨，或直接从野营地派出小哨和大哨来作为警哨，他从来不会选择大部分作为警哨。在行军途中，他的前卫往往是由几千名骑兵所组成的，而每当行军结束后，他则会将它们撤回到主力部队中。在他完成战斗的准备工作中，很少会用专门的部队担任军队的前卫。

一支兵力薄弱的军队要想始终集中自己全部的力量快速行动，发挥出训练优良和指挥果断的特长，就应该大胆地将自己的前哨建立在距离敌人最近的地方。太过于小心的配置或者过于繁杂的前哨体系往往会让这支军队无法发挥出自己的特长作用。

不过，通过浏览过去的战史，我们会发现拿破仑身上有一个奇怪的特点：他几乎在每次前进时都会派出力量强大的前哨。对于拿破仑来说，他既不缺乏精锐部队，同时也不缺乏果断的精神。可他为什么会这样做呢？这里有两个方面的原因：

1.战术的变化。在拿破仑时期，军队已经不再是一个简单的整体，战斗队形已经成为战斗的一部分。如果仅仅想用口令来指挥战斗，那根本是不可能的，这时的军队必须更有效地适应地形和具体情形的特点。由于战斗队形必须是由很多部分组成的一个整体，那么会战也必须是由若干的小部分所组成的整体，如果仅仅凭借着技巧和勇气，那是解决不了问题的。这样一来，整个战斗需要花更多的时间以及完成战斗任务所需要的情报。而繁杂的作战计划代替了简单的决心，那些较长的命令则会代替之前短小的口头命令。

2.现代军队庞大的数量。过去，弗里德里希二世只率领了三四万人就参加了战斗，而拿破仑则率领了一二十万的兵力来参加会战。在现代军队中，对于前卫和前哨的运用已经日趋完善了。

但在战史的记录中，有一次战争却是十分例外，在西里西亚战争中，相比较弗里德里希二世所采取的固定方法,奥地利军队却是有所不同:当时,奥地利军队建立了强大的前哨体系,而它的前卫常常是由一些大部队担任。不过,如果我们了解了他们当时的处境和具体情况,想必对这样的安排也是无任何异议的。

在这里,我们应该明确这样一个观点:当一支军队在一定宽度上前进或撤退时,其并列的各个纵队会有一个共同的前哨和后方警戒。如果我们要想从中得出一个明确的观念,应该作出如下的思考:

假如有一个大部队被指定担任前卫,那么确保在中央行进的主力的安全则将成为其本来的任务。假如主力是沿着几条挨着的道路行进,那这个部队的前卫也有可能会在这几条道路上行进,因为,如此的部署有效地掩护了这些道路,这样一来,军队侧翼的纵队自然用不着专门的部队做掩护了。

不过,还有一些真正独立的部队会行进在距主力较远的道路上,这些部队却一定要配备自己的前卫,甚至会出现这样的情况:即使组成了中央主力的各支部队,由于道路的原因,与中央拉开了较远的距离,这时它们也应该有自己的前卫。我们可以这样说:一支军队在并列前进时分成了几个独立纵队,就要有几个前卫,假如各个纵队的前卫兵力要远远小于可以作为共同前卫的兵力,那么这样的部署更多的属于战术部署,而从战略上来看,这根本不可能称之为前方警戒,但在许多实际战场中会出现在这样的情况:假如有一个强大的部队为中央主力做前卫,那这个强大的部队应该可以看作是整支军队的前方警戒。

在军队中,人们往往会在中央设置比两翼更强大的前卫,这是什么原因呢?仔细分析后会发现主要有以下 3 个理由:

1.通常中央行进的往往是兵力较大的部队。

2.由于大多数军队所占据的地方的最重要的部分往往是其正面的中央部分。而在整个战斗中,一切作战计划都将与中央主力有关,这样相比较军队的两翼,军队的中央部分会更近距离地接近战场。

3.就算军队中央的先遣部队不能使之成为真正的前卫,起到直接保护两翼的作用,但它也会对部队的两翼起到间接的保护作用。通常在部队侧旁的一定距离内,敌人是不可能通过的,这样一来,敌人也没办法对某一翼采取重大的行动,因为敌人也会担心自己的侧翼和背后可能会遭到我方的攻击。或许中央的先遣部队不能在很大程度上威胁到敌人,尚不能完全保证侧翼部队的安全,但从某种意义上来说,它的存在能够有效地消除侧翼部队的担忧。

所以,假如中央的前卫比两翼的前卫要强大得多,那它将不再简单地完成前卫所负责的警戒任务,它还可以保护后面的部队,以免它们受到袭击。从战略关系上来看,这里的前卫起到了先遣部队的作用。

使用先遣部队,需要达到以下几个目的:

1.提高一般的前卫的警戒作用。这通常需要许多时间来部署兵力,使用先遣部队进行一定强有力的抵御敌人,从而达到迫使敌人小心谨慎地前进。

2.当军队的主力很强大的时候,可以将行动不够灵活的主力配置在距离敌人较远的位置,派出一支能够灵活行动的先遣部队在距离敌人较近的地方活动。

3.就算是我军的主力与敌人相差悬殊,因而不得不远离敌人,这时我们依然可以派出一支先遣部队近距离地侦察敌情。

或许有人会觉得派出一个人数不太多的侦察队或是一支别动队也能够很好地完成战斗所需要的侦察任务,但这样的想法往往是错误的,侦察队在侦察的过程中极有可能被袭击,如果人数又不太多,自然很容易被击退,而相对于一些大部队来说,侦察队或别动队的侦察手段是很有限的。

4.在追击敌人的时候,如果在这支军队中配属了大量骑兵,那么应该用骑兵的前卫部队进行追击。若是使用整个军队,速度将会慢很多。如果有骑兵队做前卫,这样一来,早晨可以早一点儿出发,晚上则可以晚一点儿才宿营,这样也没有关系。

5.最后,有时候会出现这样的情况:有的地区可以在撤退时作为后卫,也可以用来防守险要。就算是这样的情况,部队的中央依然会是十分重要的部分。刚开始看起来,这样的后卫经常会出现侧翼被迂回的危险,但是应该清楚地知道,就算是敌人朝着我方的后卫侧方前进了一些距离,如果他想真正地威胁到军队的中央部分,就肯定要通过中央的那一段距离。而在较长的一段时间内,中央的后卫还可以进行抵抗,并在军队撤退时可以断后。相反,假如中央比两翼撤退的速度更快,那情况将会变得更加严重,随时会有立即被突破的危险,这本身是可怕的。在撤退的时候,人们比任何时候都更迫切地渴望军队的集中和联合。在最后,两翼的任务依然是回归到中央,就算是给养条件和道路情况迫使军队在正面上撤退,但是当撤退真正结束的时候,较为集中的配置依然会在中央形成。除此以外,假如我们继续考虑到敌人通常会以主力向我军的中央推进,企图对我军的中央部队施压,那我们将不可否认这样一个事实:中央的后卫将是非常重要的。

由此可见,假如在实际战斗中出现了上述中任何一种情况,最适当的做法是:派出一个大部队来专门担任前卫。假如中央的兵力比两翼的兵力小,那么则不适合派出这样的前卫。

在将军队分为中央部队和独立的两翼的情况下，将前卫军配置在中央部分的前面，也就是配置在两翼线的前面是最简单的方法。可是，前卫对正面所担负的任务以及侧方部队对侧翼所担负的任务实际上是相似的。侧方部队经常与前卫处于同一水平线的位置，然后按照实际情况的需要，有时侧方部队比前卫配置会更靠前一些。

对于前卫的兵力，自然是用不着多费口舌的，这是因为，现在通常的习惯已经规定出来了，一般由一个或几个从整体区分出来的第一级单位编成前卫，同时会相应地增加一部分骑兵。所以，假如一支军队被区分为若干个军，那么一个军会成为前卫；假如区分为若干个师，那一个师或几个师会成为前卫。

所以，我们很容易看出，假如整个军队区分的单位比较多，这对于派遣前卫来说也是相当有利的。

至于前卫应该派出去多远的距离，这完全是以当时的实际情况所决定的。有时前卫会离开主力部队差不多一日的行程，有时前卫就在距离主力部队不远的前方。不过，在大多数情形下，前卫与主力的距离应该为1~3普里，尽管这不能成为一条必须遵循的原则，但经验证明，在实际作战中是常常需要这样的距离的。

在上面的考察中，我们没有谈到前哨这个问题，现在我们来谈谈这个问题。

我们曾说过，前哨常常适用于驻扎的军队，前卫则适用于行军的军队，这主要是为了区分两个概念的起源，因而暂时将它们分开。不过，如果我们呆板地按照这句话来区分它们，那无疑是笨拙的做法。

假如说行军的军队到了晚上需要宿营，便于次日凌晨继续前进，这时前卫也必须宿营，并且需要每次派出哨兵担任自己和整个军队的警戒。不过，这样的部署并不会将前卫变成纯粹的前哨，只有在一种情况下，它才会成为纯粹的前哨，也就是把担任前方警戒的部队的主力分散成独立的前哨，由于它集中的部分比较小，或者可以说它们已经不再是集中的部队。简单地说，当一条前哨线的概念大于一支集中的部队的概念的时候，这时候我们才能把担任前方警戒的部队看作是前哨而非前卫。

其实，军队宿营的时间越短，就越不需要较为完善的掩护。因为在短时间内，敌人根本没有机会来弄清楚我军哪里会有掩护、哪里没有掩护。反之，宿营的时间越长，那么军队对所有附近地区的侦察和掩护就一定要做到越完善。当军队需要作较长时间的停留的时候，前卫通常将逐渐展开成为前哨线。对于前卫是否完全展开成前哨线或是应该以集中部队的行为为主，诸如此类的问题则主要取决于以下两种情况：第一，双方军队接近的距离、程度；第二，地形的性质。

假如敌我双方军队之间的距离远远小于军队正面的宽度距离，那么通常在敌我双方之间是不能够配置兵力较强的前卫的，即前卫不能由大部队担任。为了保证军队的安全，只需配置一些兵力适当的前哨就足以达到目的。

一般而言，军队中较为集中的部队很少会直接掩护接近地，如果要想集中的部分发挥作用，那就需要更多的时间和空间。在军队前方宽度距离较大的情况下，比如舍营，如果你要想用比较集中的部队掩护接近地，那就应该与敌方保持相对较远的距离。也因为如此，军队在冬季舍营的时候大多会部署前哨线来掩护接近地。

第二是地形的性质，一般情况下，只要有大的地形障碍，人们通常会利用这样的地形障碍，比如用少数兵力组成较为坚实的前哨线。

第八章　先遣部队的行动方法

之前我们谈论过，前卫部队与侧翼部队对迫近的敌人所产生的作用将决定着军队的安全。不过，一旦这些军队与敌军的主力部队正面交锋，它们的兵力看上去应该是薄弱的，支撑不了多久。在这里，我们需要认真分析一下前卫部队与侧翼部队如何才能完成自己的任务，而且又不用担心自己的兵力薄弱而受到敌军的重击。

侦察敌人和迟滞敌人是先遣部队的主要任务。

假如先遣部队只用了一支小分队，或许它们连侦察敌人的任务也完成不了，就会成为敌军火力下的牺牲品。为什么会这样？一方面是小分队的兵力太薄弱，因而很容易被敌人击退；另一方面在于小分队不具备较强的侦察能力，它们的眼力根本触及不到敌人的情况。

但是，相比较而言，先遣部队的两个任务，它们侦察的作用会更大一些。先遣部队的作用在于迫使敌人暴露全部兵力，这样我军不仅能清楚地了解敌军的兵力，还能推断出它们的作战计划。

假如先遣部队是由一支大部队担任，那么它仅仅站在那里一动不动，也能够发挥很好的作用。先遣部队只需要在被敌人发现且有被击退危险时选择撤退就可以了。不过我们别忘记了，先遣部队还有迟滞敌人向我军靠近的任务，在执行任务的时候，它们也需要真正地抵抗敌人的前进。

为什么先遣部队能够等到最后的时刻？而且可以很好地保护自己，使自己不至于受到重创呢?原因在于,当敌人朝着我军前进时,它们也会带着自己的前卫,而不是带着自己的整个军队,也不会以强大的优势兵力压倒我军。一开始,我军的前卫将远远逊于敌军的前卫,就算我军主力距离先遣部队的距离大于敌军主力距离其前卫的距离,并且敌军的主力正在全速前进,估计在眨眼的工夫内就能赶过来支援它前卫部队的战斗。如果双方的兵力悬殊不大,那么我军的先遣部队还是能够与敌军的前卫队近距离接触的,而且往往会为侦察敌人前进的情况而赢得一些时间,还可以保障自己在退却时安然无恙。

就算是先遣部队进行真正的抵抗,若双方兵力悬殊,也不能为其带来多大的不利影响,因为在抵抗敌军的时候,它所面临的最大危险是整支军队都被敌人迂回且遭到围攻。但是,只是先遣部队抵抗敌军时不会遭遇到太大的危险,因为行进中的敌人并不清楚我军的主力距离先遣部队到底有多远的距离,因此它们会顾虑到自己派遣出来的纵队会受到我军的双面夹击,这时,敌军在行军中始终会保持如此的状态:各个纵队保持在同一水平线上,继而派出前卫侦察我军的情况,直到摸清楚状况之后才会小心地迂回我军的左翼或右翼。正是由于敌军如此谨慎地行动,才得以保障我军派出去的先遣部队的安全,因为估计它们还没有与敌军进行正面接触就已经完成任务而撤退回来了。

假如敌人攻击我军的正面或者对我军的两翼进行迂回,这时先遣部队到底可以抵抗敌人多长时间?具体多长时间将取决于地形的性质以及援军与我们的距离。假如指挥上有了失误,或者主力部队需要花很长的时间来准备战斗,这时先遣部队就有可能会全军覆没,因为假如先遣部队抵抗敌军的时间超过了最大限度,那么它们将遭受极大的损失。

因此,只有在极少数的情况下,也就是军队需要利用较大地形障碍时,最有意义的还是进行一次真正的战斗抵抗。但先遣部队所进行的战斗规模大多比较小,而像此类的战斗是持续不了多长时间的。在这样的战斗中,最困难的就是争取时间,假如军队想要争取一点儿时间,那就必须通过下面的3个步骤:

1.让敌人小心前进,因而它们的行进速度将会慢下来。

2.真正抵抗一段时间。

3.撤退。

在保证安全的前提下,撤退应该尽量保持缓慢的速度。假如这时发现有合适的地形能够当做新的阵地,那就一定要加以利用起来,如此便会逼迫敌人在攻击和迂回这两方面重新做准备,并为我军争取一段时间。而且,我们还可以与敌人在那个新发现的阵地上进行真正的战斗。

战斗抵抗与撤退是密切地联系在一起的。假如战斗本身的持续时间不长，那么就应该在撤退时进行反复多次的战斗，以此来争取一定的时间。

上述就是先遣部队的抵抗方式，如此抵抗所产生的作用，第一应该取决于这支军队的兵力强弱以及地形的性质，然后才是取决于它撤退的距离以及有可能得到的援助和主力部队回应的情况。

就算是一支小部队拥有与敌人差不多的兵力，但由于它始终是小部队，因而抵抗敌军的时间并不会太久。而且兵力若是强大，由于其缺乏灵活性，它所需要花的时间就越多。我们都知道，军队在山地行军的速度本来就很缓慢，当然，若是在可以充分利用地形的山地中，就不仅能在阵地上进行长时间的抵抗，而且能保障自己不遭受任何损失。

先遣部队退路的距离就等于它向前行进的距离，这样的距离越长，它在抵抗敌军时就能够为主力部队争取更多的时间。从先遣部队的角度说，假如它的抵抗能力不足，那么它将得不到有效的支援。由于它的后路，也就是向前推进的距离应当是不长的，那么撤退的速度则会是很快的。

由于谨慎撤退会占据抵抗的一部分时间，因此主力部队对先遣部队的接应以及支援将影响先遣部队抵抗敌人的持续时间，这样就会在某种程度上减少真正抵抗的时间。假如到了下午，先遣部队才与敌人展开战斗，那么先遣部队通过抵抗敌军就争取了更多的时间，因为敌人通常很少会在夜间冒险继续行军，因此我军就争取了差不多一个晚上的时间。

根据以往的经验，我们得出下面的结论：

一个拥有骑兵的 1 万至 1.2 万人的加强师朝着前方行进一天的路程，假如是在一般地形上，敌人被我军迟滞的时间差不多是单单行军时间的 1.5 倍。但是，假如这个师只是向前行军 1 普里，那它能够延缓敌人的时间可能是单单撤退行军时间的两三倍。

所以，在前卫师距离主力部队 4 普里的情况下，军队撤退时的行军时间大约差不多需要花 10 个小时。从前卫师与敌人正面接触一直到敌军发动正式进攻差不多有 15 个小时。而在前卫距离主力只有 1 普里的情况下，那么大约在 3 到 4 个小时以后，敌军有可能会向我军发起进攻，这样的时间还有可能延迟到 6 至 8 个小时以后，因为与前一种情形相似，敌人在向我军进攻之前所需要耗费的准备时间是一样的。但是，我军需要耗费更长的准备时间才能达到有效抵抗敌人的目的。

在这里，能够得出这样的结论：在前一种情况下，敌人要想在同一天就击退我军的前卫和我军的主力部队是很难的，即使是在实际经验中，往往也是不可思议的。何况在后一种情况下，敌人若是想在同一天与我军发生会战，那么它们击退我军前卫的时间必须控制在当天上午，这样它们才有足够会战的时间。在前一种情况下，前卫向前行进的距离远一些会为我军争取更多的时间，那是因为在夜晚，我军占据了有利的时间。

在大多数情况下，一支军队的侧方部队的行动方式多少取决于运用时的实际情况，最简单的方式就是将它们看作是主力侧方的前卫。这时，它们应该朝着前方行进的距离更长一些，而在撤退的时候，主力部队则作斜方向运动，以此接应前卫。

在主力正前方的并不是侧翼部队，当然，侧翼部队也并不是真正的前卫，不过主力部队倒是很容易就能从两侧接应它。假如敌军两翼的攻击力比较弱，假如我军的侧方部队哪怕在最糟糕的情境下也有撤退的余地，那么更大的危险将会降临在侧方部队的头上。

利用强大的骑兵是主力部队接应先遣部队最常用也是最好的方法。所以，当先遣部队距离主力进行战斗时，配置在主力和先遣部队之间应当是骑兵预备队。

第九章　野营

我们只能从战略的角度来分析军队战斗外的 3 种状态，即进一步确定地点、时间和兵力这 3 个方面。在这里，属于战术范畴的则是战斗的内部部署和向战斗状态过渡等问题。

我们所说的野营都是舍营以外的各种宿营，诸如幕营、厂营或露营。野营和它所需要过渡的战斗形态在战略上几乎是一样的，而在战术上却未必相同，那是因为人们往往基于某种理由选择的营地并不会因此而变成了战场。

在过去，也就是法国革命结束之前，哪怕一次次加大军队的数量，哪怕战争持续的时间非常长，哪怕战争的每个部队的联系十分密切，唯一不变是帐篷在军队宿营时的作用。一旦到了暖和的季节，营房就空空如也，因为所有的军队都离开了；转眼到了寒冷的季节，军队就不得不回到营房去。从某种意义上来看，当时的冬季被看作是非战争状态，因为在冬天，军队一直蜷缩在营房里，这就好像停止了摆动的钟表一样，不再起任何作用了。在没有真正进入冬营之前，军队为了修整，常常会进行舍营或者会在一些小地区进行短暂的休息，这算是未进入战争状态的过渡状态和特殊状态。

无论过去还是现在，双方的军队都这样有规律和自愿的休战，为什么这些行为能够与战争的目的和本质保持一致？关于这些问题，以后我们会详细讨论。

由于庞大的辎重给运送帐篷带来了一些麻烦，渐渐地，许多军队已经不再使用帐篷来野营了，这样的情况是从法国革命战争结束以后就完全改变的。人们认为有必要做这样的改变主要出于两方面的原因：一方面，在一支 10 万人的军队中，如果运送帐篷需要耗用 6000 匹马，那么还不如将这 6000 匹马所需要花费的财力用来配置 5000 名骑兵或者购置几百门火炮；另一方面，那些庞大的辎重对于正在进行大规模快速运动的军队来说不会起任何作用，反而会成为一个甩不掉的包袱，如此一来，自然会产生一些糟糕的影响：兵力的消耗增大，就地宿营将使自然遭到更严重的破坏。

人们总是不能忽视那些用粗麻布制造的帐篷，即使它所起到的作用十分渺小。在较长的时间内，军队若是没有了帐篷的庇护，他们会感到浑身不舒服。由于帐篷不能遮风和御寒，当然也不可能防潮，在某一天或两天是否使用帐篷，如此的差别是感受不到的。但是，假如在一年的时间里，军队将有两三百天不能使用帐篷，那么，那微小的感受就会变得十分巨大。自然而然的结果就是：士兵们极有可能会生病、兵力受到耗损。而对于那些没有帐篷的军队会肆意破坏大自然，所造成的后果将更严重了。

一旦取消帐篷将带来如此糟糕的影响，或许有的人会认为如此会削弱战争的激烈程度。也就是说，缺少了帐篷，军队一定要进行很长时间的舍营，由于缺乏舍营器材，他们只好放弃一些本来可以采取的配置。

在这个时期，假如不是战争发生了重大的变化，以此弥补了取消帐篷带来的损失和糟糕影响，否则就有可能真的会削弱战争的威力。

不过，在这个时期，战争会发生如此巨大的变化，一直疯狂增长的是战争的原始爆裂性和威力。如此一来便取消了本来军队所定期制订的休息时间，双方竭尽全力，几乎是集中了自己全部的力量来投入战斗。对于这个问题，我们会在第九篇中进行较为详细的阐述。即使军队不使用帐篷，但是军队的运用丝毫不会受到一丝一毫的影响，我们只能根据整个行动的目的和计划来决定军队应该选择厂营还是露营，而其他的因素，诸如天气、季节以及地形都不会被考虑进去。

第十章　行军

行军就是军队单纯地从一个地点向另一个地点的转移。

对于行军，必须具备两个方面的条件：一方面就是军队要在舒适的环境里，不需要作无谓的消耗；另一方面就是准确地运动，如此，军队才能精确地到达自己的目的地。假如将一支 10 万人的军队组成一个纵队，意思就是它们将沿着一条道路持续行军，那么在同一天，这个纵队的首尾是不可能同时到达目的地的。军队在前进的途中必须保持十分缓慢的速度，否则这支队就会像水柱一样慢慢地分散，最终成为了滴落在地上的小水珠。如果军队的纵队比较长而行军的速度又快，就会让尾部的部分十分疲劳，这样全军就会陷入异常混乱的局面。

反之，如果组成一个纵队的人数不多，那么行军就不再那么困难，而且准确度也会相对高很多，这样区分兵力则是很有必要的事情，不过，相比那种为了分割配置而进行的区分，这里的区分明显是不一样的，因此在一般情况下，尽管会将军队区分为无数个纵队行军，这也只是由军队配置的需要所决定的，并不意味着在每次实际的情形下都会这样做。在某一地点，把一支大的部队集中配置在此，那么在行军途中就一定要将这支大部队分成无数的纵队。尽管这是由分割配置的需要所决定的，不过，有时候也主要是为了满足配置的需要，有时候则主要是为了满足行军的需要。

一支军队只是为了休息而进行配置，那么如何配置将主要决定于行军的要求，诸如选择良好的、修建的道路，这些问题是需要考虑进去的。考量到这些不同的情形，有时人们在选择道路时主要会考虑到舍营和野营的情况，有时在选择舍营和野营地点时则会根据道路的情况来选择。假如一支军队准备进行一次战斗，对于它来说，到达合适的地点才是最重要的，那么在关键时刻，它们会果断地选择通过困难重重的小道。反之，假如军队屡次向战区行军，那么它们会选择最近的大道给自己的各个纵队，而它们在寻找舍营和野营地点的时候，很有可能会选在大道的附近。

上述两种行军无论属于哪一种，现在军事艺术总是会列出这样的一般原则：可能会发生战斗的任何一个地点都需要在预想之中，也就是说，在真正发生战斗的全部范围之内、在编组行军纵队的时候，需要考虑这样一个目的：所编成的每个纵队都有能力进行独立战斗。为了达到这个目的，可以联合纵队内的 3 个兵种，并有机地区分军队整体、任命一个恰当的指挥官。可见，行军将会产生新的战斗队形，它们将从新的战斗队形中获取最大的便宜。

在 18 世纪中叶，尤其是在弗里德里希二世的战争中，运动已经被人们看成是战斗的一个特殊要素。为了获取胜利，人们开始利用一些出乎敌人意料之外的运动。当时，有机的战斗队形尚未出现，那些非常繁杂而又累赘的部署是军队在行军途中不得不做的工作。军队要近距离地在敌军四周运动，那么做好战斗准备是很有必要的，如果整支军队没有集中在一起，这是难以做到的，这是因为形成一个整体，就只能让整个军队集中在一起。

在敌侧行军的时候，为了常常与第一线保持稍微近一点儿的距离，也就是最多保持在 1/4 普里，第二线就一定要熟悉实际的地形，哪怕路途中有困难，也需要继续前进，这是因为在 1/4 普里不能找到两条同一水平上的道路。军队在向敌人直面行军的时候，同样的情况也会发生在两翼的骑兵身上。如果炮兵也在行军途中，由于它需要有一条单独的通道且被步兵所掩护，那么新的麻烦就产生了，这是因为步兵需要形成一条纵队，而炮兵的加入会使得之前很长的队伍变得更长，还会使纵队内步兵的各部分之间形成一片混乱。

不过，军队可以进行有机地区分，这也是现代军事艺术所规定的。我们可以把每个主要的部分当成是小的整体，大的整体所能发挥的作用，它们一样能做到，而小的整体唯一区别于大的整体的是它的活动时间不长。为了一起参加会战，即使在行军途中，各个总列队之间的距离不用太近，但在战斗开始之前，整个军队却已经快速集中了。换句话说，军队集中起来只要是在战斗开始时就行了。

军队的人数稀少，无疑增加了运动的灵活性，他们运动起来就更轻松，根本不需要做额外的工作，诸如为了使运动变得灵活而分割兵力。一支军队如果兵力比较小，它可以沿着一条道路前进，就算是它在前进时需要沿着几条道路，那么在附近它也很容易就能找到能够满足自己要求的道路。

不过，军队的人数越多，兵力的区分就越有必要，如果所分成的纵队数量比较多，相应地，它们的需求就会越来越大，比如对良好的道路或者大路的要求，无形之中也会拉开每个纵队之间的距离。区分兵力的危险与区分兵力的需要是成反比的，每个部队太小，它们就更需要其他的支援；每个部分若是太大，它们就能够进行长时间的独立活动。

在上一篇中，我们对这个问题已经进行了讨论。在耕种区的主要大道的两旁，估计在几普里之内就能寻找到几条水平线上的良好道路。这样我们很容易就会明白,在组织行军的时候,对于军队快速前进以及准确无误地到达目的地与军队的集中根本不可能会产生冲突。在山地上,尽管平坦的道路比较稀少,最困难的是每条道路之间的距离太远,这样一来,每个纵队却拥有相当大的抵抗力。

我们想举一个简单的例子来说明一下,以便于让这个问题更加明确。

从以往的经验中发现,通常一个8000人的师形成一个长纵队,如果它还有一些炮兵或者别的车辆,那么从这个队伍的头走到尾,几乎需要花上1个小时。如果一条道路上先后有两个师行军,第一个师将会比第二个师早到达目的地1个小时。在第4篇第6章中我们已经讲过,一个有着强大兵力的师,哪怕对抗占据优势的敌军也能拖延几个小时。就算是在最糟糕的环境下,当第一个师被迫参加会战的时候,第二个师晚到1个小时也能起到支援的作用。更何况,在欧洲中部的耕作地区,行军大路大多可以在1个小时之内找到可以抄近路的小径,行军根本用不着像7年战争那样翻山越岭。

另外,从经验中我们还可以知道,如果一支军队由4个步兵师和1个骑兵预备队组成,就算它们行军的道路坑坑洼洼,它的先头部队通常能够走完3普里路程,而所需要花的时间不过是8小时。假如以1个小时来计算每个师的行军长径,相应的骑兵预备队和炮兵预备队的长径也在1个小时之内,那么这支军队的行军时间会增加至13小时。当然,13个小时并不算很长,不过在这样的情形下,同一条道路上却有多达4万人在同时前进。自然,其他的小道也可以被这支军队所利用,这样就很轻松地减少了行军的时间。假如行进在一条道路的部队远远超过了上述部队,那么整个军队就不可能在当天就能达到目的地,因为在现代,一支大的军队在遭遇敌人后,它根本没有时间和精力来参加战斗,它通常会休息一天,次日才会参加战斗。

由此可见,在现代的战争中,组织行军是一件比较容易的事情,只要有机地区分军队,那么,基本上,行军就可以自由地进行,根本不需要什么庞大而复杂的计划。在过去,仅仅依靠口头命令就能指挥战斗,而如果想要行军就必须制订庞大的计划,现在,恐怕那些庞大的计划只适合编组战斗队形,而组织行军就只需要口头命令就行了。

我们都知道,垂直行军和平行行军是行军的两种类型。平行行军还可以叫做侧敌行军,军队各个部队之间的几何位置需要改变:在行军的时候,并列配置的各个部队需要按照前后排列,或许以相反的方式排列,原来前后配置的各部分则需要并列前进。尽管行军的方向有可能是直角范围内的任何角度，却依旧需要明确行军到底是以上所说的哪一种。

只有在战术上，军队各个部队之间的几何位置才有可能被彻底改变，如果想要做到这一点，就必须使用列伍纵队行军。但在大多数情况下，军队是没有办法成列伍纵队行军的，从战略上说，这是根本不成立的。以前，军队两翼和各线之间改变了，就将意味着战斗队形的几何关系改变了，但在现代的战斗队形中，几何关系的改变却是军、师或者旅之间的改变，也就是所谓的第一级单位。

我们之前所谈到的现代战斗队形所得出的结论对这一点还是会产生影响，因为现在跟过去不一样了，整个军队早在战斗开始之前就集中在一起了，因此，那些已经集中在一起的每一个部分都能成为一个小整体。假如在向敌人行进的时候，两个前后配置的师沿着两条道路行进，那么任何人都不会采取将每一个师分开在两条道路前进的方法，它们会果断地选择两个师各自沿着一条道路行进，因为有可能会随时发生战斗，所以每个人都独自组织自己的预备队。

原来的几何关系远不如指挥的统一重要，假如在行军过程中没有遭遇敌人，两个师很容易就到达了指定的阵地，那么它们原来的关系位置依然可以归位。假如两个并列配置的师沿着两条平行的道路行军，那么人们不会将每个师的第二线或预备队沿着前面的道路行军，而是指定一条道路给每个师。换句话说，在行军途中，一个师可以成为另外一个师的预备队。假如一支军队拥有 4 个师，前面配置了 3 个师，后面的预备队也是一个师，整支军队就保持这样的队形朝着敌人前进，那么就会指定 3 条道路分给那 3 个师，后面的预备队会沿着前面那 3 个师的中间部队向前行军。假如那 3 条道路之间的距离太远或是太近，就可以果断地沿着两条道路行军，这样做并不会产生什么不好的影响。

在平行行军的时候，情况也是一样的，另外一个问题就是各个纵队到底是从左边开始行军还是右边。向左侧开始运动时，想必谁也不会选择从右边开始行军。而在前进或者撤退的时候，道路同预定的前进线的关系位置将决定开始行军的秩序。在战术上，要想做到这一点很容易，因为战术上只存在狭小的空间，很容易看清楚几何关系，不过，若是在战略上，那就是根本不可能的。有时候，有的人会将战术上的东西运用到战略上去，那无疑是相当笨拙的做法。以前，军队一直保持为一个不可分割的整体，哪怕是在行军途中，而且进行一次整体的战斗成为了它们行军的唯一目的，因此军队的行军根本就是战术上的问题。

现在与以前一样，谁都预料不到未来战场同行军道路的关系到底处于一个什么样的位置，而且，就算是因为行军在刚开始时弄错了秩序而耽误了一些时间，也不会像那样产生一些影响了。在这里，因为新的队形已经发挥了更好的作用，人们已经不用担心哪一个师最先到达目的地，也不再忧虑哪一个旅最先参加会战。

在这样的情况下，有时军队会选择从右边行军，有时则会选择从左边行军，这样做只能产生唯一的作用：有效地调节军队各个部分的疲劳程度。当然，许多大的部队会基于这样重要的理由而选择左右交替行军。

实际上，与其说确定行军的次序问题是战略范围，还不如说这是纯粹的战术范围，因为它只是将军队分成无数个部分，等到行军结束时又重新集中成一个整体。然而，行军的各个部分的完全集中已经不再被现代军事艺术所重视，它们更希望每个部分行军时相隔的距离更长一些，让每个部分能够独立行动。这样一来，每个部分都很容易发生单独的战斗，不过，我们应该把那些每一个单独的战斗看作是整体战争。

我们已经说过，在没有任何特殊目的的情形下，最合适的状态是3个部分并列配置，这样看来，在行军时使用3个纵队也算是恰当的，然而还是需要指出，纵队的概念不光指的是沿着一条道路行军的一个部队，人们通常会把沿着同一条道路而在不同时间行军的各个部队叫做各个纵队。当然，为了减少行军的时间以及方便行军，人们才会选择区分纵队，因为比起行动笨拙的大部队，那些兵力较小的部队在行军时会更快一些，可以说更便捷一些。在不同的日期里沿着同一条道路进军，部队也能够实现这个目的。

第十一章　行军（1）

我们需要依据经验来确认一个事实：一日行程的标准以及走完这一段行程所需耗费的时间。

对于现在的部队来说，早就肯定了这样一条规律：在日常行军时，一日的行程为3普里；而如果是在长途行军的时候，为了让疲劳的军队得到修整，通常需要在中途进行必要的休息，这样一来，平均一日的行程需要减少1普里。

一支拥有8000人的师行军在平原上，沿着已经修筑好的道路，则需要花上8至10个小时才能走完一日的行程；如果它们是行军在山地上，那么一日的行程则需要花 10 至 12 个小时。假如一个行军纵队由几个师组成,就算是将后面的师晚出发的时间忽略不计,也会多出几个小时的行军时间。

由此可见,行军几乎要用一整天的时间来完成。行军途中,对于背着行囊的士兵来说,他们一天的行军时间为 10 至 12 小时,当然,他们的劳累程度是远远大于不带任何行李的人步行 3 普里的,这是因为如果沿着普通的道路,单个人只需要 5 个小时就能完成 3 普里的行程。如果一支军队不持续行军,那么一日的行程大概为 5 至 6 普里;如果军队是连续行军,那么一日行程达到 4 普里就算是强行军了。

即使走完 5 普里的路程,而且在中间还会花几个小时来休息,这样计算下来,如果是一个 8000 人的师走完同样的行程,就算是在很好的道路上行走,那么他们也至少需要 16 个小时。假如几个师一起行军 6 普里的行程,那么他们至少需要 20 个小时的行军时间。

战区内常见的行军就是集中在一起的几个师从一个野营地到另外一个野营地,我们所说的也就是这样的行军。假如将这几个师编成一个纵队,在行军的途中,前面那几个师必须提前一段时间集中和出发,这样他们在到达指定的目的地的时候,也会比大部队提前同样多的时间到达。

不过,它们提前的这段时间要小于一个师的行军长径所需要的时间。因此,这样的行军方式并不能为士兵减轻身体上的劳累,而且行军时间将会随着部队数量的增多而延长。为什么我们会把师作为行军单位?如果一个师用同样的方式在不同的时间让各个旅集合和出发,那么可行的情况是很少的。

以小部队为单位的军队在没有集合的情况下,从一个舍营地朝着另外一个舍营地进行长途屡次行军时,很显然会增加一定的行程,因为为了舍营,他们需要多绕弯路。

假如军队行军每天几乎都要以师,甚至以军为单位集合在一起,而且还要进行舍营,这种行军需要耗费最长的时间,并且只能在较好的地区以及在人数较少的情况下才能行军,因为只有在这样的情形下,较好的给养和舒适的舍营才会为部队消除长途行军所带来的全身疲惫。实际上,假如军队需要进行野营,行军的距离大约应该在 50 普里且花费 14 天的时间,这样既能保证部队获得给养,同时又不会让部队太过于疲劳。

如果行军在难走的道路或山地中,那么需要进行很大变化的是时间和行程的任何规定,因为在某些特殊的情况下,要想计算出一日行程所需要的时间是很不容易的,更不用说能作出一些规定。为了避免错误的发生,我们应该认真仔细地计算,对于那些无法预料的情况应该多留一些回旋的时间，同时将天气和部队的情况考虑在内。

当军队取消帐篷之后，它们采取了就地强征粮草的措施，这样一来便减少了军队的辎重。自然而然，军队每日的行程就相对增加了。

即使减少了辎重，战区内行军的每日行程也并没有增加，因为行军目的所要求的行军速度若是超过一般的标准，它们会让辎重先行或是直接留在后面，在通常情况下，辎重在行军过程中都与部队间隔一定的距离，也就是说，辎重一般不会影响到军队的每日行程。而且，尽管它遭受到了很大的损失，但只要没有直接影响军队，就不用去考虑它。

从另外一个角度来看，致使现代军队的运动变得迟缓的一个因素就是给养制度的改变。经常所发生的事情是：军队需要自己解决部分给养问题，这比直接从辎重车上拿下面包需要花费更多的时间，尤其是军队在长途行军的时候，它们不能集中在一个地方舍营，于是各师常常是各自分开舍营，为了便于获取给养。有些军队，比如骑兵，它们是不得不舍营的。综上所述的这一切，都将会造成行军速度变慢。

尽管如此，减少了辎重，使得大小部队在战区内的灵活性和机动性大大增强。一方面，就算是不减少骑兵和炮兵的数量，马匹也会相对减少，因此人们不会再像以前那样担心马儿没东西吃；另一方面，撤销了军队后面那长长的辎重队，也减少了军队在配置时的种种限制。

在长途行军的过程中，减少辎重的军队自然会感觉到轻松很多，就算军队还有少量的辎重，这样一来，它们每日的行程将会保持一定的标准，不过在危急的情况下，军队往往只会付出很小的代价。总而言之，与其说减少辎重会增加运动的速度，还不如说是力量得到了节省。

第十二章　行军（2）

现在，我们来分析一下行军对军队所产生的损害作用。在通常情况下，军队若是进行一次适当的行军并不会遭受多大的损害，不过若是连续几次行军，那么军队势必会遭到较大的损失。而且，连续行军途中所遇到的困难越大，那么，相应地，军队所受到的损害就越大。

若是在战区内行军，由于给养和宿营条件的缺乏、道路遭到严重破坏，这时军队还需要准备随时战斗，如此行军会过度消耗军队的力量，诸如人力、牲畜、车辆以及被服都会受到不同程度的损失。

人们经常说，军队长时间地休息并不是一件好事，因为适当地活动会比长时间地休息更容易获得健康。当然，在营地里，若是居住在狭小的房舍里，士兵们可能会容易生病，不过在行军的途中，士兵若是住在狭小的房舍里也是很容易感染疾病的。缺乏空气和运动并不会导致生病，而人们通常会在行军中得到空气和运动。

试想一下，一个士兵淋着大雨，背着沉重的行囊病倒在野外泥泞的道路上，这与上面所说的在狭小的房舍里生病是完全不一样的，前者的身体所受到的损害和削弱将更为严重。就算是士兵在野营中感染了疾病，他可以幸运地被送往附近村镇的医院里，或许还能得到较好的治疗。然而，如果一个士兵在行军途中感染了疾病，他却只能孤独地躺在路边，没有任何治疗条件，说不定还会成为掉队者，眼看着部队远去又不得不拖着病体继续前行。在这样的情形下，有的人可能只是患了小病，但经过这样长时间的拖延，小病便会变为重病，重病变成了不治之症。你可以再次想象一下，就算是一次恰当的行军，然而却遭遇了酷热的天气、漫天的灰尘，这只会让士兵感觉到异常煎熬。

我们作这样的分析，并不是说需要减少行军这个过程。事物的性质将决定着工具的价值就是为了使用，而使用必然会造成工具的损耗。我们只是想表达一个看法：所有的事情都应该是恰当的。对于某些理论家的空谈，他们总认为不需要付出什么代价就能做出最快速的运动，这是我们是坚决反对的。他们对待军队的态度就好像对待矿藏一样，只看到了金矿和银矿，却不管需要花费多少力气才能开采到那些矿物。

在战区外做长途行军的时候，虽然行军的各方面条件都比较好，给军队造成的损失也很小，然而那些大病初愈的士兵有可能会被丢在后面很长一段时间。因为他们刚刚恢复体力，还需要慢慢来适应大部队的速度，这时，骑兵中会不断地增多那些受鞍伤的马匹和蹶马，遭到部分损坏的还有辎重，因此我们经常可以看到，如果一支军队连续行军超过100普里，整支军队的兵力将会受到严重削弱，尤其是马匹和车辆。

假如必须在战区内，即在敌人的眼皮底下进行长途行军，那么战区行军和长途行军这两种不利的条件会同时出现。如果在军队人数较多而且其他条件也十分不利的情况下，军队所遭受的损失将更加严重。

所以，假如一支军队想要进行长时间的行军，首先应该做好自己的兵力遭受严重损害的准备，而且在制订其他各项计划时都需要根据这一情况将兵员补充的问题放在首要考虑的位置。

第十三章　舍营

在现代军事艺术里，舍营是不可或缺的，因为不管是帐篷还是辎重，军队都不可能完全放弃舍营。在战争中，只要迫近了决战，军队就应该选择放弃舍营，而且战争未结束之前不能再次进行舍营。

通过战史，在我们所看到的一切战局中，战争要素的全部威力得到了充分的发挥，那些可能进行的活动以及发挥的力量在所有的战争中大多都被使用了。然而，这些战局的持续时间往往不长，能达到半年的少之又少，最多也就几个月就达到了目标，也可以说是交战的一方很快就被迫停战，或许说占据优势的一方集中了自己全部的火力。

在战争如此激烈的情况下，舍营很少会出现，即使是在胜利后追击敌人的途中，也会因为太过快捷的速度而不可能进行舍营。

假如由于某种原因，战争的进程很缓慢，甚至出现了势均力敌的情况，这时人们就会主要关心舍营的情况。舍营的需要将在一定程度上影响作战本身，主要表现在：一方面，为了赢得更多的时间和保障自身的安全，人们竭力利用自己的兵力组成强大的前卫；另一方面，当地是否富庶、农产品的多少成为了人们主要考虑的问题，他们很少会想到由地形带来的利弊影响。

军队会相对选择一个有两三万军民的商业城市或者沿途有许多村庄和城镇的大道，因为这些地方将会为部队提供较为便利的条件。如此的灵活性和活动余地无异于有利地形所带来的利益。

军队的舍营主要分为两种：第一种，野营是作为部队的主要任务，另外一种，野营是作为部队的次要任务。在战局过程中，假如单单按照战术和战略上的要求来配置部队，并且规定军队舍营休息的地点是在配置地点附近，那么这次舍营就是次要任务、是野营的替代品。因此，军队舍营在选择地点的时候，一定要在能够保证及时到达配置地点的范围之内。假如部队只是为了休息而舍营，那么舍营就是主要任务，其他措施都必须按照这个主要任务来制订。

通常,整个舍营地区的形状相当于战术上的战斗队形的扩大化,它应当是一个狭长的矩形。舍营地区的前面是集中地点,后面是司令部。不过,对于在敌人到来之前的整个军队集中,这3种规定对此是有阻碍作用的,有时甚至还是矛盾的。

舍营地区越是靠近正方形乃至圆形的形状,那么围绕着中心点,部队就越能快速地集中起来。集中的地点越是靠在后面,敌人到达这个地点就需要花越长的时间,这样一来,我军集中的时间就会越多。最安全的部署就是将集中地点设在营地的后面,指挥部越是朝前移动,就越能尽早地获取敌情,而且指挥官还能更全面地了解各处的情况。

有些人会提出这样的想法:为了掩护那些可能被敌人征发物资的地区,需要扩大舍营地的宽度。对于整个军队来说,这个想法还是合适的。不过,假如集中地点周围有各部队在那里舍营,那么对于每两个部队之间的中间距离来说,这个想法就错了,因为中间距离是敌军不敢侵入的。

为了防止敌人在我们附近的地区征集物资,这个想法并不重要,不过还有更为简单的方法,也就是为了掩护舍营地,应该把舍营地的前面作为集中的地点,理由是:第一,假如将集中地点设置在后面,那么当部队慌忙参加战斗的时候,在舍营地区,诸如掉队的士兵、病员、行李、储备品,等等,这些东西就有可能会落入敌军的手里;第二,假如敌人利用骑兵绕过前卫或者击破前卫,那么会遭到敌人袭击危险的可能是分开舍营的各个团和营。不过,假如敌人遇到的是一支配置比较好的部队,那么就算是这支部队兵力薄弱,并且一定会败在敌人手里,但是它的抵抗还是可以争取一些时间。

人们早已经觉得,对于指挥部的位置,最好是选择较为安全的地方。

基于以上种种考虑,一个接近正方形的长方形或接近圆形的椭圆形是舍营地区的最好形状。在中央设立集中地点,如果军队的兵力比较强大,则在第一线设立指挥部。所以,被派往左右两侧的部队和主力共同进行战斗成为了其目的,就算是这样的情况,它们也应该各自在主力的同一线上建立集中地点。

我们可以考虑到,地形的性质应该有两方面:一方面是军队的配置地点取决于有利的地形;另一方面,舍营的位置则是取决于城镇和村庄的分布情况。那么,我们可以清楚地明白,几何形态一般在舍营位置和配置地点方面很少会起什么决定性的作用。不过,像所有的一般法则一样,通常这种几何形态也会多少起着部分的作用,所以我们应该对此予以关注。

对于舍营地的有利位置在哪里,我们可以得出:军队在选择地段时必须考虑这个地段是否有掩护的作用,这样便于在地段后面进行舍营。为了监视敌人,还可以派出许多小部队,也可以在要塞的后面舍营,这时,敌人在向我军行进时会格外小心,因为他们根本搞不清楚要塞守备部队到底有多少兵力。

与驻地部队的舍营相比,行军部队的舍营大不一样。为了减少行走的路程,行军部队在进行舍营的时候往往是沿着行军道路,很少会将部队展开,只能保持所谓的最低标准,也就是舍营地的距离不能超过一日行程,这样即使部队需要快速集中,舍营也不会带来什么不利的影响。

如果敌我双方的前卫相隔的距离不是太大,那么舍营地区的大小以及部队集中所需要的时间将决定于前卫和前哨的兵力和位置。或者,如果敌情和其他情况决定于前卫和前哨的兵力及位置,那么前方警戒的抵抗能力争取多少时间将决定于舍营地的大小。

最后,为了得出符合一般情况的结论,我们想说明:假如舍营地的半径与前卫所派出的距离是一样的,而且大约在舍营地的中央设立集中地点,那么在大多数情况下,用来传达命令和部队准备出发的时间将来自于前卫抵抗敌人所争取的时间里,而且这样的时间是足够用的,甚至用不着花多余的时间来使用烟花信号、炮声信号等来传达命令。

当前卫向前行进 3 普里时,这时可供舍营的大约有 30 平方普里的面积。在中等人口密度的地区,大约会有 1 万户人家住在如此大面积的土地上;假如军队有 5 万人,除开前卫的人数,大约有 4 人居住在每户人家,这样的居住条件是令人满意的。

假如军队的人数多了 1 倍,这样算下来,每户所容纳的人口最多也才 9 人,而如此的安排也是合适的。反之,假如前卫向前行进还不到 1 普里,那么就只有 4 平方普里的面积作为舍营地。这是由于,虽然前卫所争取的时间不会随着前卫所派出的距离的缩短而减少,但在与敌人近距离接触的情况下,必须加强警戒。在居民密度很大的条件下,在 4 平方普里的面积中只容纳得下 5 万人左右的军队,否则人数太多会太拥挤。

由此可见,对于 1 万至 2 万军队的舍营问题,起决定性作用的将是大城镇或者比较大的城镇。

从这个结论我们可以明白,假如我们距离敌人有点儿远,并且之前派遣了先头部队,那么就算是我们面对的敌人比较集中,我们依然可以放心大胆地舍营。不过,因为我们与较为集中的敌人有了足够远的距离,而且各种措施已经部署恰当,那么敌军在集中时,我们不需要去考虑是否安全,因为必须记住这样的事实:当一支军队仓促集合的时候,它只会专心做这一件事,它对于临时出现的情形缺乏快速应变的能力,因而作战能力的发挥会大打折扣,由此可以得出这样的结论,什么情况下才能进行舍营,只有以下 3 种情况:

1.敌军也在舍营。

2.从部队的状况来看有舍营的必要。

3.部队当前的任务仅限于防守坚固的阵地,只要求部队可以及时在阵地集中。

第十四章　给养

在现代战争中,给养问题变得越来越重要,这其中的原因主要有两个:第一个是比起中世纪甚至是古代的军队,现代军队要庞大得多;第二个是现代战争拥有更为紧密的内部联系,作战的军队必须随时保持战斗的准备状态。

由于各国政府强烈的欲望,使得现代战争变得更规则、联系更紧密。战争的目的高于一切,因此在给养方面会要求一些制度,目的在于尽量满足战争的需要。在 17 世纪与 18 世纪的战争中,有时尽管战争看似已经结束,而且双方停战已经有很长时间,其实这是定期地进行冬营。不过,冬营本身是属于战争的目的。在当时,是由于季节的关系才会导致冬营,而并非是为了修整部队。结束冬营的时刻就是夏季到来之时,因此,采取不停歇的军事行动通常会出现在良好的季节。

自从雇佣兵制度代替了封建义务兵制度以后,军事行动才开始变得有规则、有联系。在这样的情况下,赋税已经彻底代替了封建义务,募兵制代替了人身服役,或者已经被完全取消,又或者只对最下层的民众实行募兵制,而对于那些贵族来说,人头税已经代替了人身服役。无论如何,在这一时期,军队已然变成了政府的工具,而国库或政府的收入则成为了给养的基础。

军队的给养随着军队的建立以及兵员的补充变化而发生了必然的变化。为了免除当兵的义务,有些阶层已经缴纳了赋税,他们便不能简单地负担军队的给养了。所以,军队的给养必须由政府和国库承担,并且在本国内,地方已经不再负担军队的生活费用,军队的给养问题完全成为了政府的事情。这样一来,军队的给养问题变得更加困难,主要表现在两个方面:一方面,军队的给养问题成为了政府的责

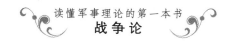
任;另一方面,军队必须常常接近敌人。

如此一来,一个从事战争的、专门的阶层形成了,一种专门的军队给养制度也形成了,并且这样的制度正在日趋完善。给养所需要的粮食,不管是采购的还是国家领地缴纳的,都会将这些来自于远方的粮食储备在仓库里,而且还需要专门的运输队将这些运送到部队。之所以研究这种制度,不但可以展现出在战争中实行这种制度的特点,而且这样一种制度将会永远存在,其中的个别部分还会被以后的人一再使用。

军事组织对国民以及地方依赖的趋向将得到缓解,它们将慢慢摆脱出来。尽管战争因此变得更加有规则、联系更加紧密、更加从属于战争目的,换句话说,它将更加从属于政治目的。不过,它的运动被禁锢了,受到了很大的限制和束缚,大大减弱了威力。由于对仓库的依赖以及受到运输队活动范围的限制,所以,无论做什么活动,尽可能地节约给养成为了军队主要考虑的事情。有的士兵可怜得只吃到了一块小面包,他们常常挨饿,但是,这样的状况却得不到一点儿改变。

假如有人觉得即使士兵只吃到了一块小面包也是一件无所谓的事情,况且他们还从战史里看到,即使有的统帅手下全是一些挨饿的战士,却依然取得了不俗的成绩,那么他并没有很公正地来看待这个问题。对于士兵来说,最重要的美德之一就是忍饥挨饿,假如缺乏了这种素养,军队就不存在什么真正的武德。不过,忍饥挨饿只能是迫于环境,而且这必须是短时期的,不能因此而成为一种残忍的制度。对于部队的需要不能进行苛刻的计算,否则每个士兵的体力和精神必然会受到严重的削弱。

对于复杂的给养制度,人们从来不敢把它运用到马料的供应上,由于马料的需求量很大,最大的困难就是运输。一匹马一天需要的饲料大概是士兵一份口粮的 10 倍重,而军队中的马匹却不及人口数量的 1/10。现在,军队中的马匹是人数的 1/4 到 1/3,在过去则则只有 1/3 到 1/2 的比例,换句话说,马料比口粮重 3 倍、4 倍甚至 5 倍。所以,人们极力用直接的方法来满足这种需要,也就是通过抢掠的方式。不过采取这样的做法往往会给作战带来很大的影响:一方面为了抢掠邻国的口粮,军队不得不在邻国的领土上作战;另一方面,军队若是采用这种方法,它们将会不停地变换自己的驻扎地。

在获得给养方面,对于现代军队来说,它们从来不会考虑到给养的所有权,而是尽可能地利用所能供应的一切给养。它们所采取的有 4 种方法:屋主供养、军队强征、正规征收和仓库供给。在通常情况下,这 4 种方法是联合起来使用,但往往主要采用某一种方式,有时候也只是采用其中的一种方式。

一、屋主供养或村镇供养。在一个村镇里,哪怕是这里的居民喜欢消费,也会储备一些粮食。就算是人口密度比较大的城镇,人们不需要特意去准备,他们所储备的粮食也能够维持一支与居民差不多人数的部队一天的生活,假如部队的人数并不多,那就可以吃上好几天。如此推算下来,若是在一个大城镇,一支人数庞大的军队也可能在这里获得相当多的给养。不过,若是在一些小城镇或者在农村,就不那么令人满意了。在这样一些地方,人口稠密的概念相当于1平方普里有三四千居民,所储备的给养也只能维持同样多的人数的生活。所以,如果部队的人数比较多,那就必须分散舍营在较为广阔的地方,不过这样就难以顾及到其他的问题了。

在农村,或者是在一些小城镇,战争特别需要的给养品却很丰富。在通常情况下,一个普通农民所储存的面包量足以维持全家8至14天的生活,而每天都能获得肉类,所储存的蔬菜几乎可以吃到下一个丰收季节。所以,如果这些地方还没有来过军队,居民很轻松地就能供给相当于自己3倍至4倍的军队食用数日。假如一支有3万人的纵队无法宿营在较大的城镇,那么在每平方普里有两三千人口的地区,军队宿营时则大约需要4平方普里的面积。所以,一支拥有9万人的军队在只有3条路的情况下,假如将其分成3个纵队成水平线前进,那么只需要正面宽度为6普里就行了。

假如在某个地区内有几个纵队先后进入舍营,尽管地方当局已经采取了一些特别措施,有时需要增加一天或几天的给养品,他们也会感到比较容易,因此,就算是有9万人已经驻扎在当地,而且在第二天到达了同样多的军队,那么,第二天到达的军队根本不存在什么给养困难。而两天的军队在一起,差不多已经是拥有15万名战斗人员的庞大的军队了。

从以上粗略的分析中可以得出:在有2000到3000个居民居住在1平方普里的地区,在不妨碍共同战斗的条件下,一支拥有15万名战斗人员的军队需要有限度地分散宿营,基本可以通过屋主和村镇就获取一两天的给养。换句话说,这支军队在连续行军时,在没有仓库以及别的给养准备的情况下,在给养方面也不会有什么困难。

假如环境很糟糕、当地居民人烟稀少,或者说农民比工人还少、土地贫瘠,或者这里已经被多个军队驻扎过,那么自然不容易获得给养。不过我们能够想到,将一个纵队的宿营地的每边增加1普里,这样宿营地区的面积就会增加1倍,甚至超过1倍,如此的宿营依然可以保证共同战斗的进行。运动若是不间断,哪怕在最糟糕的情形下,这种获取给养的方式还是可以的。

假如没有采用其他准备措施的军队需要驻扎几天，那就一定会有困难。就算是现在，假如一支庞大的军队不通过下面两种方法来做好准备，也是不可以多驻扎几天的。第一种方法是需要配置辎重队，带能维持三四天给养的必需品，而每个士兵还会携带能维持三四天的口粮，那么可以得到保障8天所需必需品的给养；第二种方法是适当设立一些军需部门，无论部队何时休息，都能够通过军需部门及时地从远方运来粮食；另外一种给养方法产生了，这样就可以随时放弃屋主给养的方式。

屋主给养这种方式存在许多优点，它可以不需要任何的交通运输工具，并且可以在最短的时间内完成任务。

二、军队强征。当一个单独的营需要在靠近村庄的位置野营时，可以通过这些村庄获得给养品。人们可能已经发现，对于一些人数众多的军队，这种方法是不能为其获得必要的给养品的。如果是舍营，那么在这个地区所获得的粮食将远远多于在这个地区强征的粮食。这是因为在舍营时，一个农民家里会有三四十个士兵，在这样的情况下，有可能会将农民家里的粮食食用得一干二净。不过，如果一个军官带着几个士兵去农民家里强征粮食，由于缺少时间，根本没有办法弄到农民家里的所有粮食，而且运输工具的缺乏常常使军队只拿到了农民现有粮食的一小部分。

从另外一个角度来看，若有大量军队集中野营在某个地点，那么对于整个军队的需求来说，可以快速征到给养品的范围便受到了限制。一支拥有3万人的部队却只能在半径为1普里的地区里强征给养品，差不多只有三四平方普里的面积，如此会获取多少给养品呢？结果当然是糟糕的。一般情况下，军队所需要的东西很少能够被征到，这是因为已经有别的部队宿营在邻近的村庄，而这些部队使用了村庄里大量的给养品，最后，另外的部队所获取的给养品太多了，以致有许多东西被扔掉，这样只会造成更多的浪费。

为此，我们可以得出这样的结论：只有在部队较少的时候，以强征的方式才能很好地解决给养问题。不过，就算是在这样的情形下，这也只是一种迫不得已的方法。

直接在敌前行动的一切部队在向前推进时，通常情况下会采用强征的方式，这是由于它们即将到达的指定地点并不会提前做好给养准备，那个地点与军队主力所征集粮食的距离太长，另外，只能采用这种方法的还有独立行动的别动队。最后，如果实在没有时间，或许根本没有办法使用其他的方式，也只能采用这种方法。

军队越是适用于采取正规征收的方式，那么，如果时间和环境允许的话，还能够很好地获取军队所需的给养品。可是在使用这种正规征收方法时往往缺乏时间，所以军队会选择用强征的方式，因为这样直接获得给养品的时间比正规征收要少很多。

三、正规征收。毋庸置疑，这是最简单也是最有效的筹备给养的方式，同时也是现代一切战争的基础。

与前一种方法相比，这种方法的差别在于是否有地方当局参加。对于那些有存粮的地区，通常是经过合理的分配，要求居民按次序交纳出来，而决不会采用暴力强取。当然，这些工作只有交给地方当局去做。

时间将决定一切，时间越是充裕，分配也就越普遍、负担也会减轻许多、所产生的效果就越理想。在比较忙碌时还可以采用现金收购的方式，这样正规征收更接近于第4种方式。在本国内集中军队时使用这种方法是很容易的，就是在军队撤退时也没有任何困难。反之，在进入一些还没有被占领的地区时，安排正规征收会相对缺乏时间，因为通常前卫也就比主力早到一天。前卫只能向当地政府提出需求，要求它们准备好足够多的给养，这时部队只能在附近几普里的地区征收给养品。

所以，对于那些庞大的军队，假如自己没有携带可以维持几天的口粮，仅仅凭借在行军途中征收粮食是根本不够的。军需机关主要就是管理这些粮食，而且还负责将这些粮食分发给那些储备不够的军队。不过，困难是不会持续多长时间的，因为能够征收粮食的距离在逐渐扩大，随之扩展的还有地区的面积，随之增大的当然是征收的效果。假如第一天只有4平方普里的地区可供征收粮食，那么第二天，面积就会扩大到16平方普里，第三天，地区的面积就会扩大到36平方普里。

当然，上面所分析的只是大概情形，由于其他情况的影响，征收粮食地区的扩大也会受到一定的限制，其中最主要的是那些没有驻扎过军队的地方比刚刚驻扎过军队的地方能提供更多的粮食。不过另一方面，军队每天都可以将征收粮食地区的半径扩大到两普里以上或扩大到三四普里，甚至还会更多。

为了达到顺利征收分派粮草中的大部分的目的，当然需要依靠地方当局，只有它们的征粮队才有行使的权力。不过，更重要的是要让军民感受到一定的压力，使得他们惧怕负责任、受到惩处以及虐待而不得不缴纳粮食。

对于一般情况的分析，所得出的结论是：一支兵力再强大的军队，只要它携带了可以维持几天的口粮，那么解决给养问题的措施无疑是采用正规征收的方法。军队在到达某个地区之后，马上就可以使用这种方式，最开始可以在附近的地区施行，逐渐扩大征收地区的范围，这时，更高的地方当局会统筹安排。这种方法是可行的，除非当地的资源已经用尽或者已经遭到了严重的破坏。

如果军队需要作长时间的停留，可以要求地方最高当局组织征收粮食，这样在安排时就可以尽量平均地落到每个居民的头上。为了减轻征收粮食的压力，还可以借助收购这样的辅助手段。并且就算是外国军队，假如它想驻扎在我国国土上很长一段时间，通常它们不会粗暴地将所有的给养负担完全抛给地区当局。正因为如此，这种方式开始逐渐接近于仓库供给的方式，但却不是完全地变成了仓库供给式。这是因为，虽然当地的粮食可以通过较远的地方运来的粮食而得到补充，不过，军队获取给养真正的源泉依然是当地居民。

四、仓库供给。 这种给养方法只有当它与在 17 世纪后 30 年和 18 世纪施行过的给养制度一样时，才不同于前一种给养的方法。而今后，如此的给养制度还会再次出现吗？

在这里有一个问题：是战争决定给养制度，还是给养制度决定战争？答案是：只要战争所依赖的别的条件允许，首先是给养制度决定战争；不过，当这些条件不被允许时，那么给养制度将会受到战争的影响，也就是说，战争决定给养制度。

以就地征粮这种制度为基础的战争比单纯采取仓库供给制度的战争更具有优越性。相比而言，后者似乎是另外一种工具，因此，几乎没有一个国家有勇气使用后者来对抗前者。就算是一个愚笨的臣子，在战争开始时依然会采用就地征粮的给养方式维持军队，而在现代战争中，统帅更愿意选择征收的方式而不使用这种方式。假如人们能够想到，巨大的费用才能维持仓库供给制度，这样军备的规模会缩小，军队的人数也会减少，那么除非通过外交途径，交战的双方达成协议，否则这种给养制度是不会成为现实的。

所以，未来的战争大多会采取征收的方式。当然，一些政府有可能会采用繁杂的给养制度，以此来减轻地方负担。在这里，我们并不想过多地谈论这个问题，只想说明政府能做的事情是有限的，毕竟这是在战争时期，最迫切的需要才是人们首要考虑的，而在最迫切的需要中并没有繁杂的给养制度。

假如战争迟迟不结束，战场又很狭小，那么征收制度将会让这个地区固有的资源枯竭，最后交战双方被迫达成和解，或者由军队独立负责给养而减轻地方当局的负担。国家力量通常在大多数的战争都将受到最大限度的消耗，从而导致这些国家宁愿和解，而不愿意花更多的钱来进行战争。因此，这也是促使现代战争持续时间较短的因素之一。

我们并不想全盘否定用旧式给养制度进行战争的可能性。按照种种情况，假如交战的双方选择了旧式制度，而旧式制度也得到了其他条件的允许，那么，也许这种制度会再次出现。不过，如果说这种给养制度很合理，那么我们会坚决反对这种说法，在特殊环境下，它只是一种不太正常的状态。我们更不能这样想：战争会因为这种方式的仁慈而趋于完善,这是由于战争本身并不是什么仁慈的行为。

不管我们采取什么方法,很显然,想要获得给养,在富庶和人口稠密的地区总比在贫瘠和人烟稀少的地区容易得多。

人口疏密与当地存粮有两方面的关系:

第一,消费多的地区,储存也一定多;第二,人口密度大的地方,生产也比较多。当然,在第二方面,应该是除了工人居多的地区,尤其是山谷、土地贫瘠的地区更是这样。不过,通常在满足军队需要方面,人口密度大的地区总是比人烟稀少的地区更容易。在400平方普里的地区居住着40万人,就算土地相当富庶,如果要供养10万人的军队,那一定不如居住着200万人口的400平方普里的地区容易。更何况,在人口密度较大的地方,有比较发达和便利的水陆交通,有比较多的交通工具,有比较可靠的商业交易。

由此可见,战争最适于在交通要道、人口众多的城市、富饶的河谷或者通航的海岸边进行。军队的给养问题将普遍影响作战的方向和形式、战区和交通线的选择。

当然,战争方式将决定着影响范围到底有多广、筹备给养是否顺利、对作战到底有多大影响。假如战争要素发挥了自己不可抑制的威力,战斗以及决定胜负在双方迫切要求和需要下进行,那么尽管军队的给养很重要,这也是从属问题。不过,假如双方势均力敌,长时间以来,它们只是在某个地方时而进、时而退,那么主要问题往往会是给养问题,有可能部队的统帅会成为军需官,有可能管理辎重队的任务将代替指挥作战的任务。

在很多战局中,没有做任何事情,也没有达到任何目的,结果各种力量白白浪费了,而这一切都将归咎于给养的缺乏。

在战争中,缺乏给养与军队劳累、遭遇危险同等重要,在这方面,指挥官对于军队的要求是没有任何固定界限的。相比较柔弱而重情义的指挥官,性格刚强的指挥官将会提出更高的要求。由于士兵的意志以及力量的差别,不同的军队所承受的程度也是有差异的。对于这个问题,我们将列出一条原则:不管给养缺乏多么严重,你永远只需把它看作是短时期的现象,给养肯定会渐渐地变得充足起来,甚至有那么一天将远远超过我们所需要的。假如我们能考虑到许多士兵穿着破烂且还背着三四十磅重的行囊,不管天气怎样、道路怎样,每天他们都拖着疲惫不堪的身体前行,甚至忘记了自己的健康和生命,而他们所获得的不过是一小块干面包,难道目睹这样的情景,你不会感动吗?我们当然知道,这样的情景在战争中是经常可以看到的,但人们不能理解这些问题:即使在这种情况下,士兵们还能保持体力?还能保持顽强的意志力?仅仅凭着心中一颗理想的种子,就能够长久地激发和支持如此不懈的努力?

一切为了伟大目的而要求士兵忍受给养严重缺乏的人,不管是出于感情或是出于理智,任何时候都应该记住,只要有机会就要给他们相应的报酬。

现在我们需要谈论的是给养在进攻和防御中的区别问题。

在战争中,常常需要为军队的给养做各种准备,而这些完全能够被防御者在防御时充分利用到。为此,缺乏给养的困难从来不会发生在防御者身上,尤其是在自己的国土上,就是在敌人的国土上也是如此。不过,对于进攻者来说却不是这样,他们离开了自己的给养基地,只要他们向前行进,甚至在停止前进的几个星期里,筹备必要的给养会成为他们每天的工作,因而进攻者常常会感到十分困难。

假如这种困难是在下面所说的两种情况中发生的,那将会变得非常严重:第一,在胜负未决的行军途中,防御者通常会将给养带在身边,而进攻者却只能将给养放在自己的后面。由于进攻者需要集中大量军队,因此不能在广阔的地区宿营,一旦会战开始,他的辎重部队就有可能会掉队。假如没有提早做好准备,那么在会战决定性的前几日就可能出现军队给养缺乏的问题,而这样的情形将对会战带来不利影响。

第二,当交通线太长时,在胜利道路上的最后一段路程上缺乏给养,尤其是当战争在贫穷、人烟稀少、居民大多怀有敌意的国家中进行时更是这样。

给养方面的困难常常让军队黯淡了伟大胜利的光芒,消耗尽各种力量,无奈之下只能选择撤退,这样,真正的失败就会缓慢逼近。

第十五章　作战基地

什么是基地?基地就是一支军队从建立它的地方出去行动,不管是进攻敌人的军队或战区还是到本国的边境去设防,都必须依赖、必须与其保持联系的地方,因为它是军队存在的条件。

军队的依赖程度和范围会随着人数的增多而扩大,然而军队只需要与它所掩护的正后方的一部分地区保持联系就可以了,不能也用不着与整个国家保持直接的联系。在与军队联系的地区范围内,需要为储蓄品建立专门的设施,需要建立一些组织补充军队,因此军队及其一切行动的基地就是这片地区,它应该需要被看作是一个整体。假如把储备品存放在筑有防御工事的地区以确保更大的安全,那么将会更加明确基地这个概念。不过,防御工事并不足以形成基地这个概念,通常没有防御工事,基地也存在。

军队的基地也可能是敌国的部分领土,这是因为军队在进入敌国领土以后往往会从占领的地区获得一些必需品,这时就一定要具备一个条件:这个地区的主人必须是这支军队,换句话说,这个地区需要服从军队的命令,不过,这样的服从是有限制的,通常只有在守备部队以及巡逻队对当地民众发挥震慑作用的范围之内,那些民众才会服从命令,因此对于军队的需要来说,在敌国国土完全可以获得各种必需品的地区往往是很少的,大多数是难以满足的。所以,这时更多的必需品需要由本国提供,因此对于基地来说,不可缺少的还有军队背后的那部分本国的地区。

军队的需要主要有两个方面,一方面是能供应的任何耕作区,另一方面是只能由建立军队的地区所解决。第一方面主要是给养品,第二方面是各种补充品。所以,在敌国也可以解决给养品的问题。而第二方面,通常会由本国解决,比如人员、武器,还有弹药,等等。尽管也有例外的情况,但这种情况是很少的,不足以成为依据。因此,以上的区别很重要,军队与本国的联系也是不可缺少的。

不管在敌国还是本国,在没有防御工事的地方往往会准备一些给养品。主要在于:一方面给养品消耗得很快且到处都有需要,所需要的大量的储备品无法全部储存在要塞里;通常另一方面,可以及时补充损失的给养。相反,从较远的后方运来的则是各类补充,比如武器、弹药和装备,这些东西在没有防御工事的战区里是不能轻易储备的,在敌国境内也只能储备在要塞里,这也说明了基地的重要性,当然,它所起的关键作用不在于能供应给养品,而是能供应各类补充。

在使用之前,两类必需品越是集中在大仓库里,生产这些必需品的地区越是能集中成一个大的储存地,这种储存地差不多相当于整个国家,这个巨大的储备地与基地的概念就越是联系在一起。不过,我们千万不能因此而认为,单单是这样的储存地就能称作是基地。

假如补充和给养的来源十分丰富、地区宽阔而富饶,还可以组成几个较大的补给点。在军队的掩护下,与军队的后方连成一片,甚至有一部分还将军队包围在其中,那么这些地区可以给军队带来更大的生命力和自由。过去有人打算用这样一个概念:军队的一些有利条件由作战基地的大小来概括,将基地与作战目标的关系,也就是军队补充和给养的来源地的位置和状况等有利条件和不利条件的总和由基地的两端与这

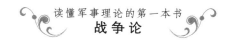
个目标所形成的角度来表示。

显然,这只是一种几何游戏,就好像我们所看到的那样,军队赖以生存的 3 个部分构成了基地:当地的补给物资、各个地点上建立的仓库以及储备品的来源地。从它们的位置来说,这 3 个部分不能用一个要塞到另一个要塞、一个省城到另一个省城或者随意设想出来的代表基地宽度的一条线来表示。这并不能明确这 3 个部分之间有什么固定关系,因为它们的性质总是多少混杂在一起的:有时在当地就可以获取那些从很远的地方运来的各种补给品;有时,当地却缺少最基本的粮食;有时,周围的要塞原来是一些大屯兵场、港口或商埠,即使整个国家的军队来了也能住下;有时,要塞却只是一个物资稀少、贫穷的土城。

因此,分析基地与作战关系的任何几何学作战理论在实际的战争中都不起作用,它只是在观念世界里导致一些错误的理论趋向。可能这些作战理论的出发点是可靠的,不过结论却是错误的。

无论基地的作用如何以及作用为何会有大小,基地都将影响着作战。假如军队所需要的补充以及给养已经由某一地区或某一方面准备好了,那么这支军队的基地一定是这个地区,就算是在本国也是这样。

变换基地将会耗掉许多的时间以及精力,即便是在本国内,经常变换基地也是不可能的,因为基地总是或多或少地限制着军队的作战方向。在敌国领土上作战,假如要将敌国附近的全部地区作为军队的基地,那么可能的情形是处处都需要建有各种设施。不过,在那里并非每处都有这种设施,因此基地并非在任何场合都是可以的。

军队对于基地的依赖程度和范围是随着军队人数的增加而扩大的。因此,在谈及基地对于作战的影响时,军队兵力大小这个尺度是我们需要经常考虑的。

就目前的需要来讲,较为重要的是给养。如果军队需要维持很长一段时间,那么比较重要的则是补充,因为补充的来源是相对稳定的,而给养却能够通过各种渠道获得。如此一来,基地对作战产生的影响将得到进一步说明。

不管这样的影响有多大,人们都会记住:一定要经过一段时间以后,这样的影响才会产生决定性的作用,而到底可能会发生什么事情,在相当长的一段时间内都是不知道的。因此,作战基地的价值对确定作战行动起决定性影响的情形从来都是不多的,只有在人们要做一些不容易完成的事情时,决定性的影响才会产生。在基地方面存在的困难在做全面衡量时需要与别的各种有效手段联系起来,而这些困难的问题往往会在决定性胜利产生力量时得到有效的解决。

第十六章 交通线

通常撤退时所使用的道路恰恰是从军队配置地点到军队给养以及补充源泉的主要地区的道路。因此这些道路有双重意义:第一,它们是经常补给军队的交通线;第二,它们也是撤退路线。

我们应该把军队与它的基地当成是一个整体,而这个整体中的其中一个部分就是交通线,它们将联系着基地与军队,相当于军队的生命线。沿着这些交通线,分布有各种供给品、弹药车辆、来往的支队、邮局和信差、医院和仓库、弹药库、行政机关,它们的总价值对军队有决定性的意义。

将交通线作为撤退路线来讲,其实就是军队的战略后方,这些道路的长度、数量、位置和状况以及地形上通行的难易程度、当地居民的情况和情绪,甚至是否有要塞或地形障碍作掩护,等等,这些问题将决定着它的价值。

什么是真正的交通线,就是设有仓库、医院、兵站和邮局,指定有警备长,派有宪兵队和守备部队的道路。

假如当军队被敌人迂回而必须转换正面时,也可以利用这些道路。与此相反,在敌国的领土上,通常交通线是只有军队通过的道路。它们的交通线设施只是随着向前行进时在自己的掩护下所做的一些设置,这让当地的民众由于惧怕军队的心理而产生一种印象:似乎那些设施是不能改变和无法避免的,甚至设施的存在将在某种程度上减轻战争带来的灾难。

整个交通线的支援和维护主要依靠沿路留下的兵力较小的守备队。不过,假如派出军需官、兵站司令、宪兵、战地邮局以及其他的机构并将之分布在军队尚未到过的较远道路上,那么民众就会将这些当作是他们完全能够摆脱的一种负担。

假如敌国还没有陷入惊慌失措而完全失败的状态,那么民众将敌视那些派遣而来的官员,还有可能狠狠地痛击他们甚至将其赶走。因此,守备队是控制新的道路的首要基础,这样守备部队的兵力一定要比平时更强大一些。就算是这样,这些守备队仍然有遭到当地居民反抗的危险。在敌国领土前进的军队没有任何办法令当地的居民服从,它们只有凭着武力设置自己的行政机关。而想要设置这种机关并不是一件简单的事情,因为军队在敌国境内不能像在国内一样利用变换交通线的方法来更换基地。因此,通常在敌国领土上行动,军队会受到很大的限制,继而更会惧怕被敌人迂回。

最初交通线的选定及其设施也会受到许多条件的限制,能作为交通线的道路需要宽阔,道路越宽,沿线的人口密度越大,富裕的城市也就越多。另外、河流变水路、桥梁变渡河点也会发挥很大的作用。

以上一切的条件都决定着军队与基地之间是否联系密切,如果比较对方军队同基地之间的联系与这些条件,不难发现:交战双方中的任何一方有可能首先切断对方的交通线甚至退路,这样他就可以迂回对方。除了精神上和物质上的优势以外,只有交通线上占据优势的一方才能够有效地迂回另一方,否则另一方为了保护自己的安全也会使用同样的迂回方法。

按照道路的双重意义,这样的迂回也有着双重目的。

1.可以破坏或切断交通线、折磨和围困敌人的军队,从而迫使他们撤退

若是实行现行的给养制度,交通线的短时间中断通常不会带来怎样的影响。假如切断敌人的交通线使其长时间中断、让敌人遭受一系列损失才能够影响扩大。若是采用繁杂的给养制度,有无数的辎重车来回奔跑,这样一次侧翼运动就能严重地打击对方。不过现在,就算是侧翼袭击成功了,也不会从根本上产生效果,最多只是让敌人遭受中断一次运输的打击,而绝不可能迫使敌人撤退。只有在交通线较长且情况有利,尤其是随时可能遭到民众武装袭击的时候,遭到翼侧威胁才是最可怕的。

2.切断敌人的退路

不能过分夸大由于退路受到限制以及威胁而可能带来的危险,从战史的经验来看,比起突破一支由勇敢指挥官带领的优良军队,更加不容易的是切断这支军队的退路。

若交通线很长,则能够在军队配置地点附近以及军队撤退的道路上占领一些要塞,而且对待当地的居民要以良好的态度、在军用路上建立严格的法纪、给这个地区配备优良的警察、想办法整修道路,以便保障交通线路的通畅。不过,要想完全避免不利情况是不可能的,这也只是适当地减少一些不利的因素。

在谈到给养问题时,我们对于军队选定道路的分析,尤其需要适用于交通线。最好的交通线是经过最富饶的城市以及穿过最富庶的耕种区的宽阔道路。就算需要走许多的弯路才能利用这条道路,那也是值得优先考虑的。通常这些道路将直接影响军队的配置。

第十七章 地形

地区和地貌与军事行动有着密切而永远不可分割的关系，它将直接影响着战斗过程本身以及战斗的准备和运用。

军事行动主要受地区以及地形的三方面的影响：阻碍通行、阻碍观察以及对火力的防护。这 3 个方面也包括了地形带来的其他一切影响。由于地形的 3 种影响，使得军事行动变得多种多样、错综复杂，而且军事行动中新增加的 3 个因素就是地形所带来的 3 种影响。地形的作用多数表现在战术范围，不过，它的结果却表现为战略范围，山地战斗与平原地战斗的结果是完全不一样的。

在现实里之所以存在纯粹、绝对开阔的平原，那只是对很小的部队来讲的，即对军事行动没有影响的概念。军事行动在部队的活动比较大、持续时间较长，肯定会受到地形的影响。对于整个军队来讲，就算是在某一时刻，比如在一次会战中，地形都会对军事产生或多或少的影响。

当然，地形的影响随着地区性质的不同而有大有小。一个地区与完全没有阻碍的广阔平原地存在着 3 个方面的差异：第一是地貌、地势有起伏；第二是森林、沼泽和湖泊等；第三才是地形由于耕种所造成的变化。地形对军事行动产生的影响随着平坦地程度的增大而增大。假如我们在一定程度上讨论所有这 3 个方面，那么就会发现有 3 种地形：山地、很少耕作的森林和沼泽地以及复杂的耕作地。在这 3 种地形上，更复杂和更技巧性的作战方式出现了。

对于耕作地来讲，并不是任何耕作地对作战的影响都是一样大的。那些被许多沟渠、篱笆、栅栏和堤坝切断且到处是分散的居民以及小灌木丛所产生的影响是最大的。而影响最小的则是平坦的、耕作均匀的地区，当然这些地区是最适合作战的地区。

阻碍观察是森林地的主要影响，阻碍通行是山地的主要影响，而既阻碍观察又阻碍通行的则是复杂的耕作地。在森林中，大部分的地区都不方便行动：一方面让行动变得更简单了，另一方面给行动带来了很大的困难。若决战是发生在这样的地形，那是很难集中兵力的，不过也不用像山地和十分复杂的地形一样对兵力进行分割。虽然分散兵力是必须的，但分散的程度会比较小。

在山地主要是通行受到阻碍,这主要表现为以下两个方面:第一,并不是随处都能够通行;第二,就算是军队在能够通行的地方,其运动速度很慢且十分费力。所以,在山地上受到很大限制的是各种运动的速度,这样将需要花费更多的时间来完成整个运动。

当地形的这3种影响没有达到最大时,就会大大降低指挥官的作用,而下级军官甚至普通士兵的作用则会得到相应的提升。越是分散的部队,观察就变得越困难,每个行动者就越需要独立行动。

在行动比较分散、行动方式比较繁多、情况比较复杂的时候,通常是需要增加智力的作用,因而指挥官将最大限度地发挥自己的才能。不过,相比较在战争中各个成果的互相联系形式,这些成果的总和将更具有决定意义。因此,假如将一支军队分成一条很长的散兵线,每个士兵会独自进行小规模的战斗,那么那些胜利互相联系的形式并不起什么作用,而各个胜利的总和将更多地决定一切。

由于良好的计谋在消极的结果中起不了任何效用,而是需要产生在积极的结果中,因此,一切将取决于个人的勇气、技巧和士气。也只有在下面的情况下,统帅的天才和智谋起着决定性作用:双方军队的素质差不多,或者双方军队的特长不分伯仲的时候。所以,在十分复杂的地形以及兵力很分散的情况下,就可以发挥民族战争和民族武装的优越性。不过,只有在这种地形上才是如此,因为大部队集中作战时所具备的一切特性和武德却是民众武装始终缺乏的。

军队的性质需要通过许多层次才可以从一个极端到另一个极端,因为在保卫国家的基础上,就算是常备军或多或少也会带一点儿民族的性质,因此它们比较适于分散作战。

军队越是缺乏这些性质和条件,而对方在这些方面就越是占据优势,它就越担心兵力分割,就越是要避开复杂的地形。不过,它们自己很少能够决定是否避开那些复杂的地形,人们在挑选战区时不能像挑选货物那样随意。我们经常看到,军队若是在性质上适合集中作战,它们就总是想办法按照自己的方式作战,从来不考虑地形的因素,而在其他方面肯定是不利的,比如缺乏给养、艰苦的宿营条件,甚至会在战斗中遭到多方面的袭击等。不过,这比起根本不发挥自己特长时所遭到的不利情况要少得多。

集中兵力和分散兵力是两个相反的趋向,军队的性质适应于哪一方面的程度决定着军队倾向于哪一方面的程度。不过在最关键的时刻,适用于集中的军队不可能一直集中,适用于分散的军队也不可以只靠分散而取得成果。

除了地形与军队的性质,尤其是与军队的政治性质关系以外,最重要的还有地形与兵种的比例关系。那些通行比较困难的地区,不管山地还是森林或耕作区,大量的骑兵是不适合通行的,同样,炮兵也不适合在密林区通行,因为密林里缺少炮兵充分发挥威力的空间,还缺少了可以通行的道路以及马匹的饲料。对炮兵来说,复杂的耕作区对它的不利影响要少一些,当然山地的影响是最少的。这两种地区都能够防护火力,因而会对那些主要凭着火力发挥作用的兵种产生不利的影响,笨重的火炮常常会被那些到处通行的步兵陷于进退两难的境地。不过,在这种地区还是可以使用大量炮兵的范围空间,炮兵驻扎在山区有一个很大的好处:炮火的效力会由于敌军运动速度的缓慢而增加。

毋庸置疑,在每一种有困难的地形上,步兵都占据着比其他兵种大很多的优越性,因此在这样的地形上,步兵的数量能够远远超过一般性的比例。

第十八章 制高

地形对于军队的影响,恐怕大部分是由占据优势这个因素所带来的,诸如锁钥阵地、瞰制阵地、战略机动等,这些军事学上的法宝都是以此为基础的。

所有物质力量的发挥,自上而下始终比自下而上更容易。战斗也是一样的道理,有3个方面的原因:第一,所有高地都能够被当成是通行的障碍;第二,尽管从上向下射击并不会增加射程,但从各种几何关系分析,却要比从下向上更容易打中敌人;第三,便于观察。我们将从制高得到的几个战术上的有利条件综合成一个总的有利方面,并将其看成是战略上的首要有利条件。

在战略上肯定会出现以上3个有利条件中的第一个以及最后一个,因为战略上也需要行军与观察,这与战术上是一样的。假如说高地构成了通行的障碍,这也是军队配置在高处对低处的军队来说的,那么就很容易从制高中获得战略上的第二个有利方面出发而研究出第三个有利方面。

正是这些因素构成了居高临下、占据优势以及控制敌人效力的有利条件,通常一支在高处的军队看到敌人在自己下面时会产生优越感和安全感,而下面的军队会因此感到自己处于劣势而担忧。这些印象将带来比制高在实际上能起的更强有力的作用,因为比起那些造成优点的实际条件,制高点的优点给人的感觉会更强烈,或许已经超越了实际本身。因此这时我们可以说:增加制高效果的一个新的因素就是人的想象力。

当然,高处的军队就方便运动来说并不是绝对有利的,只有当敌人想接近它时才是有利的。假如双方被一个大山谷隔开,那么处于高处的一方本身具有的有利条件就消失了。若双方想将平原作为战斗地,那么处于低处的军队反而会占据优势。对处于高处的一方来说,观察会受到阻碍:容易妨碍观察的有下面那些繁茂的森林以及军队所占领的山脉。人们在选定瞰制阵地时会按照地图来,但看来并不怎么有利,甚至是不利的,这样的情况简直多得数不清。不过,这些限制和条件并不会掩盖高处的军队在防御以及进攻中所具有的优势。

制高在战略上有 3 个有利的条件:战术上有较大的利益、敌人通行困难以及便于我军观察。只有防御者可以利用前面两个条件,因为能利用它们的是驻守在那里的军队,而进攻者在运动中却不能利用到它们。进攻者和防御者都可以利用的是第3 个有利条件。

我们所说的不只是某一地点的制高问题,若只是某一地点的制高问题对于战略有利,我们只能得到一次有利的战斗。不过,假如人们将一个广大地区当做一个倾斜的平面,如同分水岭的斜坡,就可以一直瞰制前面的地区且能够在上面行军几天,那么就增加了战略的有利方面,因为制高不但会对战斗中兵力的运用产生有利的影响,还会对几个战斗的运用产生有利的影响,在防御中也是如此。

在进攻时可以获得防御中从制高处得到的有利方面,因为战略进攻是通过几次行军而非一次独自的行动实现的,而每次行军之间都有长短不一的休息时间,而进攻者与他的敌人在每次休息中都处于防御状态。

不管是防御还是进攻,制高对观察方面都是很有利的,它便于每个单独的部队发挥作用,因为每个部分也可以得到整体从制高中能够获取的有利条件。因此,不管是大的还是小的部队,有这样的有利条件总比没有这种有利条件强一些,而将这些部队配置在制高阵地上会减少部队遭受的危险。

假如我方在制高、地理条件方面比敌人更有利,而由于各种原因,敌人的运动受到了限制,敌人就会被迫快速放弃这个不利的位置。

我们不能否认制高可能成为真正的控制这个观念的现实意义。既然起决定性作用的是胜利的战斗的数量和重要性,那么首要的因素就是双方军队和它的指挥官的素质,而次要的因素就是地形的作用了。

第六篇 防 御

第一章 进攻和防御

一、防御的概念

防御就是抵御进攻，而防御的特征就是等待进攻。防御行动是具有等待进攻的军事行动，在战争里，区别防御与进攻的依据就是这个特征。不过，纯粹的防守与战争的概念是彼此对立的，在战争中，防守也只是相对而言的。

防御的这个特征不是就防御的每个部分而言的，而只是就防御的总概念而言的。防御战斗就是：在一次战斗中等待敌人的攻击和破阵；防御会战则是在一次会战中等待敌人冲到我们的阵地来，甚至冲进包围圈；防御战局也就是在一次战局中等待敌人冲进我们的战区。以上各种情形，等待和抵御就是防御总的方面的特点，这并不会与战争的概念发生冲突，因为对我们有利的情况是等待敌人的攻击或进攻。

不过，我军要进行真正的战斗，就必然会对敌人予以反击，在总的方面进行防御时在防御战中发动进攻。换句话说，我们所采取的攻击行动并没有超出阵地或战区的范围。进攻行动可以发生在防御战局中，用某些师进攻也可以发生在防御会战中，而对于那些留在阵地上等待敌人攻击的军队也可以用子弹来迎击敌人。防御这种作战形式是由巧妙的打击组成的盾牌，而绝不是单纯的盾牌。

二、防御的优点

现在我们来说一说防御。

防御的目的是坚守，这比夺取更容易。可以得出结论：同一支军队中进行防御通常会比进攻容易得多，这是因为防御者能够利用进攻者没有利用的时间，也就是说，防御者几乎可以坐享其成。对防御者较为有利的情况包括进攻者由于估计错误、恐惧或迟钝而没有利用的时机。这种由概念和目的带来的优点包含在所有防御的性质中。还有一个纯粹由战争自身带来的优点，即地形之利，也就是防御者可以优先使用的地形之利。

在战术领域，防御战斗就是所有把主动权让与敌人，等待敌人主动来我们阵地前面的战斗。从敌人来到我军阵地这一时刻起，在不失去防御的两个优点情况下，也就是待敌之利和地形之利的情况下,我们能够使用所有进攻手段。在战略领域,不同的只是战局代替了战斗,战区代替了阵地,甚至整个战争代替了战局,全国的国土代替了战区,在这两种情形中,像是在战术领域一样,若采取进攻手段,防御的上述优点会继续存在。

防御比进攻容易,但防御有一个消极的目的——据守,而进攻则有一个积极的目的——占领。防御者不可以为自己增加作战手段,而后者却可以。为了更明确地表达防御的含义,我们可以说:防御是比进攻更有效的作战形式。

这就是我们的结论,这个结论纯粹是由事物的性质所决定的,而且经得起千百次实战的考验。不过,与这个结论相反的一种说法反而流行了起来。原来,那些浅薄的著作家竟可以在概念上造成如此巨大的混乱。

防御是一种更有效却带着消极目的的作战方式,我们在运用它的时候,自然是在兵力薄弱而又需要它的时候。一旦它的力量强大到能够达到积极目的就应该果断地弃之。人们在防御中取得了胜利,往往就会造成比较有利的兵力对比。根据战争的自然进程,需要以防御开始而以进攻结束。将防御作为最后的目标,不但需要把防御总的方面看成是消极的,还需要把防御的各个方面看成是消极的,这与战争的概念是对立的。

可能有人会举出战史上的一些例子来质疑上面的观点的正确性。之所以这样做,是因为他们忘记了这里说的只是总的方面,而那些可以用来反驳这一说法的战例则是总的方面顾及不到的个别情况。

在明确了防御的概念以及规定了防御概念的界限以后,现在我们再回到防御是更有效的作战形式这一论点上来。

对进攻和防御作了一番认真的分析以及比较以后,这一论点就明确了,而与这个相反的论点则是自相矛盾且与实际经验相抵触的。假如说进攻是更有效的作战方式,那就没有使用防御这样的作战方式了,因为防御所产生的始终是消极的目的。假如交战双方总顾着进攻,那防御就没有了。但比较正常的事情就是,付出较大的代价才能实现较高的目的。

谁觉得自己的力量足够强大而采用进攻这种比较弱的作战方式,那么谁就能实现较高的目的;反之,谁只想实现较小的目的,他就只能采取防御这种较强的作战方式。过去的经验告诉我们:在两个战区内,从来不存在较弱的军队发起进攻而较强的军队采用防御。假如说,从古至今所出现的都是相反的情形,那么这就说明即便是最喜欢进攻的指挥官也肯定会认为防御是最为有效的作战形式。

第二章　进攻和防御在战术范围的比较

我们先来分析一下战斗中可以导致胜利的因素。

由于决定一切的通常不包含在这里所谈的军事艺术的范畴之内，因此我们不说军队的优势、勇敢、训练或其他素质，而它们对进攻和防御所起的作用是类似的，甚至我们不会考虑数量优势，因为军队的数量并不取决于统帅的意愿，而是原本就固定的。更何况，总的数量优势与进攻和防御的利害关系是相一致的。在我们看来，决定胜利的只有 3 个因素：出敌不意、地形优势和多面攻击。

出敌不意所起到的作用是：在某一个地点，会出现远远超过敌人想象的优势兵力，这种数量上的优势与总的数量优势存在一定的差异，它是军事艺术中最重要的有效手段。我们很容易理解地形如何才能帮助军队获取胜利，但有一点还需要说明：这里所谈论的地利不单单是进攻者在向前行进时所遭遇的种种阻碍，而且包括了那些能隐蔽配置军队的地形。就算是一个很普通的地形，我们也只能说，谁能了解它的优势，那么他将从中获取利益。

多面攻击包含了战术上的各种迂回，有大的迂回也有小的迂回。它产生作用的原因在于：一方面，敌人遭到火力夹击；另一方面是敌人担心自己的后路被切断。

从这些因素来看，进攻与防御到底存在着什么样的关系呢？

通过分析以上决定胜利的 3 个因素，我们能够得出这样的答案：进攻者只能够利用第一和第三这两个因素的一小部分，而这两个因素的大部分以及第二个因素的全部则被防御者所利用。

如果进攻者想要获得出敌不意的利益，只需以自己全部的军队对敌人同样多的军队进行一次真正出其不意的袭击；若是在战斗过程中，防御者要想获得出敌不意的利益，则只能通过对方各种激烈程度的和各种方式的袭击。

比起防御者，进攻者更容易包围敌军的全部部队以及切断他们的后路，因为防御者处于驻扎状态，而进攻者则针对防御者驻止的状态进行活动。不过对整个军队来说，进攻者只能采用迂回战术，对在会战过程中以及部队的各个部分来说，防御者更适合运用多面攻击。就像上面所说的一样，相比较进攻者，防御者更容易通过不同程度和方式的进行出敌不意。

防御者能够最大限度地利用地形，他们可以通过对方不同程度以及不同方式的袭击进行出敌不意,因而占据了优势。进攻者很容易就被敌军发现,这是由于他们一定要行进在大小道路上,而防御者可以隐蔽自己的配置,在关键时刻到来之前,他们的行踪是难以被进攻者发现的。自从战争中较多地采用了正确的防御方法以来,侦察防御的说法已经不实用了,换句话说,这种侦察已经不再起任何作用了。

尽管人们偶尔还会对防御进行侦察,却没有什么收获。在选好的地形中,防御者可以配置自己的军队,并在战斗之前尽量熟悉地形,这将为他带来多方面的利益——由于防御者是隐蔽的,那他对于进攻者更能进行出敌不意。直到现在,人们依旧没有摆脱陈旧思想的束缚,似乎接受一次战斗就意味着输掉了一半。

人们之所以不把防御放在眼里,主要是由于时代不同了,而有些防御方法已经没有了作用。上面我们所说的防御方法就是如此,但在过去的某个时期,这样的防御确实比进攻占据优势。

我们可以认真研究一下现代军事艺术的发展过程。刚开始的时候,也就是在30年战争和西班牙王位继承战争时期,会战最主要的以及最重要的内容是军队的展开和配置,这样的情况为防御者提供了很多有利的地方,比起敌人,他的部队提前展开配置和军队。后来,军队的灵活性得到了增强,慢慢地,这个曾经的有利条件就不复存在了,而历史上又出现了一个进攻者取得优势的时期。

之后,防御者想办法以河流、深谷和山岭做掩护,重新获得了决定性的优势,直到军队的灵活性增强,以至于进攻者率领几个纵队大胆地冲到那些地形复杂的地区。也就是说,可以迂回对方,这样进攻者会重新取得优势,防御者则失去了决定性的优势。因为进攻者有勇气采取这样的行动,使得防御者增加了自己正面配置的宽度。然而进攻者又想出了另外一个主意,也就是将兵力集中在几个点上,以此冲破防御者不长的纵队,进攻者第3次占据了优势,这时防御者只得又一次变换自己的防御方式。在我们所能看到的最近的几次战役中,防御者已经变换了自己的防御方式,将军队分编集中成了几个大的集团,通常不提前把军队展开,而是尽量地将自己的配置隐蔽好,直到进攻者暴露了措施之后再选择适当的行动。

这样的防御方法还包括在部分地区进行消极防御。由于消极防御有很大的优点,因此在战局中经常会多次反复地使用,不过需要指出的是:这样的防御已经不再占据主导地位了。

假如进攻者再想出某种新的、更有效的方法,相应地,防御者也一定要变换自己的方法。不过,毋庸置疑的是地形始终是有利于防御的,因为地形对军事行动的影响在现在已经达到了最高点,所以通常都能够有效保证防御自身的优势。

第三章　进攻和防御在战略范围的比较

战略上有助于取得胜利的因素是什么?就像之前所说的那样,在战略领域里是不存在胜利这个概念的。战略成果就是:一方面是为战术的胜利而做好准备,准备得越充分,战斗中就越有把握取得胜利;另一方面是利用战术上已经获得的胜利。

当战斗取得胜利以后,战略能够通过各种部署使战斗的胜利产生的效果越大,它可以从基础被战斗动摇了的敌军那里获得的战利品就越多,对于有的东西在会战中即使付出了很多,也只能一点点获得,在这里,它却可以获得很多很多,当然它的成就也是越大的。在战略中起作用的主要因素有下面几个:

1.地形。

2.出敌不意。

3.多面攻击。

以上 3 个因素与战术上的 3 个因素是一致的。

4.战区通过要塞及其一切附属设施所产生的有利作用。

5.人们的支持。

6.对巨大的精神力量的利用。

那么这些因素对进攻和防御的关系会产生什么样的影响呢?

对于第一种因素,防御者在地形上占据优势,而进攻者在奇袭方面占据优势,这在战术领域和战略领域是完全一样的。但我们应该指出:相对于战术领域,奇袭这种方式在战略领域将会更有用、更重要。在战术领域,发动奇袭很少会赢得巨大的胜利,而在战略领域里却经常出现通过奇袭就可以令整个战争结束的情况。但必须指出,使用奇袭这个方式必须在这样的前提条件下:当敌人犯了重大的、决定性的、少有的错误时。因此,在进攻时奇袭不一定能带来很大的作用。

与战术上的情况很相似,在一定地点配置优势兵力往往会造成出敌不意。假如防御者将兵力分割配置在自己战区的若干接近地点上,那么进攻者就会有这样一个有利条件:以自己的全部兵力攻击敌人军队的一部分。

不过,新的防御艺术已经通过别的行动方法确定了与此不同的防御原则,只要防御者不担心自己未设防的道路以及未做准备的要塞或首都被敌人利用,他就不会分割自己的兵力,即便是防御者存在这些顾虑,他也会选择在道路上迎击敌人,否则自己的后路就将被切断。假如进攻者选择了另外一条道路而没有选择防御者所在的那条道路,那么几天以后,防御者也可以用自己全部的兵力在进攻者所选择的那条道路上找到他们。在大多数情况下,防御者可以确定自己一定会见到进攻者。假如进攻者在行进时无可避免地需要分割兵力,那防御者显然占据了有利的位置,他完全可以以自己全部的兵力攻击敌人军队的一部分。

在战略领域,侧翼攻击和背后攻击会牵涉战区的背后与侧面,因此就大大改变了它们的性质。

1.火力夹击没有了,因为从战区的一端不可能射击到另外一端。

2.被迂回者并不怎么担心自己的退路被切断,因为在战略领域内不容易被对方封锁。

3.在战略领域,由于空间比较大,相应地,内线的效果也会增大,这对抵抗多面攻击是很有利的。

4.一个新的因素就是脆弱的交通线,一旦切断了交通线,将会产生巨大的影响。

由于战略领域里有较大的空间,通常只有占据主动的一方,也就是进攻的一方才能进行多面攻击;与战术领域不一样,防御者不能在行动过程中对敌人进行反包围,因为他们军队的配置纵队太长而无法隐蔽。当然,这些都是由事物的性质决定的。不过,既然包围不能为之带来有利条件,而进行包围并不容易,这会给进攻者带来什么样的好处呢?假如不是由于包围攻击能对交通线产生一定的影响,或许从战略范围看来,它根本就不会被当做决定胜利的因素。然而在最开始的时候,也就是进攻者与防御者接触时还能够保持本来设置的时候,这个因素的作用就较小。

随着战局在敌国国土上的发展,进攻者慢慢地成为防御者,它的作用才有可能会变大。这时,新防御者的交通线将变得十分薄弱,而这个弱点恰好能够被原来的防御者,也就是现在的进攻者所利用。总而言之,这种进攻的优越性其实是从防御本身较高的关系中产生,不能把它当做进攻固有的优越性。

第四个因素当然是防御者占据了战区的有利条件。当进攻者再次发动战局,他们会远离自己的战区,同时受到一定程度的削弱。换句话说,在他们进攻时需要将要塞和仓库留在后面,而军队的力量将随着他们通过战区面积的增大而逐渐衰弱,而对于防御者来说,自己却一直保持各方面的联系,这样他们不会受到任何的削弱,因为还有自己的要塞可以利用,而人员补充和物资补给的基地也比较近。

第五个因素:在每一次防御中并非都能得到民众的支持,这是因为有的防御战局有可能会发生在敌国国境内，但这终究是从防御的概念中产生出来的因素。在大多数情况下，民众都会大力支持防御。这里所讲的民众支持主要包括民军和民众武装，同时还包括所遭遇的各种阻力太大、人员补充和物资补充基地不远、补充和补给来源比较充裕等。

需要进一步说明第 4 个以及第 5 个因素。只有在真正的防御中，也就是在本国境内所进行的防御中，这两种防御力量才会发挥作用。如果防御是在敌国国土上进行，而且它与进攻活动是混杂在一起的，这时就会明显地减弱作用。我们发现这两个因素会像上面所说的 3 个因素那样对进攻产生一种新的不利因素。因为进攻不是全部由积极因素所构成的，就好像防御不仅仅是由抵御因素所构成的那样，甚至一切只能以防御结束的战争都是不能直接导致和解的进攻。

既然在进攻中出现的一切防御因素都具有进攻的特点，即它们受到削弱是因为属于进攻，那么进攻的普遍弱点就是这一点。

庞大的精神力量可以渗透入战争的要素中，因而在一定条件下，统帅增强自己的力量时将会利用它们。可以这样认为：与进攻者一样，防御者也拥有这些精神力量，虽然造成敌军混乱和恐惧的精神力量在进攻中起着很明显的作用，不过只有当决定性打击完成以后，它们才会出现，因此它们对决定性打击本身起不了什么作用。

防御是比进攻更有效的作战形式已经得到了充分的论证，不过，在这里我们需要谈及"勇气"这个小因素。勇气是一种军队由于意识到自己是进攻者而所具有的优越感觉。的确存在着这种感觉，不过，它很快就会消失在军队因为胜利或者失败，因为统帅的才干或无能而产生的更激烈、更普遍的情感之中。

第四章　　进攻的向心性和防御的离心性

进攻中的向心性以及防御的离心性两种概念会经常出现在理论和实践中，从而渐渐地给人一种印象，好像它们分别是进攻和防御所本身具有的形式。不过，仔细思考一下就能明白，真实情况并不是这样。

在这里，我们将它们当作是纯粹抽象的东西，这就像是在提炼酒精那样。对于这些概念在实际中会有什么样的作用，这个问题留到以后再说。

防御者在战术范围和战略范围始终处于等待状态，这是人们很容易理解的，换句话说,防御者是驻止状态,进攻者是运动状态,而进攻者是针对防御的状态而进行运动的。从这里就可以得出这样的观点:只要进攻者始终在运动,防御者始终保持驻止状态,那么进攻者可以对防御者进行任意的包围和合围。但是,只有在战术范围内,进攻者才会如此自由地选择,若是在战略范围里,则会受到一定的限制。在战术范围内,防御者两翼的依托点无法保障绝对的安全,而在战略范围内,当防线以直线延伸在两个海岸或延伸在两个中立国,两翼的依托点则始终是安全的,这样就不可能进行向心进攻,上面所说的选择的自由也会受到限制。当进攻只能以向心地进行时,选择自由将受到更严重的限制。例如俄国和法国要围攻德国,那么它们的军队不是提早集中在一起而是成为合围态势。在大多数情形下,对发挥兵力来说,向心形式是比较弱的,进攻者因为选择时所具有的较大自由而取得的利益恐怕会被在其他的情况下被迫采取这样较弱的形式而互相抵消。

现在我们想深入分析这两种形式在战术领域以及战略领域中的作用。

军队在从圆周朝着圆心做向心运动时,前进中的兵力会越来越集中,人们将这当作是一个重大的优点。虽然兵力越来越集中是事实,不过这并非什么优势,因为双方的兵力都是集中的,不可能说这对于哪一方比较有利,即便是在军队兵力遭到分割而发挥离心效应时也是如此。

但还有一个真正的优点:军队的向心运动是针对同一点产生作用,而离心效应却不是这样。到底向心运动能产生什么样的效用呢?要想找到答案,我们需要从战术以及战略两个方面来讨论。

我们不想作太过详细的分析,因此将下面几点当作是向心运动产生的有利效果:

1.当军队的每个部分接近到一定程度时,火力的效果至少会有所增强,甚至会增加一倍。

2.可以对敌人的同一个部分进行数面的攻击。

3.可以将敌人的退路切断。

在战略领域里,切断敌人的退路是可行的,但这并不容易,因为战略领域有广大的空间,难以封锁。一般而言,被攻击的军队越小,就越能接近最低限度,也就是越接近于攻击单个的士兵,这样的攻击就越有效,就越能起到关键性的作用。一个军团可以同时进行多方面的会战,但师则不容易做到这一点。对于营来说,只有集中兵力才能做到这一点;而对于单个士兵来说,那是几乎不可能的。与战术领域刚好相反,会有大量的军队、广阔的空间和较长时间在战略领域里。可见,数面攻击在战略领域不可能取得与战术领域一样的效果。

火力效果不属于战略领域的问题，但在战略领域里，与火力效果相应的还有其他的问题，也就是基地受到威胁的问题。当敌人在后面赢得胜利的时候，任何军队或多或少都会有基地受到威胁的感觉。

可以确定的是，军队在做向心运动时会有一个优点：对甲产生效果时，同时能够对乙产生效果，并不会因此削弱对甲产生的效果；对乙产生效果时，又能够同时对甲产生效果，而总的效果应该大于对甲和乙产生的效果之和。这个优点在战术领域和战略领域尽管会有差异，但都是客观存在的。

军队在做离心运动时，相应的优点就是军队集中在一起和在内线运动这两点。对于这两点如何成倍地增加力量，以至于进攻者不会让自己处于不利情形之中，除非具有巨大的兵力优势，在这里没有必要进行论述。

虽然防御者开始运动迟于进攻者，但始终都能及时地摆脱停滞、被动的状态，一旦他开始运动，相比较进攻的向心形式，比较集中和处于内线这两个优点对于赢得胜利更具有关键性意义，往往会起到很大的作用，而要赢得成果肯定是以赢得胜利为基础。在切断敌人的后路之前，肯定先战胜敌人。简单地说，与进攻和防御的关系一样，向心形式和离心形式的关系也是一样的。向心形式可以铸就辉煌的成果，离心形式比较有把握地赢得成果，前者是比较弱的形式却具有积极的目的，后者是较强的形式却具有消极的目的。这两种形式各有各的优点。我们只需要说明，防御是在任何时候都会向心地使用兵力，至少人们不会认为，只是向心运动的效果就能够使进攻对防御占据普遍的优势。

内线的利益会随着有关空间的扩大而增大。对于我们上面所说的，需要同时适合战术领域和战略领域。人们在几千步或半普里的距离上所争取的时间当然比不上在几天行程乃至 20 到 30 普里的距离上所争取的。前一种情况因空间比较小而属于战术领域，后一种情况因空间比较大而属于战略领域。相比较在战术领域里达到目的所需要的时间，而在战略领域则需要花更多的时间战胜一个营当然快得多，而若是要战胜一个军团则需要更多的时间，不过，在战略领域中增加时间也是有限制的，即一次会战持续多长的时间就需要增加同样的时间，最多也就是拖延几日进行会战，从而免于遭受太大的损失。

同样是在战术范围内，先敌行动带来的利益在战略领域里将会存在一定的差别。在空间狭小的战术领域里，战斗中的一方几乎是在另一方的眼皮底下进行运动，位于外围的一方应当能够快速地摸清敌人的一举一动。可若是在空间比较大的战略领域中，一方的运动甚至可以在一个昼夜中不被敌人察觉，假如只是一部分军队在运动,而它们会被派到遥远的地方,那么经常出现的情况是它们将在几个星期内不被敌人发现。假如一方处于最适合隐藏的地势,那在这里,隐蔽将会获得莫大的利益。

对于发挥兵力向心运动的效果以及离心运动的效果和它们与进攻和防御的关系,在此我们就分析到这里,以后在谈到进攻和防御时还会谈及这方面的问题。

第五章　战略防御的特点

这一章我们主要说的是:转入反攻不仅是防御发展的必然趋势,而且是防御的一个基本组成部分。不管在什么情况下,假如在军事上不以某种方式加以利用通过防御形式所取得的胜利,就好像是任由一朵花儿枯萎凋谢一样,这是极其错误的。

防御中最辉煌的部分就是快速而猛烈地转入进攻。如果有谁在防御时没能想到这一点,或者更明确地说不把进攻看作是防御其中的部分,那么对于防御的优越性,他将永远不会了解,他所能想到的手段就是通过攻击来摧毁敌人。不过,决定这些手段的丧失和取得的是如何解结而非如何打结。假如人们认为攻击总是出敌不意的,因而会猜想防御不过是困难的处境以及混乱的局面,那就是大错特错了。

相对于那些没有恶意的防御者,征服者会更早地坚定进行战争的决心,假如征服者能有效地保持措施的技巧,在某种程度上,他就会出敌不意地进攻防御者,不过,这并非战争中的必然现象。与其说战争是随着征服者一起出现的,还不如说它是随着防御者一起出现的,这是因为只有入侵才会引起防御,而有了防御才会引发战争。征服者总是称自己是和平爱好者,甚至愿意以和平的方式进入别国的领地。不过,对于防御者来说,必须阻止征服者的进入,于是战争出现了。军事艺术要求人们明白:为了免遭敌国的奇袭,那些弱小得被迫防御的国家应需要随时做好战斗的准备。

对于哪一方会先出现在战场上,在多数情况下,他抱有进攻意图还是抱有防御意图并不会成为其决定因素,它的决定因素将来自于另外的一些东西。进攻意图和防御意图往往是哪一方会出现在战场上的结果,而并非其原因。既然突然进攻会很有利,那么哪一方先做好准备,他就会由于这个原因而采取突然进攻的方式;而准备比较晚的那一方就只能利用防御的优点来弥补自己准备较晚所产生的不利影响。

不过,能够有效地利用早做准备这一点,通常应该看成是进攻的优点,但这个一般的优点并不会一定出现在任何场合。

假如我们猜想一下，防御应当是怎么样的，那么我们可以说，防御是尽量准备好一切手段，有一支优秀的军队，有一位行动主动、沉着冷静的统帅，有坚固的要塞，有使敌人害怕的民众。只有拥有了这些条件，与进攻相比，防御才不会显得那么脆弱，而进攻也不会像有些人所认为的那样轻而易举。

第六章　防御的手段

在防御中除却军队的绝对数量和质量以外，还有地形、出敌不意、多面攻击、战区的有利作用、民众的支持和巨大的精神力量等因素来决定战术结果和战略结果，我们认为，在此谈论主要供防御者使用的那些手段是有益处的，而这些手段在某种程度上能够被当作支撑防御这座大桥的支柱。

一、后备军

在现代，后备军也可以出国与敌作战，甚至在有些国家，后备军已经被当成常备军的一部分而不再只用于防御。不过值得关注的是，相对于用于进攻，那些组织不太完善的后备军更适合用于防御。在后备军的概念中始终有这样一层含义：所有的民众以他们的体力、财产和精神在战争中不同于一般及或多或少志愿地协助作战。

后备军这个组织越是缺少这种性质，其队伍就越有可能成为变相的常规军，他们缺少的就是真正后备军的优点，而更多地具有常规军的优点。真正的后备军拥有比较广泛、规模较小、由于精神与信念而增强的巨大力量。这些方面体现了其实质，它一定要让所有民众最大限度地发挥这种作用，否则若是想期待后备军会取得什么样的成就，那只能是幻想。

但值得重视的是，后备军的以上实质与防御的概念有着十分紧密的关系，因此这样的后备军更适合用于防御，而不太适合用于进攻，而在防御战中则会主要体现出后备军挫败进攻的效果。

二、要塞

只有位于边境附近的要塞才能够被进攻者利用，因此要塞本身对他的帮助比较小。反之对于防御者来说，要塞能起很大的作用，因为防御者可以利用全国的所有要塞。在战争中能起最大作用的是一个能迫使敌人的军队进行真正的围攻而自己又能守住的要塞，而对于一个只能使敌人打消占领这一点的想法不能真正地牵制和消灭敌人军队的要塞则产生不了这么大的作用。

三、民众

尽管战区内单个居民对战争的影响常常是容易忽视的，但就算是根本不是民众暴动的情况，全国居民对于战争的总的影响却是值得重视的。假如民众的确能够服从于本国政府的命令，那么在本国进行任何活动都是比较容易办到的。相反，如果是敌人要求民众履行大大小小的义务，就不得不使用暴力和强制手段，而动用了军队才可以成功地使用暴力，这样将消耗掉敌人的大量兵力，而且还会增加很多劳累。不过，本国的防御者却可以轻松地获得这样的利益，就算民众并不是真正地自愿牺牲自我，但长时间养成的公民的服从性会使他们贡献出自己的一切，这出于真正忠诚的自愿协助在所有的情况下都发挥出很大的作用，在不需要作多大牺牲的事情上总是需要这样的协助。在这里我只想说一件对于作战有着重大意义的事情，那就是情报。这里的情报指的是军队在日常勤务中遇到的无数细小的情况，而并非通过侦察所获取的情报。当然，防御方要想在这方面占据优势，就要与民众搞好关系。

假如我们分析了这种一般且常常会发生的情况之后再对特殊情况做研究，也就是民众开始直接参加会战以及发展到最高的阶段，那么我们就会明白，另一种真正的力量开始出现了，并非单纯的民众支持的增加。因此我们可以指出：民众武装或民兵是一种独特的防御手段。

四、我们还可以把同盟者当做防御者的最后支柱

当然，这里所说的是与某个国家的存亡有着切身利害关系的那些同盟国，并不是进攻者，也不是一般的同盟者。我们只需要了解一些目前欧洲各国的情形就会发现：国家和民族的大小利益都是非常复杂地、变化多端地混杂在一起，每一个交织而行程的交叉点都是一个起着稳定作用的结，因为在这一点上，一个趋向是另一个趋向的平衡力量。这些结会联系成一个整体，因此任何部分的变化都将影响到整体的变化。各国互相之间根本不想这个整体发生任何变化，而是更多地致力于维持整体的现状，即一般而言存在着维持现状的趋向。

我们认为，一定要对政治均势作上述的理解，而上述意义上的政治均势会自然而然地产生在所有许多文明国家多方面接触的地方。

还有一个问题是：共同利益要求维持现状的趋向到底能发挥出多大的作用？假设某个国家之间的关系发生了变化，某些变化会让整体更容易产生维持现状的作用，而某些变化则会使整体不容易产生维持现状的作用。前一种情况，由于保持政

治均势的力量与共同利益所倾向的方向是一样的,因而在共同利益中,它们会得到较多的利益。但是,后一种情况,这种变化是一种真正的病态,我们很容易理解由大小不一的很多国家所构成的松散的整体中出现的这种病态,因为,就算是物体的那种调节很好的有机的整体里也会出现一样的状况。

假如有人指出,在过去曾有少数的国家竟发生了给自己带来好处的变化,而整体却从来不试着来改变这样的变化,甚至极个别国家就好像变成了整体的统帅,常常凌驾于别的国家之上,我们需要说:这只能说明整体趋向所产生的作用较小,决不能表明共同利益对维持现状的趋向消失了。朝着某一个目标的引力决不能因此而表明这种引力已经没有了,也不意味着这还是朝着那个目标在运动。若是从天体学来理解,这个道理就再明显不过了。

维持现状可以保持均势的趋向。当然,在目前现状中需要出现均势的状态,因为一旦如此的状态遭到了破坏,保持均势的趋向会随着局面的紧张而相应地发生变化。但若是从事物本质来看,这种变化只会牵涉少数几个国家而不会对大多数的国家带来影响。而各个国家的共同利益始终维持和保障着大多数国家的生存。我们还可以确定:每一个尚未与整体一样处于紧张状态的国家在进行防御的时候,支持它的国家将远远超过反对它的国家。

讥讽这些研究是乌托邦式梦想的人,其实已经忘记了哲学上的真理。就算是事物的基本要素之间的互相关系也能通过哲学真理来理解和认识,假如我们想从这种互相的关系中得出一个能够支配实际情形的法则而忽视了可能会出现的偶然现象,这也是不恰当的。这就好像一位伟大的作家所说的那样:历史并不是轶事趣闻,也不是靠这些东西乱七八糟拼凑而来的,假如从来都不深入地谈论在根本上起着支配作用的总的关系,而只是从偶然现象出发、从细微处去关注问题,只是为了寻找出最直接的原因。这样的观点适用于来说明个别现象,对这样的人来说,哲学对一般情况所规定的一切就好像是一个梦想。

假如那些普遍追求平静以及维持现状的趋向已经消失了,那么很多文明的国家肯定会联合成一个国家而决不能长时间地共同存在。欧洲在世界上存在了1000多年的理由就是共同利益要求维持现状的趋向。有时整体会发生不正常的状态,比如它并非永远可以维护每一个国家,但这种不正常的现象会被整体消除且根本不会对整体造成影响。

我们再回到我们所谈论的问题上来:在一般情况下,相比较进攻者,防御者更渴望得到其他国家的援助。防御者的存在对于所有别的国家越重要,换句话说,它的政治和军事状况越健全,它就越有可能得到这种援助。

我们在这里提出来的防御的主要手段并不是每一次防御都能具备的,可能有时缺少这几种,有时缺少那几种,但就防御这个总概念而言,它们全都是属于防御的。

第七章　进攻和防御的相互作用

进攻和防御是两个不一样的概念,我们先研究防御。防御的规则以进攻的规则为依据,而进攻的规则又以防御的规则为依据。不过,一定要从进攻和防御中找出一个起点,这样才使概念能够成立,现在我们所需要谈论的首要问题就是这个起点。

假如战争的发生需要从哲学角度来分析,那么战争的概念是随着防御而非进攻一起产生,因为与其说进攻的绝对目的是斗争,还不如说是占领。而防御的直接目的是斗争,其实抵御和斗争是一回事,抵御要以对方的进攻为基础,因为它的目的完全是为了应付敌人的进攻;进攻则没有必要以对方的抵御为基础,因为它的目的不是为了应付敌人的抵御,而是为了占领。

假如以上的结论是对的,就算防御者根本搞不清楚进攻者的行动,也可以有确定行动的依据,而战斗手段的部署则取决于这些依据。反之,假如进攻者不了解防御者的行动,他就肯定没有确定行动的依据,除了借助于军队去进行占领。

携带战斗手段并不意味着使用战斗手段,真实的情况就是如此。进攻者携带战斗手段是依据一种很一般的前提,就是他可能会使用战斗手段,用军队来占领别国的土地,这还不能算是积极的军事行动。不过,防御者所采取的行动真正符合战争的概念,因为他不但集中了战斗手段,而且按照自己的作战企图部署了战斗手段。

第二个问题是:从理论上说,我们应该首先确定的防御行动的立足点是什么?当然是为了占领而前进。不过,如此的前进应该说是战争以外的东西。防御者考虑阻止这样的前进就必须考虑到国土问题。于是,最初的、极其普通的防御方法产生了,而进攻者会针对这样的方法来使用对策。分析了进攻所使用的手段后,就又会产生新的防御原则,这就会出现相互的作用,只要不断地产生值得分析的新结果,那么理论就能够继续不断地分析这样的相互作用。

第八章　抵抗的方式

抵御是防御的概念，防御在抵御中包含有等待，而防御的主要特征是等待。但是，战争中的防御并不仅仅是忍受，因此等待只可以是相对的而非绝对的。

与等待有关联的因素，在空间方面有全部国土、战区或者阵地；在时间方面有战争、战局或者会战，它们只是交织的一定范围的中心，而非固定不变的单位。在实际生活中，我们没必要对事物进行严格的区分，而是很满足于如此的分类。在实际生活中，这些概念已经很明确，而且按照它们还可以便于集中别的理念。

等待敌人进攻国土是国土防御，等待敌人进攻战区是战区防御，等待敌人进攻阵地是阵地防御。在这一时刻以后，防御者实施的任何活动，包括积极的、带有进攻性质的，这些都不会改变防御的概念，因为等待是防御的主要特点和优点，而这都已经实现了。

从时间范围来区分的战争、战局和会战与国土、战区和阵地是相应的概念，以上的论述对于战争、战局和会战同样也是适用的。

等待和行动这两个不同性质的部分共同组成了防御。当我们想让等待与一定的对象发生关联并在采取行动之前进行等待时，这样两部分就有可能成为一个整体。不过，对于一次防御行动，尤其是一次较大的防御行动，比如战局、整个战争，从时间角度不能将防御分成两个部分，也就是第一个部分只是等待，第二个部分只是行动，这时防御是由等待和行动这两种状态交叉构成的，而等待可以像一条长线贯穿于整个防御行动中。

事物本身的性质决定着不能忽视等待。到目前为止，等待这个概念已经不自觉地在实际生活中多次成为行动的立足点了，但任何理论都没有把它提出来作为一个单独概念。

整个行动的基本组成部分就是等待，缺少了它，军事行动几乎就没有了。在以后，我们还会谈到等待在力量的相互作用中的效果时经常说到这个问题，现在我们想谈论：等待这个因素如何贯穿在整个防御行动之中以及由此能够产生哪些不同程度的防御方式。

为了简单地说明我们的想法，我们决定将国土防御留到后面去研究，因为在国土防御中有很复杂的政治关系,而且它们的影响是比较大的。另外一方面,战术问题包括了阵地上和会战中的防御行动,它们只有作为一个整体才是战略活动的起点,因此,战区防御最能说明防御的情况。

之前我们已经说过,防御很重要的两个部分就是等待和行动。防御因等待而成立、因行动而成为战争。按照这个观点,我们总结了这样的结论:防御是一种较强的作战形式,它可以更有把握地战胜敌人。对于这个结论,我们绝对会坚持到底,一方面是只有它才能让我们少犯错误;另一方面是这个观念越是形象、越容易被人们掌握,就越能增加防御的力量。

假如有人想要继续区分防御的第一个必要组成部分,把转入真正战略进攻的这部分看作是可有可无的东西,而将守卫、战区和阵地当成是必要的部分,那么这与我们上面所说的结论是相悖的,因此,这样的区分是没有任何作用的,我们坚决同意防御的基础是报复思想,因为防御不能造成进攻以及防御在对比关系上所需要的均衡,哪怕它最初给敌人带来了怎样的损失。

防御是一种较强的作战方式,它能帮助我们很轻松地赢得战争的胜利,但我们需要以具体情况来判断这个胜利能否超过了防御最初的目的。

不过,防御与等待是互相联系的,只有出现了进攻才有可能战胜敌人。假如缺少了进攻,防御就不能满足于保持本来的东西,而这正是防御在等待状态中的最直接目的。当防御只满足于实现这个较低目的时才能发挥出它作为更为有效的作战形式的那些优点。

假如我们现在想象一支军队领命防守它的战区,那么防御就可以这样进行:

1.敌人进入到战区,军队就要尽快向他进攻。

2.军队在战区边缘地区占领阵地,等待进攻的敌人出现,之后迎击敌人,这样行动会很被动且需要长时间的等待。假如敌人进行真正的进攻,相比较前一种方式,使用防御并不会争取很多时间,甚至一点儿时间也争取不到。但在这种情况下可以避免战争的发生,因为或许敌人还没有下定决心发动进攻,这样等待的利益就增加了,而前一种情形则肯定会发生战斗。

3.在战区边缘附近的阵地上,军队需要同时等待敌人下决心进行战斗,以及敌人发动真正的攻击,这样一次真正的防御战斗可能会发生。不过,就像之前所说过的那样,这种防御会战包括军队各个部分的进攻。像第二种情况一样,在这里无须考虑到时间的问题,但敌人的决心将会受到新的煎熬。有的进攻者在正式发起攻击后赫然发现防御者的阵地太坚固了,于是在最后的关键时刻或者再一次尝试攻击之后,他那进行会战的决心便动摇了。

4.军队撤退到自己的国内进行抵抗。这个撤退目的会削弱进攻者的兵力,慢慢地,等待进攻者的兵力受到严重的削弱,以致他们只能选择停止前进,或者在没有击破我们在他进攻路程的终点之前停下来,这样我们也就不用继续抵抗了。

假如防御者能够在撤退时留下一些要塞,逼迫进攻者只能进行围攻或者包围,那么这样的情形就会清楚而明显地呈现出来。我们十分明白:进攻者兵力削弱的程度以及防御者以绝对优势兵力在一个地点攻击进攻者会有几成把握。

就算没有要塞,防御者逐渐朝着本国国土撤退,会让自己逐渐获得所需要的均势,甚至会重新占据优势。因为对于进攻者来说,任何前进的战略进攻都会令自己的兵力遭到削弱,这种削弱一方面是由前进本身所导致的,另一方面是由必要的兵力分散所造成的。我们会在研究进攻时对这个问题作一个详细的解释,这里先提出这个重要的结论,是因为这是已经经过多次战争充分证明了的真理。

第四种情形:应当首先将争取时间当作是一种巨大的利益。假如我们的要塞遭到进攻者的围攻,那么我们就争取了要塞被攻破之前的那一段时间,这段时间有可能会长达数十天,在某些特殊的情况下还可以长达几个月。假如进攻者兵力遭到削弱,也就是前进和占领一些必要的地点,或者漫长的路程导致了他进攻力量的削弱甚至趋于枯竭,那么通常我们还会争取到更多的时间,我们不用被限定在某个时刻而是直接可以进入下一个行动。

我们不仅需要考虑双方兵力在进攻者进攻终点的比例变化,还要考虑防御者因等待而获得的有利条件。就算是进攻者在前进的途中并没有遭到削弱,他也不能在我们主力停下来的地方发起进攻,或许他根本没有决心发起进攻,因为比起在战区边缘附近发动进攻,在这里若是想采取进攻将会需要更大的决心,而他们还将面临两方面的问题:一方面,军队已经不再强有力,同时还增加了被攻击的危险;另一方面是对于一些优柔寡断的指挥者来说,既然目的已经实现且占领了阵地,在他们看来就没有进行战斗的必要性,从而放弃进行会战的想法。由于进攻者放弃了进攻,即便防御者无法取得消极的结果,却为此争取了更多的时间。

防御者在上面的4种情况中都能够占据地形上的优势,还能在行动中有效地利用要塞以及获取民众的帮助。随着上面4种防御方式的次序,这些因素的作用将依次递增,这些因素主要是削弱敌人的力量。等待的利益随着这4种防御方式的次序而依次递增,防御力量真正的依次增强是上面4种防御方式的以此变换所引起的,作战方式越是与进攻者不同,它的力量就会越强。不用担心人们会因此而责备我们，因为我们认为在一切防御中，只有消极防御才是最强的。由于抵抗行动只是延迟或者推后了抵抗行动，而不会随着上面4种防御方式的次序依次减少。凭借着坚固而适当的筑垒阵地，人们可以进行更有力的抵抗，一旦敌人的兵力由于如此的抵抗而受到重大损失的时候，这时人们就可以对他进行更有力的反击。

我们可以得出这样的结论：防御者的优势，或许更直接地说，防御者所能获得的抵抗力量将会随着这上面4种防御方式的次序而依次增加，因而随之增强的还有防御者的还击力量。

这几种递增的防御利益完全不费力气就能得到吗？当然不能。随着这些递增利益变化的还有所付出代价的增大。

假如我们在战区内等待敌人，那么不管在距离附近多近的地方进行战斗，敌人的军队始终会进入这个战区，这样我们会不可避免地遭受一定的损失。假如最初不攻击敌人，那我们将遭受更大的损失。敌人接近我们阵地所需要花费的时间将随着其占领地区的扩大而增加，这样我们将会遭受更多损失。如果让敌人来决定战斗以及战斗的时间，那么敌人将长时间地停留在自己占据的地区，我们以损失的代价来换取所赢得的时间。假如我们向本国的重心撤退，那损失将会更加严重。

防御者所遭受的削弱的大多是力量方面的损失，这只会给军队带来间接的影响，甚至有时他们是察觉不到这种影响的存在的。由此可见，防御者当前实力的增强是以牺牲未来利益为代价的。

假如我们想研究不同抵抗方式的效果，一定要明确进攻的目的。有可能敌人进攻的目的是占领我们的大部分战区，因为至少大部分的战区才可以看做一个整体，而在战略上占领几普里的地区没有任何独立的关键意义，这有可能是占领我们的战区。由于对我们军队的畏惧，进攻者几乎没有对我们的战区发起攻击，或者没有向我们的阵地发起攻击，或者即便是在我们对他们挑起会战时，他们也回避了战斗，这样我们防御的目的便实现了。当然，这种成果不能为真正的还击直接增加力量，它只是消极的。但即使这样，还是可以给真正的还击间接地增加力量，即它可以为还击做好准备工作。由于进攻者正在花费时间，而时间的损失并不是一件好事，因为丧失时间的一方会以某种方式削弱自己的兵力。

在使用前3种防御方式的时候，即当防御在战区边缘附近进行的时候，如果说防御获得了成果，那就是决战不会进行的情况。

假如我们的要塞被敌人围攻，那么就一定要在合适的时候为要塞解围，以积极的行动来决定胜负。

假如情况是这样,敌人只是跟随着我们进入战区而非围攻我们的要塞。尽管我们没有相当多的时间,以致可以等待敌人受到严重削弱才开始行动。敌人也许已经占领了自己进攻目标的所有地方,但这只不过是短时间内的情况,相当于我们将这块地区借给了他,持续的紧张状态还在继续,未来的决战还分不清谁胜谁负。只要防御者逐渐增强自己的力量,而进攻者的力量则遭到日益削弱。若是拖延决战的时间,那将会对防御者很有利。一旦决战时刻到来,防御者就应当决定行动以及进行决战,这时已经不存在等待的利益了。

当然,在现实中并不存在统一的标准来规定这个时刻,因为它取决于许多的情况和条件。可是我们一定要指出,通常,自然的界限是冬季的来临。假如在冬季到来之前,我们还不能成功地阻击敌人,以致让他在自己所占据的地方过冬,这时我们就需要放弃这个地方。

决战究竟是什么样的呢?

我们在分析中,一直把决战假设为会战的形式。当然,会战形式不一定成为决战的作战方式,这个作战方式是能够导致剧变的一系列分兵进行的战斗行动,而导致剧变的原因在于:也许是真正进行了血战,也许是由于战斗的可能性所产生的作用逼迫敌人只能采取撤退。

其他的作战方式不会出现在决战战场,因为,就算是缺乏粮食直接导致了敌人的军队决定撤退,这样的结果也是由于我们武力的限制所造成的。如果根本不存在我们的军队,敌人的军队就肯定会想办法解决粮食问题。

在进攻路程的终点,由于种种的困难,敌人的军队已经变得疲惫不堪,他们的兵力因分散、饥饿和疾病而受到了消耗和削弱,这样的情况会迫使他们放弃占领的所有地区并决定撤退,因为他们惧怕我们的武力。当然,这样的决战与在战区边缘附近进行的决战存在着一定的差别。

在战区边缘附近进行的决战中,只要以我们的武力对付敌人、制伏敌人,甚至摧毁敌人的武力。不过,在进攻路程到了最后的地点,对于因劳累而消耗了一半兵力的敌人军队,这时我们的武力所能起到的作用将会有明显的区别。我们的军队并不是决定胜负的唯一因素,却是最后的因素。在前进的途中,敌人的军队已经做好了决定胜负的准备,以至于它们的损失达到了一定的程度,一旦我们有可能反攻就会逼迫敌人撤退,这样敌人在前进中的劳累将成为决定胜负的真正原因。当然,防御者的武力不起任何作用的情况也是有的。不过在实际考察问题时,我们主要研究的是在两个因素中哪一个会起重要作用。

在这个意义上,我们认为在防御中有两种反应方式,也就是,进攻者是因为防御者的反攻的毁灭还是因自己的劳累而溃败。

第一种决定胜负的方式主要适用于采取前 3 种防御方式的情形,第二种决定胜负的方式主要适用于采取第 4 种防御方式的情形。通常只有在本国国土进行路程很长的撤退时才能利用第二种方式决定胜负;恰恰是利用这种方式来分出胜负,人们才会进行如此重大的撤退而毫不顾及自己需要牺牲多少。

我们了解了两类不同的抵抗原则,说到这里,我们已经详细地说明了防御的一些基本概念,明确地指出了各种防御方式以及这些防御方式中的两种主要的抵抗原则,解释了等待这个因素是怎样贯穿于整个防御活动之中、是怎么样积极地与行动紧密结合的。一旦积极的行动真正地出现,等待就没有任何作用。

当然,防御中还包括了诸如要塞、营垒、山地防御、江河防御和侧翼活动等实质和作用等重要问题,这些问题会在后面的章节中详细论述。或许它们是独立范畴的中心,或许能够组成专门的章节。但是,这些问题只是在实际地区以及实际情况中起到作用而已,并未超出上面所说的一系列概念的范围。从防御的概念和防御与进攻关系中,我们总结出上面一系列观念,并将它们与实际联系起来,这样就会明白如何才能从实际中运用到那些简单的观念,即在讨论问题时能找到相关可靠的立足点,以免求助于那些本身毫无根据的论据。

由于战斗是复杂多变的,很有可能发生流血战斗的情形,因此在形式以及特点上,武力抵抗会发生巨大的变化,人们很容易因此认为必然还有别的发挥作用的因素。真正的会战以及根本不会发生战斗,两者所产生的效果是很不一样的,因而人们猜想在这里还有一种新的力量存在。

假如防御者据守着一个坚固的阵地,而进攻者就认为这是不可能攻下的;假如防御者有一条大河作为掩护,进攻者就认为自己不能渡涉,甚至担心若是继续前进,那自己的给养问题将不能被保障,只有防御者的武力才可以产生出这些效果。由于进攻者担心在主要战斗中或者在一些很重要的地点被防御者的武力击败,因而进攻者被迫停止前进,只是他不会承认或者坦白自己的想法而已。

就算是人们反对这种意见,承认那些还没有真正进行但已经做了部署的战斗尚未进行战斗却胜负已分的场合里起决定性作用,他们始终会认为可以被当成有效因素的不是战斗在战术上的胜负,而是这些战斗的战略计谋。当他们说到使用武力以外的防御手段时就认定这是战略计谋发挥着重大的作用,这正是我们需要讨论的问题。假如在战斗中,在战术成果的基础之上才会产生所有的战略计谋,那这样的情形始终会出现。也就是说，针对这个基础，进攻者肯定会采取有效的措施，他们所要达到的第一个目的就是让自己在赢得战术成果方面占据优势，为后面彻底粉碎防御者的战略计谋做好准备，这正是防御者所忧虑的问题。

决不能将战略计谋当作是某种独立的东西，战略计谋能发挥作用的前提是：人们用相当多的依据来取得战术成果。在这里只想说明一下：拿破仑从来不怀疑战斗的结局将有利于自己，所以他不顾一切地冲破敌人的全部战略计谋而寻求战斗。在这种战斗中，只要对方致力于一些精巧的计谋，而没有集中自己的全部兵力并以优势兵力压倒拿破仑，那他的结果只能是被摧毁，因此我们应当指出：任何战略部署都只可以以战术成果为基础，决定胜负的根本原因就是战术成果。如果你想指望从战略部署本身获取利益，那除非你能将胜负问题置之度外。

从战史中可以看到，许多战局中的进攻者还没有进行真正的会战就停止了进攻，这可能是战略计谋带来的巨大影响。这样的观点可能会让人认为这些战略计谋本身就蕴藏着巨大的力量。在战术成果方面，当进攻者还不占据较为明显的决定性优势时，战略计谋通常会单独解决问题。就算是上面所说的现象原因是出现在战场上，可能它本身就属于战争现象，那这个观点是不正确的。许多进攻之所以没有发挥出作用，其原因就在于战争的较高的关系，也就是存在于战争的政治关系中。

由于战争的基础总的关系，大多数战争变成了真假难辨的战争，在这样的战争中，原来的敌对感情会逐渐变成很微弱的因素，那是因为必须通过各种冲突关系。对于采取积极行动的进攻的一方，这个问题将会表现得更明显、更突出。软弱无力的进攻会由于稍微增加的压力而停止下来，这当然是可以理解的。对于那些薄弱的、因顾虑重重难以下决定的进攻者，我们只需要假装抵抗就可以了。

防御者之所以能通过不流血战斗而获得成功，原因在于进攻者薄弱的意志以及不坚定的决心，而并不是到处都有建造起来的坚固阵地，也并不是进攻者真的惧怕那些横贯战区的林木茂密的山脉以及穿过战区的宽广的江河，也不是仅凭着某些战斗部署就真的可以轻易地瓦解敌人用来进攻自己的力量。

我们必须考虑上面所说的这些抵抗力量，但不应当将它们的作用归功于其他事物身上，而是应当正确认识到它们的作用。假如批判者不同意正确的观点，那么战史在记载这部分时就很容易模糊真实情况而让其带着欺骗的性质。

现在简单地分析一下许多没有真正发生战斗的进攻战局是如何失败的。在进攻真正开始之后，敌国的军队被迫朝着腹地撤退一段距离，但进攻者却对是否进行会战而犹豫不决。由于不坚定的决心，他们占领了一个地方就停止了下来，似乎这样就实现了目的。在有的进攻者看来，似乎自己只需要等待会战，而会战的决定权在敌人手里。其实，这些所谓的顾虑、担心都是统帅想借此欺骗部下、政府、世界以及自己的借口。这其中的真正原因在于他们发现自己根本不可能赢得胜利，因为对手比自己过于强大。

我们这里所说的不包括这样的情况：进攻者放弃进攻的原因是他在进攻路程的终点已经没有多余的力量来进行一次新的进攻，而不是自己不能利用已经赢得的胜利。出现如此情况的前提是有一次成功的进攻，也就是真正的占领。不过，我们这里所说的是进攻者尚未达到预定的占领目标就选择停止不前的情况。

进攻者只有通过等待才能获得有利的时机，不过，通常这样的事情不会出现，因为预定的进攻已经表明：在不远的未来肯定不会出现比现在更好的情况，这只是一个虚假的借口。假如这次行动与同时进行的其他行动存在一定关系，那么他们就会把自己不愿意担负的责任推卸给其他军队，并利用借口支援不足或者协助不够等来做辩护。他们还会喋喋不休地诉说那些难以克服的困难，并通过那些复杂微妙的关系寻找借口。于是进攻者的力量就这样消耗在无所事事之中，或许更明确地说消耗在没有任何成果的活动之中。冬季到了，防御者争取到了对他来说最重要的时间，这时进攻者会回到自己的战区冬营，自然，这一轮的进攻也就结束了。

在战史里，我们到处可以看到这样一些虚假的现象，它帮助进攻者掩盖了无法赢得成果的最简单和最真实的原因——对敌人武力的畏惧。假如评判者想分析这样的战局，他们根本无法得出真实的结论，因为他们会被许多互相矛盾的因素而搞得头昏脑胀。因为那些原因都是没有依据的，人们没有办法去弄清楚当时的真实情况。

这样的欺骗不但是一种恶劣的习惯，还是以事物的本质为依据的。国家的政治关系以及政治企图中存在着大部分削弱战争的基本威力，但人们却将这些关系以及企图隐藏了起来。而世界、本国人民和军队根本不会知道，甚至在很多时候就连指挥官自己也不知道。谁也不会坦白他是因为担心自己的力量不足以坚持到底、或者是怕招致新的敌人、或是不愿意自己的同盟国变得过于强大等才决定停止或放弃行动。对于这样的事情，估计人们到死也不会说出真实的情况。对任何事情的说明，一定要有一个前因后果，指挥官会考虑到自己或政府，从而编造出一些虚假的理由。在军事问题上进行辩论的时候，这些欺骗的手法在理论上已经僵化成一些体系，当然，在这些体系里是不存在什么真理的，只有像我们所想要做到的那样，要想弄清楚事情的真相，就必须沿着事物内在联系的简单线索进行探索，否则我们将一无所获。

假如用怀疑的眼光浏览战史，那些关于进攻与防御的各种空洞理论就会不攻而破。在这方面，我们所提出的那些简单的观念就会显现出它的作用。我们认为，人们只有完全地掌握这个适用于整个防御体系的简单观念，才能够很清楚地弄清大量的事情。

现在我们再来研究一下各种防御方式的使用问题。

防御方式逐渐变得有力，那是逐渐增大的代价所换取的。若没有别的条件，指挥官选择方式的确定只需要这一点就行了，他所选择的适当防御方式不仅能使自己的军队具有相当多的抵抗力量，还不至于使自己撤退太远的距离，以免造成不必要的损失。不过，选择这些防御方式时通常受到一定的限制，因为在防御中出现的一些重要条件会影响指挥官选择哪种具体的防御方式。

是否采取这样的计划取决于要塞是位于边境，还是更多地位于本国境内，而起更大作用的则是国家的地理和地形状况、居民的特性、习俗和信念。敌人的计划、双方军队和统帅的特点将决定着是选择进攻会战还是防御会战。最后，采取哪种防御方式将取决于是否占有特别有利的阵地和防线。总而言之，上面所列出的这些条件已经完全能够表明：通常防御方式的选择并非取决于单纯的兵力对比而是在于这些条件。

不过，这样的影响多半只在兵力对比不大的情况下才起决定性的作用。在兵力对比悬殊的情况里，通常起主要作用的是兵力对比。战史能够充分证明，我们在这里说明的一系列观念并没有被人们所采纳，而只是像在战争中的大多数情况那样，随意地根据纯粹的判断来选择防御形式。

最后要指出的是，本章的目的不是要提出作战的新原则以及新方法，而是讨论已经存在很久的东西的内在联系，并搞清其最根本的要素。

第九章　防御会战

在前一章我们已经讲过，假如防御者在敌人刚进入战区就迎击敌人，从战术上看，他就可以在防御中进行一次纯粹的进攻会战。不过，他也可以等到敌人来到自己的阵地前面之后攻击敌人。从战术上看，他所进行的依然是进攻的会战，虽然他已经受到了限制。

防御者还可以在自己的阵地上等待敌人的攻击，通过防御据守地区，利用兵力的一部分来抵抗敌人的进攻。在防御中，随着据守地区因素的增加而积极还击的因素会相对减少，于是防御存在着各种不同的程度以及等级。我们不能证明到底可以把防御区分成多少等级，也无法确定最有利于赢得决定性胜利的因素，也就是积极还击和据守地区这两个因素形成什么样的比例，不过我们依然坚定地认为，若要想赢得决定性胜利，就必须在防御会战中存在着攻击的部分，就像是战术上纯粹的进攻会战一样，攻击部分可以而且肯定会带来决定性胜利的全部效果。

从战略的角度看，战场只是一个点，可能在一瞬间就进行一次会战，在战略上起着作用的因素是会战的结局以及结果，而非会战的过程。

由此可见，假如在含有攻击要素的每一次防御会战中确实可以赢得最终的胜利，那么从战略运用进攻会战以及防御会战的角度来说几乎不存在什么差别。我们认为确实如此，假如从表面上来看，当然会出现另外一种情况。为了搞清楚这个问题，同时也为了说明我们的观点，不妨先简单地描绘一下我们想象中的防御会战时的情形。

防御者会在阵地上选择适当的地点等待进攻者，而且会做好一切准备，这些准备工作包括地形的熟悉程度、几个重要地点的工事建构情况、交通线的修整与开辟、火炮的架设、防御工事的修筑、隐蔽地形的寻找等。假如阵地的正面筑有一道或几道平行的壕沟，或者有坚固的制高点可以控制附近地区，这样敌人就不容易接近防御者的阵地。在争夺核心阵地之前的抵抗阶段，双方的遭遇会造成各自兵力的耗损，但防御者可以利用那些十分坚固的阵地并以自己少量的兵力去杀伤敌人大量的兵力。由于两翼依托点的掩护，防御者不会受到敌军的多面攻击。而那些隐蔽的地形会促使敌军在行进时不得不小心翼翼，甚至不敢向前，这时防御者就可以对敌人进行小规模的攻击，为军队争取撤退的时间。即使眼前战火有点儿激烈，而对于他来说却是十分满意的。

当然，防御者从来不会认为自己的抵抗力量是永远强大的，他也会相信自己的侧翼会有被击破的可能性，他几乎不把希望放在那几个步兵营或者骑兵连的成功攻击上，不会相信自己的攻击会导致会战的剧变。由于他的阵地是纵深的，将意味着战斗队形中的每一个部分，包括师、营，这些都是可以应付突发情况、能及时恢复战斗的预备队，他还会将自己 1/4 到 1/3 的强大军队配属在距离会战地区很远的位置，让它完全不受到敌方火力的杀伤，那些兵力将远远地控制着进攻者可能的迂回路线。防御者会用这部分来掩护自己的侧翼，以备不时之需。到了会战的最后阶段，这时进攻者的计划已经全部暴露，防御者已经投入了大量的兵力参加战斗，他会用自己大量的兵力去攻击敌人的一部分,展开小规模攻击战,比如使用攻击、奇袭、迂回等各种进攻方式。若是在会战决定胜负的时候,采取这样的进攻会逼迫敌人全部撤退。

这就是我们设想的建立在现代战术水平基础上的防御会战。在这样的会战里,防御者以局部包围对付进攻者的全面包围,即用自己的军队去包围敌人进行迂回的那部分军队。当然,这样的局部包围是不可能发展成为进攻者那样的包围的,它的作用只是使敌人的包围丧失它原有的作用。进行这两种包围,军队的形式往往是不一样的:包围敌人的军队在进攻会战中是做向心运动,而包围敌人军队在防御会战中则是做离心运动。

在战区范围内以及在追击的最初阶段,常常被当作是有效形式的肯定是包围,不过包围之所以有效的原因是:进行最严密的包围而不是由于它具有这种形式,即只有在会战中能最大限度地牵制敌人撤退军队的时候,包围才是比较有用的。但是,这样严密的包围将要面临防御者积极的反包围,通常这种包围即便不能帮助防御者赢得胜利,也可以使他幸免于严密包围的灾难。不过在防御会战中,在撤退时受到很大限制的会成为主要的危险,假如防御者不能免于这样的危险,那么就会大大增加进攻者在会战中和追击的最初阶段中取得的成果。

通常,只有在追击的起初阶段,即夜幕降临之前才会出现以上的情况;第二天包围就会结束,在这方面,作战双方又恢复了均势。

防御者可能会失去最合适的撤退道路,因而在战略上处于不利的态势会持续。除了少数情况以外,包围本身总是会结束的,因为防御者不会超出战场很远的距离,本来他就只是在战场范围内进行。假如防御者赢得了胜利,那进攻者会出现什么样的情况呢? 战败的一方在撤退时将自己的兵力分割,这在最初时刻是很有利的,在不久的将来,他们就渴望能集中兵力。假如防御者已经赢得具有决定性的胜利,并对进攻者进行猛烈的追击,而战败者已经分散的兵力难以集中,这样将会导致更严重的后果,甚至他的整支军队就这样被一小部分一小部分地击垮了。

由此我们可以得出结论:进攻者通过性质上与进攻相适应的向心形式来扩大胜利,而防御者也可以通过性质上与防御相适应的离心形式来扩大胜利的成果,这比军队成平行配置向敌人垂直攻击所获得的成果更大,至少这两种手段的价值是一样的。

在战史上,假如我们很少发现会有防御会战赢得像进攻会战所能赢得的那样巨大的胜利,这丝毫不能证明我们的观点是错误的。防御会战之所以不能够赢得像进攻会战那样巨大胜利的原因在于他与进攻者处于不同的情况。无论是从兵力方面还是从总的情况来看,防御者都是处于弱势的一方。通常他没有能力或者自己觉得难以赢得更大的胜利,因此只满足于脱离危险以及将军队拯救出来的成绩。由于防御者力量薄弱以及不利的条件,毋庸置疑,他将受到很大的限制。

不过,人们常常会觉得采取防御这种形式将会导致最终的结果,这是由防御本身薄弱的条件所造成的。他们提出了一个很愚蠢的观点:防御的目的不是消灭敌人而只是抵御。这种看法是极为错误的,它混淆了形式与事情本身。我们坚持认为:使用防御的作战方式不仅能够赢得胜利,而且能够赢得像进攻会战那样巨大的胜利。只要具备足够的力量和决心,不但在构成战局的所有战斗的成果中是如此,而且在单个会战中也是一样的。

第十章　要塞(1)

过去尚未出现大规模的常备军,要塞只是为了保护当地民众而设置的,比如城堡以及筑垒城市。当上层人士遭到各方面威胁时就会躲进城堡,以赢得更多的时间来等待有利时机;对城市来说,他们将凭着自己坚固的城墙让自己幸免于经过本地区的战争风暴所带来的影响,这就是要塞最初也是最自然的使命,不过,设置要塞的目的并不仅限于此。就要塞的地点来说,它将关联着整个国土以及在国内各地方作战的军队,因而要塞很快就有了更重要的作用,它的影响将蔓延到国土的占领或保卫以及战争胜败的整个结局,具有比城墙更大的作用。

要塞甚至成为了一种手段,一种把战争更密切地联结成整体的手段,在战略上起了作用。人们曾在一个时期非常重视这样的战略意义,以致它将决定战局计划的轮廓,使战局计划不再以消灭敌人的军队为目的,而是以夺取一个或几个要塞为目的。后来,人们只要想到了最初使用要塞所产生的作用,即只要想到建筑要塞对整个国土及军队的关系,就会认为把要塞的使命想象得异常全面和抽象,以此来确定构筑要塞的地点。当要塞有了如此抽象的使命以后,人们几乎已经忘记了它本来的使命,于是在设置要塞时就会产生没有城市和居民的想法。

另一方面,不需要别的军事设施,只凭着坚固的城墙就能保障一个地区不致受到战争的影响,这在现代已经是不可能的事实了。过去,加固城墙之所以能发挥一定的作用,一方面是那些小国家是由各民族分散而来的,另一方面是当时的进攻具有定期的性质,因为诸侯休假回家了,或者是无法支付雇用兵队长的工钱,进攻就会在有限的持续时间内完成。

自从庞大的常备军可以用强大的炮队有序地粉粹各个地区的抵抗以来,所有城市以及其他较小的团体就不再以自己的力量孤注一掷了,这是假如城市迟迟不被击溃或失守,将会遭受更严重的损失。

分散兵力坚守只可以稍微迟缓敌人的前进而最后一定会陷落的要塞,这更不符合军队的利益。除非要塞以及军队的困难能得到同盟国的支援,否则我们一定要保存相当多的兵力,以做好在野战中抵抗敌人的准备。一定要大大减少要塞的数量,这一点肯定会让人们改变利用要塞直接保护民众和财产的想法,而产生另外一种想法:将要塞当作是间接保护国土的一种手段。

这就是关于要塞的想法的演变过程,在书本上和实际生活中都是如此。但书本上对于常见的那种自然会谈得更为抽象些。

虽然事情一定会朝着这个方向发展,但上面的这些想法未免太不合逻辑,那些自然的、真正的被人们所需要的被空想出来的东西排挤了,我们将会从那些真正为人们所需要的出发来说要塞的使命和条件。我们先说简单的,再说复杂的,并将在下一章节中分析由此而得出的有关决定要塞的位置以及数目的问题。

要塞有消极和积极两种不一样的效果。消极的效果是保护其所在地区和这个地区内的全部,积极的效果是对炮火射程之外的周围地区也发生一定的影响。

积极的效果表现在守备队可以攻击向要塞接近一定距离的任何敌人,用来攻击敌人的部队会随着守备队的兵力增大而增大,这样,通常攻击的范围就越大。相对于较小的要塞,大要塞更具有强有力的积极效果,且作用范围也更大。但是,只有在两种活动中,要塞才能产生积极的效果:一是要塞本身守备部队的活动;二是本身不是守备队,但与其有关联的大小不一的部队的活动。由于这些大小不一的部队的力量比较薄弱,因而无法单独抵抗敌人。这时若有了要塞的掩护,他们不仅可以立足且能控制这个地区。

要塞的守备部队能进行的活动始终是有限的,就算是很强的守备队和较大的要塞,比起进行野战的军队,可以派出去进行活动的部分往往也是比较小的,它们的活动范围的直径很少会超过几天的行程。所派出去的部队的多少与要塞的大小以及活动范围的大小,这三者是成正比的,有时范围大小可能仅限于附近的村庄。但是,那些不是守备部队因而不用返回要塞的部队所受的限制会更小,当别的条件占据优势时,要塞的积极效果将会通过这些部队得到扩大。因此,当我们通常说到要塞的积极效果,一定要特别注意上述这部分效果。

不过,就算是最薄弱的守备部队所产生的最小的积极效果对要塞所需要完成的所有任务来说仍旧是一个很重要的部分。严格地讲,若是没有上面所说的积极效果,要塞中所有活动中的最消极的活动是不容易出现的。在要塞通常或在某个时间内所能完成的各种不同的任务中,有的趋向于产生消极的效果,有的趋向于产生积极的效果。这些任务是以简单或以复杂的方式完成的。若是以简单的方式完成的,要塞的效果在某种程度上是直接的;若是以复杂的方式完成的,要塞所产生的效果多少会是间接的。在这里需要说明一点:一个要塞当然能够同时担负几个使命,甚至担负一切可以完成的使命。

因此,我们说要塞是防御的首要的以及最大的支柱,主要表现在以下几个方面:

一、作为有安全保障的仓库

在进攻时期,进攻者只需要准备好前几天的给养,而在这方面,防御者一般会提前做准备,即他不能完全依靠自己所驻扎的地方取得给养,因为那原本就是他需要保护的地区,防御者极其需要的是仓库。当进攻者在向前行进时,他会在后方安置好自己的各种储备品,因而那些东西不会受到战区内各种危险的影响,不过,防御者的储备品却不能幸免于危险。假如在要塞里不准备各种储备品,那么这对于野战行动肯定会产生非常糟糕的影响,即为了保护那些储备品,就必须把部队配置在较为宽阔的阵地上,这样的选择不是自愿的而是被迫的。

二、用以保障富庶的大城市的安全

这一使命接近于前一个使命。在富庶的大城市,商业中心成为军队天然的仓库,它们是否丧失将会直接影响着军队。花费一些力气来保护这些国家财产始终是划算的,因为从这里可以间接地获得力量,而且在战和谈判的时候,重要的城市本身就具有十分明显的作用。

在现代,要塞的这一使命没有得到应有的重视,但它绝对是最能发挥作用,也最正确的使命之一。若一个国家不但将要塞构筑在了全部的富庶大城市,而且还将它们构筑在所有人口密度较大的地区,而将要塞的防守工作交给了当地的民众以及附近的农民,这样就极大地削弱了战争运动的速度。受到进攻的民众将发挥出巨大的作用,以致对方的指挥官难以发挥出自己的才能和意志力。

在这里,我们提出在全国建筑要塞的想法只是为了让人们开始重视上面所说到的要塞的使命,希望人们永远不要忘记要塞的直接保护作用带来的重要意义。而我们在这里所作的分析与这个想法并不冲突,因为在许多大城市中,肯定会有几个城市的要塞构筑得更坚固,而它们也将成为军队真正的支柱。

要想完成第一以及第二个使命,要塞只需要发挥它的消极效果就可以了。

三、作为真正的封锁堡

我们可以利用要塞来封锁道路以及流经附近的江河,不像人们所想象的那样,要想找到一条能够用来迂回要塞的小路是异常困难的,因为这种迂回非但一定要在要塞炮火射程以外进行,还一定要在十分远的地方绕道进行,因为需要防止守备部队可能发动攻击。

假如地形难以通行,那么稍稍偏离大路就可以让行军变得迟缓,甚至可能会耽误一整天的行程。假如这条通路必须常常使用,如此的拖延时间是很严重的。

利用要塞封锁江河上的航道对进攻者行动产生的作用,是不言而喻的。

四、作为战术上的依托点

由于较大的要塞火力控制范围一般可以达到几个小时的行程,攻击的活动范围相对比较大,因此阵地侧翼最好的依托点永远是要塞。假如最恰当的依托点可以是几普里的湖泊,但一个中等要塞却更能最大限度地发挥作用。阵地的侧翼用不着完全接近要塞,由于进攻者不会进入阵地侧翼和要塞之间的中间地区,这样无疑是自己切断了后路。

五、作为兵站

假如要塞位于防御者的交通线上,那么对于经过这条道路的所有军队来讲,要塞就是便捷的兵站。如果交通线受到了威胁,那只是敌军别动队所进行的短暂的袭扰。一支重要的运输队在发现这种别动队以较快的速度靠近时,只要可以加快前进或者快速撤退而进入要塞,它就可以躲避掉别动队的袭击,直到危险全部消失后再行动。所有经过的军队都可以在这里休息几天,并为他们加快后面的行军速度做准备,其实这几天休息的时间正好是部队最容易遭到袭击的时候。如果一条有 30 普里且中间有一个要塞的交通线,那么这条交通线似乎已经缩短了一半的距离。

六、作为弱小部队或者败退部队的避难地

在较大要塞的炮火掩护下,任何一支部队都可能避开敌人的袭击,即便缺少专门构筑的营垒。当然,假如一支部队想要留驻在这里,就必须考虑到不能继续撤退的可能性。在某些情形下,不能继续撤退并没有什么重大的损失,因为继续撤退的后果就是全军覆没。

不过,通常军队在要塞停留几天却不会失去撤退的可能性,尤其是对那些提早到达此地的轻伤人员和分散的士兵,要塞就是他们避难的场所,他们可以一直住在

这里直到战败的部队到来。

人们只有通过在战争中的直接体验才可以正确认识自己附近的要塞在情况不利时所起的良好作用。要塞相当于荒原上的旅店,因为在这些要塞中储存有枪支弹药、饲料和面包,能够给伤病员提供住宿,让健壮的人得到安全,让惊慌失措的人恢复平静。

要塞在完成以上 4 项使命时,需要较多地发挥积极的效果。

七、作为抵挡敌军进攻的真正盾牌

对于防御者来说,留在自己的前方要塞就如同以一个大冰块去击散敌人攻击力量的洪流,敌人无奈之下只能对这些要塞进行包围。假如守备部队作战勇敢,敌人就必须投入双倍的兵力。通常守备部队中一半的兵力是由那些没有要塞就无法进行作战的人员所构成的,诸如未经充分训练的后备军、半残疾军人、武装的居民、民兵,等等。所以,通常敌军受到的削弱大概是我方的 4 倍。

敌军受到如此严重的削弱,这是被围攻的要塞通过其抵抗给我们带来的首要的和关键的利益,不过这并不是唯一的利益。从进攻者击破我们要塞线的时刻起,进攻者的一切行动都会受到很大的束缚,他的后路受到限制,而且常常需要考虑怎样才能直接掩护自己所进行的围攻。

在这方面,要塞对于防御者的行动起着巨大的、决定性的作用。我们必须将这点看成是要塞的所有使命中最重要的使命。

虽然如此,我们在战史上很少看到这样使用要塞的,尤其是很少看到这样常常重复地使用要塞,这是由过去多数战争的性质所决定的,使用这一手段对这些战争来说似乎太坚决,也太强硬了。

从根本上说,要塞这个使命需要发挥攻击力量,至少要塞在这种情形下的作用是以这种攻击力量为基础的。对进攻来讲,假如要塞不容易被占领,那么尽管这个要塞对自身的进攻存在一定的阻碍作用,但进攻者也不会下定决心围攻要塞。当然,如果有 6000、8000 甚至 10000 名敌军在进攻者后面采取行动,那他会想办法对要塞进行围攻。这时为了减少围攻要塞的时间,他决定占领要塞。从要塞被包围的时候起,它主要发挥的作用就是积极的效果。

上述这些要塞的使命都是以相当直接与简单的方式完成的,对于以下两项使命,要塞发挥作用的方式就比较复杂了。

八、用以掩护广大的宿营地

当一个中等的要塞掩护舍营地的接近地时,其正面的宽度能够达到三四普里。

不过，这个要塞究竟需要怎么样才能够掩护宽度长达 15 至 20 普里的舍营线呢?在战史上倒是经常说到这个问题,若真有这样的事情,就需要加以研究;若只是空想,就需要指出来。

在这里,应当分析下列几种情况:

1.要塞能够封锁一条主要道路,并掩护宽度达三四普里的地区。

2.可以将要塞看作是一个很强大的前哨,即它能够使人们更全面地了解当地的情况。因为人们在有 6000、8000 或 10000 万人口的城镇里,自然会比在偏僻的村庄里可以更多地了解周围地区的情况。

3.一些较小的部队能够依靠要塞,甚至获得要塞的掩护和保障,它们能够在敌人所在的方向取得情报,或者袭击通过要塞附近的敌人的后面。尽管要塞不能移动,却在一定程度上可以发挥出先遣部队的作用。

4.防御者可以将军队集中起来直接配置在要塞的后面,这样进攻者想要迫近这个配置地点,其背后就会受到要塞的威胁。

当然,对舍营线的任何进攻都带着奇袭的性质,或者更明确地说,这里所说的进攻其实就是奇袭。带奇袭性质的进攻会比会战进攻所花的时间更少。假如进攻者在战区进攻时一定要围攻和封锁他自己通过的要塞,那么在他对舍营线进行奇袭时就不会这样做了,因此要塞对奇袭并不存在削弱的作用。位于要塞两侧 6 至 8 普里距离上的舍营地是得不到要塞的直接保护的,不过,袭击几个舍营地并不是这次奇袭的目的。

对于这样一种奇袭的真正目的是什么以及能够期待获得些什么,只有在《进攻》那篇中才能作详细的阐述,但在这里我们需要指出:要想让奇袭能够获得主要成果,就需要迫使一些急于赶到某一地点集中而没有做好战斗准备的部队进行战斗,而非袭击几个舍营地。不过,进攻者的这种推进以及追击肯定会指向敌人的舍营地中心,而舍营地中心前面的大要塞会给进攻者带来极大的困难。

假如对上述 4 方面的效果综合进行考虑,就能够看出:在某种程度上,大要塞以直接和间接的方法就能在某种程度上保障舍营地的范围。之所以说能在某种程度上保障安全,是由于所有间接的效果并不能阻止敌人前进,而只会给前进的敌人带来较大的困难以及较多的麻烦,因而它们前进的可能性会很小,相对来说,减少了防御者的危险,但要塞所能要求以及其所能发挥的掩护作用也只有这些。只有凭借配置前哨和正确地组织舍营才可以取得真正的、直接的安全保障。

对于大要塞有能力掩护它后面的宽大的舍营线的观点并非没有依据。不能否认,对于这个问题,在具体的战争计划中,特别是在战史中经常会有一些毫无实际意义的言论或者一些不符合现实的空想。既然只有各种条件一起作用才能产生上面所说的掩护的作用,而且就算有了这种作用,也只是减少了一些危险,那很容易就能看出:有些极个别的情况,尤其是敌人的勇气与胆量在某种情况下会使这种掩护作用化为乌有。在战争中我们不能满足于笼统地假定要塞具有的作用,而是一定要深入、仔细地分析各种具体的条件。

九、用来掩护没有军队防守的地区

在战争中,假如在某个地区根本没有部队驻守或者没有较大的军队驻守,这多少会有遭到敌人袭击的危险。人们会将处于这个地区的较大的要塞当成是对这个地区的掩护,或者说是对这个地区的保障。当然,人们能够把这个要塞当成是这个地区的保障,原因是在敌人占领要塞之前,他们无法控制这个地区,这样我们就为防御这个地区争取了时间。不过,这种掩护只能是一种间接的掩护,不能理解成直接的掩护,因为要塞只能通过它的积极效果在某种程度上阻碍敌人的进攻。假如只凭借着要塞的守备队来发挥这个掩护作用,那么将不会产生多大的效果,因为这种要塞的守备队兵力薄弱,通常只有步兵。假如一些小部队想将要塞当成自己的依靠和后盾,那么就能将要塞的掩护作用运用到现实生活中来。

十、作为民众武装的中心

在人民战争中,不可能正常供应粮食、武器、弹药等,这些问题需要民众自己解决,这样就可以挖掘出大量的、细微的、不进行人民战争就一直得不到利用的抵抗力,这恰恰展现了人们战争的特点。但是,假如有一个储存这类可供紧急使用的物资的大要塞,那将使整个抵抗更有力量、更加可靠、联系更紧密、更有连续性。

另外,要塞不仅是伤病人员的避难所,还是领导机关所在地,同时也是金库,是军队采取较大军事行动时的集合地。当然,它还是抵抗的中心,可以让敌军在围攻时处于一种便于民众武装进行袭扰的状态。

十一、用来防御江河以及山地

要塞位于大的河流沿岸比位于别的地方更能够达到较多的目的。要塞在这里所能起到的掩护作用包括:保障我军随时安全渡河、阻止敌人在附近几普里以内的地方渡河、控制水路运输、收容一切船只、封锁桥梁和道路、让防御者采用间接的方法,还有江河的防御。由于多方面的作用,要塞对于江河的防御是极其有利的,应当被看成是江河防御的一个重要环节。

与以上情况相类似,山地的要塞也是十分重要的。山地的要塞控制着整个道路网,成为道路网上的枢纽,并为此控制着山地道路所通过的全部地区,因而山地的要塞应当看成是这个地区的防御体系的重要支柱。

第十一章　要塞(2)

在上一章中,我们已经谈论了要塞的使命,现在来说说要塞的位置,这个问题从表面看似乎有些复杂,因为要塞的使命很多,并且每一个使命又会因为地形的差异而可能发生变化。不过,假如我们把握住事情的实质,避免在细枝末节上纠缠,那么就不用顾虑这些了。

要想实现在前一章所说的要塞的使命,不妨将要塞构筑在那些可以看成是战区的地区内、位于连接两国道路上的大而富裕的城市,特别是接近港口、海湾以及大江河沿岸和山地中的城市。大城市和大路总是联系在一起的,它们与大江河和海岸有着紧密的关系。这四者可以没有矛盾地结合在一起,但山地却不是这样,因为山地上很少会有大城市。假如有某个山地从位置和方向来看适合作为防线,就需要通过构筑一些小堡垒来封锁山地的道路和隘口,不过须尽可能地节省费用,因为在那些平原地区构筑大的要塞设备还需要花钱。

我们还没有说到在边境设置要塞的问题,也没有说到整个要塞线的几何形状以及设置要塞地点的其他地理条件,因为我们把在上一章中所说的使命当作是要塞的最重要的使命。在很多情况下,特别是在一些小国家,只需要考虑到这些使命来构筑要塞就行了。当然,对于那些大国家来说,可能有许多大城市和大路,有的则根本没有大城市和大路;有的城市很富裕,即便已经构筑了许多要塞,但还是需要构筑更多的要塞;有的则十分贫穷,只能构筑很少的要塞来勉强应付。总而言之,假如要塞的数量与需要构筑要塞的大城市和大路的数量不相应,大城市和大路要么就是太少,要么就是太多,那么在选择建筑要塞地点时就需要考虑别的立足点。

现在还有以下几个主要问题需要进行分析:

1.当连接两国的道路非常多,不可以在每一条道路上都设置要塞时,应当选择在哪些道路上设置要塞。

2.要塞应当仅仅设置在边境附近,还是应当分布于全国。

3.要塞应当平均分布还是成群地分布。

4.设置要塞时一定要考虑的地理条件。

单就要塞的几何形状来说还有很多别的问题,比如:这些要塞是成一线配置还是成多线配置?应成棋盘式配置还是直线式配置?或者要塞线具有一些凹凸的部分。这些是没有必要讨论的细节问题,当人们提到更重要的问题时,就肯定不会再去谈论它了。在这里我们之所以会说到这些问题,只有在某些书本上出现了这些毫无意义的内容,而且还认为它们具有十分重要的意义。

在敌国经过我国的许多主要道路中,我们将率先在直接通往我国中心位置的道路上构筑要塞,或者将要塞构筑在那些由于穿过富饶地区或靠近通航的河流因而最便于敌人行动的道路上。因为通过这些要塞就能阻碍敌人向前行进,或者当敌人想要从要塞侧旁经过的时候,我们就可以取得威胁他们侧翼的机会。

现在我们来说说这个问题:要塞应当只是设置在边境边缘,还是应当分布于全国?首先必须指出一点:对于小国来讲,这个问题明显是不用考虑的,因为在战略上可以称为边境的地方就相当于整片国土。而国家越大,就越需要重视这个问题。

对于这一问题,最自然的回答是:应当将要塞设置于边境附近,因为要塞应当保障国家的安全,而守住了边境也就保障了国家的安全。这种看法一般来说是正确的,但它也有很大的局限性,以下的分析就能够证明。

所有指望获得外来援助的防御者都十分重视争取时间。这样的防御者只会缓慢地抵抗,而不会对敌军进行猛烈的还击,他的主要目的不是让敌军的兵力受到削弱而是争取更多的时间。在其他条件相同的情况下,要塞有两种情况:一种情况是彼此相隔很远地分布于全国,另一种情况是密集地分布在边境线上。占领前者需要的时间长,而后者相对来说较短。凡是在想通过使敌人拉长交通线和生活遭到困难而战胜敌人的一切场合,即对于那些主要凭借这种抵抗力的国家,只是在边境附近设置要塞肯定是错误的。

假如考虑到下面的情况,那么就能够看出,在腹地设置要塞总是有道理的。这些情况是:只要得到条件的允许,第一件事是必须在首都建筑要塞。按照我们的原则,在各个地区的首府和商业中心也需要建筑要塞;在横贯全国的江河、山脉和其他地形障碍需要设置新的防线;有些具有天然地势险要的城市需要构筑要塞;一些军事设置,比如所有的兵工厂,将它们设置在腹地将会有更加有利。由于它们具有很高的重要性,因此必须由要塞来掩护。在那些拥有许多要塞的国家中,就算是将大量的要塞设置在边境附近也是可以理解的,但若是在腹地根本没有要塞,那就犯了极大的错误。

假如某个国家的边境地区完全没有大城市,大城市都在较远的后方,这就令人奇怪了。我们认为,必须在考虑具体情况后才可以做出结论,没有必要按照通常的论据就彻底消除这样的疑惑,此外,我们请读者注意本章最后的结论。

还有一个问题是,要塞应该是成群地设置还是平均分散地设置?假如对所有的情况都进行了考虑,那在这方面就很少会出现问题。不过,我们并不因此就会认为这是不需要考虑的细节问题,因为假如距离一个共同中心几日行程的大约有2个、3个或4个要塞,那这个要塞群的存在自然会给这个中心以及这个地区的军队增强力量。人们只要得到了其他条件的允许,肯定会想法设法地构筑这样的要塞群。

最后一个问题是关于决定设置要塞地点的别的地理条件。要塞设置在海滨、江河沿岸和山地能够发挥出成倍的作用,假如要塞不能直接设置在江河沿岸,那就最好将它设置在离江河10~12普里的地区,而不需要将其设置在江河周围,否则江河会限制以及影响要塞的作用范围。

在山地就没有这种情况,因为山地不比山河,能把大部队和小部队的行动限制在几个点上。将要塞设置在山地面向敌人的一面是很不利的,一旦要塞有了危险就不容易为其解围。而将要塞设置在山地背向敌人的一面,那就增加了敌人围攻的难度,因为敌人的交通线被山地切断了,而较难通行的大片森林以及沼泽地的情况与江河相类似,这是很容易理解的。

在存在着通行困难的地形上的城市是否需要设置要塞也是一个常常被人提起的问题。由于这种城市只需要花很少的费用就能够修筑好可以作为防守的要塞,即比起那些容易通行的城市,它们不用花费太多的人力和财力就能够修筑好难以击破的坚固的要塞。由于要塞的使命更多的是消极而非积极的,因此就算有人认为这种城市很容易被封锁,我们对此也没有那些必要去考虑太多。

最后让我们回过头来分析一下在全国修筑要塞的很简单的理论,可以说,这样的理论不可能有关于战争的短暂的流行观点、空想的战略以及只适合于暂时的个别需要的完全错误的观点,因为这个理论是建立在一些直接关系到国家根基的重大而长远的事情和条件的基础之上。

读者需要记住,这些分析并非针对一个国家完全从头修筑要塞的那种情况所提出的,若是如此,那么这些分析就没有用处了,因为那种情况是很少出现的,甚至是根本不存在的,我们所进行的这些考察对于设置每一个要塞都起作用。

第十二章 防御阵地

我们利用地形来展开会战的阵地就是防御阵地。不过，一支向着敌人前进的军队在遭到敌人的挑战后，被迫应战时的所有地区也可以称作防御阵地。在整个中世纪的会战里，大部分的阵地都属于这类情况。在这里，我们只要指出阵地的概念与行军的野营地有什么差别就行了。不过，我们要说的却不是这样的阵地，那些专门的防御阵地与这些阵地肯定还存在着差别。

在一般阵地上进行决战时，时间概念明显是主要的，而朝着前方行进的双方军队在进行会战时，地点则不是主要的，它只要合适就足够了。不过，地点有时也是主要的，比如在真正的防御阵地进行会战时。因为决战是在这个地点发生的，或者更明确地说决战主要就是利用这个地点进行的，当然仅限于这样的阵地。

地点的意义通常在两个方面得以表现：一方面，能够让配置在这里的军队对整个防御发挥作用；另一方面，地点的地形能够当做掩护以及加强军队的手段。这两方面的意义就是战略意义以及战术意义。

假如准确要求，那只能从以上战术意义的角度提出防御阵地。从战略意义的角度来看，配置军队就算是不通过地点的存在而对整个防御发挥作用，还可以通过进攻的方式来实现这个目的。

上面所说的两种意义中的第一种意义，也就是阵地的战略作用，我们会在后面分析战区防御时进行详细的阐述，现在我们只打算论述一下可以分析的问题，我们一定要弄清楚两个彼此接近而总是被混淆的概念：对阵地进行迂回和从阵地侧旁通过。

战争中，有时是为了从侧翼甚至从背后攻击这个阵地，有时是为了切断这个阵地的退路以及交通线，因此需要通过阵地的正面，而这正是对阵地的迂回。

前一种情形，也就是侧翼攻击和背后攻击属于战术领域内的行动。如今军队灵活性很强，迂回和包围是所有战斗计划的目的，因此每个阵地一定要做好防备工作。一个名副其实的坚固阵地需要有坚固的正面，一旦自己的侧翼与后面遭受攻击，至少可以就地组织有力的还击。虽然阵地同时受到了迂回和来自侧翼或后面袭击的威胁，但它不仅不会丧失作用，反而会在就地发生的会战中发挥固有的作用。除此之外，还能够给防御者带来一般阵地所能提供的利益。

假如进攻者只是为了对后路以及交通线构成威胁才迂回防御阵地，这自然就是战略方面的问题了。这时问题在于阵地可以坚持多久以及能否在保障交通线以及撤退线方面占据比敌人更大的优势，这些都取决于阵地的位置，即主要取决于双方交通线的关系。

任何良好的阵地都可以在这方面保障防御的军队占有极大的优势。不管怎样，阵地都不致因遭到迂回而失去作用，相反，至少应该让进行这样迂回的那部分敌军无法发挥出应有的作用。

不过，假如进攻者不去理会在防御阵地上等待的对手，而是以主力从另一条道路上进军以求实现自己的目的，那么这就是从阵地的一旁通过。如果进攻者受到阻力之后还是会这样做，那么当他通过之后，防御者只能选择放弃阵地，因为它失去了作用。

假如单单按照字面意思来看，世界上根本没有不可以从"侧旁通过"的阵地。假如不可以从阵地侧旁通过，那一定是进攻者从阵地侧旁通过会遭遇到不利。对于这样的不利到底是什么，我们会在后面进行说明。这样的不利或大或小，但不管如何，它代替了阵地没有发挥出来的战术效果，并与这样的战术效果共同构成防御阵地的目的。

根据上面的分析可以看出，防御阵地有着两种战略上的作用：

1.让敌人不可以从它的侧旁通过。

2.在保护交通线的斗争中使得防御者处于有利的地位。

3.交通线的情况对于防御者战斗的进程也应当产生有利的影响。

4.总而言之，地形应当给防御者带来有利的影响。

交通线状况不但关系到进攻方可否从阵地一侧通过、是否切断阵地上的粮食供给，还关系到整个会战进程。会战中，斜方向的撤退路线会有利于进攻者进行战术迂回，却让防御者在战术上无法展开自由行动。但是，斜方向的配置并不是战术上的过错，它往往是由于对战略地点的选择不恰当的后果。比如，假如道路在阵地周围变换方向，那么斜方向的配置是避免不了的，这样进攻者能够不改变他原来的垂直配置，而让自己处于能够迂回防御者的方向上。

另外，假如进攻者不止有一条后路，而是有许多条，而防御者却只有一条后路，那么在战术上，进攻者就会占据行动自由的有利地位，这样就算是防御者用尽了一切巧妙的战术，也难以抵消因战略错误所造成的不利影响。

至于第4点，地形也会在某些方面对防御者非常不利，就算是防御者很用心地

运用战术手段,也不可以消除这个不利的情况。在这一方面应当注意的最重要的情况是:

1.通过观察敌人方面和自己阵地范围,防御者首先一定要快速攻击敌人,从而占据一定的优势。只有符合阻挡敌人接近的地形以及这两个条件相结合的地方,地形才会对防御者有利。

对防御者不利的是所有在制高点俯瞰之下的地区:一切山地的阵地或者大部分山地的阵地、一切侧方依托山地的阵地、所有面临山地的阵地。还有不符合以上对地形要求的一切地点对防御者都很不利。

在与以上不利情况相反的情况中,我们只想提出阵地依靠山地这个情况就能带来很多利益,因此可以将它看成是对防御阵地最有利的条件之一。

2.地形应当在某种程度上与军队的特点以及编成相适应,一支骑兵占多数的军队肯定会寻找广阔的地区;而一支军队里骑兵与炮兵都比较少,可是却拥有许多有战争经验且熟悉地形的勇敢步兵,那他们肯定会选择较困难、很复杂的地形。

我们没必要仔细论述防御阵地的地形对军队带来的战术方面的影响,而只需谈一谈它总的作用,因为只有这样的作用才是战略上的有效因素。

毋庸置疑,假如军队只是为了等待敌人进攻所占领的阵地,那就应当为这支部队提供十分有利的地形条件,这样的条件会成倍地增加军队的力量。大自然在这方面能够给我们提供更多的有利条件,假如我们对此还是不能满足,这时就需要筑城。通过这种方式,会让阵地的某些部分增强到难以攻破的地步,在少数情形下甚至能够让整个阵地也变得异常坚固。防御措施的整个性质会随着阵地的坚固而发生必然的变化。这时我们的目标是不通过会战而赢得战局的成果,不是在有利的条件下进行会战,也不再是通过这种会战赢得战局的成果。我们让军队在坚固的阵地上驻守,这就意味着我们已经拒绝了会战,从而让敌人不得不以别的方式来决定胜负。

因此,我们一定要将这两种情况区别开来,后一种情况我们会在下一章进行专门的探讨,在这里,我们所说的防御阵地就是一个通过加固而对防御者极其有利的战场。防御阵地的坚固程度不宜过大加强,这时防御阵地就可以变成战场。防御阵地到底应当坚固到怎样的程度呢?敌人拥有越大的进攻的决心,阵地的坚固程度也就要越强,这点取决于对具体情况的判断。

假如阵地的某一部分是坚固的,那么就应当将它看成是构成阵地的全部力量的其中一个因素,因为在这样的地方节省下来的兵力能够用在别的地方,不过一定要指出:敌人因为无法攻击这些坚不可摧的部分,就会改变攻击方式,这时需要搞清楚是否对我们有利。

比如，假如在距离一条大河非常近的地方部署阵地，那么这条大河将可以看作是对正面防御的加强，也就是我们两翼的依托点就是江河，这样就必须在距离左右两侧更远的地点来进行渡河，且变换正面攻击我方，这时主要的问题是如此情形带给我们的利弊情况。

我们认为，敌人越是不清楚我们防御阵地的坚固程度，在战斗中，我方进行出敌不意的机会也就越多，防御阵地也是越适合的。就好像应该让敌人摸不透我们真正的兵力以及军队真正的动向一样，我们也同样让敌人猜不透我们从地形方面获取的好处。当然，要想瞒住敌人只能做到一定的限度，而且还会使用一些罕见、特别的方法。

若是阵地位于大要塞附近，那军队在行动以及作战方面会占据比敌人更大的优势。即使天然条件有些不足，这时也能够通过适当的野战工事进行弥补，如此军队就能够按照自己的预想确定战斗的大致形态，其实也就是所谓的人工如何加强阵地。假如我们将这些方式与擅长选择地形障碍相结合，尽可能利用环境带来的全部有利条件，比如我们熟悉敌人不熟悉的战场、比敌人更好地隐蔽自己的各种措施，以及在战斗过程中可以比敌人更有效地利用出敌不意的方式，那么将这些条件相结合就可以产生一种强有力、具有决定意义的作用，让敌人因这些作用而失败，但他们却不知道自己失败的真正原因，这就是我们所了解的防御阵地，这就是防御战的最大优点之一。

第十三章　坚固的阵地和营垒

在前面一章中我们已经谈过，假如一个阵地有天然条件和人工的加强，以至于它到了坚不可摧的地步，那么它的意义已经完全超过了它作为一个有利战场的范围，因而它也就具有了特殊的意义。我们打算在本章中研究这些阵地的性质，因为它与要塞的性质比较相似，因此称之为坚固阵地。

这样的阵地仅仅凭借人工构筑的工事是难以构成的，对于只是凭借自然障碍，那就更难以构成了。无疑，它应该是天然条件和人工加强相结合的产物，因此我们经常会称呼它为营垒或筑垒阵地。任何一个或多或少有工事的阵地都可以称为筑垒阵地,但是,这样的阵地与我们在这里所说的阵地在性质上是完全不一样的。

构筑坚固的阵地是为了使配置在这一阵地内的军队处于异常坚固的地位,从而直接地真正掩护一个地区的安全,或者只是掩护配置在这个地区里的军队,为后面这部分军队以另外的方式间接掩护国土做好准备。在过去,防线在战争中的作用,尤其是法国边境周围的防线的作用是前一种,而四周都形成正面的营垒以及构筑在要塞附近的营垒的作用则是后面一种。

假如由于筑有筑垒工事和设有阻止敌人接近的障碍物,阵地的正面坚固达到了不能摧毁的程度,那么敌人就只能以迂回的方式来攻击我们的侧翼或背后。为了阻碍敌人进行这样的迂回,就要为这些防线寻找能够掩护其侧翼的依托点。这种防线的正面越宽,就越能够对敌人的迂回活动起到妨碍作用,因为无论是哪种迂回方式对其本身来说始终都是有一些危险的,并且这样的危险随着军队偏离原行动方向的角度增大而增加。如果阵地有异常坚固而又宽大的正面以及良好的依托点,就可以直接掩护广大地区不受到敌人的威胁。

但是,在没有这样宽而坚固的正面以及良好的依托点的地点,假如一支部队还想借助良好的修筑工事来保障这个地区的安全,那么就一定要让阵地的四面都成为正面,以此掩护自己躲过敌人的迂回。这样真正受到掩护的只是这支军队,而非这个地区,因为阵地自身只是战略中的一个点。不过,受到掩护的军队却能够间接地掩护这个地区,即它可以防守这个地区。对这样的营垒,敌人是没有办法进行迂回的,即这种营垒的侧翼和背后并不薄弱而是很坚固的,敌人难以攻击,因为它的每一面都是正面,而且每一面都是同样的坚固。当然,敌人有可能会从这种营垒的侧旁经过,而且这会比筑垒防线旁边通过更容易,因为营垒的正面根本不存在宽度。

要塞旁边的堡垒有着坚固阵地的第二种作用,因为它的使命是为了掩护集中在堡垒内的军队,但它给战略上带来的却是更深层次的影响,也就是这支被掩护的部队所起的作用与其他堡垒是略微有些差别的。

我们在谈完这3种不一样的防御手段的产生方式之后,还想分析一下它们的价值,为此用筑垒防线、筑垒阵地以及要塞附近的营垒这3个名称来区分它们。

一、筑垒防线

筑垒防线是十分不利的单线式的作战方式,只有在强大火力的掩护下,这种防线才能对进攻者起到阻碍的作用,而它自身来说是不存在任何价值的。不过,相比较国土的宽度,可以让军队发挥这种火力效果的防线宽度始终还是比较小的。这样的防线肯定比较短,因而它只能覆盖少量的国土面积,或者说军队根本不可能防守所有的地区,于是,人们提出了这样一种想法:不去占领防线上的所有点,而只是监视,就好像防守一条中等江河一样,通过配置好的预备队来进行防御。不过,这种做法不符合防线的性质。假如自然的地形障碍比较大,能够采取这种防御方法,那么筑垒工事不仅起不了作用,而且还存在一定的危险,因为这种防御方法不是据守地区,而筑垒工事却只是为了据守地区才设置的。假如将筑垒工事本身看成是阻止敌人接近的重要障碍,那么,没有防守的筑垒工事对阻止敌人接近所产生的作用是很小的。试问:大量的军队同时发动进攻,假如没有火力抵挡,那么垒墙所起的作用是什么呢?可以得出这样的结论:假如这种防线很短,相对来说有较多的兵力防守,它就会遭到迂回;假如防线延伸很长,却没有相应的兵力来防守,就很容易被敌人从正面击破。

这种防线使军队失去了任何机动性而只能局限于防守地区,所以利用它来抵抗勇战的敌人是很不恰当的。假如说这种防线曾在现代战争中保留了相当长的一段时间,那只是由于战争因素遭受了削弱,因而表面上的困难往往变成了真正的困难。尽管它并非真的不起任何作用,不过要清楚,如果将这种防御的军队安置在其他的地点,却还可以发挥出一些有利条件来。

二、筑垒阵地

一支军队领命在一个地区进行防御,如果要求它防守多久,那么这个防御就会持续多久,而当这支军队离开或者放弃这个地区时,防御就会自然终止。

假如一支部队奉命坚守因遭到优势兵力的敌军攻击的国土,那么应对的方法就是利用异常坚固的阵地进行抵御。

就像我们说过的那样,这样的阵地四面都是正面,假如缺乏兵力,采用通常宽度的战术配置就只可以防守面积很小的地区。在整个战斗过程中,这个地区会遭遇到诸多不利,就算是尽量利用筑垒工事来增强力量,恐怕也难以进行顺利的抵抗。这种四面都是正面的营垒必须每一面的宽度都很大,而且每一面都是坚固的。既要求有相当大的宽度,又需要每一面具有这样坚固的程度,这自然是筑城术难以做到的。构筑这样的营垒应具备一个基本的要求:通过地形障碍让营垒的某些部分完全没办法靠近、让另外一些部分难以靠近。为了能运用这样的防御手段,一定要具备有地形障碍的阵地,所有没有这种阵地的地方仅仅靠着构筑工事是不能实现目的的。上面的这些研究只与战术上的结果有关联,之所以说这些,只是为了说明筑垒阵地可以当做战略手段使用。

现在我们再来谈一谈营垒在战略上的特点以及效果。

这样的阵地应当具有的首要条件当然是部署在这个营垒中的军队的给养在一定时间内可以得到保障，即在需要营垒发挥作用的期间，军队的给养能够得到保障。可是，给养保障的需要让许多本来可以作为营垒的地点无法构筑营垒，那么适用于构筑营垒的地点也就会随之变少。

为了搞清楚这样的阵地的作用和它能够带来的利益以及危险，我们还要分析一下进攻者对这样的阵地会采取什么行动。

1.进攻者能够从筑垒阵地的侧旁通过，并以一定数量的军队监视这个阵地

在这里我们必须区别两种情况：筑垒阵地由主力部队占领还是由次要的部队占领？

假如是第一种情况，那么进攻者只有在除了攻击防御者的主力以外还有别的可以追求的具有决定意义的进攻目标时，从筑垒阵地侧旁通过才会是有益的。就算进攻者有这样的目标，也只有当基地的牢固程度以及交通线的状况让他不必担忧自身的战略侧翼会受到威胁时，才可以实现这样的目标。

防御者能够通过自己的主力占领筑垒阵地，而且能让这个阵地发挥作用。不过，这只有在下面所说的情况下才是可能的：或者是这个阵地对进攻者的战略侧翼能够产生关键性的影响，防御者有信心利用战略侧翼的威胁把进攻者牵制在对自己有利的地点上；或者是防御者担心被进攻者所夺取的目标根本不存在。假如存在这样的目标，同时让敌人的战略侧翼免受严重的威胁，那么防御者的主力根本不能占领这个阵地，或者只是假装占领以此试探进攻者，观察它是否会认为这个阵地会威胁到自己的战略侧翼。不过，在这种情况下总是有危险的，一旦试探失败，防御者将没有时间来援助其他受威胁的地点。

假如筑垒阵地只是被次要的部分占领，那么进攻者就已经有别的进攻目标，它进攻的目标有可能是防御者的主力，这样阵地只对敌人的战略侧翼存在着威胁作用，而且阵地的意义就取决于是否能起到如此的作用。

2.假如进攻者不敢从阵地的侧面通过，那他可能会包围这个阵地，强迫阵地上的防御者因饥饿而投降

可是，要进行这种围困一定要有两个先决条件：第一，阵地没有自由的后方；第二，兵力强大的进攻者完全有能力进行这种围困。若是存在这两个条件，尽管防御者通过这个筑垒阵地能在一段时间里牵制住进攻的军队，不过为了获得这样的利益，防御者就一定要以损失兵力为代价。

可见，防御者要用主力占据坚固的筑垒阵地应当具有以下条件：

（1）有非常安全的后方；

（2）预想到敌人兵力的优势还不足以围困自己的营垒。假如敌人在兵力不足的情况下仍然强行围困，那么防御者就可以从阵地成功地进攻，继而逐一击破敌人；

（3）能够期待援军解围。

假如想选用主力占据筑垒阵地的方法，就一定要具有以上3个条件的其中一个。但必须承认，后面两个条件对于防御方来说存在一定的危险。但是，假如是一支为了整体的利益能够做出牺牲的次要的部队，那么就不需要顾及这些条件了，这时需要考虑的只是以这样的代价可否免除一种巨大的灾难。

假如进攻者不是像以上两项中所说的那样去行动，也就是说防御者具有上面所提出的条件，那么进攻者自然就会停止进攻，满足于凭借所派出一些部队尽量扩大所占领地区的范围，而在以后才来解决所占领地区的问题，这时阵地也就可以最大限度地发挥它的作用了。

三、要塞附近的营垒

就像之前所说过的那样，要塞附近的营垒的使命是掩护一支军队免受敌人的攻击，而非掩护一个地区。通常这种营垒是属于筑垒阵地，它与其他筑垒阵地存在着明显的差异，这样的差异只在于它和要塞是一个不可分割的整体，因而具备巨大的力量。

所以，这样的营垒还具有以下一些特点：

1.担负别的使命，即让敌人完全没有机会或者难以围攻要塞。假如要塞是一个不能封锁的港口，那么军队为了达到上面所说的目的而遭受重大的牺牲都是值得的。不过假如不是这样，要塞就可能会快速沦陷，这时就根本不需要牺牲大量的兵力来保护它。

2.一支无法在开阔地上立足的小部队可以使用要塞附近的这种营垒。在要塞城墙的掩护下，四五千人也有可能会成为强大的力量，而在比较广阔的地上，就算是他们防守着这个世界上最坚固的营垒，也免不了被消灭的下场。

3.这样的营垒能够用来集中以及整顿那些新兵、后备军、民兵，等等，这些人的内心常常不够坚强，因而没有要塞城墙的掩护便不可以与敌人作战。

对于要塞附近的营垒来说，若是不派兵驻守就会对要塞产生不利的影响，这样的营垒假如没有这样的缺点，可以说在相当多的方面都占据有利的因素。我们不但要让要塞配备相当多的守备军队，而驻守还需要一部分兵力，这种情况是很不容易做到的。

我们更倾向于这样一种观点:除了在海岸要塞附近这样的营垒是有利的,在其余的任何地方构筑如此的营垒都是弊大于利。

最后,将我们的意见总结起来:

1.国土越小,回旋的空间越小,就越需要坚固的阵地。

2.越是有把握获得援救以及解围,阵地遭遇的危险就会越小。

3.敌人的进攻越不坚定,阵地的防御作用就会越大。

第十四章　侧面阵地

当敌人从侧旁通过后还保持坚固的阵地都是侧面阵地,因为从敌人从侧旁通过的那个时刻起,这个阵地除了能够威胁敌人的战略侧翼之外就再没有什么别的作用。坚固的阵地必然也是侧面阵地,因为它们是相当坚固的,敌人只可以从其侧面通过,这样威胁敌人的战略侧翼就成为了这种阵地的价值。由于一个筑垒阵地的四面一定都是正面,我们根本没有必要去考虑筑垒阵地原来的正面位置是怎么样的,是与敌人的战略侧翼相平行,还是与敌人的战略侧翼成垂直。

不过,就算我们所占领的不是坚固的阵地,当敌人从阵地侧旁通过后,我们依然能够坚守这个阵地。只要在保障撤退路和交通线方面,阵地的位置足以让我们占据如此的优势,即我们不但能够对进攻者的战略侧翼进行有效攻击,而且进攻者自己的后路可能被切断,它们根本没有力量来切断我们的后路。假如敌人不用顾虑自己的后路却能够切断我们的后路,那么我们就会在丧失后路的情形下作战,这是相当危险的,因为我们的阵地不是筑垒阵地,即我们的阵地不够坚固。

1860年的战争例子恰恰能够说明这一点,假如配置在扎勒河右岸的普鲁士军队面向扎勒河的正面,而且在这个阵地上等待情形的变化,那么当拿破仑通过霍夫向北继续前进的时候,这个阵地能够成为侧面阵地。

假如当时双方在物质力量和精神方面悬殊并不大,假如指挥法军的不过是道恩这样的人物,那么普军的阵地可能会发挥出极大的作用。拿破仑也发现了这个问题,于是他下定决心进攻这个阵地。就连拿破仑也不可能完全做到切断这个阵地的后路,即使双方在物质力量和精神力量方面不相上下,这也是无法做到的,因为比起法军左翼失败时带来的危险,普军右翼失败带来的危险将会更小。

　　但是，就算是双方在物质力量和精神力量方面相差悬殊，假如普军有果敢而谨慎的指挥官，那也有可能会赢得胜利。不但瑞克公爵可以顺利地在 13 日采取恰当的部署，而且还可以在 14 日拂晓以 8 万人对付拿破仑在耶拿和多恩堡附近渡过扎勒河的 6 万人做好准备。就算是如此兵力优势和法军背靠扎勒河陡峭的河谷的处境还不能够使普军赢得重大的胜利，不过我们依然认为：这种局面自身会带来很大的益处，假如不能利用这些益处来获得战争的胜利，那么最开始就应该避开这个地区，应当继续撤退，便于加强自己以及削弱敌人。

　　尽管位于扎勒河畔的普军阵地还是可以被攻破，但对于通过霍夫的那条道路来讲，它依然可以当成是一个侧面阵地，只是像所有能被攻破的阵地一样，这个阵地并非完全具有侧面阵地的优势，因为只有在敌人没有勇气进攻这个阵地的时候，才可以将这个阵地当成是侧面阵地。

　　还有一些从其侧旁经过不固守的阵地，因此防御者就会考虑在阵地上从侧面对进攻者发起攻击。假如人们只是觉得这样的攻击是从侧面进行的，就认为应该把这样的阵地称为侧面阵地，那这种看法与侧面阵地的实际概念完全相悖，因为这样的侧翼攻击与阵地本身完全不存在任何关系，至少主要不是以侧面阵地的特性为立足点的。

　　从上述内容能够看出，对于侧面阵地的特性已经没有什么新东西可论述了。在这里我们只要简要地谈谈侧面阵地作为一种防御手段所具备的特点。

　　一个并非是相当坚固的侧面阵地是一种极其有效的手段，不过，恰恰由于它还没有达到异常坚固的程度，因而也是一种危险的手段。假如侧面阵地有效地牵制了进攻者，那么防御者的少量兵力就能产生极大的效果。不过，假如所产生的效果太小，并没有牵制住进攻者，那么防御者通常就会丧失自己的后路，他只有两个选择：要么想办法绕路逃跑，竭力寻找一条生路；要么就是陷于战争的险地。但若是面对那些勇敢而有显著精神力量的敌人，使用如此的方法是很危险的，也是很不合适的。反之，若是面对那些谨慎的敌人，而双方只是处于武装监视的对峙中，那这种手段却是最合适的手段之一。

第十五章 山地防御（1）

　　山地在作战中的影响是很大的，因此这个问题在理论上也非常重要。这样的影响是一个可以减缓军事行动进展的因素，那么它首先应当属于防御的范畴。在这里，并不局限于山地防御的范围内来研究这个影响，因为我们在分析这个问题时在某些方面得出的结论与一般人的意见是对立的，因此我们一定要作深入的分析。

　　首先我们想研究这个问题的战术性质，从而获得从战略上考察的结合点。

　　在山路上行军，大的纵队通常会遭遇到各种各样的困难，而若是一支配置在防哨中的小部队，假如有陡峭的山坡在正面作为掩护，左右又有山谷作为依托，就可以取得巨大的力量。毋庸置疑，人们一向都认为山地防御可以产生很大的效用和力量也是基于这两种情况，只是由于武器和战术特点的局限，在某些时期，大部队才没能在山地进行防御。

　　一支军队弯曲地穿过狭小的山谷，艰难地向山上攀登，然后像蜗牛似的翻过山头继续前进。通过崎岖不平的山道，炮兵和辎重兵边骂边嚷地鞭打着疲惫不堪的骡马。每当损坏了一辆车，都需要费很大的劲儿才能彻底地将它清除掉，同时后面的队伍将会被堵住，责骂声不绝于耳，这时人们通常会这样想：如果有几百个敌人出现在这里，那一切都完了。因此，一些历史著作家在说到隘路的时候，总是会用到"一夫当关，万夫莫开"这个词语。不过，熟悉战争的人都会明白，这样的山地行军与山地进攻很少有相同之处，甚至可以说它们完全是不一样的。因此，由山地行军的困难推断出山地进攻会存在更大的困难是不正确的。

　　那些没有战争经验的人很容易就会得出这种错误的结论，甚至在军事艺术的某个时期也完全陷入了这样的错误。当时，对于不管是否有战争经验的人来说，山地作战都几乎是一种新现象。在 30 年战争之前，由于战斗队形纵深大、骑兵多、火器不完善以及其他种种特点，通常不会利用险要的地形障碍，对于正式的山地防御，若想使用正规军来进行山地防御是完全不可能的。一直到战斗队形较为疏散以及步兵和火器占据主导地位的时候，人们才想到了山岭和谷地。在 18 世纪中叶，山地防御的思想才发展到了极致。

　　还有一种情况，配置在难以接近的地形上的一个很小的岗哨能够发挥很大的抵抗力,这足以说明山地防御有着强大的威力。有人甚至会认为,好像只要无限增加这种防哨的兵力,就能够让一个营发挥出一个军团的作用,让一座山产生巨大山脉的效果。

不可否认,假如一个小小的岗哨选择了有利的山地阵地,就能够取得巨大的力量。一支小部队在平原地区很容易就被几个骑兵连打败,如果它可以马上逃跑,不被击溃和俘虏,那是万幸了。而在山地,它却可以以一种狂傲的姿态出现在一支大部队的眼前,迫使大部队进行正式的进攻以及采取迂回等行动。我们可以从战术来说明:这一支小部队要想获得这种抵抗能力,它应当怎么样利用阻止敌人接近的障碍、侧翼依托点和撤退途中所占领的新阵地?而这些就是所谓的经验型原则。

人们当然会相信,将如此强有力的防哨并列配置一定可以形成一个异常坚固的正面。这样所有的问题就是怎样保障自己幸免于敌人的迂回,正面一定要朝着左右延伸,直到可以找到能满足整个防御要求的依托点,或者直到人们认为正面的宽度已经可以保证不致被敌人迂回为止。对于多山的国家尤其容易采用如此的配置,因为这里有许多可以进行配置防哨的地点,而这些地点一处比一处更合适,以至于人们不知道这样的岗哨设置应该到哪里为止就是合适的,于是人们只得派兵占领和防守一定宽度上所有的山口,只要用 10 个或 15 个单独的岗哨占领宽度大约为10 普里或者更多的地区,就能够完全没有必要去理会敌军的迂回。由于岗哨之间的地形不容易通行,这使得那些岗哨可以毫无空隙地密切联系在一起。在人们看来,这就好像是一道铜墙铁壁。假如防御阵地的某一地区被突破了,也还有几个步兵营、几个炮兵连以及十几个骑兵连这样的预备队来应付此类情况。

尽管这样的看法已经不符合现实情况,但并不意味着如此错误的观点已彻底消失。

中世纪以来,战术训练随着军队兵力的增加而得到了长足的发展,这促使人们像以上所说的那样把山地运用于军事行动中。

山地防御几乎完全处于被动的地位,而在军队不具备机动性的过去,趋向于山地防御是很容易理解的。军队的配置随着人数的增多以及火力的增强而逐渐形成了正面宽、纵深小的横队,这种横队的编组以及配置都很繁杂,缺少灵活性,有时根本运动不了,就好像安装一套复杂的机器一样,配置这样的横队往往需要花费很长的时间,甚至占据会战的一半时间。过去的会战只包括了一件事,现在的会战却包括了许多内容,一旦这样的配置完成,就难以根据意料以外的情况作出任何调整。比起防御者,进攻者会较晚展开战斗队形,因而它能够依据防御者阵地的情况展开,而防御者则难以采取相同的策略。

当进攻者获得了一般优势,而防御者就没有其他方法来抵抗这样的优势,除了寻找地形障碍的掩护以外。当然,对于寻求掩护来说,在任何地方都不会像山地这样随处都可以找到有效的地形障碍。也因为如此,人们总是将军队与险要的地形联系在一起。两者互相依赖,军队防守山地,山地掩护军队。消极的防御凭借着山地大大增强了力量,如此做法本身不存在什么坏处,只是防御者活动的自由稍微受到了限制,就算是不采取这种做法,人们也很少对这样的自由加以利用。

当敌我双方在进行较量的时候,暴露的侧翼始终是最容易受到对方攻击的地方。假如防御者一动不动地守在一些坚固的地点,那么进攻者就能够进行大胆的迂回,因为他不再担心自己的侧翼会受到威胁。这种情形事实上已经发生,迂回将很快就能够被纳入作战计划以内。为了避免遭到敌人迂回的进攻,军队的部署越向两翼延伸,正面就相对地削弱了,这时进攻者会突然使用完全相反的办法:集中兵力攻击敌人的一点,而不是展开一翼进行迂回进攻,从而击破整个防线。现代战争中出现的山地防御大致上就是属于这种阶段。

这时,进攻所占据的优势是凭借军队日益提高的机动性所获得的。其实防御也只能凭借这样的机动性,但山地的性质与机动性是矛盾的,因此整个山地防御根本不可能成功。

在弄清其他问题之前,这里有一个决定性的问题:决定利用山地防御进行的抵抗是相对的还是绝对的? 即这样的抵抗只是持续一段时间还是坚持到赢得一次决定性胜利为止?对相对抵抗来说,山地能够极大地增强抵抗的力量,这是很合适的;对绝对防御来说,情形就恰恰相反,也只有在很少的情形下,山地才是合适的。

所有的运动在山地都会变得缓慢、困难,而消耗的时间也相对比较多,假如运动是带有危险性的,那么就会增加人员的损失。而抵抗强度的标准是时间消耗的多少和人员损失的大小。只有在进攻方运动的情况下, 防御者才会占据决定性的优势。一旦防御者不得不运动时,他马上就会丧失这样的优势。相比较导致决定胜负的抵抗,抵抗有更大的被动性,而且这种被动性将被允许到最大的限度,即一直持续到战斗结束为止,这从战术上看是较为合理的。山地像一种高密度的介质一样,让运动变得困难,减弱一切积极的活动,它完全适用于相对抵抗的要求。

之前我们已经讲过,凭借着山地,一个小小的防哨能够取得异常巨大的力量。尽管对于这种战术上的结论并不需要继续证明,但我们还是要补充一点:在这里一定要区分在这个防哨的小部队是相对的小还是绝对的小。一支有着一定数量的部队,假如将它的一部分单独配置在阵地上,这一部分有可能会受到敌人的全部兵力的攻击。与敌人的优势兵力相比,这部分的兵力确实是比较小的,这样进行防御的目的只能是相对抵抗而非绝对抵抗。这个防哨中的部队与自己的所有兵力以及同敌方的全部兵力相比,兵力越小,情况就越是如此。

但是,就算是一个绝对小的防哨,即敌人并不比它强大多少,因而它有勇气进行绝对的抵抗以追逐真正的胜利,它在山地的处境也比一支大部队更优越,从险要的地形获得的利益也会更大,这点我们会在以下进行说明。

我们的结论是:小部队在山地拥有着强大的力量,即便它在相对抵抗起决定作用的所有情况中都会占据决定性的优势。不过,若是一支大部队在山地,进行绝对抵抗是否也能带来一样大的利益呢?这里我们将会对这个问题进行分析。

我们先提出这样一个问题:由众多这样的防哨组成的防线所具备的力量是不是会像人们一向所认为的那样与这些防哨单独存在时的力量之和一样大呢?肯定不是。得出这样结论的人至少犯了以下两种错误之一。

第一种错误认识是:混淆了没有道路的地方和不能通行的地方这两个概念。步兵多半能通过纵队、炮兵和骑兵不能行军的地方,炮兵通常也会顺利通过。尽管战斗中的运动比较紧张,不过距离很短,这是不能够用行军的标准来衡量的。而认为防哨与防哨线之间有可靠的联系的观点无疑是不现实的,因此这些防哨的侧翼是不安全的。

第二种错误认识是:假如人们认为这些防哨的正面是坚固的,因此它们的侧翼一样也是坚固的,因为对防哨来说,深谷、悬崖等险要地形是最好的依托点。不过,为什么这些险要地形可以产生如此大的作用呢?这是因为它们可以使敌人在迂回中遭到直接攻击,而非让敌人不能进行迂回,因为这种防哨的正面十分坚固,敌人只得不顾地形的困难而对防哨进行迂回进攻,进行如此的迂回进攻需要花上大半天的时间,而且还极有可能会造成人员的伤亡。

假如这样的防哨能够得到援军,或许只决定抵抗一段时间,或者自己的力量能够与敌人的力量相抗衡,那么防哨的侧翼依托就发挥了它本来的作用。我们可以说,这样的防哨正面和侧翼都是极其坚固的。不过,假如说的是众多防哨组成的正面较宽的山地阵地,那么情形就有所差别了,这样,以上所说的3个条件就没有了。敌人能够以强大的兵力进攻某一个地方,我们能够从后面获取的支援则是十分有限的,而且在这里还能进行绝对抵抗,而那些防哨的侧翼依托就再也起不了任何作用了。

进攻者将攻击指向这个弱点,它以集中的,即优势很大的兵力攻击正面的一点,这时它会在这一点遭到顽强的抵抗。不过,这对于整个防线来说却是可以忽略不计的,进攻者若是克服了这个抵抗,就实现了突破整个防线的目的。

可以看出,相对抵抗通常在山地要比在平原发挥更大的力量,假如这样的抵抗是由小部队进行的,那么它的力量则是最大的,但这样的力量并不会随着兵力的增加而有所增长。

现在我们来说说通常的大规模战斗的真正目的,即说说赢得积极的胜利这个问题,这应当是山地防御的目的。假如山地防御使用了整个军队或主力,那么山地防御就会变成山地防御会战了。这时进行一次会战,即用全部的兵力去消灭敌人就成为了战斗的形式,战斗的目的则是取得胜利,这样,山地防御就是为了赢得胜利,因为它已经变成了手段而不再是目的。这时赢得胜利这个目标,山地会产生什么样的影响呢?

防御会战的特点是在前面的阵地上进行消极的还击,而在后面的阵地进行强有力的积极还击,山地却给积极还击带来了严重的影响。这是由以下两种情形所造成的:第一,军队从后方向朝着各个方向快速前进的道路在山地中寻找不到,甚至山地起伏不平的地势还会削弱战术上突袭发挥的作用;第二,视野受到一定的限制,难以观察到敌人军队的行动。在防御者积极还击时,山地会给双方提供一样的有利条件,这会让整个抵抗中有作用的部分不容易发挥出效果来。还存在着第三种情形,也就是军队与后方的联系可能会被中断。当进攻者发动正面攻击时,山地的地势有利于防御者进行撤退,而且还会让力图进行迂回的进攻者遭受严重的时间损失,但也只有在进行相对抵抗的场合,这些所有的利益才会被防御者所获得。而若是决定性会战,也就是在坚持抵抗到底的场合,防御者根本不会获得那些山地带来的利益。

在敌人侧翼的各纵队还没有占据那些能够威胁或封锁防御者后路的地点之前,防御者可以较长时间地进行抵抗,不过,一旦这些地点被敌人占据了,防御者就没有挽救的方法了。从后面发起的攻击不能够把敌人驱赶出这些威胁防御者的地点,就算是将全部的力量投入攻击,也难以突破敌人的封锁。假如有人说这里有矛盾,认为进攻者在山地具有的有利条件肯定会对突围者产生不利的影响,那是他没有看到这两种情形的区别。

进攻者派出去封锁通路的部队与防哨的小部队是一样的,他们没有进行绝对防御的任务,大约只需要抵抗几个小时就行了。本来的防御者已经不再具有各种战斗手段,他们陷入了混乱,而且出现了弹药缺乏这样的问题。总而言之,防御者难以赢得胜利,而且防御者十分害怕失败,这种恐惧超过了一切,会渗入到每一个作战人员的神经里。另外，防御者对侧翼受到威胁十分敏感，进攻者派到我们后方林木茂密的山坡上去的每一部分部队都会成为他获得胜利的一种手段。

在山地防御中，假如将整个军队配置在广阔的平地上，那么上面所说的大部分不利条件都没有了，保持下来的是有利条件。可以假想，这样正面很坚固，两翼也难以接近，而且不管是在阵地内部还是在后方都会有最大限度的行动自由，这样的阵地自然可以称得上是世界上最坚固的阵地。不过，这样的阵地几乎只有通过空想才能实现，尽管大多数山脉的山脊比山坡很易于通行，可是多数山中的平地对于以上用途来说要么太小，要么不合适，并非是几何学意义上的平地，而只是地质学意义上的平地。

就好像我们之前所指出的那样，由于小部队占据的空间很小，所需要的退路很少，因此小部队在山地进行防御时会占尽优势条件而不会存在什么不利的条件。单独的一座山既不叫山地，也不具备山地的那些有利条件。但是，越是小部队，它的部署就越能局限在单独的山脊以及山头上，而用不着钻进树林或悬崖峭壁这样的密网中，而这个密网正是产生上述所有不利条件的源头。

第十六章　山地防御（2）

这一章我们来探讨一下山地防御这一概念的形态和部署。

通过地理知识，我们可以知道山地防御的概念是：当防御的正面大致与山脉平行，山脉就可以被当作是一种妨碍通行的重大障碍，这是一种只有谷地为出入的大垒墙，这时防御阵地就应当设置在这个垒墙的顶部，也就是沿着山脊平地的边缘，同时横向地切断各主要谷地。如果防御的正面几乎垂直于山脉，那么防御阵地就应当设置在主脉的一个主要支脉上，阵地的正面一定要平行于主要谷地且始终延伸到主脉的山脊。

在这里我们之所以会谈到这种按照地质结构进行的山地防御的配置，是因为这种配置在军事理论中曾经风靡一时，它是在所谓的地形学中将冲刷过程的规律与作战方法混合起来的。

但是，这样的见解充满着错误的假设以及不确定的概念替换。在实际生活中，由这样的见解几乎不可能得出任何能够用来制定系统理论的根据。

山脉的主要山脊都是不太适合用来歇宿和通行的，因此不能将大量部队配置在上面；山脊大多不但不适合歇宿且有通行困难，要么太短，要么就不规则，因此同样不能配置大量的部队。台地并非在一切山脊上都有，就算有，大部分也是狭窄的，不适合歇宿。假如认真地观察一下就会发现，甚至连那种主要山脊比较长、两侧大致上能够当作是斜面或至少能够当作是阶梯山坡的山脉也是很少的。山脊往往曲折且有较多的分支，大支脉则成为曲线延伸向原野，而且往往正好在其终点，成为高山主要山脊的山峰；山麓与山峰相连，组成了与山脉体系不太相称的巨大深谷。在几条山脉交叉处或者几条山脉朝外伸展的起点，狭长的、呈带状的山脉根本不存在，而只有呈辐射状分布的水流以及山脉。

无论是谁，假如他像以上那样来观察山地，就可以更清楚地认识到：要想在山地系统地配置军队是不可行的。如果坚持将这种想法作为配置军队的基本思想，那是脱离实际的空想。不过我们还是要关注关于山地的具体应用的问题。

从战术方面，假如我们再仔细观察一下山地战的情形，就会看到山地战主要表现为以下两种防御：陡坡防御和谷地防御。谷地防御经常甚至在大多数情形下能发挥理想的抵抗效果，不过在进行这种防御时将没有办法同时在主要山脊上设防，因为对这种防御来讲，需要占领谷地本身，而且因为谷地接近平原的部分比较低，因此相比较占领谷地靠山的起点，占领谷地的这部分将更有必要。就算是不在山脊上设防，这种谷地防御依旧是防御山地的一种途径。山脉越高，攀登的难度就越大，而谷地防御能产生的效果也是很大的。

从这些研究中能够看出，防御一定要彻底抛弃一条与某一地质线相一致并多少近乎规则的防线的想法，人们应当将山地只当成高低不平以及具有种种障碍的地面。对于这种地面的各个部分，只要条件允许，就应当尽可能地加以利用。

不管是在奥地利王位继承战争中还是在革命战争中，我们都没有发现过这样的情况：军队遍布山系且按山脉的主要轮廓组织防御。我们从来没看见过在主要山脊上进行军队配置。军队往往是配置在山坡上，有时会配置高一些，有时会配置低一些，有时配置在主要山脊的一面，有时则会在另外一面；有时平行于主要山脊，有时则会保持垂直的角度，有时还会与之斜交，有时会顺着水流，有时则恰好相反。在一些较高的山地，比如在阿尔卑斯山，军队甚至往往是沿谷地进行部署；而在一些较低的山地，比如在苏台德山，则会出现一种极为特殊的情况，军队往往部署在半山腰，也就是说面对着主山脊进行配置。

高大的阿尔卑斯山的山脊既通行困难，也不适合歇宿，因此在这里不用配置大量的部队。假如需要配置部队来对这片地区进行控制,那么只能将军队配置在谷地里。刚开始看起来,似乎这样做是不对的,因为依据理论,人们肯定会说谷地处于山脊俯瞰之下。不过,真实的情况却并不如此可怕,在山脊上只有极少的道路和小径能够通行,而且除了极个别的情况以外,也就只有步兵能够通行,因为一切的车道都分布在谷地里,敌人只可以利用步兵登上山脊的特殊地点。不过在这样的山地里,双方军队若是相隔距离很大,甚至超过了步枪的有效火力射程,因此将部队配置在谷地里是合适的。

当然,进行这样的谷地防御还有一些危险,即后路有可能被敌人切断。尽管敌人只能利用步兵缓慢而艰难地从从几个地点走到谷地,即他无法采用奇袭的手段,但由于没有部队防守在山脊通往谷地的小径的出口,敌人就能够慢慢地将优势兵力调集下来,然后展开在谷地,从而粉碎防御者那纵深较小而逐渐变得薄弱的防线。这时在这条防线上,除了一道比较浅的山间溪流的石质河床以外,或许就找不到别的任何掩护了,这样进行谷地防御的很多部队只能被围困在里面,因为在没有找到撤出山区的出口以前,防御者在谷地只能将兵力分散撤退。

现在再来谈一谈进行这样的防御时的兵力分割程度的问题。

任何一种这样的防御配置都是以主力在最重要的山间通道上占领的阵地为中心。别的部队从这一阵地向左右派遣出去而占领最重要的山口,大概位于一条线的3、4、5、6个甚至更多的防哨组成了整个防御配置。实际情况的需要将决定这个防线可以延伸或一定延伸的长度。两三天的行程,即6至8普里是很恰当的,自然也可以延长到更长的距离,比如20或30普里。

这里可能有一些能够配置几个营而且十分适用于联络各主要防哨的合适地点,这些地方也要派兵进行占领。可以看出,兵力还能够继续分割下去,一直分割到单个步兵连和骑兵连,而且这种情形在以前也是经常见到的。总而言之,兵力的分割在这里并无一定的限度。另一方面,各防哨的兵力应当视整支军队兵力的大小而定,因此对各主要防哨需要保持多少兵力的问题,我们就没有什么可说了,我们只想依据经验以及事物的性质提出几项原则作为考虑兵力部署的根据。

1.兵力分割程度与山脉高低以及通行的难易程度是成正比的,因此,一个地区的安全越是不容易通过部队的机动来保障,就越需要凭借直接的掩护来保障。

2.所有进行山地防御的地区,通常兵力都是这样区分的:主要的防哨大部分都是在第一线只配置步兵,在第二线配置几连骑兵;只是配备在中央的主力在第二线才会有几个营的步力。

3.只有在非常少的情况下才会有战略后备队来增援遭受进攻的地点,因为正面延伸很长的情形会让人们感到兵力很薄弱。增援遭受攻击的防哨的援军多数都是从防线上没有遭到攻击的防哨中临时抽调的。

4.就算兵力分割的程度较小,各防哨的兵力不算较弱,这些防哨进行的主要抵抗也总是扼守地区的防御。假如某一防哨被敌人完全占领,那么就不要再指望用增援部队夺回了。

由此可见,到底能从山地防御中得到一些什么、在什么样的情况下可以使用山地防御手段、防线的延伸和兵力的分割允许达到什么样的程度,这些都需要靠指挥官来解决。理论只要告诉指挥官这种手段的本质特点是什么、它在两军开战时起到怎样的作用就可以了。假如一个指挥官使用正面宽大的山地阵地却遭受严重失败,那么他只能出现在军事法庭上。

第十七章　江河防御(1)

如果从防御的角度来看,像山地一样,大中型江河同样是战略的屏障之一。不过江河与山地在两个方面有所不一样:首先在相对的防御上,其次表现在绝对的防御上。

江河与山地都可以让相对抵抗的能力增加,不过,就像是脆硬的材料制成的工具一样,江河的特点是难以抵抗任何打击,就是完全没有任何作用,最终导致防御的失败。假如江河较大,别的条件都对防御者有利,那么进攻者要想渡河是绝对不可以的。但是,一切江河防御只要有一个地方被突破了,那将完全瓦解整个防御。防御者不可以像在山地那样进行长时间的抵抗,除非江河本身就是在山地。

从战斗的角度来讲,江河的另一个特点是,在某些情况下,在江河地区为决定性会战而采用的部署能够变得十分有利。通常这些在江河地区所采用的部署往往比在山地更有益处。

不过,江河与山地也有一样的地方:都是危险和容易误导人的,常常误导人们采用错误的措施,让自己陷入险境。在历史的某个时期,人们认为可以凭借所有有利的地理条件增加绝对防御的体系。在战史上,江河防御成功的例子极其罕见,这说明江河并非人们所想象的那样能发挥很大的作用。不过,江河对于战斗以及国土防御的有利作用还是不能否认的。

为了全面地了解事物的本质,我们先列举分析江河防御时的几个问题。

首先, 我们将设防的江河的战略效果与没有设防的江河对国土防御的影响区分开来。

其次,依据防御本身的意义,将其分为下面 3 种:

1.使用主力进行的绝对抵抗。

2.单纯的假抵抗。

3.用次要兵力,比如前哨、掩护部队和其他次要部队等进行的相对抵抗。

最后,我们还要从江河防御的形式上将江河防御区分成以下 3 种:第一是直接防御,也就是阻止敌人渡河;第二是较为间接的防御,也就是只将江流和河谷作为进行更有利的会战的手段;第三是完全直接的防御,也就是对岸坚守牢固的阵地。

下面我们分别分析这 3 种江河防御。首先我们研究江河防御与第一种抵抗,即最重要的抵抗的关系,之后再分析它们与其他两种抵抗的关系。我们先来研究阻止敌军渡河的直接的防御。

只有水量非常充裕的大江河才可以用来这样防御。

这种防御在理论上的基本问题是空间、时间以及兵力的配合,这让江河防御变得十分复杂,以致很难得出固定的结论。但是,任何人在经过继续分析之后都会有以下的观点。

按照敌人架桥所需要的时间,能够确定防御江河的每支部队之间相隔的距离。防线的整个长度除以这个距离,就能够得到需要部队的数量。用这个数字去除全军的总数,就能够得出各支部队的兵力。

知道了渡河的兵力,防守的一方就能判断出自己可否进行一次有效的抵抗。在敌人的桥梁架设成功之前,防御者才有可能以极大优势的兵力,即用 1 倍的兵力来攻击已经渡河的敌军,而如此,敌军的强渡是不可能的。比如:

假如敌人需要花 24 小时来架桥,在这段时间里可以用别的办法渡河的军队最多也才两万人, 而防御将两万人调到任何地点所需要的时间只需要大约 12 个小时,那么强渡是不可能的,因为防御者能够在进攻方两万人刚刚只渡过一半时及时赶到。

在 12 个小时之内,除了通报情况以及传达命令所需要花掉的时间以外,人们能够行军 4 普里,所以每相隔 8 普里需要有两万人,而若是要防御长达 24 普里的河段将需要 6 万人。如果防御者有如此强大的兵力,他能够向每个地方调两万人,就算是敌人在两个地方渡河也是如此,假如敌人只在一个地点渡河,防御者甚至可以调去 4 万人。

有以下 3 个因素起着决定性的作用:第一是江河的宽度;第二是渡河器材。前面这两个因素不但决定架桥需要的时间,而且也将决定在架桥期间可以渡河的部队数量。第三是防御者的兵力。这时我们不需要考虑对方军队总的兵力。按照这个理论,我们能够成功地做到让敌人渡河失败,甚至让任何具有优势的敌人都不能渡河。

这正是江河防御的简单的理论,它的目的是阻碍敌人完成架桥和渡河。下面我们来分析这样的防御的详细情况以及必要手段。

第一,假如除去地理上的任何因素,需要说明的只是:上面的理论所规定的各个部队应当集中配置在江河附近。之所以要紧靠江河布置,这是由于一切江河的配置都会增加路程,这是没有必要的,同时也是没有什么好处的。部队凭借着江河免遭敌人的重大威胁,因此没有必要将部队控制在后面。第二,相比较从后面到江河的任何一个地点的斜行路,沿河的道路更便于行走。第三,相比较纯粹的防哨线,这样的配置无疑可以更好地监视江河,其主要的原因在于这时指挥官都在近距离的地方。这样,配置的部队一定要分散后再集中,假如不是如此,整个计算就不一样了。所有知道军队集中要消耗多少时间的人都会明白,这种集中的配置将会让防御发挥出最大的效果。

通过一些防哨阻止敌人漕渡,刚开始看起来还不错,但除了个别例外,尤其是方便渡河的地点以外使用这种措施是非常不利的。通过对岸的优势火力,敌人就能够击退这种防哨中的部队,就算是没有想到这一点,也只是白白浪费力气,即除了能迫使敌人另外选择渡河地点以外将实现不了任何目的。由此可见,只要不是兵力足够强大到能够将河流当做要塞的外壕来固守,这种真正的河岸防御就一定不能达成目的。除了这些通常配置的原则以外,还可以考虑到:第一,江河的具体特征;第二,清除渡河器材;第三,沿岸要塞的作用。

江河作为防线需要上下两端都有依托点,或者有别的条件能让敌人无法从防线两端以外渡河。不过,具备这种依托点及这样的条件也只有在江河防线很长的时候,因此人们通常不会将大量军队配置在较短的河流上。我们这里所讲的较短的河流就是相比较军队不在江河附近配置时的正面,河段的长度还会更长一些。在现实中并不存在这样的情形,一切江河的直接防御将永远是单线式防御,至少就其防御正面的宽度来说是如此。在这样的防御中,集中配置若是采用对付迂回的办法是完全不适合的。无论在别的方面具备多么有利的条件,江河的直接防御只会遭到敌人的迂回，这始终是一种很危险的行为。

就整条江河来讲，并非一切地点都适合渡河。具体哪些地点不适合渡河，对此不能作严格的规定，因为有些很小的地形特点始终具有决定性的意义，这不同于书本上所认为的那样。就算是有严格的规定也是根本不起作用的，因为你只需要观察一下江河，从当地民众那里了解一些情形，就能够明确哪些地点适合渡河，因此也就没必要去过多依据书本上的东西。

为了更详细地说明这个问题，我们需要指出，对渡河有利的位置包括通往江河的道路、江河的支流、沿岸的大城镇，尤其是江河中的洲岛，等等。与此相反，书本上所认为的诸如河岸的制高点、渡河点附近的弯曲河道等位置在实际中却很少发挥作用，这主要是因为它们的作用是以绝对的河岸防御为基础。但若是在大江河，如此的绝对河岸防御是很少或者完全不可能进行的。

在河流上有一些地点具备适用于渡河的一切条件，无论是什么条件，都可以对部署军队产生影响，并会让一般的几何法则有一定程度的改变。不过，过分依靠一些地点给渡河带来的困难也是不适合的。假如从天然条件看来不利于渡河的地点却被敌人认定与我们接触的可能性最小，那么他或许正好会在那里渡河。

用较强的兵力防守江河中的洲岛的行为是在任何情况下都需要强烈推荐的，这是因为敌人假如对洲岛进行真正意义上的进攻，就会暴露自己渡河的地点。

部署在河边的各支部队需要依据实际情况向上下游进军。假如没有与江河并行的大路，那么整修紧靠河岸的小路或者新修短距离道路都是重要的防御准备工作。

我们将要分析的第二个问题是清除渡河器材的问题。在江河的主流上清除渡河设备当然比较困难，需要花费很长的时间，而若是在对方岸上的支流上清除渡河器材，这样的困难简直没办法克服，因为那些支流一般控制在敌人手里，要做到这一点，关键是需要利用要塞封锁这些支流的河口。

敌人携带的渡河器材，也就是架桥用的桥脚舟通常在渡大江河时都会不足。敌人的问题主要在于可否从江河主流、各支流和己方的各大城镇中找到这些渡河设备以及江河附近是否能够用来制造船只以及木筏的木材等等。有时在这方面的条件对于敌人十分不利，甚至根本没有办法渡河。

位于江河两岸或敌岸的要塞地区不但可以作为防止敌人从要塞附近的各个地点渡河的盾牌，也是控制这些要塞、封锁各个支流以及迅速收集那里的渡河设备的手段。

对于流量充足的江河进行的直接防御，我们就说到这里。尽管陡峭的深谷或者沼泽较多的河岸可以增加渡河的困难以及防御的效果，但它们将无法代替流水充足的江河，因为只是它们还不可以构成绝对断绝的地形。而直接防御的必要条件就是绝对断绝的地形。

在战局的战略计划中，假如要问这种江河的直接防御可以占据怎么样的位置，那么人们只会回答：这种防御绝不可能导致决定性的胜利，一方面，江河直接防御的目的只是阻止敌人渡河且消灭最先渡河的军队；另一方面，防御者通过有力的出击将已经获得的利益扩大将会受到江河的妨碍，这样，决定性的胜利就不可能了。

但是，对防御者来说，最重要的一点是这种江河防御往往能够赢得很多的时间。为了筹集渡河器材，进攻者需要花费很多时间。假如进攻者屡次渡河都没有成功，那么这将为防御者赢得了更多的时间。假如敌人由于渡不了河而改变了自己的行进方向，那么防御者或许还会获得一些别的利益。在进攻者不是真的进攻的一切情况下，江河就会让他停止行动，这时江河将会永远保障国土的安全。

当江河比较大、条件也十分有利的时候，我们能够认为江河的直接防御是主力对于主力的一种有效的防御手段，它可以产生当前人们很少重视的那种效果。在上面这些基础条件下，6万人在24普里长的地段上就可以对拥有明显优势兵力的敌人进行一次有效的防御，这是一个十分值得重视的效果。

现在我们来说说对拥有显著优势兵力的敌人的防御。按照我们已经提出的理论，只要企图渡河的兵力超过进行江河防御的兵力，所有都不将取决于企图渡河的兵力，而取决于渡河器材，这种说法听起来好像很奇怪，不过事实上确实如此。当然人们不应忘记，大部分江河防御，更明确地说，所有江河防御都没有绝对的依托点，即都免不了遭到敌人的迂回，而敌人的兵力越有优势，就越有被敌人进行迂回的可能性。

这种江河的直接防御就算是被敌人突破了，也不像一次失利的会战，它很少会导致彻底的失败，因为我们只有一部分的军队投入了战斗，而且敌人只可以通过一道桥梁慢慢渡河，因此一定会受到阻碍，不可能立刻迅速地过桥以扩大胜利的战果。假如人们看到这些，就更应该对防御手段加以重视。

在现实生活中，对于所有的事情来说，问题都在于是否处理得恰当。同样的道理，在进行江河防御时也是，各种情况判断是否正确将决定最后结果的不同。一个表面上没什么紧要的情况都有可能会让整个局势发生重大的变化；一个表面上看很合适而又有效的措施，在这里却有可能会成为不利的条件。对于任何情况都要作出正确的判断，而不单单是将一条河流看成是一条河流，我们一定要防止出现错误地运用和理解江河防御这个措施的情况。不过作了如此分析之后,我们必须直接指出:有些人的反对声音是根本不值得关注的,他们依据自己模糊的感观以及含糊不清的观念将一切都寄托在进攻与行动上,将骑兵挥舞马刀向前冲看成是战争的全部。

就算指挥官可以长时间保持这样的感受以及观念,也不能够解决问题。更糟糕的是,如此的感受以及观念持续不了多长时间。当指挥官面对牵涉到各方面的重大而复杂的现实情况时,这样的观念以及感受就会在最后一瞬间在他们身上不见踪迹。

因此我们认为,当防御者仅仅满足于阻击敌人渡河这样的目的时,假如部队比较大、条件很有利,进行江河的直接防御是能够发挥出极大作用的。不过对小一点儿的部队来说则不是这样。假如在一定长度的河段上,6万人可以阻止10万甚至10万以上的敌军渡河,那么在同样的河段上,1万人或许不能阻止1万,甚至是5000人渡河。由于有同样多的渡河器材,这是可以理解的。

我们很少说到佯渡这个问题,因为在江河的直接防御中,佯渡所能起到的作用是较小的:一方面是这种防御的主要问题在于各部队各自防守一个河段,而不在于军队集中在一个地点;另一方面,就算具备了上面所说的渡河的基础条件,进行佯渡也是很不容易的。假如进攻者本来的渡河器材就不多,即现有的器材不能保障渡河的需要,那么进攻者将不可能把大量的器材用在佯渡上。不管怎样,由于佯渡的存在,进攻者在真的渡河点上的兵力会相对减少,这样防御者那原本因为不明白敌情而可能丧失的时间将可以重新赢回来。

通常,江河直接防御只适用于欧洲主要河流的中下游。

第二类江河防御适用于中等江河,甚至可以适用于深谷中的小河流。这种防御要求在离江河距离较远的地方占领阵地,而阵地到江河的距离应当继续保持;当敌军同时在几个地点渡河时,防御者可以迎击分散在各个地方的敌军;当敌人在某一点渡河时,防御可以把它限制在河流附近或者一座桥梁和一条道路上。进攻者只有一条退路且被迫背靠江河或深谷,这将是一种十分不利的情形。利用进攻方的这种不利势态是一切中等江河和深谷防御的本质。

我们认为将整个军队分为几支大部队且配置在离江河很近的地方是进行直接防御时最恰当的配置,但这种配置的前提条件是敌人不可能突然大批渡河,不然军队就有可能被分割或者被击破。假如防御者并没有有利的条件进行江河防御,或者敌人拥有大量的渡河器材,假如江河中有许多洲岛甚至浅滩,或者江河比较窄、假如防御者的兵力缺乏等,那么防御者就无法进行江河的直接防御了。为了保证相互之间的联系,防御的各个部队不得不离开江河一段距离,而且只能采取的办法是:

在敌人渡河时以最快的速度向这里集中兵力，趁着敌人还没来得及扩大占领地区以及利用几个渡口时攻击它。这时应让前哨部队对江河或河谷进行监视且稍作抵抗，而整支主力则应当分成几支大部队部署在离江河一定距离的适当地点，这个距离通常是几个小时的行程。

这里，防御凭借的主要是由江河和河谷构成的谷地。不但水量，而且整个河谷在这里都会起到重要的作用。相比较宽大的河流，谷岸陡峭的谷地通常会发挥更大的作用。大部队通过陡峭的深谷时，所遇到的困难将远远超过事先所能想到的。通过深谷需要很长一段时间，当进攻者通过深谷时，令人恐惧的是防御者随时都有机会占领附近的高地。假如进攻者的先头部队向前行进的距离太长，就会早早地遭遇敌人，也就有可能碰到敌人的优势兵力。假如停留在渡河点周围，就需要在极其糟糕的场合里作战。只有在兵力占据优势、指挥很有把握的情况下，进攻者才能通过深谷到江河对岸去与敌人进行战斗，否则这就是一种危险的行动。

相比较大江河的直接防御，这种防御的防线比较短：一方面是防御者需要集中全部兵力参加战斗；另一方面是进攻者的渡河不会像大江河那样困难，这时进攻者可以轻松地进行迂回。但进攻者需要变换方向进行迂回，而且撤退线所受到限制所带来的不利影响不是马上就能消失的，而是慢慢消失。在进攻者处于危机状态时，就算他没有受到防御者的攻击，而且通过迂回获得了较大的活动余地，但相比较防御者还是处于劣势。

我们在说江河时不但需要涉及它的水量，还要重视河谷的深度。在这里需要事先说明，不应当将河谷理解成真正的山谷，否则在这里就要运用有关山地的内容来论述这一切了。但我们都知道，在许多平原的地区，甚至很小的河流也会拥有陡峭的深谷。假如河岸上有沼泽或其他可以阻挡敌人接近的障碍物，这也都算是在这个范畴之内。将防御的军队部署在中等江河以及较深的河谷之后就会是一种非常有利的配置，而如此的江河防御应当算是最好的战略措施。

这种防御的弱点也就是防御者很容易犯错误的地方，在于军队的防线太长。防线太长，防御者自然会将军队分散在可能的渡河地点上，因此将一定需要封锁的真正的渡河点给忽略了。假如不能将整个军队集中在真正的渡河地点作战，防御的效果就不能实现。就算是整个军队没有被歼灭，但一次失败的会战、一次无奈的撤退以及各种各样的混乱和削弱，都会让这个尚未被歼灭的军队即将面临彻底失败。

因此，防御者不应当将防线延伸得太长，而且一定要在敌人渡河的当天傍晚之前将自己的兵力集中起来，对于这两点，我们已作了详细的说明，因此不用讨论那些受地形条件限制的时间、兵力和空间的配合问题。

在这些情形下发生的会战肯定会有其特点，也就是防御者的行动一定要很猛烈，由于进攻者进行佯渡，防御者在短时间内还没搞清楚状况，通常只有到了最危急的时刻，防御者才会搞清楚事情的真相。防御者之所以会在态势方面占据有利位置，是因为正面的敌军处于不利的位置。假如敌军别的部队从另外的渡河点对防御者进行包围，那么防御者就不会采取在后面对这部分敌军进行强有力打击的作战方式，因为这样做会令他失去有利的态势。当这部分敌军还不能够威胁他时，他一定要先解决正面上的问题，即一定要尽量快速而有力地攻击正面的敌军，让敌军遭受失败，从而解决所有的问题。

但是，这种江河防御的目的根本不是抵抗兵力优势太大的敌人。在这种防御中，防御者通常需要对付大部分的敌军，就算情况对于防御者本身很有利，人们也不难看出：兵力是必须值得重视的问题。

大部队在中等江河以及深谷进行的防御就是如此，在河谷边沿进行强有力的抵抗会给阵地分散带来不利的影响，对大部队来讲，这种方法是不恰当的，因为大部队所需要的是决定性的胜利。假如只是想暂时守住次要的防线，进行稍微的抵抗以等待支援，那么这自然是能够在河谷边缘，甚至是河岸进行直接防御。尽管不能奢望获得山地那样的有利条件，不过相比较一般地形，抵抗的时间始终会更长一些。假如河道十分曲折，防御者进行这种防御就是极其危险的，甚至将是不可能的。

大部队在普通大小的江河上采取的防御手段也能用在大江河上，并且这里的条件更为有利。如果防御者要想赢得完全的胜利，则总会运用这个手段。

对于军队将江河或深谷作为阻击敌人接近的战术障碍，即作为战术上加强的正面而紧靠江河或深谷配置，这根本就是另外一种情形。对这个问题的详细研究是战术领域的事情，但我们还是要指出：从效果方面来看，这根本就是自己骗自己的措施。假如陡谷很深，阵地正面应该是不可能被攻破的，但从这种阵地侧旁通过与从任何别的阵地侧旁通过的难度是相同的，因此防御者如此的配置根本就是主动让路给进攻者，但军队的目的肯定不是这样的配置。所以，只有当地形对于进攻者的交通线极其不利，以致他刚离开通道就会产生十分糟糕的情形时，防御方这样的配置才会是恰当的。

使用第二种防御方法时，进攻者的佯渡将会给防御者带来很大的危险，因为这时进攻者实施佯渡会更容易，而将全部军队集中在真正的渡河点则成为了防御者的任务。不过，这时防御者的时间还有很多，因为当进攻者将所有兵力集中起来以及占领几个渡河点之前,防御者一直拥有着较为有利的条件。另外,进攻者进行佯渡所产生的效果比单线式防御进行的佯攻较小, 这是因为单线式防御中一定保持所有地点不被击破,因此预备队的作用是极其繁杂的。在单线式防御中,我们需要判断敌人首先会攻占哪些地点, 而在这里我们只需要搞清楚敌人的主力在哪里就足够了。

对于以上所讲的在大江河和中等大小的江河上进行的这两类防御,我们还要概括性地强调:假如这两种防御在撤退时是在慌忙及混乱中部署的,可能没有任何准备,没有清除渡河器材,也不熟悉地形,那么这样的防御自然不能达到效果。我们不能奢望能具备所有的有利条件, 如果仅仅是为了获得这些有利条件而选择将兵力分割在广阔的阵地上,这将是极为错误的决定。

总而言之,就好像战争中一切在思想模糊以及意志涣散的情况下所作的决定,最终的结果就是失败。假如因为缺乏勇气与敌人进行会战而选择了江河防御,设想能通过江河以及河谷来抵抗敌军,那么江河防御是发挥不了有效作用的。这时统帅和军队对自己的处境缺乏信心,甚至他们会忧心忡忡,而且这样的恐惧和担心很快就会变成现实。与战斗不同的是,会战绝不以双方情况完全相同为基础。假如一个防御者在防御中不擅长利用防御的特点,不擅长利用快速的行军、熟悉的地形以及自由行动所获得的利益,那么他只有等待失败,即便是江河以及河谷也根本帮不上忙。

第3种防御是在敌岸占领坚固的阵地,这种防御可以产生效果的原因在于:敌人的交通线被切断,进而会有可能被限制在一座或两三座桥梁上。这里说的是流量很充沛的大江河,因为也就只有大江河才会出现这样的情形,与此相反,一条谷深水少的江河完全不存在上面所说的危险,因为它通常都有许多渡口。

这种阵地一定是异常坚固的,完全没有办法击破,不然就会正中敌人下怀,防御者就会失去有利的条件。假如阵地到了很坚固的地步,以至于敌人都不敢进攻,那么在某些场合,敌人将有可能会被限制在防御者所在的河岸上。如果他想要渡河,就会丧失交通线。当然,他也能够对防御者的交通线进行威胁,就像在双方各自从对方阵地侧旁经过的所有情况一样,所有都将取决于:谁能更好地保障交通线在数量、位置和其他方面,这时谁别的打算,失败的可能性会更大,即谁在作别的打算时可能容易被敌军战胜,谁在自己的军队中将保持更多的制胜力量,便于在危急情形时能有依靠。

这时,江河的作用是增加交通线带来的危险,因为双方的交通线都被束缚在桥梁上。相比较进攻者来说,防御者的渡河点以及种种仓库在要塞的掩护下会更安全一些。假如可以肯定这一点，那么当然能够采用这种防御，甚至当别的条件不适合进行江河的直接防御时，也能够以这种防御来代替直接防御。尽管军队没能够防守江河，江河也没能够掩护军队，但军队和江河的有效结合却很好地守卫了国土，而这正是所希望实现的目的。

毋庸置疑，这种不进行会战的防御就好像正负电荷简单地接触时所产生的电压一样，只比较适合阻止较小力量的冲击。假如对方指挥官很谨慎、优柔寡断，那么就算是他拥有强有力的兵力，防御者还是能够采取这种措施。当双方形成较为平稳的均势，互相力争的不过是很小的利益时，防御者也是能够采取这种防御的。假如我们所面对的是一个拥有强大兵力的冒险指挥家，那么采取这种防御无疑是自取灭亡。

这种防御方法看起来不仅大胆而且符合科学，并且完全可以称之为高雅的防御方法。但通常高雅将意味着华而不实，而战争不会容许华而不实的作风存在。因而，采用这种高雅的方法的实际例子是极少见的，但这第3种防御能够用来作为前面两种防御的辅助手段，也就是通过这样的手段控制桥梁以及桥头堡以方便让军队可以随时渡河，达到威胁敌人的目的。

这3类江河防御手段中的其中一种不但可以是主力进行的绝对抵抗，并且还可以是绝对抵抗的假象。

防御者能够使用许多别的措施构筑不同于行军中的野营地的阵地，让这种消极抵抗能产生绝对抵抗的假象，但只有这一系列措施比较复杂，以致敌人认为其效果会比其他场合更大、更持久时，在大江河进行的假防御才会起到真正的欺骗作用。对进攻者来讲，敌前渡河始终是一个重大的步骤，他们往往需要考虑很长的时间才采取行动，有时甚至会拖延很长的时间，直到出现了有利的时机才会行动。

进行这样的假防御时，主力有必要像真防御那样，分别配置在河边。不过，单单从假防御的意图上就可以说明具体情况是不适合真防御的，即便是各部队进行很小的抵抗，也会因为防线太长以及军队分散而有遭受重大损失的危险。从现实意义来讲，这是一种不合适的措施。在进行假防御时，所有行动的目的一定是让军队可以在后方的某一地点集中，因此假防御时所进行的抵抗的限度是不影响军队集中的。

当采用第二种江河防御，也就是利用中等大小的江河进行抵御时，也能够采用这样的欺骗手段，只是通常来讲，效果要差很多，因为尝试性的渡河在这样的场合是比较容易成功的，因而这样的计谋很容易被拆穿。

采用第3种江河防御时，佯动的效果会更差一些，就其效果而言，它不会超过任何临时占有的阵地。

最后，前两种防御十分适合在为了某种次要目的而设置的前哨线或别的防线上采用，对于仅仅是为了进行监视而配置的次要部队也是适合运用的，在有江河的条件下进行这两种防御，成功率将远远大于在没有江河的情况，且将会发挥出更大的力量。因为在一切场合里都是进行相对的抵抗，而这种难以通行的地形会明显增强相对抵抗。人们不但应当看到战斗中抵抗可以赢得很长的时间，而且应当看到敌人在每次行动之前都是顾虑重重，假如没有紧迫的原因，这些顾虑会促使他停止行动。

第十八章 江河防御（2）

这一章我们来谈一谈不设防的江河对于国土防御可以起到的作用。

任何一条江河与其主流的河谷和支流的河谷都可以构成一个复杂的地形障碍，因而通常对于防御而言是有利的。我们从以下几个方面对它特有的作用进行说明。

第一，我们一定要分清江河与国境，也就是与总的战略正面是平行的还是斜交或直交的。假如是平行的，我们一定要分清江河是在防御者的后面还是在进攻者的后面，并搞清楚在这种情形下军队与江河之间有多远的距离。

假如在防御的军队后面不远的地方有一条大河，在这条河上有较多的安全的渡河点，那么相比较没有江河的情况，防御者所处的位置要更有利一些。尽管由于渡河点的限制，防御者在行动上失去了一些自由，不过在战略后方的安全方面依然能获得很大的好处。我们在这里所讲的是在本国国内进行的防御，因为在敌国，就算是前面有敌军，防御者还是会经常担心敌军会出现在自己后面的江河的另一岸。由于有限的渡河点，江河对防御者处境的影响更多的是弊大于利。江河在军队后面越远，对军队就越不利，到了一定的距离，它的影响就将全部消失了。

假如进攻的军队不得不渡江前进，则江河对于其行动只带来不利的影响，因为它的交通线被限制在江河的几个渡河点上了。假如江河与战区正面成为直交，则江河又能给防御者带来利益，这是因为：第一，由于加强正面可以通过江河做依托以及利用支流的河谷，通常能够占领许多有利的阵地；第二，进攻者不是完全放弃两岸中的某一岸，就是将兵力分割，而这样分散兵力是对防御者有利的，因为防御者比进攻者占据了更多的、更安全的渡河点。

江河只有与战场正面成直交且能够作为运输线时，它对进攻者才是有利的。因为进攻者的交通线比较长,在输送各种必需品方面有很大的困难,因此水运会带来很大的利益。尽管防御者也有它有利的一面,也就是能够在国境这边用要塞封锁江河,但国境那边的一条江河给进攻者带来的利益却不会就这样消失。

有些在军事上从别的角度来看宽度较大的江河却并不能通航;有些江河并非四季通航,有些江河在逆流航行时十分缓慢,而且异常困难;有些大江河比较弯曲,往往会增加1倍以上的路程,而且现在两国之间主要的交通线大部分是公路。如今大多数必需品通常都是在附近就地准备,而不需要像过去那样从很远的地方运来。假如人们想到这些,就会明白:水运对于军队给养所起到的作用根本不像书本上所描绘的那么大。因此,它对事件进程的影响是微乎其微的,而且并不一定会起作用。

第十九章　沼泽地防御和泛滥地防御

一、沼泽地防御

尽管沼泽地防御的措施和江河防御的措施相似,可是仍然需要注意以下几点。

沼泽地的第一个特点,也是最主要的特点是:步兵除却沼泽通道以外没有别的途径,而通过它比渡过任何一条江河都会困难很多。原因在于:第一,不像架设一座桥梁一样,修筑一条堤道的速度会缓慢得多;第二,没有能够将掩护修筑堤道的部队运送到对岸的临时交通工具。在江河上,用一些船就能把前卫运送过去,这样便可以开始架设桥梁,不过在沼泽地却没有任何相应的辅助手段能够把前卫运送过去。就算只有步兵,最容易的办法也就只有铺设木板才能通过沼泽地。不过,假如沼泽地相当广阔,那么相比较渡河时第一批船所需要的时间,利用木板通过沼泽地所需要花的时间将会更多。假如沼泽地中间没有桥梁就不能通过河流,那么要想将先头部队运送到对岸就将更困难,因为在只能铺设木板的情形下,尽管单个人能够通过,而架设桥梁所需要的体积较大的器材却没有办法运送过去。在某些情形下,这些困难是没有办法克服的。

沼泽地的第二个特点是:人们不能像破坏渡河器材那样完全地破坏沼泽地上的通路。桥梁能够拆除,或者能够破坏到几乎不能使用的程度,而堤道却最多只能掘断,不过这并不能起什么作用。假如沼泽地中间有一条小河,尽管能够拆掉小河上的桥梁,不过整个通路的情况并不因此而受到很大的影响。因此,防御者要想让沼泽地对自己有利,就一定要用强大的兵力占领现有的所有堤道,而且认真地进行防守。

在沼泽地的防御中,一方面人们必须进行固守地区的防御,而另一方面,因为除了堤道以外的别的地方都难以通行,又让这种防御很容易进行。而以上两个特点一定会让沼泽地防御比江河防御更局限在一个地段且更为被动。

可以得出这样的结论:相比较在江河的直接防御中,在沼泽地防御中的兵力一定要更大一些,意思就是,不能像江河的直接防御那样占领比较长的防线,尤其是在耕作发达的欧洲更是如此,因为在这里,就算是情况对防御最有利,通路的数量还是比较多的。

从这个角度上讲,沼泽地没有大江河有利,能清楚这一点是十分重要的,因为所有据守地区的防御都有一些不可靠性和危险性。但是,这种沼泽地和洼地通常都比较宽,甚至宽度比欧洲最大的江河还大,因此对于防守通路的防哨来说不存在被对岸火力压制的危险。而由于这样一条狭长的堤道,防哨本身的火力效果却得到了无限增强。通过如此一条1/4普里或半普里长的隘路比通过一座桥梁要花费更多的时间。人们若是看到这一切,就必须承认:在通路较多的情况里,这样的洼地以及沼泽地可以列入世界上存在的最坚固的防线。

在难以通行的地形上进行间接防御便于展开一次有利的主力会战,这样的方法在沼泽地上一样适用。

由于通过沼泽地需要耽误非常多的时间并且困难很大,采用在敌岸占领阵地的第3种江河防御方法在这里就会更危险。一些沼泽地、草地、低湿地除沼泽通道之外其实还有其他可以通行的道路,在这些地区进行防御是十分危险的。假如敌军发现了能够通行的道路,就可以突破整个防线,而这在必须进行抵抗的场合中常常会给防御方带来很大的损失。

二、泛滥地防御

泛滥地不管作为防御手段还是作为自然现象来说,都与大的沼泽地相似。

这样的泛滥地通常很少见,荷兰也许是欧洲唯一值得我们分析的泛滥地国家。而恰恰是在这个国家,曾经出现过1672年和1787年值得注意的战局,同时这个国家又处于与德、法两国重要关系的位置,因此我们很有必要对这类泛滥地进行一些考察。

荷兰的泛滥地与普通沼泽地和通行困难的洼地有下面几个不同点。

1.土地本身是干燥的。

2.在这片土地上纵横交错排列着很多深浅和宽窄不一样的、平行的排灌渠。

3.到处都有供灌溉、排水和航行用且两岸有堤坝的大运河,这些运河没有桥梁是不可以通过的。

4.整个泛滥地的地面低于海平面,同时也低于运河的水面。

可见,掘断堤坝、关闭和开放水闸就能够淹没土地,这时只有稍微高一点儿的堤坝上的道路是干燥的,别的道路或者几乎已经淹没在水中,至少已经被水侵蚀到根本无法使用的程度。假如泛滥地的水深只有三四英尺,那么在短距离之内还能够步行通过,但当上面的第二点所提到的那些小渠道淹没在水里看不见时,它们就会妨碍徒步行军。只有当这样的渠道都向着一个方向,人们可以在渠道之间行进而不需要翻越任何渠道时,泛滥地才不可能成为行进的绝对阻碍。很容易就能理解,这样的情形通常只能在很短的距离内有效,即只能用于非常特殊的战术需要。

根据以上特点能够得出以下几点:

1. 进攻方只可以沿着有限的几条通道前进, 这些通道都位于相当狭窄的堤坝上,左右两侧往往都会有水渠,因而形成一条十分危险的很长的隘路。

2.在这样的堤坝上的防御能够很容易地加强到不可摧毁的程度。

3.防御方会受到限制,对于各个地段只能使用最被动的防御,因而只可以寄希望于被动的抵抗。

4.这里的防御和利用简单的屏障保卫国土是不一样的。在这里,防御方处处都能够利用障碍物掩护自己的侧翼,防止敌人接近。甚至,防御方能够不断设置新的防御阵地,从而利用新的一段来补充第一道防线中的一段失守的地点。

5.一个国家只有在耕作发达、人口密度大的基础上才能够做到以上几点。相比较别的战略部署,通道以及封锁通道的阵地就会更多。从这里又能够得出结论:这样的防线的正面应该是较为狭窄的。

第二十章　森林地防御

我们要将茂密的、难以通行的野生林区与大面积的人造林区分开,人造林一方面非常稀疏,另一方面又有很多道路纵横其间。

在防御时,人们应当在人造林的前面建立防线,或者尽量地避开它。相比较进攻者, 防御者更需要较为广阔的视野:一方面是因为防御者的兵力通常都比较薄弱,另一方面是从防御地势所固有的有利条件来看,防御者肯定要比进攻者晚一些达到自己的目的地。假如防御者将防线建立在一片森林的后面,那就会让自己好似一个瞎子在与正常人作战。假如他在森林中间设防,那么双方的视野都受到了阻碍,即便是这样,还是没能达到防御者的要求。

防御者只能在森林前面布防,凭借森林来隐藏自己的后方部队,利用森林来掩护撤退。除此之外,森林地不可以给防御者的战斗带来别的好处。

这里所说的只是平原上的森林地,因为任何一个地方假如具有山地的特点,那这个特点肯定会对战术和战略带来很大的影响,而关于山地特点的影响问题,我们在前面已经论述过了。

但是,有着通行困难的森林,也就是说只能从一定的道路上通过的森林无疑会像山地一样,能够通过间接防御为进行有利的战斗制造条件。这时,防御者的军队能够在森林后面保持集中配置,等到敌人在林中隘路出现时马上展开对他的袭击。从效果作用来看,与其说这种森林接近于江河,还不如说是接近于山地,因为森林中的道路尽管较长且有通行上的困难,不过从撤退的角度看,森林却是利大于弊。

就算是森林里的通行非常困难,森林的直接防御依旧是危险的行为,甚至对最轻装的前哨部队来讲也是如此,因为任何森林通行的困难程度都不会大到能够阻止小部队从无数个地段经过的地步,这些小部队对于防线而言就像几滴水一样,渗透过堤坝,能够迅速地让整个堤坝决溃。

任何大森林对于民众武装活动的影响都是非常重要的,大森林确实是民众武装真正的活动场所。假如战略防御计划可以让敌人的交通线通过一片大森林,那么就等于为防御者增加了成功的砝码。

第二十一章　单线式防御

所谓单线式防御,就是所有用一系列互相联系的防哨来直接掩护某一地区的防御部署。之所以说这是直接掩护的原因在于:一支大军对几个部队进行并列配置时,即便不构成单线式防御也可以掩护大部分地区不受敌人侵犯,只是这种掩护并不是直接的,而是经过一系列行动以及行动的结果实现的。

若想要直接掩护大部分地区,防线就一定要很长,当然太长的防线,其抵抗力就很弱。就算是配置最强有力的兵力在这条防线上，假如对方的兵力与防御的兵力悬殊不大，这条防线的抵抗力还是不大，而抵御力量较弱的进攻则成为了单线式防御的唯一目的。

中国的万里长城正是在这样的意义上修筑的，它是为了抵御鞑靼人的侵袭而修筑的人工屏障。具有相同意义的还有亚洲和土耳其接壤的欧洲各国的所有防线以及边防设施。这种采取单线式防御既是合理的，也是符合目的的，当然这种防御并非能够防止每一次侵袭，它始终能增加敌人侵袭的困难，因此敌人侵袭的次数能相对减少。在这些国家与亚洲各民族常常处于战争状态的情形下，防线的这种作用是十分重要的。

在现代战争中，欧洲各国之间的防线与这种单线式防御很相似，比如莱茵河畔和尼德兰境内法军的防线。之所以建立这些防线，只是为了抵御敌人征收军税以及掠夺物资而对国土进行的进攻。这些防线只应当用来抵御敌人的小规模活动，因此只适合利用次要的力量。

当这种防线遭到敌军主力的进攻时，防御者自然也就只能利用主力防守这个防线，而这个措施并不十分有效，因为这种情况会带来很不利的影响以及因为防止敌人临时的侵袭并不是主要的目的，若为了达到这个目的而使用这种防线就很容易浪费兵力。现在看来，这种防线是不利的手段。战争的威力越大，采用这种手段就越不利，危险也就越大。

真正的单线式防御也可以掩护军队舍营用的、具有抵抗能力、正面宽大的前哨线防御。前哨线进行的抵抗主要是那些威胁少数舍营地安全的袭扰以及小规模的活动，在地形有利的情况下，这种抵抗在这方面能够发挥出相当大的威力。假如敌军的主力向前行进，前哨线也就只能进行相对抵抗，即只能是为了获取时间而进行抵抗。通常这样争取的时间比较短，因此前哨线防御的目的也并非只是为了获取时间，敌军的集结以及进军决不会保密到防御者只有通过前哨的报告才可以发觉到它。假如防御者处在如此的境地，他的处境就会极为不妙。

就算在这样的场合，单线式防御也只能用来抵御力量较弱的攻击，并且像在其他两类场合一样，不会与其使命产生冲突。

但是，将担负抵抗敌军主力重任的主力分散为一长列的防哨，即将它们分开配置成单线式防御也有悖于情理，我们有必要详细地分析与这样的配置出现的情况以及造成这样的配置的原因。

无论什么样的山地阵地，就算它为了集中兵力进行会战而攻占的，也都必须具备比平原阵地更为宽大的正面。之所以有这样的要求，原因在于地形条件大大提高了抵抗能力，就好像我们在山地防御一章中已经说过的那样，防御者需要一个更宽阔的撤退用的地区。不过，假如会战不会快速进行，假如双方进行长时间的对峙，直到出现了有利时机才会采取行动，那么防御自然就能够不限于攻占最必需的地区，自然可以在保障军队安全的基础上向左右尽量多控制一些地区，进而获取各种利益。在没有通行困难的广阔地区，相比较山地，人们通过行动能够更有效地实现这个目的，在开阔地区很少有必要通过扩大阵地正面和分散兵力来实现目的，而且这样做也比较冒险，因为分散部分的抵抗能力比较弱。

不过，要想保住山地的任何一个地区，主要是凭借固守地区的防御。在山地，防御者不能及时赶到受敌人威胁的地点。假如敌人早到一步，就算防御者使用比敌人大得多的兵力，他也难以将敌人驱赶走。所以，人们在山地常常使用的部署就算不是真正的单线式防御，也与单线式防御的防哨线类似。当然，这种分散成很多防哨的配置与单线式防御存在着一定的距离，但统帅通常会自然地跨过这段距离而陷入单线式防御。最开始时，他们将兵力分割只是为了掩护和保护某个地区，后来则是为了保障军队的自身安全。每个防哨的指挥者都希望占领防哨左右的某个地段以对自己有利。这样，整个军队就会自然而然地将兵力分散了。

我们认为，以主力进行的单线式防御并非为了制止敌人军队的进攻而有意选择的作战方式，而是防御者为了实现与此完全不同的目的而陷入的一种形态。促使指挥官陆续派出一支支小部队去设立防哨的原因相比较军队主力所需要达到的目的始终是无关紧要的。以上观点只是说明指挥官有可能会出现错误。人们或许没有注意到这是估计敌我形式不正确的错误，而认为是防御方法本身的危险。每当使用这种方式获得有利结果时，或者至少没有遭受什么损失时，他们通常会认为这种方式是有用的。

上面我们说明了主力在战区内是如何形成所谓的单线式防御的，而且说明了这种防御如何才是合乎情理的以及有利的，即这样的防御不再是荒唐的，但我们一定要指出，统帅或他们的指挥官有时真的是可能因为忽略了单线式防御自身的意义而绝对化了它的相对价值，相信它真的能阻止敌人的任何进攻，如此就是完全将手段理解错误了，而不是使用手段的不恰当。

第二十二章　国土的锁钥

在军事艺术里，任何理论概念在批判时都不会受到我们要谈到的这个概念如此的重视。

要想侵入敌国就一定要占领的地区，这就能够称为国土的锁钥，但理论家并不满足于赋予这个概念如此简单明了却内容不大丰富的含义，于是他们扩大了它的含义，将它设想为可以决定全部国土得失的地区。

当俄国人想要进入克里米亚半岛时，他们首先一定要控制彼烈科朴和那里的防线，这样做是为了能够比较安全地盘踞在克里米亚，而非为了取得人口。在这里，人们使用锁钥地点这个概念自然不可以说明许多问题。假如有人说，谁占领了朗格勒地区，谁就占领或者控制了整个法国直到巴黎，那么这明显是另外一种情况了。依据前一种说法，假如不占领所谓的锁钥地点，就不可以占领整个地区，这是很容易理解的。不过依据第二种说法，假如占领了锁钥地点，结果就肯定可以占领整个地区，这就显然有些不可思议了。

大概在 50 年以前，这种难以想象的神秘观点真的在一些书本里出现过，到了18 世纪末，它发展到了极致。尽管拿破仑指挥的战争极有说服力地消除了对这种看法的迷信，可是我们却仍旧能在一些书里看到如此难以理解的神秘观念。

除却我们所了解的锁钥地点的概念，所有国家往往会有一些十分重要的地点，那里有许多道路汇合在一起，为筹备给养、朝着各个方向行动做好准备。简单地讲，占据这些地点就能够满足很多需要以及获取很多利益。指挥官们想用一个词语来表示这种地点的重要性，因此将它称为国土的锁钥。我们认为用这个词语来表示这样的地点是很恰当的，也是非常令人满意的。不过，若有人将这些朴素的语言发展成系统的理论，我们就有必要来恢复这个名词的真正意义了。

统帅们在分析他们的军事活动时，经常使用的国土锁钥这一概念是有着实际意义的，但其意义却不很明确。假如人们想将这个概念发展成系统的理论，就需要明确国土锁钥的实际意义。这样，人们就可以从所有与这个概念有关的内容中选出高地。

在一条通过山脊的道路上，人们在到达最高点之后开始下坡时都会满心欢喜，对一支军队来说更是如此，这时似乎已经克服了所有的困难，实际也确实是这样。下坡相对来说更容易，这时比起那些企图阻挡自己的任何人，人们会觉得自己更具有优势，他们能够看到前面的整个地区，而且能够提前控制整个地区。因此一条通过山岭的道路的最高点常常被看成是具有决定性意义的地点，通常确实是这样，不过决不是意味着所有的场合都是如此。

统帅们在讲述自己的历史时经常将这样的地点称作锁钥地点，当然，他们是在别的意义上，而且大部分是从狭隘的角度上将这些地点称为锁钥地点。其中有一种错误的理论主要就是以这种看法为基础的，它将通过某个地区的几条道路的汇集点所在的高地看成是这个地区的锁钥地点、看成是可以控制这个地区的地点。这个看法明显是与一个与它相似的观念结合了，因此让问题变得越来越玄乎了。人们再将山地防御中起重要作用的一系列战术要素与之联系起来，就可以很快摒弃山地道路的最高点这一概念，而把整个山脉的最高点，也就是分水点看成是地区的锁钥。

在18世纪的下半期流行着这样一种观点：地球表面是由冲刷过程形成的，于是自然科学就在地质学范围内支持了军事理论，这让现实生活中的真理就如同被冲溃了的堤坝一样，当时的各种分析都是按地质学进行比对而得出的，十分不切实际。人们在18世纪末读到的，除了关于莱茵河和多瑙河的起源之外，就再也没有其他东西了。固然这种荒谬的说法大多只会出现在书本上，而书本上可以进入实际生活的永远就只有一小部分的知识，更何况理论越是荒谬，进入实际生活中的就越少。不过，我们所说到的这种理论已经对德国产生过不利的影响。为了证明这一点，我们很愿意说到两个事件：一个是1793年到1794年普鲁士军队在孚日山的两次重要的战局，这两次战局都受了格拉韦尔特和马森巴赫的书本理论的影响；第二个是1814年的战局，当时一支20万人的军队由于盲从地遵循这样的理论而通过瑞士开往朗格勒。

一个地区的高地就算是一切河流的发源地，往往也只是相对而言较高的地区罢了。在18世纪末以及19世纪初，因为夸大了以及滥用了这个原本正确的概念，人们对于这种高地对战争事件的影响所写的内容都完全成为了荒谬可笑的东西。一个山岭，就算是莱茵河和多瑙河以及德国全部六大河流共同的发源地，也只是在它上面设置了一个三角标记，除此之外不会有更大的军事价值。

因此，要在所谓的锁钥地区寻找一个锁钥阵地根本就是幻想，可以说是违背大自然的规律的。在大自然中，山脊和山谷并非像地形学所讲的那样方便从上而下通行，山脊和山谷都是纵横交错的，并且在周围山峰环绕中间，低处积水的情形也比较多。人们只需要看一看战史就会明白，某地区在地质学上的重要地点在军事上所能起到的作用通常都是比较小的,人们构筑的防线常常在它旁边却没能利用它,因为具有别的地形条件以及符合其他要求的地点比它重要很多。

对于这个错误的观念,我们之所以用了这么长的篇幅来说,是因为有一种妄自尊大的学说就是以它为基础的。我们先放下这个问题,来说说我们的观点。

假如必须要在战略范围内找到一个与锁钥阵地这个名词相符合的独立概念,那它只能是侵入敌国时一定要占领的地区。不过,倘若想用这个名词来称呼任何一个方便进入敌国的进口或者这个国家的任何一个方便接近的中心点,它就会丧失原来的意义,即失去原有的价值,只可以代表一些在某种程度上到处可见的地点。这样它只是一个辞藻,除了让人兴奋以外再没有别的用处。

我们所谈的锁钥阵地当然是罕见的,通常,军队是最适合打开一个国家门户的钥匙,只有当拥有十分有利的条件时,地形才可能比军队重要。我们认为,这样有利的条件可能会有以下的情形:第一,部署在这个地点的军队凭借地形优势可以在战术上进行有力的抵御;第二,这样的阵地能够在敌人威胁我方交通线之前对敌军的交通线进行有效的威胁。

第二十三章　侧翼活动

这里我们所说的是战略侧翼,即战区的侧面,对于会战中的侧翼攻击与这里说的问题没有任何关系。就算当战略上的侧翼活动在与战术上的侧翼活动在最后阶段结合在一起时,我们也能够将二者明显地区分开来,因为它们之间从来就不存在互为结果的必然联系。

侧翼活动以及与这个有关的侧面阵地,也就是人们在理论上用来炫耀自己的东西,它们在战争中极少发挥作用,这是因为敌对双方通常都事先竭力防止受到这种威胁,不可预防的情况是极少的,而并非这种手段本来不能产生效果或者是虚构出来的。但就是在这个极少出现的情况下,这个手段却总是能发挥出很大的作用,因为这种手段可以产生的效果让人们产生顾虑。虽然战略范围的侧翼活动不但适用于防御,而且一样适合进攻,不过,它毕竟更接近于防御,因此应当将它看成是防御手段之一。

在进一步讨论这个问题之前,我们一定要提出简单的原则,并且在后面的研究中对其进行重视,这个原则就是:领命在敌人后面和侧翼进行活动的兵力不可能同时对敌人的正面发挥作用。不管是在战略上还是在战术上,假如认为深入到敌人背后这样的行动本身就没有什么作用,那就完全错了。其实这样的行动本身并不具备什么样的价值,只有当这样的行动与其他条件联系在一起时,才能按照这些条件的好坏来决定使用这样的行动是否有利。现在我们主要来对这些条件进行讨论。

首先我们将战略的侧翼行动分为两类:一种只对交通线构成威胁;另一种对撤退线构成威胁。

袭击敌人的运输队、小部分的后续部队、信差、个别来往的人员以及小仓库,等等,这都是对交通线进行的威胁,即袭击的目标是以敌军维持战斗力和生活必需的全部,它的目的在于通过这样的活动减弱敌军,进而迫使敌军撤退。

切断敌军的后路是对敌人撤退路线进行威胁的目的,因此,只有当敌人真正下定决心进行撤退时,这种威胁才可以达到目的。假如这种威胁能让敌人感到恐惧,也是可以促使敌军撤退的。对敌人撤退路线进行佯动,也能够取得威胁敌人的交通线那样的效果。但所有这些威胁不能仅仅依靠迂回,不能仅仅依靠兵力配置的几何形式,只有拥有了恰当的条件,这些威胁才会发挥出作用。

为了清楚地了解这些条件,我们将这两种侧翼行动分开来研究,现在首先研究对交通线的威胁。

在此,我们首先要提出两个主要条件:

第一个条件:威胁敌人的交通线的兵力不需要太大,其数量应当保证抽出这些兵力以后对正面进攻几乎没有什么影响。

第二个条件:敌人已经面临进攻进程的终点,已经没有能力再赢得新的胜利,或者已没有能力对我方撤退部队进行追击。

现在,我们研究与第一个主要条件相关的一些条件。

第一,敌人的交通线较长,几支精锐的后备部队不足以掩护;第二,从位置上看,敌人的交通线暴露于我军的威胁之下。

敌人的交通线暴露的情形可能有两种:一种是他的交通线方向与他的军队配置的正面不垂直,另一种是他的交通线需要通过我们的领土。若将这种情形结合在一起,那暴露的程度就越大。对这两种情形都一定要进行详细的分析。有人或许会认为,假如军队掩护的是一条四五十普里长的交通线,那在交通线末端的军队配置正面与交通线是斜交还是直交,这个问题根本无须考虑,因为对这条交通线来说,军队配置正面的宽度仅仅是一个点。

　　但真实情况却并非这样，在进攻者的交通线与军队的配置是直交的场合，就算是防御者拥有了优势的兵力，从军队中派出的别动队也很难切断对方的交通线。有人又会想到进攻者要绝对掩护某个地区是不容易的，他们肯定不会相信这样的说法，而是会认为，要想抵御敌军可能派出的所有部队来掩护自己的后面肯定是比较困难的。只有在战争中可以像纸上谈兵那样知道所有时，情形才是如此。掩护部队就好像盲人一样，它们不知道别动队会在哪些地点出现，但别动队却能够清楚地看见所有的情况。

　　假如想到战争中的所有情报既不可靠又不全面，并且敌对双方都是在黑暗中不断摸索就能够知道，绕过敌军的侧翼到敌人后面去的别动队的处境就好似一个人与许多人在一间黑暗的屋子里打架一样，时间长了就肯定会遭到重创，当敌军的阵地与交通线直交时，对它进行迂回的部队，时间长了也肯定会遭到重创，这样不但会损失许多的兵力，而且工具也会暂时失去原有的作用。在进行迂回的部队里，只要是其中某部分遭到了不幸，另外的部分就会因恐惧而失去勇气，于是人们再也不会看到勇敢的袭击以及大胆的挑战，只会看到不断逃跑的场景。

　　假如军队配置的正面垂直于交通线，那么只要利用对方以上的困难就可以掩护与自己距离最近的一段交通线，并且根据兵力的大小，还可以判断这段距离的长短。这一段交通线是最能受到威胁的地方，因为它距离对方较近。

　　相反，若军队的配置处于与交通线成大角度的斜线上，那么距离军队最近的这段交通线就不可以得到安全保障。就算对方施加最小的压力，进行一次威胁不大的行动，也会马上击中他的要害。

　　为什么部队配置的正面方向会出现与交通线不垂直的情况呢？因为我军的正面是由敌军的正面而决定的。不过，同样，敌军的正面又是由我军的正面决定的。这里出现了一种相互作用，我们必须探求这种相互作用的根由。

　　假设进攻者的交通线用 AB 表示，防御者的交通线用 CD 表示，那这两条线一直延伸会形成一个钝角。如果防御者在两线的交点 E 处配置军队，从 B 点出发的进攻者会想办法迫使防御者面向自己进行防御配置，进而让防御者暴露出自己的交通线。如果防御者在交点附近的 D 点配置军队，与此相反，这时进攻者会受到地势条件的限制而不能随意变换作战线的位置，只得采取面向防御者正面的进攻方案。在这一系列的相互作用中，防御者先占据了有利位置，因为他只需要在两线交点的附近占领阵地就行了。我们之所以再来研究这个几何要素，是为了要将问题完全搞清楚，而决不是过分重视它。我们要相信，当地的情形，特别是那些实际的情形会对防御者的配置带来决定性的影响，因此要想主观地判断双方中的哪一方会被迫暴露更多的交通线是根本行不通的。

假如双方交通线的方向完全是相对的，采取斜角配置的一方当然就会迫使另一方也这样做，这时利用几何要素是没有任何好处的，双方所得到的利弊条件是一样的。

在下面的研究中，我们仅将一方暴露其交通线的事实作为依据。

交通线的第二个不利因素是：交通线在敌人领土上通过。

假如敌国的居民已经武装了起来，就好似敌人有一支部队对我们的整个交通线进行活动，那交通线会受到怎样的危险就容易看到了。尽管这些敌对力量既薄弱又分散且威力很小，但我们可以想象交通线处处遭受袭扰和威胁会带来怎样的后果。就算是敌国的居民没有形成武装，甚至这个国家的后备军以及其他的军事组织等条件都十分不利，何况那些民众根本不懂得如何抵抗，但就本国政府的臣属关系而言，交通线也是极为不利的，因为敌军很容易就能接近当地居民，通过他们熟悉地形和人情，继而获得情报，说不定还能得到地方当局的支持。对于别动队的小规模行动来说，这些有利条件是很关键的，而且任何别动队都可以不用费力就能得到这些利益，而且在一定的距离内还会有要塞、江河、山地或别的掩蔽地，只要我们没有正式占领这些地方，也没有在那里配置守备部队，那这些地方还是属于敌国。

在这种情形下，尤其是还存在别的有利条件，就算是进攻者的交通线垂直于自己的配置正面，依旧有可能受到防御者别动队的威胁，因为这些别动队只需要躲进本国内地就能得到很好的掩护，根本不需要返回主力部队。

由此可见，进攻军队的交通线在以下 3 种情况下可能被防御者以较小的兵力切断：

1.交通线的距离很长。

2.交通线与军队配置的正面成斜角。

3.交通线通过敌方的领土。

最后，要想中断交通线的敌人受到一定的影响，还需要有第 4 个条件：要让敌人长时间地中断交通线。

但是，这 4 个条件只是概括了这个问题的主要方面，与这 4 个条件相联系的还有许多当地以及实际情况的条件，那些条件更重要且更能起到大的作用。为了让人们可以注意那些具体条件中最主要的条件，我们只是指出：道路的状况，所通过的地区的地形能够用来做掩护的江河、山脉和沼泽地，季节和气候，个别重要的运输队、轻装军队的数量等。

所有这些条件将决定统帅能否有效地威胁敌人的交通线。比较这些条件给双方带来的影响,就能够对比出双方交通线的情况谁好谁坏,这些对比情况将决定双方统帅中谁更有能力切断对方的交通线。

这个问题分析起来似乎很繁杂,但在具体情况下却往往一眼就能决定。当然要作出这样的决定还需要有非常熟练的判断力。

现在我们来说说进行战略上的侧翼活动所需要的第二个主要条件。假如敌军停止继续行军并非因为我军的抵抗,而是因为任何一个别的原因,那我军就不用再担心派出大量部队会对自己的兵力造成削弱。这是由于,就算是敌军真正想发动一次进攻来报复我们,我们也只需要避免与他接触就可以了。1812 年俄军的主力在莫斯科附近的情形就是如此。但是,并非必须要有 1812 年战局中那样大的空间以及强大的兵力才可以行成这种情形。在最开始的几次西里西亚战争中,弗里德里希二世在波希米亚或者摩拉维亚的边境所遭遇到的就是这种情形。在统帅以及他们的军队可能遭遇的各种复杂情况中,会有很多原因让他们停止前进,其中就有政治方面的原因。这样,用于侧翼活动的兵力就会稍微多一些,因此不需要别的条件多么有利,甚至敌我双方交通线的情况,也不必一定要对我方有利。这时敌人从我们的继续撤退中得不到什么好处,与其说他有力量来报复我们,不如说他必须更多地考虑直接掩护己方进行撤退。

当人们不想通过会战而想利用带危险的较小手段来取得成果时,采取以上的方法就是最合适的了。就算是占领侧面阵地暴露了自己的交通线也不会有太大的危险,而且占领侧面阵地每次都能够促使敌人的配置与其交通线斜交,因此容易具备敌人的交通线与其配置正面斜交的这个条件。其余条件和别的有利情况起的促进作用越大,侧翼行动就越能获取好的结果;而其他有利条件越少,就越要凭借高超的指挥技巧以及迅速准确的行动。

假如我们要将这些分析归纳成一个总的结论,那就是侧翼行动在以下情况下最为有效:

1.在防御里。

2.在战局临近结束的时候。

3.特别是在向本国腹地撤退的时候。

4.与民众武装相结合时。

对于交通线威胁的实施问题,我们只简单地说几句。

这些活动一定要由精干的别动队来进行。别动队能够分成若干小队,进行大胆的机动以及袭击敌人兵力不大的守备部队、运输队、来往的小部队,如此能够鼓舞民军,并协同民军进行活动。这样的小队主要在于对数比较多,而并非在于每队的兵力有多大,其编组一定要保证可以集中几个小队进行规模较大的战斗,并且不至于因为各队指挥官太过自信以及独裁而影响部队的集中。

现在我们必须来谈谈对撤退路线的威胁。

在这个问题上,我们需要特别注意原则:奉命在敌人背后进行活动的部队不会同时对敌人的正面发生作用,所以,不应当将在敌人背后或侧翼进行的行动视为力量本身的加强,只能看成是提高了力量的使用效率。因此一方面是效率提高了,而另一方面也相应增大了危险性。

任何一种只要不是直接和简单的武力抵抗要提高效果就不得不牺牲安全。侧翼的活动就是这样,不管用从某方面利用集中的兵力威胁敌人侧翼,还是从几个方面利用分割的兵力包围敌人,要提高的效果都不得不以牺牲安全为代价。

不过,假如切断敌军后路的是认真的行动而非单纯的行动,那只有进行决定性会战,或者至少为决定性会战创造所必需的所有条件才是真正解决问题的方法。但是,这种解决问题的方法不仅会带来较大的成果,而且也会存在较大的危险,因此统帅一定要有各种有利条件作为依据才有理由进行这种行动。

在分析这种抵抗力方式时,我们一定要区分开前面所提到的两种方式。第一种是:统帅企图从后面用整个军队进攻敌人,这种进攻或者是从侧面阵地发起的,或者是利用正式迂回敌人来进行的;第二种是:统帅采用包围的部署将自己的兵力分为两个部分,以一部分在敌军的后面活动,以另一部分在敌军的正面展开行动。

在以上两种情况下行动,效果的加强程度是一样的:或者是切断敌人的后路,从而俘虏或击溃敌人的大部分,或者迫使敌军为了躲避危险而大举后退。

然而在这两种情况下,增加的危险性却不同。假如我们用所有的兵力迂回,那危险只在于暴露了自己部队的背后,这时双方撤退线的对比情况将决定着所有的一切,就像在威胁敌人交通线时一切取决于交通线的对比是一样的。

假如防御者是在自己的国境内,不管是在撤退线上还是在交通线上所受的限制一定都比进攻者小,因此只有他才能进行更有效的战略迂回。但是,这个对比不能作为建立有效方式的根据,只有在实际情况的总体对比中才会起到决定性的作用。

还要补充的是:广阔的地区当然比狭小的地区有更多的有利条件。相比较依赖外国支援的小国家,独立国家有更多的有利条件,这是因为依靠外国支援的国家军队一定需要考虑与支援军队会师的地点;在战局快要结束时,也就是进攻者的力量已经快要衰竭时,情形对于防御者是最有利的,所有这些在对比交通线的情况时大体一致。

如果采用另外一种方式,也就是以分散的兵力进行迂回和切断后路是极其危险的,因为我军的兵力比较分散,而敌军占有内线之利,兵力比较集中,因此会以强大的兵力逐一击破我军,让我军只能处于无法挽救的不利地位的主要原因只有下面3个:

1.兵力原本已经分散,但又不愿意以消耗时间来改变这样的状态,因而只得采用这样的方法。

2.在精神以及物质上有着巨大优势,故而采取这样有决定意义的方式。

3.敌人到了进攻路程的终点,缺乏进攻的力量。

对敌人撤退线的威胁意味着开始进攻敌人的背后。对于这个问题似乎还需要讨论,不过我们会将这一点放在以后来进行详细的分析。并且我们认为,只要已经说明进行抵抗所需的条件就足够了。

但是,当有人想通过对撤退路线的威胁来迫使敌人撤退时,往往所需要思考的主要是佯动而非实际行动。如果每一次有效的佯动都要以完全可以实现的实际行动作为基础,那佯动就与实际行动是一样的。但实际情况并不是这样,我们之前就已说过,佯动确实会与一些其他条件结合在一起。

第二十四章　向本国腹地退却

向本国腹地的主动撤退,我们将其看成是一种特殊的间接抵抗。当使用这种抵抗方式时,与其说是用武力来歼灭敌人,不如说是让敌人因为过度劳累而拖垮自己。在向本国腹地撤退的情形下,防御者有能力进行主力会战,或者把主力会战延迟到敌军的兵力已经受到严重削弱以后才进行。

所有前进中的进攻军队,其兵力往往会因为前进而遭到一定程度的削弱。这个问题我们将在第7篇里有更详细的说明,不过在这里,我们一定要说出这个结论。之所以提出这个结论,在于战史上每一次前进路程太长的战局都很明显地说明了这个问题。

假如防御者没有战败,而是带着还有锐气的军队主动撤退,且利用不间歇的、适当的抵抗让进攻者每前进一步都要遭受损失,以致进攻者前进不再是单纯的追击而是成为一种艰难的推进,那么进攻者在前进时就会受到严重的削弱。

从另外一个角度看,假如防御者是在一次会战失败后撤退的,那相比较主动撤退时,他所遭受的损失会更大。就算是他能够对追击者进行逐步的抵抗,也至少会受到与主动撤退时一样大的损失,更何况还要加上之前在会战中遭受的损失。

就算是世界上最好的军队在会战战败后不得不向本国腹地撤退时也会遭受极大的损失。假如像我们现在说到的那些情形中所假设的那样,敌人占据明显的优势,有能力进行有力的追击,那防御者的撤退就很有可能成为真正的逃跑,其军队往往面临全军覆没的结局。

适当的、逐步的抵抗,指的是撤退者的这种抵抗每次只能进行战斗的均势还没有完全丧失时为止,需要及时地抛弃所守卫的地方,以保障自己不致在战斗中失败。这样的抵抗能够使进攻者的兵力与防御者损失一样多。尽管防御者在撤退中始终不可避免地会有些人被俘虏,不过由于进攻者一定要在不利的地形条件下作战,火力之下将会有很多的人伤亡;防御者在撤退中也需要损失自己的重伤员,同样地,进攻者也需要暂时丢弃自己的重伤员。

因此,敌对双方在这样不断的接触中所受到的损失在总体上是一致的。

在追击战败的军队时,情形就完全不一样了。这时撤退者因为在会战中,其兵力受到了损失,队形混乱,锐气受到了打击,它们对撤退产生了顾虑,因此不容易进行上面所说的那种抵抗,在某些场合甚至根本不可能进行抵抗。对于追击者来说,在前一种情形下他会相当小心,像瞎子一样谨慎地摸索着附近的一切,而在后一种情形下,追击者则会以胜利者的姿态勇敢地向前追击。越是什么都不顾地朝前行进,就越能加速事物朝着既定的方向发展,因为这里恰恰是各种精神因素充分发挥效果的领域,在这里,精神因素的力量不断增长与扩大是不受物质的有限数字以及尺度来衡量的。

由此可见,当军队在不同的场合到达进攻者进攻路程终点的地方时,双方的对比情况也会很不一样。以上所分析的只是互相杀伤的结果,除此之外,进攻者还需要算上在别的方面所遭受的损失。通常,撤退者可以通过外援获取增援,还可以利用自己不断的努力重新取得力量。

最后,撤退者与前进者之间在给养方面的差别也非常大,前者常常绰绰有余,而后者却难以维持。

撤退者能够在他将要到达的所有地方积存储备物资,而追击者的各种物资却需要从后方运送过来。只要他向前行进,就算是交通线比较短,这样的运输也是很困难的,因此他们从起初就能感到物资的缺乏。撤退者将会优先利用当地所能够提供的一切,并且通常将它们消耗干净,只留下一些空荡荡的村庄和城市、践踏过的收割完庄稼的田野等。

前进的部队经常需要从第一天起就为获得最急需的物资而四处奔波。这时完全不可能指望获取敌人的储备物资,就算是偶尔会获得某些地方的储备物资,那也是纯粹的偶然情况,或者由于敌人重大的失误所造成的。

毋庸置疑,在地形比较广阔以及交战双方的兵力悬殊不大的情形下,防御者使用这种撤退方式能够让自己比在边境附近决战时更有把握赢得胜利。这样胜利的可能性会由于兵力对比的变化而增大,胜利的成果也会随着态势的变化而增大。对进攻者来讲,在边境附近的一次会战中遭受的失败不同于在敌国腹地的一次会战中遭受的失败。更何况,到达进攻路程的终点时,进攻者还经常出现这样的情形:就算是赢得了会战中的胜利也必须撤退,因为他在这里没有足够的进攻力量来发展和扩大胜利,而且也没有办法对已经损失的兵力进行补充。

因此,在进攻路程的起点与进攻者决战还是在进攻路程终点进行决战,差别是极大的。

除了上面的几个优点,这样的防御方法同时还存在两个缺点:第一,国土会伴随敌人的入侵而遭受损失;第二,撤退在精神上给民众造成不好的影响。

决不要把保持国土不受损失作为防御的目的,只有达成一个有利的协议才是目的。防御者的所有努力都是尽量地达成这个协议,因此不能顾虑暂时的任何牺牲。但是,就算是国土的损失没有决定性的意义,也需要权衡利弊,因为损失国土总要涉及防御者的利益,这种损失对军队来说只是带来一些间接的影响,而不会有直接的影响,但是,撤退本身却不可以直接增加军队的力量,因此要衡量这方面的利弊是不容易的,因为这是两个不同性质的问题,它们没有相互连接的共同点。我们只能说:假如不得不放弃的是一个富饶而人口稠密的地区以及一些大的商业城市,那损失就会更严重;假如跟着丧失的是在那里准备好或做好一半准备的战斗手段,那应当看成是很巨大的损失。

第二个缺点是精神方面的影响。统帅不用担心这种影响,坚定地执行自己的计划,同时不得不顶住那些目光短浅以及胆小怕事的人带来的阻碍作用,但是并不意味着这样的影响不需要被重视,它的力量不只是对某一点起作用,而是会快速地渗入人心和削弱民众以及军队的所有活动。向本国腹地撤退有时可以很快地得到民众和军队的理解,甚至可以使他们的信任和希望得到加强,但这是极少见的。

通常,民众和军队都分辨不清军队撤退是主动进行的还是被迫进行的;他们更加难以分清使用这个计划的原因是明智地预见可靠的利益还是畏惧敌人的武力。眼见自己放弃的地区所遭到的命运,民众就产生同情以及愤怒的情绪,他们很容易就失去了对统帅的信赖,甚至丧失了对自己的信心,而军队的这种忧虑会随着撤退过程中不断进行的每次后卫战而得到一再的增长。当然,若一个民族勇敢地接受挑战,让进攻者遭受严重的损失才跨过这个民族的边境,这样做就其本身来看貌似更加符合情理、更高尚,也更符合民族气节。

上面所论述的就是这种防御的优缺点,现在让我们再来看看这防御所需要的条件以及一些有利于防御的条件。根本的条件是国土广袤,或者至少是较长的撤退路线,因为几天的行军明显不可能让敌人受到削减。因此有利于这种防御的条件是:第一是农作物较少的地区;第二是忠诚且尚武的民众;第三是气候恶劣的季节。

对于敌人来讲,这一切都会在维持军队方面加大难度,逼迫他们组织大量的运输队、派遣大量的部队执行繁重的勤务、感染各种疾病,而对于防御者来讲,这一切却便于进行从侧翼开展行动。

最后我们还需要说一说对这样的防御产生影响的军队绝对数量的问题。

不管与对方的兵力对比怎样,相比较大部队的力量,小部队的力量通常会先衰竭,因此它的进攻路程不会像大部队那么长,战区范围也不可能那么大。这里好像存在着一种固定的比例,也就是部队的绝对数量和这支部队可以占领的地区之间,虽然这里不可以用数字来表示这种比例关系,而且在别的情形下也会有所改变,但我们只需要说明在这些事物的本质最深处有这样的关系就行了。

假设军队的绝对数量与占领地区的面积比例在以上两种情况下是相同的,那数量越大的敌军在我们的撤退中所遭到的削弱也会越大。

第一是军队的数量越大,相应地,给养和宿营也就越困难,因为军队所占有的地区就算是与军队的数量以相同的比例增大,军队也难以在这个地区获得给养,而且这一切需要从后方运送过来的物资将会遭受重大的损失。军队能够用来宿营的也决不是整个地区,而只能是这个地区中的一小部分,这部分地区不会随军队数量的增加而扩大。

第二是军队越庞大,向前行进的速度就越慢,走完进攻路程所需要的时间也就会越长,前进时每天损失的总数也就会越大。

当3000人追击2000人时,在通常的地形条件下,不允许撤退者以每日行军一二普里,最多 3 普里的速度向后撤退,也不允许他们每隔一段时间就停下来休息几天。如果想要追击甚至赶走他们,只需要几个小时就够了。假如双方的军队数量各增加 100 倍,那情形就大不一样了。在前一种情形下,只需要几个小时就能够获得的效果,如今至少需要花上一整天的时间。这时,双方各自都不可能集中在一个地点,因此便增加了军队运动和行动的复杂性,这都需要耗费时间。这时对进攻者的处境将更加不利,在给养方面,他比撤退者的困难更大,以致只能在比撤退者更宽的正面上向前行进,因此常常有在某个地方遭受撤退者优势兵力袭击的危险。

第三是军队的数量越大,在战略和战术上的日常勤务中,每个人消耗的体力就越大。一支 10 万人的军队每天都要进攻和行军,同时还要烧饭或者获取食品,并且在各个方面的情报到齐之前不能进行宿营。在这些辅助活动上面花费的时间通常要比 5 万人的军队多 1 倍,不过对于双方来说,一个昼夜都是 24 小时。由于军队的人数不一样,行军一天所需要的时间以及忍受的劳累程度也不一样。当然,不管是撤退者还是进攻者,都需要忍受这样的疲劳,但通常后者将需要忍受更多的疲劳,这是因为:

1.依据我们前面的假设,进攻者的兵力有着优势,因而他的人数也较多。

2.防御者为了保持主动权,需要不断地付出放弃土地的代价,让敌人通常受自己支配。他能够事先订好计划,并且通常计划不会遭到破坏。而进攻者在制订计划时却只能依据防御者的配置情况,而这种配置情况通常需要经过提前侦察才会知晓。

在这里需要提醒一句:这里所指的被追击者是没有遭到失败的,是连一次会战也未曾失败过的撤退者。但是,让敌人受我们支配的这个权利在获得时间以及增加力量方面与在争取一些次要的利益方面是有差别的,时间越长,这样的差异也就会越大。

3.一方面,撤退者竭尽所能地让自己容易撤退、派人改善道路以及桥梁、选择最舒适的宿营地点等;另一方面,他又竭力想办法阻碍前进的追击者,比如派人破坏桥梁、让那些本来就存在通行困难的道路在自己的军队通过之后变得更难以通行、占据最好的宿营地以及水源地让敌人不可以利用,等等。

最后我们还需要指出:民众作战也是一种对这种防御非常有利的条件。

我们分析了向本国内地撤退的各种优点,分析了满足它要付出的代价以及必须具备的条件。现在,我们还要分析它的实施问题。

第一个问题是撤退的方向问题。

撤退的方向是本国内地,即应当尽量退往这样的地点,在那里,敌军的两侧都被我们所控制的地区包围,这是撤退目的所要求的条件,对于撤退到国内的哪个地方最有利、选择这个地方是应当符合直接掩护首都或别的一个重要地点的意图还是应当符合引诱敌人离开到达这个地方的方向的意图以及应当符合到怎么样的程度,这都决定于当时的实际情况。

我们还想指出,向侧翼进行撤退时,不管怎样,一定要让首都或者企图通过这一后退避免战祸的其他地点保持相对的抵抗能力,以免遭到别动队的占领以及抢掠。

但我们还需要考察一下这种撤退方向的另外一个特点,也就是突然地改变方向。

突然变换撤退的方向在广阔地区的条件下是非常可取的,它可以带来以下利益:

1.我方改变了方向,敌人就需要确立一条新的交通线,而不能使用本来的交通线,这是一件不容易的事情,敌人需要耗费一段时间才能找到新的交通线。

2.双方都接近了国境,进攻者不能再凭借自己的阵地掩护已经攻占的地区,而是很有可能放弃这些地区。

假如有别的有利条件,在面积较小的区域内变换撤退方向也是有可能的,这可以依据实际情况来确定。

一旦确定了诱敌深入的方向,我们的主力就应当沿着这个方向撤退,否则敌人就不会派遣自己的主力朝着这个方向行进。就算是敌人的主力真的朝着这个方向行进,我们也没办法让他们受上述所有条件的限制。一个问题产生了:防御者应当将全部兵力集中在这个方向上撤退还是应当以大部分的兵力向侧方撤退,即进行离心的撤退。

我们认为,离心的撤退本来就是不可取的,理由如下:

1.当防御者采用离心后退时,兵力会更加分散,而防御者将兵力集中在一点上恰好是进攻方最为棘手的事情。

2.当防御者使用这种撤退时,敌人将占据内线的优势,他的兵力会比防御者更为集中,因此在某些地点不可能占据优势。假如防御者暂时使用不断撤退的方式,这种优势就不会那么可怕了。不过,使用不断撤退的方式的前提条件是能威胁敌人而自己不致被击破,而在这种情况下被敌人各个击破却是十分有可能的。另外,向本国腹地撤退还应当制造一个条件,这就是主力逐渐获得可以进行会战的优势,而在兵力分割的情形下,就不太可能有信心做到这一点。

3.兵力比较弱的一方总体来讲不宜对敌人采用向心的行动。

4.兵力部署会让敌人的部分弱点全部消失。

远距离进攻的主要弱点是交通线长以及战略侧翼的暴露。假如防御者使用了离心方向的撤退,逼迫进攻者分割一部分兵力在侧面组成正面,那进攻者的这部分兵力原本只是用来应付我们与它对峙的军队,在这时,还附带性地完成了掩护一部分交通线的任务。

如果单就后退的战略效果而言,采用离心方向的撤退是不利的。假如这是为以后威胁敌人的撤退做准备,那我们就需提醒大家回顾一下前一章的分析。

只有一个目的能够促使防御者使用离心后退的方法,就是只有使用这种撤退方式才能够保障某些地区的安全,否则这些地区很快就会被敌人占领。

按照进攻者兵力的集中地点和前进方向,按照双方各个地区、要塞等的关系位置,通常就能够很准确地预见进攻者在前进路线两侧将占领哪些地区。将兵力配置在敌人多半不会攻占的那些地区简直就是一种带有危险性的兵力浪费。对于防御方在进攻者大多会占领的那些地区配置一部分兵力是否可以阻止进攻者的占领恐怕预测不了,因为在某种程度上需要仰仗熟练的判断力。

从防御者的利益来看,原本应当尽量地少放弃领土,但这个问题始终不是主要目的。由于受到限制,敌人利用的战区越小,或者说越狭窄,他的进攻就越不容易,这是很容易理解的。但是,这一切都需要有一个条件作为前提:这样做要一开始就有必胜的把握,而且不会因此让主力受到重大的损失。因为防御者主要寻求的是最后的会战,他的主力逼迫敌军的主力处于尴尬的境地是让敌军下决定撤退的首要原因,而且也将是让敌军撤退时大量增加物质力量以及精神力量损失的主要原因。

向本国腹地的撤退通常应当是通过没有战败以及没有分割的兵力来实施的,并且应当直接在敌军大部队的前方尽量地慢速进行,同时要通过不断的抵抗逼迫敌人处于准备战斗的状态,逼迫敌人忙于使用战术以及战略上的预防措施而大为消耗力量。

假如双方就这样达到了进攻方前进路程的终点,那防御者只要有可能,就应当占领处于这条前进路线斜角线上的阵地,并利用自己拥有的所有手段威胁敌人的后方。不管在什么情况下,也不管使用这种抵抗方式会遇到什么样的困难,只要战略进攻没有经过决战就因军队维持方面的困难而遭到失败,只要入侵者被迫撤退,就达到了这种抵抗方式的主要要求,而且也达到了主要效果。

第二十五章　群众武装

在欧洲,19世纪才出现民众战争。对于这样的战争,有人鼓励,也有人反对。在那些持反对意见的人当中,有些人是基于政治上的考虑,将人民战争看成是一种革命的手段,最终导致合法的无政府状态出现,并认为这种状态虽然威胁着国外的敌人,但对国内的社会秩序也是不利的;有些人则会出于军事上的考虑,认为进行人民战争是弊大于利。

第一种看法与我们这里所说的问题并无关系,因为我们只是将人民战争看成是一种战斗的手段,即仅仅是从用它来对付敌人的方面来研究它。但对于第二种看法,我们必须指出,人民战争应被看成是战争要素在我们这个时代突破了以前人为的束缚的结果,将其看成是战争的整个发酵过程的扩大和增强。假如我们从以前局限很大的军制那里开始来研究问题,就能够看到征集制度,即让军队的数量大量增加的征集制和普遍兵役制以及后备军的利用都是同一种事物的发展。而如今的民军制度,也就是组织民众武装也是这一种事物的发展。既然前面几种新手段的出现均是打破以往的束缚的一种自然的和不能避免的结果,既然首先使用这些手段的人已经为自己增强了力量,以致对方也必须使用这些手段,那对于人民战争来讲,情形也会是如此的。

相比轻视人民战争的国家,那些擅长使用人民战争这一手段的国家通常会占据相对优势。既然这样,那问题只能是:这个增强战争要素的新手段对人类到底有没有什么好处?对于这个问题,可能只有回答了战争本身对人类到底有没有好处这个问题,从而才能得到完全的解答,我们将这两个问题都留给哲学家去解决。也许有人会认为,假如将人民战争所耗费的种种力量转而用在别的战斗手段上,可能会更有效。但是,人们不必作深入的研究就会相信这些力量绝大部分是不可自由支配的、不能任意使用的。这些力量中的主要部分,也就是精神力量,甚至只有在人民战争中才能产生出应有的效果。

这个问题,不在于一个国家通过全民武装所进行的抗争要付出怎样的代价,而在于这样的抵抗可以产生怎样的影响、它应该具有哪些条件、它的用法如何。

事物的性质将决定这种很分散的抵抗不适用通过对敌人进行时间上以及空间

上集中的重大打击来产生效果。就好像物质的蒸发过程一样，这种抵抗的效果取决于面积的大小。面积越大，民众武装与敌人的接触就越多，敌军越分散，民众武装就越能发挥出作用来。就好像黑暗中燃烧着的火焰一样，民众武装就是这样来破坏敌军的根基的。民众武装需要经过一段时间才能获得成果。在敌对双方互相作用的那段时间，紧张的状态就会出现；有时因为人民战争在某些地点遭受了损失以及在某些地方慢慢地停歇了下来，如此的紧张状态就会慢慢消失，因为这种紧张的状态围绕着敌军，逼迫它为了避免彻底失败而从这个国家撤退，这种紧张状态可能会导致一种危机。

若是想仅仅通过人民战争造成这种危机，就一定要具备这样的先决条件：或者被入侵的国家有着广阔的面积、或者入侵军队的兵力与被入侵的国家的面积很不相称。假如人们不愿意陷入空想，就一定要考虑让群众武装的作战与正规军的作战结合起来，并通过一个总的计划让二者相互协调。

民众的战争只有在这些条件下才能够发挥作用：第一，战争是在本国内地进行的；第二，战争的胜负不是由一次战役失败决定的；第三，战区包括很大的国土；第四，民族的性格有利于使用这种措施；第五，国土上有山脉、森林、沼泽或耕作地，地形非常复杂、通行困难。

人口的多少往往不会起决定性的作用，因为在人民战争中极少会发生人员缺乏的情形。民众的贫富也不直接起决定性作用，或者至少不应当起决定性作用。但不可否认，那些贫穷的、吃苦耐劳的人民常常会表现得更勇敢、更坚强。

在德国，有许多地区的居民住得很分散，这就很利于发挥人民战争的作用。拥有这种特点的地区能够分割成更多的零散小块，更方便人们隐蔽。在这里有很多道路，若是军队舍营则会遭遇很多的困难，尤其是人民战争通常所具有的那种特点在这里会小部分地多次出现。这种特点就是：到处都有抵抗的因素，但是又捉摸不定到底在哪里。假如居民集中在一些村庄里居住，那些抵抗最激烈的村庄往往会被敌军占领，甚至为了给那些居民一点儿惩罚，敌军会选择对村庄实行抢光、烧光的方式，但这样的做法若是对威斯特伐利亚的农民来说，大概是行不通的。

民军和武装的民众不能也不应当抵抗敌军的主力，甚至也不可以用来对付较大的部队，而只能从外部和边缘去吞噬敌人的军队。在进攻者的大部队还没有到达的战区，它们就应当在战区的两侧起来抵抗，让这些地区完全摆脱敌人的控制。就好像密集在战区两侧的乌云，它们应当随着敌人的移动而移动。在所有敌人尚未出现的地方，人民不会缺少武装起来抵抗敌人的勇气，而附近地区的大批民众也会追随这种行为,如此陆续地点燃抵抗之火,最后直到进攻者的基地,直到他的交通线,并将会毁灭他的生命线。我们并不会夸大人民战争的效果,并不会将人民战争看作是无法抵抗的风雨一样是仅仅依靠军队没办法对付的用之不尽而战无不胜的东西。

总而言之,我们的论断并非以那些吹嘘人民战争的言论为基础,但我们必须承认,人们不能像驱逐士兵那样去赶走武装的农民。对于士兵来说,他们会像一群家畜一样集中在一起,通常是笔直地向着前方奔跑,而武装的农民却会四处散开。任何小部队在山地、森林地或者地形很复杂的地区行军都十分危险,因为随时都可能发生战斗,一支行军的纵队就算是很长时间没有发现有新的敌人,那些早就被纵队线逐走的农民还有可能随时出现在纵队后面。对于破坏道路以及封锁隘路,正规军的前哨或别动队与发动起来的农民在使用手段方面相比较,就好似人的动作和机器人的动作比较一样。

敌人只能采取派许多部队护送运输队,驻兵在兵站、隘口、桥梁等地方这样的方法,除此之外就没有其他方法了。民众武装开始时活动的规模大多比较小,由于担心过多地分割自己的兵力,敌人派来对付他们的部队也很小。人民战争的英勇精神恰恰是在与这些小部队的战斗中逐渐增强的,在某些地方,民众武装凭借着数量上的优势战胜了敌人的那些小部队,于是民众的意志更坚定了、斗志更激昂了、战斗更积极了,这样的情况一直发展到可以决定整个结局为止。

按照我们对人民战争的观点,人民战争一定要像云雾一样,在任何地方也不会凝结成一个抵抗的核心,否则敌人就会用相应的兵力来打击这个核心、粉碎它并俘获大批民众。这时群众的士气就会遭受莫大的打击,他们都会认为战局已定,没有必要继续战斗,因此会放下手中的作战工具。但另一方面,这样的云雾还很有必要在一些地点凝结成密集的云层,构成一些未来能够发挥巨大威力的乌云。这些地点主要是在敌人战区的两侧。民众武装一定结合成更大的、更有组织的整体,并配备少量的正规军,这样民众武装从形式上就变得正规起来,他们有能力进行较大规模的军事行动。从这些地点开始,越是朝着敌人的后方,民众武装就越应当分散,因为那里会有敌人强有力的军队在等着他们。上面所说的比较集中的民众武装的目的是袭击敌人撤退时放弃的守备队,他们还要让敌人产生恐惧的感觉,整个民众武装在精神上的印象得到了加深。若是没有那些集中的民众武装,就没有民众武装的全部活动的力量,而整个形势也就不会让敌人产生恐惧感。

统帅要想按照自己的意愿让民众武装具有上面所说的力量,那么,派出一些正规军组成的小部队去支援他们就是最简便的方法。如果没有小部分的正规军做援助,民众会因缺乏勇气而无法参加战斗。相应地,派来援助的部队越多,民众的积极性就越高,就好像雪崩一样,民众斗争的声势会越来越大。

但是,援助民众武装的正规军的数量需要有所限制。一方面,为了达到这个并不重要的目的而将整个军队都分散去援助民众武装会形成一条宽正面、到处薄弱的防线的不利局面;另一方面,经验告诉我们:当一个地区的正规军太多时,人民战争的力量的效果往往会遭到减弱,其原因在于:第一,正规军太多会将敌人的主力部队吸引到这个地区来;第二,群众会依赖自己的正规军;第三,大量部队驻在一个地区,宿营、运输、粮食供应等会极大地消耗当地居民的力量。

防止敌人对人民战争进行强有力的还击的另一个手段是:极少或根本不把这一个巨大的战略防御手段用于战术防御,同时这也是运用人民战争的一个主要原则。相比较素质较差的部队的所有战斗特点,民众武装的战斗特点同样包括:攻击十分猛烈而有力,但不够沉着,难以长时间保持。对于民众武装来讲,由于他们早就做好了被战败和被击退的准备,因为即使遭遇了这样的结果也没什么关系,但是他们往往不能遭受伤亡惨重、被俘获很多人的重大打击,否则就会让人民战争逐渐消失。这两个特点与战术防御的性质是对立的。防御战斗要求军队进行长时间的、缓慢而有计划的行动以及果敢的冒险,假如防御只是一种能够快速放弃的、单纯的尝试性的活动,那它将永远不能带来什么成果。

因此,利用民众武装防御某个地段时,一定不能让他们进行决定性的防御战斗,否则就算是情况相当有利,他们也有可能会全军覆没。民众武装能够而且也应当在自己的能力范围之内用来固守山地的入口、沼泽的堤道、江河的渡口等。但是,当这些地点遭到敌人击破时,民众武装就不可以集中在狭小的避难所而导致被敌人封锁,他们应当分散开来,通过突袭继续进行防御。不管民众多么英勇善战,不管他们对敌人有多么强烈的憎恨情绪,不管地形对他们多么有利,也决不能否认在过分危险的战争中,人民战争是不能够长时间保持的。假如人们想让民众战争发挥出极大的作用,就必须选择一个离危险较远而又不致遭到重大打击的地方。

上面的研究与其说是客观分析,还不如说是对真实情况的一种感受,因为人民战争还出现得比较少,那些长期目睹过这种战争的人对他们的论述就更少了。通过这些研究之后,我们还需要说明一个问题:通过两种不同的方式,民众武装的支持能够纳入战略防御计划,即将民众武装当做会战失败后的最后求生手段,或者当做决定性会战前的自然辅助手段。在后面一种情形下,它的前提条件一定是以向本国腹地撤退和我们在本篇第八章以及第二十四章说过的那种间接的还击方法。因而,在这里,我们只是简单地说说会失败后征集民军的问题。

任何一个国家都不应当认为自己的命运,即认为自己的整个存亡取决于一次会战。就算一个国家战败了,通过征集自己的新兵以及利用敌人在每次持续性的进攻中肯定会遭受的兵力上的损失也能够期待形势的变化,另外还可以获得外来援助,仅仅一次会战的失败离国家灭亡还有很远的距离。当民众看到自己置身于悬崖峭壁时,他们会像溺水的人本能地去抓稻草那样,想尽所有的办法来挽救自己,这是符合精神世界的一般规律的。

一个国家就算比敌人弱小得多,也必须要做最后的努力,否则人们只能说这个国家已经丧失了灵魂。这种努力可以是签订付出很大代价的合约让自己幸免于彻底的灭亡,这种议和意图一样也可以包括这些新的防御措施所发挥的有利作用。这种措施不会增加议和的困难,也不会给议和带来不利的条件,而是会让议和更容易、议和的条件也会更加有利。当我们能够期待那些与我国的生死存亡有着利害关系的国家的支援时,更有必要的是采取这些措施。在主力会战失败后,假如政府只想让人们尽快享受和平,而且因为被严重的失望所压倒,从而失去了发动所有力量的勇气和希望,那它不得不因为软弱而犯下不能坚持到底的错误,而且证明自己是没有赢得胜利的资格的。或许正是因为这样,他们也就根本没有力量去赢得胜利。

不管一个国家遭受的失败有多严重,仍然要利用军队向本国内地的撤退来发挥要塞以及群众武装的作用。假如主要战区的两侧与山地或别的十分险要的地形相连,那就非常有利于发挥这种效果,因为在这样的情形下,这些山地会突出在前面,从这里发动进行的袭击能够打击进攻者的战略侧翼。

假如进攻者正在进行包围,假如他为了建立自己的交通线而留下强大的守备部队,又或者派出全部兵力让自己可以获得较大的活动空间并且维护邻近地区的秩序,或者其有生力量以及无生力量会受到各种的损失以及削弱,那这时的防御者就应当再次投入战斗,并且通过相应的攻击来动摇处于困境的进攻者。

第二十六章 战区防御(1)

在这一章中,我们想专门研究战区的防御。

按照我们的看法,防御是一种比较强的作战形式,是为了保存自己的军队以及消灭敌人的军队，换句话说，胜利就是防御作战的目标，但不是最终的目的。防御作战的最终目的是保全本国和打垮敌国，换句话说，其最终目的是缔结所期望的合约。因为只有通过合约才能消除双方的冲突，才可以凭着共同的结果而结束战争。

从战争的方面来看，什么是敌国呢？首先是它的军队，然后再是它的国土。在某些实际情形下还有很多可能具有很大重要性的事物，其中最主要的就是对外和内部的政治关系，这些事物有时比其他的所有都更具有关键性的意义。虽然只是敌人的军队和国土并不能组成国家，并且也没有国家与战争有关联的所有方面，但是，永远最主要的还是军队和国家，就其重要性来讲，常常会远远超过其他所有方面。军队需要保全本国国土或攻占敌国的国土，而国土则会让军队不断地获得给养和补充。两者都是重要的，它们是彼此依赖以及相辅相成的。但是，在这种互相关系中，它们各自所发挥的作用是有区别的。一旦军队被消灭，即军队被打垮了，无法继续进行抵抗，国土当然也会失去。相反，国土被攻占了，军队却并非一定被消灭，有时军队有可能会主动让出一些地方以便以后更容易地夺回国土。不但军队彻底失败能够导致国土的丧失，即便是军队遭受一次重创的削弱也肯定会导致国土的丧失。与此相反，每次国土的重大损失并非一定会导致军队明显的削弱。

相比较占领国土，保存军队以及消灭敌人的军队是绝对重要的。换句话说，后者是统帅应当首先努力做到的。只有当这个手段不可以彻底实现目的时，占有国土才能够作为目的而居于首要的位置。

假如敌人集中全部的兵力组成一支军队，整个战争成为一次会战，那这一会战的结局将决定着能否占有或保全国土、决定着能否消灭对方的军队。如今的问题是：到底是什么样的理由促使防御者首先避免使用这种最简单的作战方式而分散自己的兵力？答案是：他集中兵力所发挥的作用还不足以赢得胜利。每个胜利所产生的影响都有一定的范围。假如胜利的影响范围能扩大到整个敌国，也就是全部的敌人军队和整个敌国领土，即它们的各个部分都被卷入敌人的核心力量被迫进行的活动中来，那我们最需要的就是这样的胜利，我们就没有必要分散自己的力量，假如我们的胜利对敌人军队的某些部分以及双方国土的某些部分产生不了影响，那我们就一定要重视这些部分，因为我们不可以像集中兵力那样集中国土到某一点，因此要保卫这部分国土就只能分散兵力。

只有在领土的形状接近于圆形的小国家里，军队进行这种集中才是有可能的，以至于一切都将取决于这支军队的胜利。若敌国有大片国土与我国接壤，或者在几个结成同盟反对我们的国家从各方面围攻我们，我们的军队就几乎不可能进行这

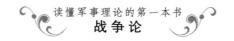

样的集中,这样我们不得不分散兵力,进而也就会出现几个战区。

胜利的大小决定着胜利的影响范围,而战败军队的多少决定着胜利的大小。对于敌人集中兵力最多的那部分国土攻击成功时的影响范围也是最大的,我们使用这个打击的兵力越大,就越有赢得成功的可能性。这一系列自然形成的观念让我们联想到力学上重心的特性以及作用,这一形象的比喻能够让我们更清楚地理解这些观念。

假如物体的重心始终位于质量聚集最多的地点,那么指向物体重心的打击是最有效的,而最强烈的打击却始终是由力量的重心发出的,那在战争中,情形也是如此。作战的任何一方的军队都会有相对程度的统一,利用这种统一,军队互相之间就有了联系,在相互联系的地点就有着与重心相类似的东西。军队也有重心,这种重心的运动及方向对别的各点起着关键性的作用,这种重心就是军队集中最多的地方。假如说在没有生命的世界里,需要的力有一定的尺度和界限才能破坏这种由互相联系的各部分所形成的重心,那在战争中也是这样。不管在物质世界中还是在战争中,打击力量经常会超过抵抗力量,因此过多地使用力量而浪费力量的现象可能会出现。

在同一面旗帜下,按照统帅的个人命令进行会战的军队,它的各部分之间的关系与分布在 50 或 100 普里的地区上,或者有着很大分散的基地的同盟军队之间的关系相比存在着很大的区别。在前一种情形下,能够说联系最密切,也最容易达到统一,而在后一种情形下却远远称不上统一,就算是有时在共同的政治意图中有统一,不过这种统一也是不充分以及不彻底的。对于各个部分之间的联系,则大多很松散,甚至是经常不存在的。

一方面,最大限度地集中兵力可以让自己的打击更强有力;另一方面,一定要把任何过分的集中兵力都看成是一种事实上的不利而加以阻止。由于过分集中兵力会造成兵力的浪费,而兵力的浪费又会使别的地点缺乏兵力。

认识敌军这样的重心、判断它的影响范围是战略判断的一项重要任务,因此需要经常考虑:双方兵力的任何一个部分的进退都对其他部分产生怎样的影响。

我们不认为在上面的分析中发明了怎样的新方法,我们只是按照每个时期以及各个统帅所沿用的方法提出的一些观点,这些观点能够更为清楚地说明这些方法与事物本质之间的联系。

从上面的分析中我们可以看到分割兵力到底是由什么决定的。这里存在着两种对立的利益:一种是占领国土,它要求分割兵力;另一种是打击敌军的重心,它要求将兵力集中,这样就会出现战区,或者说每支部队的行动区域。它们是这样的一个地区:在那里配置有军队,那里主力的每一次胜负都会直接影响着整体,并让整体随之发生变化。之所以说能直接影响到整体,是因为在一些战区内的胜负对于其附近的战区能产生一些间接的影响。在那里也与在别的地方一样,我们在自己的定义内只涉及某些观念的中心,不希望也不可能为这些观念的范围划出一个清晰的界限来,虽然这是由事物的性质决定的,不过我们还是需要提醒一下。

我们认为,一个战区连同它的军队能够结成一个重心的单位。决定胜负就应当在这个重心上进行,在这里所赢得的胜利,从防御这个词上来看,其实就是战区的防御。

第二十七章　战区防御(2)

防御是由决战以及等待这两个不一样的要素构成的。本章我们所要探讨的问题就是这两个要素相结合的问题。

首先我们一定要指出,尽管等待状态还不是全部的防御,但它是防御要达到目标所必然经过的一个阶段。只要一支部队还没有撤离它负责防御的那个地区,由进攻引起的双方军队的紧张状态就能够一直持续下去。只有当胜负已分时才会出现一定的平静,而只有当进攻者或者防御者有其中一方退出战区时,才能够认为胜负已经决定了。至于是什么样的胜负,在这里暂且不管。

只要一支军队还坚守着它所在的地区,那对于这个地方的防御就需要继续。从这个意义上来说,防御某个战区与在这个战区进行防御是一回事。若敌人暂时攻占了这个战区内的部分土地,这是无所谓的,这就相当于暂时借给他罢了。

在这里,我们想借此机会确定等待状态与整个防御的正确关系——只有决战真正进行和双方都认为决战不可避免时。因为只有通过决战,双方兵力的重心以及以这些重心为基础的战区才会起作用。一旦决战的想法消失了,重心也就失去了作用。从某种程度上说,甚至整个军队也就失去了作用。这时构成整个战区概念的第二个主要组成部分,即国土的占有则会成为目的而直接跻身首位,也就是双方在战争越不寻求决定性打击,战争就越是成为一种单纯的监视状态,攻占国土就越重要,防御者就越需要直接掩护所有的地区,进攻者就越要扩大占领的地区。

毋庸置疑，与其说绝大部分的战争和战局接近于生死存亡的斗争，还不如说更接近于纯粹的监视。只有 19 世纪的战争在很大程度上才具有前面一种特质，因此只有在这些战争中才能够运用依照这些特点建立起来的理论。不过，未来战争并不一定具有这样的特点，与此相反，其中大部分的战争只具有互相监视的特点。所以，我们将首要研究有决战意图贯穿以及指导整个军事行动的情形，也就是发生真正的、绝对的战争的情形，接着我们会在另外一章里再研究战争因多少接近监视状态而发生的变化情形。

在第一种情形下，也就是到底是防御者等待进攻者发起决战还是防御者自己寻求决战对我们来说都是相同的。战区防御的实质就在于防御者坚守在战区，随时都能够进行有利的决战：可能通过会战来决定胜负，也可能通过一系列大规模的战争来决定胜负，还有可能只是通过双方兵力的部署，也就是可能的战斗所形成的态势带来的结果来决定最后的胜负。

就算不像我们过去多次指出的那样，决定胜负的最主要、最常用、最有效的手段之一就是会战，因此只要可能，就应该竭尽全力地集中兵力。战区的主力会战无疑是重心对重心的打击，我们所取得的效果将随着在自己重心上可以集中的兵力的增多而扩大。因此，分割兵力的任何做法，假如没有特定的目的就应该予以反对，当然这个目的可以是通过一次胜利的会战所不能达到的，也可能是会战赢得胜利结局的一个条件。

但是，只是做到最大限度地集中兵力并不意味着具备了一切的基本条件，还一定要有一个让军队可以在有利条件下进行会战的兵力部署。按照实际情况的需要，将这些基本条件与它们结合起来很容易。但有一个问题起初看起来好像有一些矛盾，由于它是防御中的最重要的问题之一，因而有需要在此说明，那就是怎样找到敌人重心的问题。

假如防御者可以及时获知敌人是沿着哪些道路向前行进、自己在哪条道路上可以遇到敌人的主力，那他就能够在这条道路去伏击敌人。就算防御者经常在进攻者开始行动之前就需要采用一些措施，包括设置要塞和大的军械库以及确定军队的平时员额等，这些都是进攻者行动的根据。但在军事行动真正开时，对进入战场的进攻者来讲，就好像纸牌游戏中的下家一样，特别有利的条件始终被防御者所占据。

若以大量的军队入侵敌国，就一定要进行大规模的准备工作，诸如筹集粮草、储备武器装备等。这些准备工作将需要相当长的一段时间，因此防御者有相当多的时间来采取相应的对策。相比较进攻者，防御者所需要的准备时间总是更短，因为任何国家平时为防御所做的准备都要比为进攻所做的准备更充足一些。

但在实际情况中，防御者很有可能无法肯定敌人入侵的主要路线是在哪里。假如防御者需要采取一些花费时间较多的措施，比如构筑坚固的阵地等，那就更容易出现这种情形。就算是防御者确实是在进攻者行进的路上，只要防御者不对进攻者发起攻击，进攻者只需要稍微变换一下自己本来的方向，也能够绕过防御者所占领的阵地。而在耕作比较发达的欧洲，阵地左右一般都是有道路的，这样防御者不能在阵地上等待敌人，因为至少他不能将那里变成会战的地点。

在讨论防御方在这样的场合还可以采取的其他手段之前，我们还要先研究一下这种场合的性质以及其出现的盖然性。

在每个国家以及其每一个战区里，往往都会有一些可以使进攻获得极大效果的目标和地点。我们认为，在探讨进攻时再来比较明确而详细地论述这个问题更恰当。假如说最有利于进攻的目标和地点是进攻者决定自己进攻方向的立足点，那这个立足点反过来对防御者也是肯定有用的。当防御者还不知晓敌人的目的时，他将肯定会按照这个依据行动。假如进攻者没有选择那个最有利的方向，那他原本能够得到的一部分利益就只得放弃。假如防御者正好在这个方向上，进攻者不可能在没有付出代价和不做出某种牺牲的情况下就能避开防御者以及从他侧旁通过。进攻者摸不透防御者方向的危险的可能性以及进攻者能够从防御者侧旁通过的可能性，这两者都不如起初那么大，因为进攻者在选定一个方向所遵循的某种根据是早就有的，而且大部分是必要的。通常防御者以及其在某一地点的设施都有可能会遇到敌人的主力，也就是，通常只要防御者的阵地选择恰当，他就能够确信敌人一定会出现在那里。

但我们不应当也不能因此就否定在某种情形下进攻者不向防御者阵地前进的可能性。这里就出现了一个问题：在这种场合，防御者应当如何处理？防御者原本所处的位置还有多少有利条件呢？当进攻方从防御方侧面通过时，防御方究竟能够采用什么手段？答案如下：

1.起初就将兵力分成两部分，用一部分迎击敌人，用另一部分去增援。

2.集中兵力占领一个阵地，在敌人从旁边通过时，快速向侧方行动前去拦击敌人。但通常向侧方行动已不能刚好拦住敌人，需要稍稍后退一点儿，占领新的防御阵地。

3.集中兵力从侧面攻击敌人。

4.威胁敌人的交通线。

5.采用与敌人一样的方法，也从敌人侧旁经过去进攻敌人的战区。

之所以提出第 5 种手段，原因在于人们可能认为这种手段在某些情况下是可以产生效果的。但实际上，这个手段与防御的意图是矛盾的，只能将它看成是敌人犯下重大错误或者是具体情况下所产生的其他特点而引起的一种不太正常的现象。

要使敌人的交通线受到威胁，需要有一个前提：我们的交通线需要比敌人更优越，这也是有利的防御阵地一定要具备的基本条件。虽然这种威胁常常会给防御者带一些利益，但在单纯对战区进行防御时，这种威胁是极少导致决战的，而我们在前面已经讲过，在这里决战是战局的意图。

通常，一个战区的面积不致达到让进攻者的交通线十分脆弱的程度，进攻者会在很短的时间里就可以实施打击，而威胁交通线这个手段产生的作用却是异常缓慢的，因此，就算是进攻者的交通线非常脆弱，威胁其交通线也不能够阻碍进攻者继续前进。在对付想要决战的敌人时，或者我们自己也想进行决战时，这样的手段通常是没有什么较大作用的。

防御者还能够使用的其余 3 种手段的目的都在于进行直接的决战，即以重心打击重心，因而它们更适用于防御的任务。但在这里我们需要指出：相比较其余的两种手段，第 3 种手段会更优越，虽然我们并不完全对其余的两种手段进行否定，不过通常第 3 种手段才是真正的抵抗手段。

将兵力分割成两个部分的战略部署，有可能会带来一次前哨战的危险。假如所面对的是一个坚决的敌人，那在最有利的场合，这种前哨战也仅仅是一次大规模的相对抵抗，它不会成为防御者所希望的那种决战。就算是防御者判断正确而绕开这条歧路，暂时将兵力分开进行抵抗，也始终会让打击的力量遭受极大的削弱。而人们永远不能保证去迎击敌人的先头部队不会遭受重大的损失。不仅这样，这些部队在进行抵抗时通常在最后都会向赶来的大部队撤退，这常常给主力造成战斗失败以及措施失误的印象，这样就会明显地使精神力量遭到削弱。

第二种手段是通过集中在阵地上的兵力到敌人试图迂回我方阵地的道路上去阻击敌人。由于防御者在使用这种手段时通常会延误时机，结果导致陷入两种措施都使用不上的处境。其次，防御会战需要指挥者沉着冷静、相当熟悉地形，这在慌忙阻击敌人时是做不到的。最后，并非在任何道路以及道路上的任何地点都可以找到能够作为良好的防御战场的阵地。

相反，第 3 种手段让进攻者变换正面来进行的战斗却是极其有利的。

首先，在这种场合，进攻者通常会暴露自己的交通线，而防御者就其总的情形来看，尤其是其配置所拥有的战略特点来看却占据优势位置。第二，每一个想从防御者侧旁经过的进攻方都会在两种对立的意图之间摇摆不定。为了到达进攻目标的所在地,他原本是很想继续前进,而为了对付随时都有可能出现的来自侧面的袭击,他又需要每时每刻准备将兵力转向侧方,并且还要集中兵力进行打击。这两种意图是相悖的,使内部关系变得相当混乱。对于进攻者来说,采取符合各种情形的措施是不容易的,在战略上,他很有可能会处于最糟糕的境地,比如进攻者能够清楚地知道自己将会在何时何地遭到袭击,当然他可以巧妙而灵活地采用一切对策。假如在摸不清状况而又一定前进的情形下发生会战,他就只能慌忙地集中兵力应战,即在不利的条件下迎战。

假如防御者占据有利时机发起一次进攻会战,那这个时机首先就是上面所说的情形出现的时刻。假如防御者还有了解地形和选择地形的有利条件,他还能够先做好准备且在行动中保持主动等,那我们就不再疑惑这时防御者在战略上比他的敌人占据优势。

我们认为,防御者集中兵力固守在选择恰当的阵地上,能够沉着地等待敌人从自己侧旁经过。就算是进攻者对防御者的阵地不进行攻击,就算是就当时情况而言,威胁进攻者的交通线是不恰当的,防御者还是有从侧面进行袭击力求决战的最佳手段。

在战史中,我们之所以完全没有看到这种情形,原因在于:一方面,防御者极少会有勇气固守这样的阵地,通常他们是将兵力分割或者是慌忙地通过横向行军以及斜向行军转移到进攻者的前面去了;另一方面,进攻者在这种场合通常缺少勇气从防御者侧旁通过,而是不再前进,选择停下来。

如此一来,如果防御者被迫进行进攻会战,他就只能放弃等待、坚固的阵地以及良好的筑垒工事等有利条件。通常防御者自己失去的这些有利条件并不能通过让进攻者陷入在前进中遭到截击的不利处境进行完全的补偿,这是由于进攻者恰恰是为了躲开防御者的这些有利条件而让自己陷于如此的处境中。但是,进攻者的这种处境终究会给防御者带来一些补偿,因此,理论在这里不能像某些历史评论家在提出片面的理论时常做的那样,遇到两种对立的条件就认为两者完全抵消而没有任何剩余。

防御者只有在敌人从自己的侧旁通过时马上决定以全部兵力袭击敌人,才有信心避免陷入两种绝境,也就是分割兵力和慌忙向侧方行动去阻击敌人。在这两种绝境中,防御者将受到进攻者的限制,只能采取最紧急的措施以及最危险的行动。在采取这些防御措施时,只要遇到一个竭力求胜利以及决战的坚决果敢的敌人,防御就会被粉碎。但为了进行共同的战斗，假如防御者在恰当的地点将自己的兵力集中，并决定在危急关头用这支军队从侧面去攻击敌人，那么措施是正确的，就能够获得处于防御地位所能得到的有利条件。这时，他行动的特点就包括了准备良好、沉着、稳妥、一致和简单。

我们必须提一下与这些观念有密切关系的一个重大的战争，这样做的目的主要是为了防止错误地引用这个例子。

1806 年 10 月，普鲁士军队在提林格静候拿破仑率领的法军时，部署在法军可能行进的两条大道之间。这两条大道，另一条经过埃尔富特、莱比锡至柏林；一条经过霍夫、莱比锡至柏林。普军本来打算直接穿过提林格山开到弗兰肯地区，但在放弃这个决定之后，因为搞不清楚法军从哪条道路进军，只好选择了中间位置，这样的配置肯定会导致慌忙向侧方推进的行动。普军认为法军将通过埃尔富特，因为通向埃尔富特的道路是完全能够通行的，但他们没有想到法军会在通向霍夫的道路上前进，一方面是这条道路距离当时普军所在的位置有两三日的行程，另一方面是有很深的扎勒河河谷隔在中间。

当时，布伦瑞克公爵根本没有这样想过，当然也没有为此做任何准备，但霍恩洛厄侯爵或者说马森巴赫上校却自始至终是这样考虑的。对于把扎勒河左岸的配置变换为对前进中的拿破仑军队的进攻会战，即变换为上述所说过的侧面袭击，那就更谈不上了。假如说扎勒河是一个能够在最后时刻阻击敌人的妨碍，那么一旦敌人占领了扎勒河的对岸，对普军转入进攻来讲，扎勒河肯定是一个更大的障碍，布伦瑞克公爵决定在河的这边静候事件的发展。假如可以将首脑众多的大本营处在犹豫不决的情况下所产生的决定称为个人的决定，那无论人们对于这样的等待做出如何的评价，其结果都会让普军面临以下 3 种情况：

1.假如敌人渡过萨勒河向普军挑战，普军就能够对敌人发动进攻。

2.假如敌人不进攻普军阵地而继续前行，普军就能够威胁敌人的交通线。

3.普军在认为可能以及有利的情况下，能够通过迅速的侧敌行军比敌人先一步赶到莱比锡。

第一种情形，普军凭借巨大的扎勒河河谷在战略上和战术上占据了巨大优势。第二种情形，普军也在战略上占据较大的优势，因为在普军和中立的波西米亚之间的一个很狭窄的地区就是敌人的基地，而普军的基地却是较为宽阔的。第 3 种情形，由于有扎勒河的掩护，普军也不会处于不利的地位。虽然混乱不安以及弄不清状况的大本营的确想过这 3 种情形，就算是在混乱以及优柔寡断的情况下也有过这种正确的想法,但这样的想法最终没能实现,这也不是什么值得奇怪的事情。

对于前两种情况,萨勒河左岸的阵地可以看成是真正的侧面阵地,而且具备一定的优越性。但用一支信心不强的军队占领这种侧面阵地来对抗优势较大的敌人是比较冒险的措施。

对于这场战争,布伦瑞克经过长时间的犹豫之后,直到10月13日才最终选定以上最后一种措施,但时间已经太迟了,这时拿破仑已经开始渡过扎勒河,耶拿以及奥尔施塔特会战已是不能避免的了。因为优柔寡断,布伦瑞克公爵使自己处于两头落空的境地:想要离开自己所在的位置朝着侧方行动去阻击敌人已经太迟了,而想要发起有利的会战又太早了。即使是这样,当时普军选择的阵地依旧占据优势,以至于公爵可以在奥尔施塔特附近歼灭敌人的右翼以及霍恩洛厄侯爵可以通过一次牺牲较大的撤退脱离险境。但他们缺乏勇气,在奥尔施塔特夺取原本就有信心赢得的胜利,而期望在耶拿获得实际上是根本不可能的胜利。

不管怎样,拿破仑察觉到了萨勒河畔的战略意义,因而他没有从它侧旁通过,而决定在敌前强渡萨勒河。

以上的论述已经能够详细地说明采取决定性行动时防御与进攻的关系,而且已经揭示了联合防御计划各个问题的线索的性质以及关系。我们不打算更详细地考察各个具体的部署,因为这样做会让我们陷入没有尽头的实际情况中去。假如统帅为自己提出了一定的目标,那他就应当了解种种地理、统计的以及政治的情形,敌我双方军队的物质以及人员的情况与这个目标适应到什么样的程度,以及在实际情形中,它们对双方将产生如何的制约作用。

我们想指出与此有关的通常的情况。

一、对敌人发起进攻会战的理由大概有以下几种:

1.确定进攻者会以分散的兵力进发,如此就算我们的力量很弱,但仍然有获胜的希望。但是,进攻者通常是不可能分散进行的,因而只有清楚地知道敌人分散前进的情形,防御者采取进攻会战才是很有利的。没有充分的依据,仅仅凭着单纯的推测就希望出现这种情形,且把所有希望都寄托在这上面,最终会陷入不利的境地。假如未来的情形不像我们所希望的那样,我们就只能放弃进攻会战,同时由于没做好防御会战的准备,于是只能被迫撤退,所有几乎就都将取决于偶然性。

在1759年的战局中,多纳率领的军队对俄军进行的防御差不多就是这样的情形。这次防御以韦德尔将军指挥的齐利晓会战的失败而告终。制订计划的人之所以常常使用这种手段,是因为它可以快速地解决问题,但他们却不考虑作为这个手段基础的基础条件究竟具备了多少。

2.我们本来就有很多的兵力能够进行会战。

3.敌人迟钝而又犹豫不决，我们进攻就会特别有利。

相比较一个良好阵地所能提供的有利条件，出敌不意的效果将会更有价值。优秀的作战指挥官，其真正的实质是利用这种方式发挥精神因素的威力。但不管怎样，理论一定常常着重地指出：这些前提一定要有客观的依据。假如没有任何实际依据，只是空口说不平常的攻击的优越性，且以此作为制订计划、进行研究以及批判的根据，那根本是一种没有依据的做法，是不能够被允许的。

4.我军的素质非常适于进攻。

弗里德里希二世认为自己的部队是一支灵活、勇敢、可靠、惯于服从、行动准确、充满骄傲的军队，而且它们还熟练地掌握了斜形攻击的方法。在自己坚强而大胆的控制下，这支军队是一种非常适用于进攻的工具，这样的看法无疑是正确的，也是符合具体情况的。弗里德里希二世的军队确实有着他的敌人所没有的全部特点，他恰恰是在这方面占据了决定性的优势。通常，对他来讲，相比较求助于堡垒以及地形障碍，利用军队的这些特点将更有价值。但这种优势是很少见的，一支训练有素、惯于进行大规模机动的部队也只是占据了这种优势的一部分而已。所以，就算弗里德里希二世认为普鲁士军队擅长进攻，并且后来有不少人也同意这样的观点，我们也不应当对这种说法给予太高的评价。在战争中，相比较防御，人们在进攻时大多会感到更轻松且更有勇气，这是一种不管对哪支军队来讲都是一样的感觉，可能没有一支军队的统帅以及指挥官不是这样夸奖他的军队的。在这里，我们不应当被一种表面上所占据的优势所迷惑，而忽视了实际情形的有利条件。

兵种的比例也就是骑兵多而火炮少，也是成为发起进攻会战一个极其重要以及合乎情理的依据。

我们再列举以下几种根据：我军根本找不到良好的阵地；我军急需进行决战；最后以上几个或全部原因共同发生着作用。

二、在一个地区内静候敌人，以便之后在这个地区向敌人发起进攻，最合理的依据是：

1.敌我双方兵力的对比对防御方有利，防御方可以不必寻求坚固的阵地。

2.有非常适合等待敌人的地形。对于怎样的地形适合用来等待敌人，这应该是战术问题的范畴，我们只想指出，这种地形的特点不是便于敌人通行，而是方便我军通行。

三、在以下场合占领一个阵地，以便等待敌人的攻击：

1.防御方兵力很少，一定得利用地形障碍和堡垒进行掩护。

2.地形提供了这样的良好的阵地。

在这里，防御者只是满足于消极成果。防御者越是不寻求决战，而且清楚地知道敌人将要迟滞不前以及优柔寡断，最终会放弃这个计划，那以上第二以及第三种抵抗方式就会越值得重视。

四、坚不可摧的营垒只有在以下情况里才可以达到目的：

1.营垒设在极其优越的战略地点

这种营垒的特点是：在这种营垒里的守备部队是很难被战胜的，因此敌人只能采用其他手段，即敌人只好放弃这个营垒继续追求自己的目标，也有可能要围困住这个营垒，以此拖垮守备部队。假如敌人做不到这两点，这个营垒在战略上还是会占据极大的优越性。

2.防御者能够期待获得外援

曾经占领皮尔纳营垒的萨克森军队就这样做过，不论这样的做法因遭到了不幸的结局而让人们发表了一些观点。在当时，不能肯定的是 1.7 万的萨克森军队用别的方式决不能抵抗多达 4 万人的普鲁士军队。在洛博西次，假如奥地利军队没有更有效地利用所获得的优势，那只能表明奥军的整个作战方法以及军事组织不恰当。毋庸置疑，假如萨克森军队向波西米亚撤退而非进入皮尔纳营垒，那在这次战局中，弗里德里希二世就会把奥军和萨克森军队一起驱逐出布拉格且攻占这个地方。所有不愿意承认这个有利的方面而始终考虑到最后全军被俘房这个事实的人，都不明白为什么会像上面那样考虑问题，但若是不这样考虑的话，就不可能得到任何结果。

由于上面第一种和第二种情形极其少见，因此通过营垒是一种需要仔细考虑的措施，且只有在极少的场合才能够成功。假如有人想利用这种营垒让敌人恐惧，让敌人的全部活动停止下来，那是相当危险的，即他会在没有后路的情况下作战。假如说弗里德里希二世在崩策尔维次通过这种营垒实现了目的，人们应当敬佩的是他准确地判断了敌人的情况。假如情况紧急，弗里德里希二世率领剩下的军队是能够夺路而逃的，同时弗里德里希二世身为国王，他的地位将决定着他可以不用承担任何责任。

五、假如国境附近有几个要塞，那主要的问题是：防御者应当在要塞的前面还是在要塞后面展开决战？在要塞的后面展开决战，就会有以下 3 个依据：

1.敌人具有优势，我们一定要先削弱敌人的力量，然后再与他战斗。

2.要塞就在国境的附近,当防御者要放弃一部分国土时,这部分国土的面积应该是较小的。

3.要塞具有防御的能力。

要塞的主要任务之一是敌人前进时让其兵力遭受削弱。假如我们没有经常见到有人这样利用要塞,那是因为其中的一方不经常寻求决战,而我们这里所说的却正是寻求决战的情形。我们认为,在边境附近,防御者有一个或几个要塞时,他应当把这些要塞留在自己部队的后面,自己则在要塞后面进行决战,这是一个很简单同时也很重要的原则。相比较在要塞后面进行会战与在要塞前面进行会战,就算是失败时在战术上的结果一样,在前一种情况下,所失去的土地会更多一些。

若在要塞前面进行会战,能够选择良好的阵地,而在要塞后面进行会战,通常也就是敌人围攻要塞。要塞若是遭遇了被攻破的危险,肯定会成为进攻会战。但在后一种场合进行会战时,敌人的兵力已经损失了 1/4 或 1/3,而他若是碰到几个要塞,甚至会损失一半的兵力。这样相比较上面所说的细微的区别,与我们在这方面所获得的利益根本不算什么。

所以,在决战难以避免、或者我们没有信心战胜敌人、或者从地形条件上看不用着急在前面较远的地方进行会战等情形,在附近,抵抗力强大的要塞肯定会直接促使我们从最初就撤退到要塞的后面,且在那里凭借要塞进行决战。假如我们占领阵地的地方距离要塞很近,以至于进攻者只能将我们驱赶走才能对这个要塞进行围困或封锁,那进攻者就只有攻击我们的阵地。因此,选择一个良好的阵地在一个重要的要塞后面距离不远的地方是危急关头可能使用的一种最简单也是最有用的防御措施。

如果要塞距离国境很远,那就是另外一回事了,因为在这样的场合采用以上的措施就会让出很大一部分的战区,只有实在迫不得已才可以做这样的牺牲,这样的措施就会接近于向本国内地后退了。

还有一个条件是要塞的抵抗力。在某些地点,尤其是一些大城市,就算是构筑了工事,也是不能与敌军直接接触的,因为它们经不起强有力的军队的猛烈攻击。这时我们的阵地需要在这些地点后方附近,以便据守部队可以得到支援。

六、最后是向本国内地撤退。只有在以下场合,这才会是一种合理的行为:

1.双方在物质以及精神力量方面有着很大的差异,让我们不可以在国境上或者国境附近进行有效的抵抗。

2.主要的问题在于争取时间。

3.国土的情况有利于向内地撤退,这点我们在之前已经谈过了。

所以说,决战是在难以避免的情形下的战区防御。但要注意,实战中的情形并非如此简单, 假如有人想将我们在理论上所规定的原则以及所作出的说明运用到具体战争中去,那他还应当再重新看一看我们之前所分析过的内容。而且还应该想到,通常统帅总会在决战与不决战这两种倾向之间犹豫徘徊。按照实际情况,有时,决战的倾向多一些,有时,不决战的倾向会多一些。

第二十八章　战区防御中的逐次抵抗

之前我们已经指出,在战略上应当同时使用现有的一切力量,逐次抵抗是与事物的性质相矛盾的。

在这里我们不需要对所有活动的战斗力量作进一步说明。假如将战区以及战区内的要塞、地形障碍甚至战区的面积也都看成是战斗力量,也就是将它们当成是固定的战斗力量,那这种战斗只能一次次地加以利用,或者我们在最初就撤退至较远的距离,将其中能够产生作用的部分全部放在我们的前面。这样,战区在削弱敌人军队方面的所有作用都将得到发挥。敌人只能封锁我们的要塞,只能派遣守备部队以及设立防哨来保障他所占领地区的安全,只得进行长途行军,以及所有的必需品都需要从很远的地方运来等。不论进攻者是在决战前前进还是在决战后前进,一切活动都会对他产生影响,只是前一种场合的影响更大一些。假如防御者最初就延迟作战,他就能够让所有固定的战斗力量同时发挥作用。

另外一方面,如果防御者延迟决战,严格地讲并不会扩大进攻者胜利的影响。对于胜利的影响,我们会在分析进攻时再作深入的研究,在这里只是指出:胜利的影响能够持续到进攻者的优势丧失为止。这种优势始终是会消失的,一方面是占领战区必须耗损兵力,另一方面是战斗中肯定会有死伤。不管这些战斗是发生在开始阶段还是在结束阶段,也不管这些战斗进行在战区的前部还是战区的后部,兵力遭受的损失是差不多的。

比如,相比较拿破仑 1812 年在维尔诺对俄军作战的胜利以及他在博罗季诺赢得的胜利,两者的影响大小是差不多的。就算是在莫斯科赢得的胜利,它的影响范围也不会更大, 这是因为莫斯科在所有情况下都是胜利影响的终点。由于别的原因,进攻者在边境周围进行的决定性会战可能会带来很大的胜利成果。因此,胜利的影响范围可能会很大,这也是任何时候都不能质疑的。

之前我们所说的那种延迟决战能够当作是最大限度地延迟决战,我们把它叫做向本国腹地撤退,它是一种特别的抵抗方式,这种方式的主要意图是让进攻者自己损失力量,而不是用会战来歼灭他。但只有这种意图占据主体地位时,才可以将延迟决战看作是一种特别的抵抗方式。假如不是这种意图占主体地位,人们就能够将延迟决战假设有很多阶段,而且让这些阶段与一切防御手段联系起来,这样我们不把战区在损失敌军方面所产生的作用当作是一种特别的抵抗方式,而只是当作是固定的战斗力量按照各种情形以及条件的需求与别的手段的混合使用。

假如防御者认为决战时不需要使用这些固定的战斗力量,或许认为使用它们时将会使别的方面遭受巨大的损失,那他就大可以在后面再使用这些力量。这时对防御者来说,这些力量好像是在别的情况下不可能获得的新的增援力量。凭借这种力量,防御者就能在一次决战后再次进行一次决战,或许还可以进行第三次决战,即可以一次次地使用这种战斗力量。

假如防御者在边境周围进行的会战失败了,不过并不是彻底溃败,那人们不难想到他还有能力在最接近的一个要塞后面进行第二次会战。假如他所遇到的敌人不够坚决,那他只要通过较大的地形障碍就可以阻止敌人继续前进。

像利用别的手段一样,战略在利用战区时需要合理的使用力量。使用力量当然是越少越好,不过一定要使用足够多的力量。这就好像做生意一样,在这里,主要问题在于其他的方面而不在于精打细算。

为了避免产生更大的误会,我们一定要指出:这里分析的是防御者能够从第二次抵抗中预期得到多少成果、能够在自己的计划中对它作多么高的估价的问题,而并非是人们在会战失败后可能采取或企图采取什么样的抵抗措施的问题。在这里,防御者一定需要注意的唯一问题:他的敌人,也就是敌人的特点以及敌人所处的情形。如果敌人软弱无能、缺乏自信、缺乏荣誉心,或者受到了种种条件的限制,一旦这样的敌人赢得了胜利,他就会满足于一般的利益。当防御者决定向他重新挑战时,他就会因恐惧而不敢上前应战,这样防御者就可以通过战区的各种抵抗手段进行新决战,在这里,扭转局势的新的希望肯定不会出现。

我们在这里已经接触到不求决战的战局了,这样的战局在很大程度上都属于缓慢使用力量的领域。

第七篇　进　攻

第一章　与防御相关联的进攻

进攻与防御是两种不同的概念，假如它们真正构成了逻辑上的对立，也就是说其中一个是另外一个的补充，那从一个概念中就能够推算出另外一个来。由于我们的智力有限，不可能完全熟悉这两个概念，也不能单单按照两者的对立，从一个概念中得出另外一个概念的全部。然而一个概念对于另外一个概念来讲明显是十分重要的，就其内容而言，在很大程度上是互相充分说明的。我们认为，在《防御》一篇开始几章中所阐述的与《进攻》一篇的前几章中，能直接从防御部分推断出进攻所需要阐述的内容。

因此，当我们需要认识事物时，需要利用变化立足点才能更细致地观察事物。而对于从远处大概地观察过的事物来说，当然需要从稍微近一点儿的立足点来观察。之所以这样做，原因在于需要对思想做一个全面的说明，更何况对于进攻的论述，许多也只是对防御的深入阐述而已。所以，当我们研究进攻时，很难避免会遇到在《防御》中所阐述过的问题，但在面对这些问题时，我们不像大多数军事教科书一样对进攻进行充分的说明。不过我们并非说它已经涵盖了进攻的方方面面，它也决不能完全阐述进攻。

当一个概念的对立面不是直接涉及这个概念的基本部分，我们当然就不能像《防御》一样避而不谈或者是全盘否定在论述防御时所介绍的防御的优势方面。我们也不打算证明每一种防御都会有一种绝对可靠的进攻手段来瓦解它。

防御也有优势和劣势，尽管它的优势是可以战胜的，但要想做到这一点，就需要付出很大的代价，因为事物的性质是不能违背的，我们不能因为褒扬这个而贬低那个，不然就会陷入自相矛盾之中。另外，我们也不会详细地谈论对付防御所使用的各种进攻措施，那是因为每一种防御都能变化出一种进攻手段，即每一种防御或进攻手段都是从与它对立的手段中自然出现的，因此这两种手段彼此之间联系很密切，人们不容易从这两者中察觉到其中所发生的变化。我们在讨论进攻的每一个问题时，主要阐述进攻特有的而不是因为防御直接引起的情形。在《进攻》篇中，我们会使用上面的这种阐述方法，因此《防御》篇中的一些章节的内容一定不会出现在本篇相应的章节里。

第二章　战略进攻的特点

之前我们已经讲过，战争的防御，也就是包括战略防御并非绝对的等待和抵御。与此相反，它是一种相对的自始自终都带有进攻因素的过程。进攻也并非单纯的攻击，而是往往与防御相结合的。这二者之间的区别在于：任何防御都需要反击，反击是防御中的必要组成部分；而进攻则不是这样，因为攻击或进攻本身就是一个完整的概念，但由于时间或空间的限制，很多时候，进攻方只得采用防御这一策略。

首先，进攻的行为无法持续到战争结束，而是中间需要有平缓的时间。当进攻行为停止下来时，防御就会自然而然地出现；其次，当进攻军队向前行进时，留在部队后面的区域空间是维持进攻军队生存所必需的，这个空间一定需要专门加以防护，因为它并非始终可以受到进攻本身的保护。

战争中的进攻行为，特别是战略进攻行为是进攻和防御的不断变换以及密切结合。在这里，防御不是对进攻的有效准备和加强，它是一种不得已的行为，是给各方面带来困难的一种阻力，甚至可以说是进攻的致命伤。之所以说防御是一种延缓的力量，是因为就算是防御没有对进攻造成不利，然而由于它所造成的时间上的损失也必然会降低进攻的效果。但进攻中的防御是否都会对进攻产生不利影响呢？

既然我们知道进攻是一种较为不利的作战形式，防御是一种较为有利的作战形式，那我们就可以得出这样的结论：防御并不会对进攻产生实际上的不利影响，因为当兵力的强大足以采取较为不利的作战形式时，对采用较为有利的作战形式就更不在话下了。在主要问题上是对的，对于进一步论证这一点，我们会在《进攻的顶点》一文中进行详细的探讨。

但我们需要记住，战略防御之所以占据优势，原因就在于：进攻本身需要与防御相结合，这种防御是极为不利的；进攻从防御中所得到的是最不利的因素，就整个防御而言并不一定适用于一切因素。据此能够看出，这些防御因素在某种程度上是可以削弱进攻的，这是很容易理解的。正是在进攻中产生了不利的防御形式时，

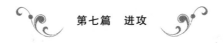

防御中的进攻因素才发挥了积极的作用。

　　当战斗了 1 天,在接下来 12 小时的休整时间里,防御者和进攻者的处境是极为不同的。防御者休整的环境是自己很熟悉、提前准备好的阵地,而进攻者面临的环境却是陌生的、毫无准备的野营地,他们就好像盲人一样在行军地里不断地摸索。当为了重新筹集给养、等候增援,等等,所需进行很长一段时间的休整时,进攻者已经停止了一切行动,而防御者则是位于要塞和仓库的附近。但任何的进攻都会以防御收尾,至于此时的防御形势应当怎样,这需要按变化的形势来调整。

　　如果敌人的兵力已经被完全消灭,那防御形势可能会非常有利;如果敌人的兵力尚未被消灭,那形势可能会更严峻。虽然这时的防御已经不属于进攻的一部分,不过它必然会给进攻带来一定的影响,而且这在某种程度上对进攻的价值起着重要的作用。

　　从上面的阐述中能够得出这样的结论:在进攻时,一定要考虑在进攻中肯定出现的防御情形,这样可以看清进攻中的缺陷,且对此加以防范。但从另一个角度来看,进攻本身往往是始终如一的,防御则是依据构成防守因素的多少而分成许多不同等级,这就产生了彼此不同的防御特点,而我们在“抵抗方式”一章就对此进行过论述。

　　众所周知,进攻只有一个积极因素,它所包含的防御只是一种累赘的阻碍,因此进攻并不像防御那样有不同的方式。进攻在速度、威力以及力量方面都存在很大的差别,但如此的差别只是程度上的差别,而不是方法上的不同。我们能够假设:为了顺利实现目标,进攻者偶尔也会使用防御的方式,比如占领一个有利的地形,以此等待敌人进攻,不过这种情形很少出现,而我们一向从现实出发来分类概念和事物,因此不用考虑这种少见的情形。所以,不像防御那样,进攻的抵抗方式没有分为不同等级,然而进攻的手段通常取决于兵力,当然也取决于敌人战区周围的要塞,不过要塞的作用会随着军队的向前推进而变得越来越小,而我方的要塞在进攻时决不会起到防御时那样的作用,因为要塞始终是防御的主要手段。

　　对于当地的民众,进攻者若想得到他们的支持,就要看民众是对本国的军队有好感还是对进攻者有好感,当然进攻者有时也可能会得到当地的同盟者,但这并不能强求,因为进攻本身并不会产生同盟者,只有在特殊或是偶然的情形下才能得到。因此在进攻时的休息时间里,军队处于防御状态时,可以把要塞、群众武装和同盟者都列入我方的支援范围。但在进攻时,却不可以这样做,因为防御时所凭借的这些是由防御本身的性质决定的,而在进攻中则很少可以获得这些,就算有时能够得到,那也只是非常偶然的情况。

第三章　战略进攻的目标

无论在进攻还是防御时,打击敌人都是进行战争的目的,而消灭敌人则是一种手段。在防御中,歼灭敌人的军队能够让防御转换为进攻,从而占据国土。所以,夺取领土是进攻的目标。不过夺取领土并非是占领整个国土,可以占领一部分国土、一个地区、一个要塞等,因为所占领的这些在停战的议和中有着很大的政治资本,可以自己占领它们,也可以用它们来进行交换。

对于战略进攻的目的,能够从占据一个最不起眼的地方一直到占领这整个国家的领土为止。如果这样的目的实现了,已经停止了进攻,这时进攻就会转换成防御。如此看来,我们能够将战略进攻假设为一个有相对界限的范围。但假如按照实际情况来分析这个问题,即实际来谈论一下这个问题,那就会发现真实情形并非如此。

在实际战争中,进攻意图和措施始终会以防御为终点,就像防御是以进攻为终点一样。要想占领某个地方,指挥官极少可以或者不是经常可以预先进行准确的判断,所有的都需要按照实际的具体情形来确立和调整。有时进攻的进展比预定的时间要长一些,那经过一段短时间的调整后,进攻又会获得新的力量,而调整前后的行动不能将其看成是两个不同的行为;有时进攻在设想的时间之前停止了,但统帅并没有放弃原来的进攻计划,也就是说没有转入真正的防御。通过以上的论述,我们可以看出,如果成功的防御可以不知不觉地转化为进攻,那进攻也可以转化成防御。

第四章　进攻力量的削弱

战略进攻的一个重要问题就是进攻力量的削弱,在某些场合能否正确认识到这个问题,将决定进攻者能否准确地判断自己应当做些什么。

进攻力量之所以会被削弱,原因在于:

1.想要实现进攻的目标,也就是将敌人的领土占领,这时进攻力量的削弱大多在第一次决战后就会出现,可是进攻却不会随着第一次决战的结束而终止。

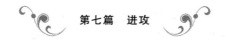

2.进攻部队在行进过程中,为了保障交通线的安全和维持生存,需要派兵占领身后的地区。

3.战争产生的伤亡和疾病产生的减员。

4.远离补给地。

5.包围和围攻敌人要塞。

6.军队的士气有所下降。

7.同盟的瓦解。

与削弱进攻力量的因素相对应的还有一些可以增强进攻力量的因素。首先,我们应该比较这几种不同的因素,才可以得出最终的结论。比如,进攻力量的削弱可能部分或是全部被防御力量的损失所抵消,甚至比不上防御力量的损失,不过后一种情形的出现是少有的。因此我们在比较时,绝不应该总是比较双方战场上的所有兵力,而应该考虑双方在具有决定性意义的地点上对峙的兵力,比如法军在奥地利和普鲁士的情况、法军在俄国的情况、联军在法国的情况、法军在西班牙的情况。

第五章　进攻的顶点

对于进攻所赢得的胜利就是已确立的优势,更确切地说是由物质力量与精神力量一起打造的优势。在前一章中我们已经指出,进攻力量会慢慢削弱。当然优势也可能逐渐增长,但是,通常优势都是逐渐削弱的。

尽管在议和谈判时进攻者能够取得有利的条件,不过在此之前,他们只得先付出用自己的军队去进攻的代价。假如进攻者可以把自己确立的优势维持到议和谈判,那他们就算是达到了所谓的目标。在现实中,一些战略进攻可以直接导致议和谈判,不过这种情形极为少见。大部分的战略进攻只能进行到力量还足以进行防御以等待议和谈判为止。如果超过了这一临界点,那情形就会发生重大变化,甚至还会遭到反击,而这种反击的力量通常会比进攻者的力量更大,因此我们将这一临界点称为进攻的顶点。由于进攻的目的在于占据敌人的国土,因此进攻必然会进行到丧失优势为止,而这就促使进攻者在进攻时常常所获得的将远远超过既定目标。假如我们清楚,在比较双方力量时需要考虑的因素是如此多,那就会明白很难在一些场合判断交战双方究竟谁占有的优势大。但这样所作出的判断经常会根据不可靠

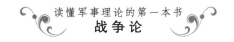

的想象力。

因此,这一切取决于准确地判断出进攻的顶点。但从表面上看,这里似乎存在着一个矛盾:既然防御是一种比进攻强的作战形式,那进攻不可能达到顶点。因为当进攻者还有足够力量用于较为有利的作战形式时,那它用于较为有利的作战方式就一定更多。不过这个问题显然是错误的,在此文里我们就不再详细阐述了。

第六章 消灭敌人的军队

战争是一种手段,它可以帮助我们消灭敌人的军队。这应当怎么样来理解呢?为-了达到这样的目的需要付出什么代价呢?对于这个问题,我们列出了下面几种不同的观点:

1.只消灭阻碍进攻目标的军队。

2.尽可能多地消灭敌人的军队。

3.在保存己方力量的前提下消灭敌人的军队。

4.从第三点中还可以引申出:进攻者只在有利的时机下消灭敌人。这对进攻目标来说是可能出现的,这点我们在第三章中已论述过了。

歼灭敌人兵力的唯一手段是战争,这样的目的可以通过两种方式实现:第一,直接攻击;第二,通过各种战斗的配合间接打击。假如打击敌人的主要手段是会战,那么会战就并非是唯一的手段。占领一个要塞、一片地区,其本身就是在打击敌人的力量,并且还能够导致对敌人作战力量的更大破坏,这也就是说它同时也是一种间接破坏敌人力量的手段。

占领一个没有防御的地区,除了直接实现预设的目标以外,还能够当作是打击敌人的作战手段。但诱使敌人离开它们所占据的地方与占据一个没有防御地区的作用是相似的,只能将两者同等看待,我们不能把这个与真正战斗所赢得的胜利等同起来。通常这些手段都将被高估,而其实它们极少会带来会战那样的价值。在采取这些手段时,往往会产生这样的危险:由于忽视了这些手段带来的不利因素,最终使自己陷入糟糕的境地。这足以证明,这些手段的诱惑力非常强,是因为人们所看到的只是在使用这种手段时所需要付出的是很小的代价。

要记住,这些手段无论在什么时候都应当被看成是较小的战争行为,因为使用它们只能获得较小的成果。不过在条件有限和动机较弱的时机下使用它们很明显比没有目的的大会战要好一些，因为即使没有目的的会战取得胜利，其胜利也不能被充分利用。

第七章　进攻性会战

关于防御性会战所论述的一切，已经在很大程度上说明了进攻性会战。

不过，为了使读者更直观地认识防御性会战的本质特点，我们在研究防御性会战时只研究了防御性表现得最明显的会战，而这类会战毕竟是少数的，多数的防御性会战是半遭遇战。进攻性会战却并不是如此，它在任何情形中都将保持自己的特质。进攻性会战的特质会更充分地体现出来，只有在防御者尚未真正地处于防御状态的情形下，就算是防御性以及真正的遭遇战的特质表现并不显著，而对于交战双方来说，它们所表现出来的特质却始终是有差别的。进攻性会战的主要特点是：当会战刚一打响，就需要进行包围或是迂回。

显而易见，在战斗中，围攻敌人是战术上的一个策略，它可以带来很大的利益。进攻者不能仅仅因为防御者有对付围攻的方式，就对围攻敌人所带来的利益进行放弃，只有当防御者的别的条件比较适用于对抗围攻时，进攻者才能够放弃包围敌人的计划。不过防御者为了顺利地对包围者进行反包围，势必会占领工事优良的阵地。但更加重要的是，防御者本身所带来的利益在现实中并不会全部得到充分的利用，何况大多数的防御只是一种应急手段，通常防御者是身处困境、面临危险，猜想到了即将面对最坏的情况，所以匆忙在半路上迎击进攻者。这些本来在交通线方面占据优势时所使用的措施，诸如在会战中包围敌人或者是转换正面当成作战战场却往往成为精神和物质占优势时采用的手段，比如马伦哥会战、奥斯特里茨会战以及耶拿会战，等等。此外，在第一次会战时，因为进攻者还在基地附近，后方基地即使不比防御者的优越，但由于后方有支持，通常进攻者也是有利的，所以敢于采取一定的冒险行动。

对于侧翼进攻，即在会战中变换正面作战，则比包围更为有用。现在有一种错误的观点，认为战略包围一开始就应该像在布拉格会战中那样同时进行侧翼进攻。在这里我们可以对所谓的布拉格会战稍作解释：

1757年4月，弗里德里希二世率领普鲁士军队分4路从西里西亚和萨克森侵入波希米亚，向布拉格实施战略包围。奥地利的卡尔亲王仓促集合军队在布拉格城东通过地形构筑坚固阵地。5月6日，弗里德里希二世向奥军右翼展开侧翼攻击，而且迂回到敌军后面。后来奥军撤退到布拉格城内，被普军包围。战略包围很少和侧翼进攻有相同之处，这在具体操作中具有非常大的危险。对于这一点，我们会在论述战区进攻时再作详细说明。

假如说防御性会战的统帅为了争取时间，需要尽量推迟决定胜负的时刻，保证会战能持续到太阳下山，这无疑是一次胜利的会战，而进攻者会战的指挥官则会盼望那个决定胜负的时刻快点儿到来。如果进攻者急于想赢得胜利而做出一些仓促的行动，那将会带来极大的危险，因为如此会过度耗损兵力。在大多数情形下并不清楚地了解敌人的情况，这时进攻就好像在一个完全不熟悉的环境里摸索一样，这就是进攻性会战的一个特点。

如此的情形在过去的战争中数次出现，比如奥斯特里茨会战、瓦格拉木会战、霍享林登会战、卡茨巴赫会战等。在进攻会战中，越是不了解敌人的情况，就越需要集中自己军队的兵力，尽可能多地使用迂回战术而少采用围攻战术。这样在追击敌人的过程中，我们或许会赢得决定性的胜利。对于这个问题，我们已经在第4篇第12章里讲过了。因此，相比较防御会战，追击是进攻会战里不可或缺的整个行动的一部分。

第八章　渡河

对于进攻者来说，在进攻的过程中，如果前方进攻的路线被一条大河阻断了，那这将存在很大的通行困难。因为在大多数场合，假如进攻者想要渡河，他就只能选择一个地点作为渡河地点，这样整个行动都将受到束缚。假如进攻者想在顺利渡河之后就对敌人展开决定性的战斗，不然就是敌人会向自己发动决定性的战役，那么无论是哪种情形，进攻者无可避免地都将遭受严重的危险。如果统帅不具有显著的精神以及物质优势，他就不应该让自己的军队陷入如此的境地。

由于进攻者在渡河作战中存在着一些困难，因此防御者才能够对河流进行有效的防守，因为他恰好利用了进攻者的困难。我们预想一下，假如防御者在河流周围重新设置防线，而不将河流防御当作是唯一的救急手段，那就算是河流防御已经失利了,他还可以通过河流周围的防线进行相对的抵抗。

对于进攻者来说,不但需要想到敌人对河流的防守,还需要想到上面的第一条所讲的河流能给防御者带来的全部有利条件。正是基于这两种原因,统帅在进攻设防的河流时需要更加谨慎。

上一篇我们已经说到,河流的有效防守在一定的条件下能够取得很好的效果。从具体经验来看,我们必须承认,相比较理论所预想的那样,获得这些成果的可能性要更多,这是因为理论从来都只是想到了具体存在的困难,但在进攻的过程中,对于进攻者来说,所有的情形通常都要比具体情形更困难一些,因而这些困难将会变成阻碍进攻者的绊脚石。当我们在探讨那些不具备关键性意义、规模比较小的进攻时,就不难发现:理论上通常不会考虑的那些细小的阻碍因素以及偶然的事件往往会对进攻的实际部署带来一些不利的影响。因为进攻者是行动者,因而他会在第一时间接触那些细小的阻碍的因素以及偶然的情形。

假如在战史上有一些河流防御并没有达到预想中的效果,产生这样后果的原因在于:人们往往对河流防御有着太高的期望,殊不知期望太高,失望越大。由于根本没有按照河流防御的战术特点,而仅仅是单纯地按照自己的经验所获得的、夸张的防御的效果而使用所谓的河流防御的战术,最终河流防御却未能达到如期想象的效果。

假如防御者错误地将所有的希望都放在河流防御上,一旦防线被敌人突破了,他就会陷入到具有极大困难的处境中,甚至将会面临惨败的局面。而这样对于进攻者来说,河流防御将对自己十分有利,因为相比较普通的会战,当进攻者突破河流的防御之后,所赢得的胜利将会更轻松一些。

从上面的阐述中能够看出,只要进攻者不寻求大规模的决战,河流防御还是能够发挥一定作用的。不过在进攻者的兵力比防御的兵力更多的情况下,或者进攻者有更强烈的决心,一旦防御者采取了错误的措施,那就很有可能会给进攻者带来很大的利益。

不论对于整体防线来说还是对某一个地点来说,对于大部分的河流防御,基本上都可以进行迂回。假如进攻者因占据优势的兵力而想寻求大规模的决战,那他们始终会想到渡河的办法,比如可以在一个地点佯攻,而在另外一个地点渡河,继而利用兵力上的相对优势以及勇往直前的攻击来打击战斗最初可能会接触的敌方的阻击力量。

因此,通过火力上的优势以及果敢的勇气来歼灭敌人的主要固守据点,用如此的战术强渡是极其少见的,也是有可能根本不存在的。我们永远只能从战略的意义上去了解强渡这个概念,因为,就算是进攻者在防线上的一个根本没有设防或者防御力量很弱小的地点渡河,也有很多不利的因素需要克服,而这些因素常常是防御者意料中的情形。

但是对于进攻者来讲,在相隔距离较远的几个地点,不能同一时间作战的地方进行真正的渡河,这就是最不恰当的做法。不过如此一来,由于防御者是一定要通过分割兵力来进行防御的,这时进攻者会分散兵力,那防御者就失去了原本占据的兵力上的优势。1814 年,由于这个原因,贝累加尔德伯爵遭受了在明乔河会战的失败。当时也是两支军队都各自分散了兵力,并在不同的地点渡河,而相比较法国军队,奥地利军队的兵力更加分散。

1814 年 2 月,贝累加尔德伯爵率领奥地利军队追击欧仁指挥的法军,在准备渡明乔河时遭遇了返回来的法军,双方展开了激烈的战斗。后来,奥地利军队撤退到明乔河东岸,法军则回到了西岸。在这次激战中,尽管奥地利军队相比法军占据优势,但或许是因为分三路渡河而导致了兵力太过于分散,最终奥地利的军队没能赢得胜利。

假如防御者固守在河岸的一边,从战术来讲,要想战胜防御者只有两种办法:或者不用顾忌防御者的后卫,在一个地点选择强渡以求战胜防御者,或者利用发动会战来战胜防御者。对前一种方法来讲,起着关键作用的是后防基地和交通线的情况,然而我们却又往往看到,相比较通常条件所起的作用,一些提前做的准备工作将要起着更关键的决定性作用,比如哪个能选择更恰当的阵地位置、哪一个能做更充分的准备、哪一个的军队更愿意服从命令、哪一个的进军速度比较快等,这些有利因素都可以使通常的不利影响得到削减。对于后面那种方式来讲,首先进攻者需要拥有发动会战的措施、条件以及决心。一旦进攻者拥有了这些先决条件,防御者就没有勇气来使用这种河流防御了。

我们得出最后的结论:渡河本身很少会有太大的困难,但在不具有关键性意义的战斗中,由于对渡河的后果以及未来情形的顾虑,进攻者常常停止进军,或者让防御者留在自己的位置,或者勉强渡河过去,或者在接近河岸的地方停止下来,但如此隔着河对峙的情况将不会持续很长的时间。

就算是大规模决战,河流也是一种关键的因素,它始终会对进攻者起到削弱以及阻碍的作用。假如防御者将河流防御作为自己抵抗的主要战术,错误地将江河作为战术的屏障,这时对进攻者来说,河流防御是极其有利的,因为这样他就能够比较轻松地对敌人进行沉重的打击。

如此的打击决不会马上导致敌人的全面失败,不过这个打击还是会给战斗本身带来一些有利因素,会让防御者的处境变得更加困难。1796 年奥地利军队在下莱

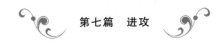

茵地区的情形就是如此。1796 年，德意志战区的奥军下莱茵军团右翼在科布伦次以北采取守势，当时法军的朱尔丹率领左翼经过莱茵河，继而又渡过济克河，向东大举进攻，这时奥地利军队只能撤退到兰河后面。

第九章　对防御阵地的进攻

在《防御》一篇中，我们曾仔细研究过防御者阵地怎样迫使进攻者向阵地进攻，或者逼迫进攻者停止进军。我们已经了解，只有那些可以全部或部分损失进攻者兵力的阵地，或者是让进攻者的攻势发挥不了作用的阵地才是有效的阵地。按照如此的情形来看，对于防御阵地，进攻者是无可奈何的，即他无法抵消防御者的这个利益。但现实中的阵地却不是这样，假如进攻者不去进攻防御阵地也可以实现目标，那么进攻防御阵地就是不正确的；假如他发现自己不能实现目的，除了进攻防御阵地之外，他必须考虑是否可以通过威胁敌人侧翼的方法迫使敌人放弃阵地。只有在这个方法发挥不了作用时，进攻者才可以决定进攻这个良好的防御阵地。

就算是在这种场合，通常，攻击阵地的侧翼相对来说要更容易。双方撤退路线的位置以及方向将决定着进攻防御阵地的哪一个侧面，即是否威胁敌人的后路以及保障自己的后路决定着进攻防御阵地的哪一个侧面。当然，要同时兼顾到这两个方面是不太可能的，这时首先应当想到威胁敌人的后路，因为敌人的后路本身就具有攻击性，这与进攻是互相适应的，而防御性的行动就是保障自己的后路。不过能够确定的是：假如去进攻强大的、敌人巧妙设防的阵地是相当危险的，并且在这里应该当作是一个重要的理论，但就总的情形来讲，防御阵地遭受攻击的危险是很小的。假如我们在若干次的事例中都看到很多较为果断的统帅都远远地避开那些精心设防的阵地，那我们就能够说这个危险是不存在的。

当然，我们决不能将通常所常见的会战与这里所说的会战等同起来。大部分的会战是遭遇战，因此在这种会战中，虽然一方是防御者，不过其驻扎的阵地却并不是精心设防的。

第十章　对设防营垒的进攻

在人类历史上的一段时间内,人们极其不看重筑垒工事及其发挥的作用,特别是当腓特烈利用运动战以及积极的进攻赢得了很多胜利时,人们就更加不重视一切的防御,尤其是筑垒工事。

如果是好几英里长的防线却只有几千人防守,或筑垒工事仅仅是一些前面没有阻碍的战壕,那将希望放在它们身上是比较危险的。但若像喜欢夸夸其谈的平庸者一样,因为这个问题就说筑垒工事本身发挥不了作用,这难道还不十分矛盾,甚至十分荒唐吗?如果说筑垒工事不可以加固防御,那还需要它们做什么呢?实际上并不是这样,不仅仅是理智,还有过去无数的经验告诉我们:通常一个构筑完善、合理布防、严密防守的工事是难以攻破的,就算是从进攻者的角度来看也是如此。对进攻者来讲,对筑垒工事的进攻是异常艰难的。

营垒的性质将决定其守备部队兵力的多少,不过若是使用有利的地形以及坚固的工事,也能够阻击在人数上占据优势的敌人。腓特烈大帝曾经认为进攻皮尔纳的设防营垒是不能实现的,尽管当时腓特烈大帝具备比皮尔纳营垒守备部队多一倍的兵力。后来往往有人会认为,皮尔纳的营垒在当时是能够被击破的。而人们之所以这样认为的唯一理由就是当时萨克森军队的情形十分糟糕,但这个理由并不可以抵消设防工事所发挥出来的作用。同时那些之后认为不仅能够击破并且甚至是比较容易被击破的人,假如他们是处在腓特烈大帝的地位上,是否会下定决心进攻也将是一个不能回答的问题。

我们认为,对营垒的进攻是一种很不寻常的进攻手段。进攻营垒是一种可以实现的办法,甚至可以无比轻松地战胜敌人,只有在这样的场合:只有当营垒是仓促修筑好或是阻止进攻的障碍并不多,或是像常常出现的那样,整个营垒只是刚刚修筑好,工程可能只完成了一半。

第十一章　山地进攻

在第6篇的第5章以及其后的几章中,我们已经详细分析了山地在进攻以及防守时通常所产生的战略作用,而且也主要阐述了山地作为天然防线所产生的作用,从中还推算出进攻的一方应当怎样看待作为真正防线的山地。对于如此关键的问题,在这里我们就不再多说了。在此之前,我们分析山地得出的主要结论是:在进行次要战斗的山地防御与主力会战地是完全不同的。在次要的战斗中,进攻山地只能当作是一种迫不得已的决策,因为对于进攻者来讲,所有的情形都是不利的;但是在主力会战中,对于进攻者来讲,山地却是一种有利的条件。

在这里我们必须再次来谈这个问题,因为想要让别人来接受这个结论是很不容易的。对于这个结论,不但与表面的现象相悖,而且刚开始看起来也是不遵循一切战争经验规律的。通常我们还能够看到:对于一支进攻军队来讲,不论自己是否需要进行主力会战,都会将敌人还没占领的位于敌我双方之间的山地当作是不寻常的救星,于是进攻军队会尽量地快速占领山地。任何人都会觉得这时占领山地与进攻者的利益会产生怎样的矛盾,而我们也认为这样做是可行的,不过对于不一样的情形就需要谨慎地加以对待。

当一支想要发动一次主力会战而向敌人进攻的军队要翻过一座尚未被占领的山地时,会顾虑敌人可能在最后时刻封锁那些他们想通过的隘路。因为出现这样的情形,进攻者就不会取得敌人一般的山地防御会带给他的好处。这时防御者的兵力比较集中,他们已经明确地知道进攻者选择的哪条道路,而进攻者也不再按照敌人的布防情形来选取自己向前行军的路线。在如此的山地会战中,进攻者不再拥有我们在第6篇中所研究过的一切优势。这样防御者就有可能固守一个很坚固的阵地且充分利用山地。这所有的都是很有可能会发生的,但这时的防御者将面对重大的挫折。假如我们考虑到防御者在最后关头固守一个良好的山地阵地,特别是当他在之前根本没有占领这个地方,他将会遭遇各种挫折,我们就会发现这种防御手段是不可行的,而进攻者所忧虑的这种情况是不会发生的。虽然这样,进攻者还是不可避免地忧虑,因为在战争中,这些忧虑固然是多余的,但它们在这些情形中还是会自然地出现。

但是,这时的进攻者所需要忧虑的是另外一种情形:防御者可能通过前卫或前哨进行暂时抵抗。虽然这样的防御手段在少数的情形下对防御者有好处,但进攻者很难推断出在哪些情形下对防御者是有利的、哪些情形下对防御者是不利的,因此他们仍会担心对自己不利的情况出现。

上面所说的观点并不对这种可能性进行否认:一个阵地凭借着山地地形而成为非常坚固的阵地。另外,有一些并不是位于山地的非常坚固的阵地,诸如皮尔纳、施莫特赛芬、迈森和费耳特基尔赫等。恰恰是由于这些阵地没有位于山地才发挥出更好的作用。人们能够假设,在山地中找到一些非常坚固的阵地,比如说在高台上的阵地就能够消除一般的山地防御所具有的种种不利因素。但这种阵地极其少见,我们只考察那些比较常见的情形。

从战争历史中,我们能够看出,那些具有关键胜负意义的防御性会战是很不适用于在山地中进行的。现实中,当伟大的统帅想要进行这样的会战时,往往宁愿将决战的地点选择在平原上。在所有的战争历史上,除了在革命战争时期以外,我们几乎找不到在山地进行决战的事例。在革命战争时期,人们只能在山地进行决定性会战,这明显是错误地利用了山地阵地,而且对山地阵地的作用进行了不正确的推断。同样的情形还包括 1793 年在孚日山以及 1795 年、1796 年和 1797 年在意大利。人们责怪梅拉斯在 1800 年没有对阿尔卑斯山的通道进行占领,当时的情形是:拿破仑率法军分 5 路从大圣伯纳德、小圣伯纳德、辛普朗、圣哥达、蒙瑟尼等山口穿过阿尔卑斯山进入北意大利的,奥地利的梅拉斯将军在此之前没有派兵防守这些山口。但如此的指责是有欠妥当的,甚至是相当幼稚和肤浅的,即便是伟大的统帅拿破仑处于梅拉斯的位置,他可能也会选择不去占领那些通道。

有关山地进攻的部署在很大程度上属于战术性质,在这里我们只需要对山地进攻部署的一般情况,也就是对那些同战略关系密切和相同的部分情况作如下几点阐述:

1.假如在行军过程中需要将军队分为几路向前行进,那就不可能像其他的地方那样能在山地上让军队离开道路,继而分成两路或三路继续前进。一般情况下,军队只能在较大的山间小路上拥挤,因此军队应当顺着几条道路同时行军,或者更明确地讲,军队应当顺着一条比较宽的路面行军前进。

2.至于防线较宽的山地防御,进攻者当然应当集中兵力进攻。若在这时去围攻敌人,那是不容易想象的,只有利用突破敌人的防线以及击退敌人侧翼的兵力而非利用围攻切断敌人的后路,如此才能赢得决定性的胜利。快速而不断地在敌人的主要撤退路线推进是进攻者施行进攻的绝对措施。

3.如果敌人在山地防御中的兵力不再分散,进攻者能采用的一个很重要的手段就是迂回,因为在这时进行正面攻击会受到敌人优势兵力的阻击。迂回肯定不是以战术上的侧翼以及背向进攻为目的的,而是以真正切断敌人的退路为目的,因为,如果敌人的兵力太强大,对其后面的攻击会受到强有力的抵抗。对进攻者来讲,让敌人担心其后路被切断就是收效最快的办法。山地防御者中的防御者越是提前出现这种忧虑,对进攻者来说效果就越好。因为在紧要时刻,那些被围困在山地中的人不容易利用手中的武器杀出一条求生的路。不过在这里,单纯的佯攻并不会发挥出明显的作用,它可能会让敌人离开阵地,从而发挥不出更大的效果,因此一定要真正地去切断敌人的后路。

第十二章　对缺乏纵深的防线的进攻

在单线式防线上,如果进攻方和防御方进行一次主力决战,进攻方就会占据很大的优势,因为这种防御的正面宽度比较大,相比较直接的河流和山地防御,分散和防守的兵力更不符合进行决定性会战的种种需求。

在德国南部,欧根亲王就曾遭遇了如此的情形。1712 年 7 月,欧根亲王领导奥地利、英国、荷兰联军围攻位于法国北部的兰德赖希等要塞,联军为了保护交通线和基地的安全,这里的基地就是马希尔延要塞,专门建立了一条从德南到索曼长达 6 公里的防线,并由阿耳贝玛耳将军率荷兰军队防守。同年的 7 月 24 日,法军把联军的大量兵力引到兰德赖希方向后,这时突然派出维拉尔的部分军队袭击了德南,攻破了这条防线,当然,他所遭受的损失无异于会战失利的损失。假如欧根集中兵力进行布防,那么维拉尔恐怕就不容易取得这种成功了。假如进攻者缺乏进行一次性会战所需要的手段,而敌人的阵地又是由主力部队防守,那进攻者就不敢轻易进攻敌人的防线。

比如,在 1703 年,维拉尔不敢轻易进攻路德维希·冯·巴登布防的施托耳霍芬防线。早在 1701 年,路德维希·冯·巴登侯爵在施托耳霍芬周围建立了一条从莱茵河畔至黑林山长达 16 公里的防线。1703 年 4 月,维拉尔带领法军来到防线前面,由于巴登侯爵率多达 2.4 万余人的主力防守这条防线,因而维拉尔不敢进攻,只好绕道东去。假如只有一支次要的军队防守防线,那么进攻方在进攻中投入多少兵力将决定着所有的一切,这样大部分的抵抗都不会那么猛烈,对于胜利的结果,自然也不是非常有价值。

进攻者的包围防卫圈具有一定独特的性质，关于这点，我们会在战区的进攻时给予详细的论述。而一切单线式的配置，诸如被加强的前哨线等始终有一个特点：容易被击破。假如突破不是为了继续行军而是寻求决战，那这样的突破就没有多大的作用，因此，通常为了获得这样的成果而使用这种行动是很不划算的。

第十三章　灵活机动

在第六篇第三十章里，我们已经谈论过这个问题了。不论是进攻者还是防御者，都能够使用这种手段。不过灵活机动更多的不是拥有防御性质，而是拥有进攻性质，因此我们想在这里具体地谈论这个问题。

灵活机动与直接采用的进攻手段发动的进攻相对立，而并非与发动大规模战斗的强攻相对立。就算在威胁敌人的交通线以及后路、牵制性进攻以及别的情况都是如此。

从使用词语的角度来看，"灵活机动"这个词语表示的是一种从平衡状态下发挥的作用，换句话说，是一种根本不用使用任何行动时所发挥的作用、一种利用诱使敌人犯错误所获得的成果。如果你熟悉下棋的话，这就好像最初所走的那几步棋。这是一种双方力量均衡时的战斗，意图就是为了制造可以赢得成功的有利机会，继而通过这个机会创造出优势。

机动所带来的利益有时可以看作是行动的目标，有时可以看作是行动的依据，它的主要利益是：

1.限制或切断敌人的补给供应。

2.联合其他部队。

3.威胁敌人与国内或其他军队的联系。

4.威胁敌人的后路。

5.用优势兵力攻击敌人的单个据点。

上面所说的 5 种利益能够体现在实际情形中的最小的一件事物上，而且在一段时间里，这个事物会成为所有的中心。一座桥梁、一条道路、一个工事都往往会发挥出如此的主要作用，它们之所以能具有如此的重要性，原因在于它们与上面所说的 5 种利益的某一个密切相连,这在所有的场合都是容易被证明的。

成功的机动可以给进攻者,准确地说是让积极行动的一方占领一个地区等。

战略性机动有两组对立的概念,它们是同一个事物不可缺少的组成部分。第一组对立概念是包围和内线活动,第二组则是分散兵力和集中兵力。

对于第一组概念来说,人们决不会表示其中某一个概念会更有效。假如人们使用这两个概念中的一种行动方式,那另外一种行动方式就会主动出现,而后者似乎是前者自然的平衡力或中和剂。包围与进攻的性质一样,内线行动与防御性质也是一样的,因此通常进攻者会较多地使用包围,而防御者则较多地使用内线活动。什么行动方式用得最恰当,那这种方式就最优越。

关于另一组对立概念,也不能说其中一个更优越。兵力相对比较强的一方能够分割军队,这为创造许多方面对自己有利的战略形势以及行动条件做准备,同时这样也很有利于让自己的实力得到保留。兵力较小的一方能够利用运动战来弥补因缺乏兵力所造成的缺陷,因此他一定要尽量多地集中兵力。而且大规模的运动战需要军队有较高的灵活机动能力。

最后,我们得出这样的结论:兵力薄弱的一方一定要最大限度地发挥物质及精神力量。假如总是保持前后看法一致,就可以常常遇到这个结论,因此在某种程度上也能够通过它来检查我们的思考是否合乎逻辑。

人们始终认为这些战争是兵力薄弱的一方最大限度地发挥了物质以及精神力量的典范之作,诸如 1759 年以及 1760 年腓特烈大帝对道恩的战局,还有 1761 年他对劳东的战局以及 1673 年和 1675 年蒙特库特利对屠朗的战局。其实我们的观点也主要是从这些战局中获得的。

就好像不应当从上面所说的两组 4 个对立的概念中推断出错误的原则和规定一样,我们也不可以希望那些一般的情形,诸如基地、地形等会有本身不可能有的重要性以及决定性的影响。所需要追求的利益越小,地点以及时机方面的细节问题就越重要,而通常或重要的情形则显得并不是那么重要,因为在这种追求较小利益的行动中,它们发挥不了什么作用。

比如,1675 年屠朗的军队背后紧挨莱茵河,分布在 3 英里宽的正面战场上,而撤退用的桥却在最右翼。通常人们在遇到这种情形时肯定会责怪其荒谬。但恰恰是这种战术最终实现了目的。因此这种只注意细节并且在实际情况中准确应用的方法才能获得最后的成果。

我们深信不疑,对于灵活机动是没有任何规则可言的,没有什么方法或一般的原则能够决定这个行动的价值。灵巧的活动、准确性、有秩序、服从性以及勇敢的精神,一切这些有助于在实际场合所获得显著的利益是否赢得胜利,也主要是看双方在几个方面的竞争。

第十四章　对沼泽地、泛滥地和林地的进攻

沼泽地是什么呢?它是不能通行的,且只有少数堤道的草地。因为沼泽地很宽,没有办法在此修筑通路,也不可以利用炮火来追赶对岸的敌人,所以在战略上,人们竭力避免直接向沼泽地进攻。但有的沼泽地的耕作面积比较大,能通行的道路也很多,就算是防御者进行强有力的抵抗,也会显得相当不利。而泛滥的沼泽地因为存在着通行的困难,则可以最大限度地增强防御者的抵抗能力。这就好像 1672 年发生在荷兰沼泽地的战争一样:当时法军在占领了除泛滥沼泽地以外的一切要塞之后,还剩下 5 万左右的兵力,刚开始,指挥官是孔代,后来的指挥官则是卢森堡。虽然当时只有两万荷兰兵力防守着泛滥沼泽地,不过法军一直没有办法突破那道防线。我们不想继续讨论这个话题,不过泛滥区的最后防线是不能被攻破的却是事实。

对于进攻者来说,冬季当然是泛滥地带的敌人,不过防御者要想大规模地抵抗进攻者,那么天气必须非常寒冷才行。

其实,难以通行的森林也是加强防御的手段。如果森林不宽广的话,进攻者还可以通过几条相隔不远的道路通过森林,因为森林并非是不可通行的,如此森林中的防御力量就不会很大。如果像在俄国和波兰那样,大片地区几乎都被森林覆盖,那进攻者的境地就会极为困难,并且在昏暗的大森林里到处都可能埋伏有敌人,这时进攻者相对占有的兵力优势就无法体现出来,这种情况对进攻者来讲肯定是最糟糕的情况之一。

第十五章　寻求决战的战区进攻

在第六篇里,我们已经研究了与这个题目相关的大部分问题,只要将其中的论述反过来看就是对战区进攻的表述。

关于进攻的问题,在这里我们有如下几点需要探讨。

一、夺取胜利是进攻的最直接的目的。若要谈论攻防双方所得的利益,防御者有天然优势,而进攻者为了抵消对方的优势,只能通过感到自己是进攻者的微小优越感来化解。很多人对于这种优越感往往评价过高,其实这种心理优势并不能长期存在,也经不起具体困难的考验。产生这种情况的基础是:攻防双方采取了正确的行动。人们常常有这样的错误观念:认为奇袭和出敌不意是夺取胜利的重要条件。其实,如果奇袭没有一定条件作为辅助,是很难取得成功的。所以,进攻方在缺乏兵力优势的情况下若想实现夺取胜利的目的,就必须具备精神力量。

二、进攻者的保护神是勇敢和自信。因为勇敢与自信与进攻有着密切的联系。与数学运算不一样,无法预知军事行动的未来,或者至少没有办法那么准确地预知未来,所有的活动都是在模糊的状态下进行。因此,对指挥官一定要有充分的信任。而在战斗中,当防御方的精神力量逐渐软弱,那进攻方应当更加大胆和自信。

三、取得胜利的方法无外乎就是让敌人的主力部队和自己的主力作战。我们在《防御》一篇里已经说过,假如防御者配置出错,那进攻者在不找防御者的情况下,防御者也会来找他,这样就能在敌人缺乏准备的情况下进行作战。

四、什么是进攻的目标?就是阻碍进攻的一切。不过我们需知道,进攻目标通常只有在与胜利相联系时才有意义,所以在进攻时必须考虑到胜利。因此对进攻者而言,进攻的方向和对象就是朝着敌人行进的必经道路。比如敌人的首都是要进攻的目标,而且防御者也没有配置在首都与进攻者之间,这时若是直接进攻首都就是不合理的,较好的办法是将进攻的矛头指向敌人的军队与首都之间的交通线,并尽力争取在交通线上取得胜利,然后就可以很轻松地占领首都。

在进攻的范围之内若是没有发现大目标,那么敌人的军队和最近的大目标之间的交通线就显得特别重要。这时进攻者需要考虑这样一个问题:假如在会战中获胜,应当如何利用这一胜利?答案就是会战获胜后所要占领的目标很自然的就是所要进攻的方向。

假如防御者布防在这个方向上,对于进攻者来说没有别的选择,只能进攻;如果防御者的阵地十分坚固,那就需考虑从敌人的阵地侧面绕过;如果防御者没有配置在正确的地点,进攻者就仍然应该在这个方向上前进,前进到一段距离,而防御者仍然不向他的侧方移动,进攻者就应转向敌人的军队和这个目标之间的交通线,以便在那里向敌人挑战;如果敌人的军队始终在原地不动,那么进攻者就应绕到敌人后面转过来攻击对方。

进攻者在选择通往目标的道路中,大的通商要道是最佳和最自然的选择。如果路上有大的弯曲地段,那就必须另选择较直的道路,甚至可以选择较小的道路,因为弯曲的后路是极其不利的。

五、进攻者在会战时不应分割兵力,应当在保证各部队能同时作战的前提下向前推进。假如敌人分散了兵力,对于进攻者而言就会获得很大的利益。这时进攻方可以进行小规模的佯攻,这种佯攻可以说是战略上的佯攻,其任务是确保获取利益。

在进攻中,假如进攻者在实施战术包围时将军队分为几个纵队,并对敌人进行包围,这种形式是很恰当的。不过这种包围只能是战术性质的,假如在进行大规模战斗,战略包围根本就是浪费兵力,因此实施战略包围,只有在兵力十分强大、胜局已定的情况下才可以进行。

六、进攻需要谨慎,因为进攻方也要保证自己的背后以及交通线的安全。进攻者必须依靠前进来进行这种掩护,如果专门用一支军队来保护自身的安全,就会使兵力分散,削弱进攻的力量。既然一支兵力较多的军队在向前推进时,它的正面宽度总是至少有军队行军一天所走的距离,若是交通线偏离行军正面的垂直线较小,那军队本身就可以保证交通线的安全了。

但是,进攻者在这一方面要冒多大的风险主要取决于敌人的情况和特点。如果形势处于大规模决战的紧张气氛之下,防御者就很少去考虑攻击对方的背后和交通线。一旦进攻停止,进攻者本身越来越转入防御状态,那么保护背后的安全就越来越有必要。因为进攻者的背后比防御者的更薄弱,因此防御者在转入进攻之前,甚至当他还在不停地丢失国土时,就可能对进攻者的交通线采取行动了。

第十六章 不寻求决战的战区进攻

一、就算进攻者缺乏发动决战的意志和力量,他还是会有一些战略进攻的意图,只是所需要进攻的目标较小罢了。假如进攻赢得胜利,这个目的就实现了,整个局势就会出现平静以及均势的形态。假如在进攻中遇到一些困难,进军就会提早停止,这时就会出现一种纯粹是临时的进攻甚至战略机动。

二、这类进攻所选择的对象是:

1.一片地区。占领一片地区能够获得给养,必要时还能够征收军税,有时占领一片地区对军队来说是一种荣誉,而且在议和谈判时还能够利用它来交换等价物。占领一片地区后,是否继续坚守住它,其作用是完全不同的。假如这片地区紧挨自己的战区,那才有可能将这片地区保住;假如不是这样的地区,那通常不会持续地占领这片地区,冬营一到就只得放弃。

2.一个大仓库。假如敌人的仓库是次要的,那就不可以将其当做决定整个战局的进攻目标。虽然从表面上看,进攻仓库只会让防御者丧失仓库,但对于进攻者来讲,占领仓库就会使防御者撤退出一段距离,放弃部分本来能够守住的土地。

3.攻占要塞。对于这个问题,我们会专门留出一章来讨论。在打败敌人或者攻占敌国国土的进攻战争中,要塞位置异常重要。通常行动的中心是占领某个要塞,甚至相比较占领整个地区,似乎占领一个要塞会更重要。

在战争中,围攻一个较小的要塞总是属于重大的行动。因为这要花费很多钱财,并且这一行动关系到整个战局,所以围攻要塞在这里属于战略进攻的重要目标之一。

4.进行一场有利的战斗。为了夺取战利品、为了军队的荣誉,或者仅仅为了指挥官的荣誉心,这样的战斗是可以进行的。但有些人会说这样的战斗无所谓,我们需要说明:这一类战斗并非是毫无作用的,它们对于议和谈判有相当大的影响,能有效地增强军队以及指挥官的荣誉感。

当然,进行这类战斗需要有两个前提条件:一、对胜利要有相当大的把握;二、即使作战失利,损失也不会太大。

三、在上面所提的几个目标中,除了第4项外,其他几项都能够通过小规模的战斗来实现,并且进攻者也往往不希望进行大的战斗。若进攻者不想通过决定性战斗就能获取利益,那往往会针对防御者所保护的利益采取一些手段。

这些手段是:威胁防御者的交通线,不管是与给养来源地,比如仓库,富庶的地区,水路等有联系的部分,或是与其他的部队及重要地点,如桥梁、隘路等有联系的部分;占领敌人不能重新夺回去且可以给敌人造成困难的阵地;占领大城市、富饶的地区以及可能发生反抗的地区;可以威胁敌人的同盟国;等等。

假如进攻方能够切断防御方的交通线,而且防御者不能予以恢复,除非付出很大的代价,那对于防御者来说甚至更愿意放弃一些次要目标来保护以上所说的目标。于是某个地区、仓库与要塞就没有掩护了,这时进攻者就能够趁机占领它们,这样就可能发生或大或小的战斗,但这些战斗并不是人们所期望的那样,它们只是一种迫不得已的措施,其规模和重要性是不会超出规定的界限的。

四、攻击进攻方的交通线是防御方的反击方式。在寻找大规模的决战时,只有当战线相对较长时，防御者才适合去攻击对方的交通线。而在不寻求决战的战争中，这种反击方式是较为适用的。在小规模的战斗中，假如进攻者的交通线比较短，防御者可以采取相应的对策，延长与敌人在此方面进行斗争的时间。

这时，进攻者的一项重要任务是掩护自己的侧翼。假如进攻者与防御者之间发生了保护自己的侧翼以及威胁对方侧翼的斗争，进攻者就一定要用自己的优势来补偿自己的不足之处。假如进攻者有相当多的兵力和决心，敢于对敌人的军队或敌人的主力部队发起大规模进攻，那令敌人面临这种危险是掩护个人侧翼的最恰当的办法。

五、我们还需要明白，在这样的战争中，相比较防御者，进攻者还有一个更大的优点：进攻者比防御者能更好地依据对方的企图和能力来判断对方。

大规模反击的准备与进行一般防御的准备是有明显的差别的，比抱有大意图的进攻准备与抱有小企图的进攻准备之间的差别更大。最后防御者只得较早地采取措施，而进攻者则可以根据对方的部署再采取相应的措施。

第十七章　对要塞的进攻

对要塞的进攻，我们准备分析的是：第一，与这种进攻有联系的战略目的；第二，如何选择所要进攻的要塞；第三，掩护围攻的方法。

防御者丧失要塞会损失自己的防御力量，而进攻者若是占据了要塞就能够获得极大的好处，因为这样不但能够将要塞当做仓库以及补给站来使用，还能利用它来保障自己的地区以及营地的安全。当进攻者最后转为防御时，要塞就会变为这种防御的最强大的支柱。

在进行决战时，占领要塞是一种逼不得已的措施。这时，人们只需要去包围能够获得决战胜利的要塞就可以了。而一旦胜负的大局已经定下，危险的紧张状态已经过去很长一段时间，这时占据要塞才能起到巩固胜利果实的作用。但在危机还没有完全消失的时候，包围要塞的措施只会增加进攻者的危机。

没有任何一个行动会像包围要塞那样严重地削弱进攻者的力量，也没有什么能够像包围要塞那样在一段时间里让进攻者完全失去原有的优势。这时为了可以继续进攻，防御者就必须在危急关头进攻某个要塞。对于在这方面的问题，在有限目标的战争中，占领要塞通常不是手段，而是行动的目的本身。攻占要塞将被看作是一

个独立的小行动,和其他行动相比,它具有以下的优点:

1.攻占要塞是一个范围有限的小行动,因此不需要使用很多兵力,也不用担心会遭到反击。

2.要塞在议和谈判时能够作为交换别的东西的很好的等价物。

3.进攻要塞是一种猛烈的进攻行动,不过它不像别的进攻行动那样会让兵力连续削弱。

4.进攻要塞是一种不会引起灾难性后果的行动,这是由于攻占要塞具有上面所说的优点,所以战略进攻在没有重大目标时就常常攻占敌人一个或几个要塞。

在攻击要塞时,不知该进攻哪个要塞,这时可以按照下面的情况来决定:

1.要塞应该在攻占后易于防守,在以后的议和谈判中可以作为价值很高的等价物。

2.成功地占领一个小要塞总比围攻一个大要塞遭到失败要好得多。

3.考虑要塞的坚固程度。要塞工事的坚固程度和要塞的重要性并不会始终是成正比例关系的。假如放着一个不太坚固的要塞不去进攻,硬把兵力浪费在进攻一个坚固却并不重要的要塞上,那是再笨拙不过的事情了。

4.要塞装备情况及其守军的强弱。在这里一定要指出,驻守要塞的军队及其装备的强弱也是决定要塞重要性的因素,因为驻守的军队和装备直接就是属于敌人作战力量的一部分,其作用是不能与工事的坚固程度所起的作用相等同的,因此攻占一个有强大守备部队的要塞需要付出的代价远远超过占领一个很坚固的工事。

5.攻击要塞所需物资的难易程度。大部分围攻之所以失败,原因在于物资缺乏,而缺乏物资的原因在于运输物资过于困难。

6.需要明白掩护围攻部队的难易程度。掩护围攻部队有两种截然不同的方式:一是通过围攻军队的建筑工事,也就是利用围攻防卫圈;二是通过所谓的监视警戒线来保护。人们采用第一种方法显然有个重要的根据,那就是用这种方式掩护围攻,进攻者的力量根本不会因为分割兵力而受到削弱,但进攻者的力量会因为其他方面的原因使力量大减,这些原因是:

1.围绕要塞的阵地一般会使军队的正面拉得太宽。

2.防守要塞的军队以及敌人增援的军队原来不过是与我军对峙的军队,这时却必须看成是处于我方营垒心脏中的敌人部队,它凭借要塞工事的保护是不遭受损害的,或者至少是不可征服的,所以它的作用将得到很大的增强。

围攻防卫圈的防御只能是绝对防御,因为这种环形的正面向外的防线是所有防御阵型中最不利的,尤其不利于进行有利的攻击。而环形防卫线的防守者只能躲在工事里进行防御。环形防卫只有当敌人的力量很弱时,只有战区这个概念与围攻的概念相比较已几乎不存在时,集中兵力才是理所应当的行动,因为这样做肯定可以大大增加围攻的力量。

围攻防卫圈还有一个缺点:在战争失利时很难保住攻城用的火炮。如果掩护围攻的部队是在距离围攻地点一日或几日行程的地方作战,他们赶到围攻地点也需要一天或几天的时间,这样,围攻部队就可以及时停止围攻,至少可以在敌人到来的前一天转移,从而至少获得敌人的辎重队。

在设置监视部队时,首要问题是:在离围攻地点多远的地方设置监视警戒线?通常,决定这个距离的是地形条件或者攻城军队要与之保持联络的其他军团以及军队阵地的位置。另外,监视部队若是距离较近,也就是不超过几普里,那围攻要塞的军队以及保护围攻的军队就可以互相支援。

第十八章　对运输队的攻击

对运输队的攻击和掩护是一个战术问题,在这个问题上,可以把进攻和防御综合起来讨论。不过,它对进攻具有重要的意义,否则我们就会在分析防御时研究这个问题了。

一个有300~400辆车的中型运输队,其行程大约为半英里,而对于较大的运输队来讲,其行程则会增加到好几英里。运输队不够机动灵活,行动比较缓慢,需要单独保护每一个部分,因为假如运输队的某个部分受到了攻击,那整个运输队就将会瘫痪在路上,使场面一片混乱。如果运输队比较长且没有防护措施,那我们需要进行什么样的保护呢?

大部分的运输队是利用战略形势来获得保护的,它们通常都是活动在自己部队的后面,或活动在距离敌人较远的地点,这就让即便只有很少的防御手段,却能产生很大的效果。在进攻运输队时,敌人只能用较小的部队来攻击,而且这些小部队还需要强大的预备队作掩护,因此让自己的侧翼以及后面增援运输队不至于遭受攻击。假如能够想到,恰恰是因为运输车非常沉重,攻击者难以将它们带走,大部分只能砍断挽具,将马匹牵走,炸毁弹药库等。

通过这样的方法，只会让整个运输队陷入一片混乱中，却不能将它真正毁灭。因此运输队的安全更多的是凭借战略形势，而不是凭借着护送部队的抵抗来保障的。尽管这样勇敢地防御抵抗不能直接保障运输队的安全，却能够让敌人在攻击运输队时自乱阵脚。所以，对运输队的攻击是存在一定困难的，甚至可以说是相当困难，完全不可能做到万无一失，我们很难预料到它的结果。

此外还一定要指出一个重要的问题：攻击运输队的军队很有可能会受到敌人军队的一部分报复，以至于受到严重的惩罚。通常人们不知道其中的玄妙，于是感到十分诧异，为什么兵力如此薄弱的护送部队会这样令人恐惧？要想明确这个论断的正确性，只需要回忆腓特烈大帝在 1758 年的著名撤退就会明白。当时腓特烈大帝的 4000 辆车构成的辎重队就是通过一半的兵力分成很多小队护送的。指挥官道恩为什么没有去进攻这支运输队呢？原因就是恐惧，道恩惧怕腓特烈大帝用另外一半军队攻击他，将自己卷入一场自己不愿意进行的会战中。

当军队的战略形势使运输队很反常地在军队的侧面或者全面活动时，它才会真正面临巨大的危险。在 1758 年的那次战争中，在多姆施塔特耳，奥地利军队攻击普军运输队的事例，就证明这种进攻可以获得理想的效果。普鲁士军队阵地的左侧就是通往尼斯的道路，由于攻城以及对道恩的抵抗，腓特烈大帝的军队不能活动。奥地利军队根本不必为自己担心，它能够沉着果敢地去攻击普军的运输队。

我们得出的结论是：对运输队的攻击不管从战术上来看多么容易，但是从战略方面来看却并非如此，只有敌人的交通线暴露很多的特殊情形，才会获得重大的成果。

第十九章 对在宿营地中的敌人军队的进攻

不能将宿营地当作是一种防御手段，只能将它当作是军队的一种状态，而且还是一种战备较差的状态，我们在分析防御时没有说到这一点。对于这种战备情形来说，在第五篇第十三章，我们对军队的这种状态已经作了相当多的说明，在这里就不再进一步讨论了。

在分析进攻宿营地的问题时，应当将宿营的军队当作是一个特殊的进攻目标，因为这种进攻是一种极其特殊的进攻方式。这种进攻能够被当作是一种具有特殊效果的战略手段。这里所说的并非针对敌人单个的宿营地，或者是分布在几个村子里的敌人的军队小部分的进攻,而是对相对来说很大的舍营地的一支大部队进攻。因此,这种进攻的目的在于阻挡敌人的军队集中,而非去攻占单个的宿营地。

对宿营地敌人的军队的进攻,也就是对一支还没有集中的军队的进攻,假如这种袭击逼迫敌人选择一个较远距离的后方的一个地点集中,那袭击无疑是有效的。敌人军队的集中向后撤退,在紧要时刻,它们很少会通过一日的行程就能够到达预定的地点,因此他们将会丧失较大面积的国土。

对于敌人军队发动的进攻,最初不可能同时袭击许多宿营地,因为这样拉长进攻者的战线、分散其兵力是不行的。进攻者只能袭击的宿营地位置是敌人的最前方。虽然如此,这样的进攻极少可以赢得较大或彻底的胜利,因为一个大部队的靠近很容易被敌人察觉。不过我们并不能就此而忽略了这种进攻方式,需要明确因此而产生的成果是这种袭击的第二个利益。

第三个利益是进攻者可以逼迫敌人进行局部战斗,而且在战斗中让敌人受到严重的削弱。通常一支大部队并非以单个的营为单位来集中,而是先集中成旅或者是师,甚至会集中成集团军,一旦军队不可以快速地赶到集中的地点,那么当中途与敌人接触时,而且这时敌人兵力薄弱,就可能赢得胜利。但与此同时,军队也会丧失时间。对于一支想以最短时间赶到集中地点的军队来讲,这时胜利的意义较小。可以想象,假如进攻者有效地计划且实施一次袭击,就可以通过与敌人进行局部战斗,将会获得重大的利益,这些战利品将会成为总成果中的一个主要部分。

最后,第4个利益,也就是整个行动的结局,也就是在一定的时间里,敌人的军队会陷入一片混乱,继而士气低落,就算完成集中也发挥不出什么作用。一旦还有军队受到攻击,就会让更多的国土丧失,因此只能变换已经制订好的作战计划。

上面就是对敌人的宿营地进行成功攻击所可以赢得的成果,即通过一次袭击让敌人遭受一定的损失,在预定地点集中军队时可以获得的特殊成果。

不过,这种攻击所获得的成果有大有小,就算攻击很成功,也极少可以赢得主力会战获胜的那种巨大的成果。原因在于:一方面是相比较会战获取胜利,这种攻击所取得的战利品相对来说更少;另一方面是这种袭击的精神影响也不会像主力会战获胜时那样大。

我们一定要记住这样的结论,以免对这种攻击作出太高的评价。有很多人都认为它是进攻的最佳方式,假如看看上面的仔细分析以及下面所列举出来的战争史上的例子,我们就会知道,真实情况绝不是如此。

1674年,屠朗在阿尔萨斯对大选帝侯、帝国将军布尔农维耳和洛林公爵指挥的联军进行了袭击。这场战争中，尽管屠朗所获得的战利品相对来说很少，带给联军的损失也不会超过两三千人的兵力，但联军却认为不能再在阿尔萨斯继续抵抗，于是他们撤退到莱茵河右岸。屠朗正是需要这种战略上的结果，但我们绝不该在袭击本身去寻找获得这种成果的原因。与其说屠朗袭击了敌人的军队，不如说是他扰乱了敌人的计划。另外，联军指挥官的意见不相同、军队接近莱茵河等都是造成这个结果的原因。

1741年，通过攻击腓特烈大帝军队的宿营地，奈佩尔赢得的成果只是逼迫腓特烈大帝改变作战前线，通过根本没有集中起来的兵力改变正面与他进行莫尔维次会战。1740年秋冬，腓特烈二世率普鲁士军队入侵西里西亚。1741年4月，奥地利统帅奈佩尔克率军队进抵尼斯河畔的尼斯城。腓特烈二世仓促地将分散在各个地方的军队集中，然后在4月10日在莫尔维次与奥地利军队进行会战，最后奥地利军队遭受失败。

1754年，在劳西次，腓特烈大帝袭击了洛林公爵军队的宿营地，奥地利军队为此损失了2000余人。从总的结果看来，尽管洛林公爵通过劳西次撤退回了波西米亚，不过却并没有因此受到阻碍，他继续沿北河左岸又回到了萨克森。假如腓特烈大帝没有进行克塞耳斯多夫会战，那他就不会赢得如此重大的胜利。

1758年，斐迪南公爵袭击了法国军队的宿营地。这次袭击所造成的直接后果就是法军丧失了几千人的兵力，只得撤退到阿勒尔河的另一岸。这次袭击的精神影响可能会更加深远，甚至影响到了法军在以后对整个威斯特伐利亚的放弃。1757年冬天，法军在汉诺威境内冬营，1758年2月，普鲁士的斐迪南公爵率军队突然袭击法军营地，法军撤回阿勒尔河，由于惧怕敌人切断自己的后路，在3月底，继续撤退到莱茵河，法军就这样放弃了威斯特伐利亚的所有地区。

上面说的都是进攻宿营地的案例，从进攻的性质上看，这不但是战术问题，在某种程度上更是战略问题，通常这种进攻是在宽度较大的正面进行的。在集中之前，进攻军队就能进攻敌人，而通常他们也是这样做的。在这里我们还要简略地说一说如何较为合理地来组织这种进攻。

对组织这种进攻的第一个要求是：在相对宽度的正面上进攻敌人的宿营地，因为只有如此才可以真正攻击多个宿营地，同时切断它们与其他宿营地的联系。就像设想的那样，如此会导致敌人陷入混乱的状态。对于进攻纵队的数量以及互相间隔的距离，则需要按照实际情形而来决定。

第二个要求是：各个纵队进攻的方向一定是向心地朝向预定的集合地点，因为敌人最终将会有可能集中或多或少的兵力，而进攻者也应当如此。进攻部队的集合地点可能是敌人交通线上的某一点,也可能是敌人军队的撤退上的某一点,最佳的地点当然是位于可以隔断敌人撤退路线的一个有利地形上面。

第三个要求是:各个纵队遭遇敌人的军队时一定要下定决心,勇敢地攻击敌人。因为这时总的形态对进攻来说是有利的,而在这种场合进行适当的冒险也是可以的。当然,这将要求各部队统帅一定要有很大的自由度以及拥有全部的权力。

第四个要求是:在敌人第一时间占据阵地进行抵抗时,对付他们的战术计划应当使用迂回的方法,因为除了分散以及切断敌人的军队,否则不能获得最大的成果。

第五个要求是:各个纵队应当是由各兵种组成的,并且骑兵不能太薄弱。假如将骑兵预备队分配到各个纵队去,那么将更适合。有一种看法认为,假如骑兵能够作为预备队,那将起着主导的作用。其实这样的看法是不正确的,即便是一个很普通的小村庄、一座很小的桥梁、一片很小的丛林都可以阻碍骑兵的行动。

第六个要求是:从袭击的性质来看,走在最前方的军队不能向前行进太远的距离,不过也就只有在接近敌人时才应当如此。一旦在敌人的宿营地发生战斗,即期望已经得到从真正的袭击所获得的东西,那各个纵队就应当让各兵种所组成的前卫尽量地向前推进较远的距离,利用快速地进军能够让敌人陷入更加混乱的局面。这样,敌人慌忙撤退出舍营地时,拖在后面的行李辎重以及掉队人员就会被进攻者在各个地方截获,而位于最前方的进攻队伍应当利用迂回包围以及分割敌人兵力为主要手段。

第七个要求是:必须在作战前指定进攻队伍失利时的退却路线以及会合地点。

第二十章　牵制性进攻

牵制性进攻,从这个词语的含义来看,主要是指为了将敌人调离一个重要的地点而对敌人的国土发动的进攻。只有当进攻者的主要目标是为了达到以上所说的目的而非占领的目标,这种进攻才是特殊的行动,不然就是一般性的进攻。

其实牵制性进攻也有一个进攻目标,只有当这个目标具有重要的价值时,敌人才会派兵来进行援助,假如通过采取这个行动不能够调动敌人,那达到这个目标只是一种补偿,只不过是对进行这个行动所消耗力量的抵消。

这类进攻的目标包括要塞、大仓库、富庶的大城市,尤其是首都,也包括能征收各种军税的地区，或许还包括可以获得对本国政府有不同意见的敌国的臣民支持的地区。

但是，牵制性进攻并非始终是有利的，甚至往往是不利的。对牵制性进攻的主要要求是：让敌人从主要战场调离的军队超过我方投入到牵制性进攻中的兵力。假如牵制性进攻所诱使的敌人兵力与自己使用的兵力悬殊不大，那这个行动就不再是牵制性进攻，而是相当于一种次要进攻了。

若要想利用很少的兵力诱惑敌人很多的兵力，一定要有能够造成这种结果的特殊条件。假如只是任意地派一支军队到一个没去过的地方，那么牵制性进攻的目的是无法实现的。

假如进攻者派出1000人的军队去占领在主要战区以外的地方的一个地区，而所需要的只是便于征收军税。若敌人要想阻碍对方的行动，那么仅仅使用对方同样多的兵力是实现不了目的的。假如防御者想保障这个地区的安全，就只得派出更多的军队。

这样就会出现一个问题：防御者是否可以不去保护这个地区，而是派出一样多的兵力入侵进攻者的地区以求互相平衡呢？假如进攻者想从这样的行动中取得利益，就需要提前确定：在敌人的地区所能获得的东西要超过自己地区损失的东西，或者对敌人能够造成更严重的威胁。假如是这样，那兵力较小的牵制性进攻就必然可以吸引出敌人大量的兵力。

对于牵制性进攻，其有利的因素可能是：

1.进攻者能够派军队投入牵制性进攻，而其主要进攻不会因此而减弱。

2.进攻者用牵制性进攻可威胁防御者具有重大意义的地点。

3.受牵制性进攻所威胁的地区内的敌国居民对本国政府不满意。

4.受到这种进攻的地区是可提供大量作战物资的富饶地区。

假如在施行这种牵制性进攻时，进攻者只想到了上面所说的条件，而且认为有可能获得成果时才进行牵制性进攻，那就很少有机会进行这种进攻，这里还有一个重要的问题：每一次牵制性进攻都会给原本没有战争的地区带来战争，这样就会引起这个地区潜在的敌对力量。假如敌人打算利用民兵以及民众武装来进行战争，那这种潜在的敌对力量将会更突出。

假如一个地区突然遭受到敌人的军队带来的威胁，在这之前也不存在什么防御准备，那通常发生的事情就是：这个地区内的所有力量都会围绕在有能力的统帅的周围，提供以及利用所有能够利用的特殊手段来制止这场灾难的发生。一旦事情发展到了这样的程度,就会引出新的抵抗力量,全民战争便很容易发生,因此在进行每一次牵制性进攻时都一定要提前想到这个问题,不然就会导致最悲惨的结局。

战争中,进行大规模决战的可能性越小,牵制性进攻就越可行,当然可以从中取得的利益也就越小。通常,牵制性进攻只是一种使静止的军队动起来的手段。

实施牵制性进攻:

1.牵制性进攻可以是一次真正的进攻,其行动特点只是勇敢和迅速。

2.牵制性进攻也可以只是佯攻,而不是真正进攻。至于这时应使用哪些特殊的手段,只有熟悉情形和人员特点的聪明人才知道。这时把兵力分散是很有必要的,也是很自然的情形。

3.若兵力不是很小,而且退路也受到一定地点的限制,那建立一支援助这个行动的预备队就是一个基本条件。

第二十一章 入侵

对于入侵这个问题,我们所能说的只有解释词义。在现代作家的著作中,我们发现这样一个概念:他们经常用一个词来表示特殊的事物,这个词就是"入侵战争"。他们用这个词来表示深入敌人国土的进攻,而想将这种进攻与有步骤的进攻,即与吞噬敌人边境的进攻对立起来是不符合逻辑的。

一次进攻总是在边境上进行,还是深入敌国的腹地?是首先夺取要塞,还是首先寻找敌人的主力、追击敌人的主力?这完全不取决于进行的方式,而取决于当时的具体情形,至少在理论上如此。在某些情形下,相比较边境,深入敌国的腹地要更有步骤、更谨慎、更小心。但是,通常深入敌后的进攻不是其他的什么,而只是一次成功的猛烈进攻的成果,与正常的进攻并没有本质的差别。

第八篇 战争计划

第一章 引言

在分析战争的性质及目的一章中,我们大概描绘了战争的总概念,还指出了战争与其周围事物之间的各种关系, 这样我们从一开始就有较为正确的观念作为前提。在那一章里,我们粗略地谈了一下考察这个问题时所遭遇的种种困难。我们在提出打垮敌人,也就是整个军事行动的主要目标是消灭敌人的军队这个结论后,就没有进一步讨论下去。我们会在接下来的一章中指出军事行动所采用的唯一手段就是战斗。

以后我们还要分别考察战争行动中除了战斗之外最值得注意的情形以及形式,以便按照它们本身的性质以及战争历史中所提供的经验来推断出它们的价值,还能够将它们从那些混淆不清的模糊概念中区别开来, 而且让人们能够认识到均势行动的真正目标——消灭敌人。从战争的整体上研究战争计划和战局计划的问题,自然而然就会联系到在第一篇中所谈过的一些观念。当一切的问题都交织于战略的最深层次时,这时研究工作将会更不容易,我们只能感到恐惧。

一方面,战争行动看起来很简单,很多伟大的指挥者都是以简单及朴素的语言来谈论它们的。当他们说到操纵以及运转由无数个零件组成的巨大战争机器时,就好像是在谈论一个人的行动,将整个战争简单地转化成两个人的搏斗,他们如此的行为有时只是简单的几个观点,甚至是情感上的激动,但处理情况时往往显得十分轻松,甚至是从容不迫。

但另一方面,对于战争中涉及范围很广的问题,需要理智分析。假如考虑理论的职责,也就是将这些东西透彻而完整地说明,通过理论找出可以充分证明有必要使用某种行动的依据,那我们会感到十分恐惧,害怕陷入僵化的教条主义中、拘泥在几个呆板的概念中,永远不能成为具有敏捷而卓越眼光的伟大指挥官。假如通过理论研究所取得的就是这个结论,那还不如不进行这样的研究。假如从这些理论中分析出来的结论就是不重视人的才能,那人们很快就会忘记这个结论。出色的战争指挥的灵魂包括统帅的敏锐眼光、简练地处理问题的方式以及将整个战争行动当作是一个人的行为,等等,所有这一切。只有通过这样的方式,才能将智力的自由性彻底地表现出来。假如人们想要支配军事行动,就很有必要发挥这种智力活动的自由性。

理论应该清楚地解释事物,让人们容易理解。就好像拔掉杂草,理论应该清除错误的认识,应该着重说明各个事物之间的联系、区分是否重要的东西。当各种观念自然而然地凝结成叫做原则的真理时,它们就会自然地形成,这时理论就应该将它们提炼出来。

理论的益处就是让人们在探索各种基本概念时有所收获以及获得启示。理论不能给人们提供解决问题的公式,也不能通过较多呆板的原则将解决问题的途径限制在必然性上,理论应当让人们明白大量的事物与它们之间的关系,继而进入到一个更高的活动领域里去,让人们按照天赋力量的大小来发挥所有的作用。这种能力是在上面各种力量的共同作用下所形成的,使其看起来是创新的产物,而非教条的结论。

第二章　绝对战争和现实战争

战争计划包括整个军事行动,这些军事行动都具有最终的目的,而且其间出现的所有意外的结果都要归于这一最终目的之中。

假如人们不清楚利用战争能实现什么样的目的,或者通过战争要达到怎样的目标,那就没有必要进行战争,或者说理性地不发动战争。这个问题一直引导着人们的作战方针,在发动战争前,兵力的规模甚至连最小的环节都会被其影响到。

在第一章里我们已经谈过,军事行动的目标就是打垮敌人。假如按照概念作严格推论,就不可能得出其他的结论,因为交战双方都把打垮敌人当做自然而然的事情,因此当战斗开始后不大可能出现停火以及真正的平静,战斗的结束需要一方真正被打垮。

我们知道大部分的战争好像就是双方在发怒,拿着武器保卫自己和威胁对方,一旦有机会就会打击对方。这类战争不是两个相互伤害的因素的直接冲突,而是彼此分隔的紧张对峙。

那什么可以阻止战争的全面爆发呢？为什么战争没有按照逻辑推理的那样进行呢？这是因为，阻止战争的因素牵涉大量的事物、力量以及关系，而要想从中得出结论，远远没有只是按照两三个条件所推断出结论那样简单。人们总是按照一些主观的想法来处理大小的事情，而非按照严格的逻辑推理，因此他们也总是会有身在庐山不识真面目的感觉。

就算是发动战争的人了解这些情形，且可以完全地了解一切的问题，但对于别的人来说却未必会有如此的认识，这样就会产生阻力，而通常克服阻力的力量是不够多的。如此的不彻底性存在于交战双方的其中一方，或者是双方都不彻底，这就让战争看起来变成了一种不纯粹、没有内在关系的东西，而非依据其概念来说应当有的形态。

但人们是否应当只关注战争的原始概念，不论现实战争与原始概念的战争存在着多大的差别，是否都需要用原始的概念来评价所有的战争呢？是否应当按照这个原始的概念推断出了理论中的所有结论呢？

现在我们只能对这些问题给予答案。假如我们不可以确定战争只有其原始概念所讲的那种形态，还可能存在其他的形态，那对于战争计划的问题，我们就无法提出恰当的观点。

假如战争是前一种情形，那我们的理论会显得更有必要性、更清楚、更肯定。但又怎么来说明自亚历山大以及罗马人的部分战争直到拿破仑时期的所有战争呢？一定要清楚：战争的形态不仅仅取决于其概念，还包含了在战争中的别的所有因素，也就是各个部分的所有自然惰性以及阻碍、作战人员行动不彻底、对事物的模糊认识和失望及懦弱。坚持这样的观点，也就是战争及其形态似乎是从当时起主要作用的想法、感觉以及实际情形中产生的。

对于上面所说的问题，若我们同意，而且认为战争以及战争所具有的形态是从当时起主要作用的情形中产生的，而非从其所接触的无数关系的总和中产生的，那就可以得出推论：战争是以可能性和概然性、幸运以及不幸为基础的。我们还能够从中得出推论：战争或许成为一种偶尔很像战争，偶尔又跟战争不一样的东西。

我们一定要承认这所有的理论，但理论的作用是将战争的绝对形态放到首要位置，且将它当作是一个普遍的基准点，让那些期望从理论中学到东西的人永远记住它，将它当作是一种判断自己所有的期望以及恐惧的基本尺度，方便他们在可能以及必要的情形下尽量地让战争达到绝对形态。

在目前，理论就可以做到这一点，这应当归功于最近的几次战争。假如没有这些触目惊心的事例来表明摆脱限制因素具有如此大的破坏力,那只是空谈理论,是毫无意义的。

假如普鲁士在 1798 年能预知它在遭到失败后遇到如此强大的反击,致使欧洲原有的均势遭到破坏,那它还会冒险派 7 万军队进攻法国吗?

假如普鲁士在 1806 年想到第一枪会成为引燃弹药库导火索的火星,那它还会用 10 万军队对法国发动战争吗?

第三章　战争的内在联系与目的

人们对于战争往往有两种看法,这是因为人们认为战争有绝对形态,或者多少不同于绝对形态的现实形态,因而对战争的结果就产生了两种观点。

在战争的绝对形态中,所有都是由于必然因素导致的,一切都会紧密地联系在一起。在这种形态的战争中,在它的内部会存在各种各样的作用,因为战争拥有一系列陆续进行的内在联系,每次胜利都有其最高点。由于战争拥有这些自然的关系,那战争只能有唯一的最后结果。在取得最终结果之前,所有都没有被决定,作战双方没有损失什么,也没有获得什么,但一定要指出:最终结果将决定所有。战争中的每个部分、每个点都只有与整体相互联系才会具备应有的价值,战争是一个不可分割的整体。

许多人觉得战争的各个结果都有着互相的联系,不过各个结果却是独立的,这就好像赌博游戏一样,后面几盘并不会受到前面几盘输赢的多大影响,因此在这里,是战争中这些结果的总和在起着关键性的作用。

就好像第一种看法能够从事物的性质上看出其是正确的一样,第二种看法也能够从历史中看出其是对的。若没有遭遇失败就能获得一些较小的、很一般的利益,这样的情况很多。而战争的形势越是平静,这样的情形就会越多。就好像第一种看法在战争中根本正确的情形很少一样,在没有第一种看法补充的基础上,第二种方法在战争中完全适用的情形极其少见。

假如我们认为第一种看法是对的,那就需要承认:当战争开始之后,它就是一个整体,指挥官在采取第一个行动时就应当确定一个目标,让所有的行动都指向它。假如我们赞同第二种看法,那我们就会将别的一切问题留在后面解决,而每次

则追求一些不太重要的利益。

在理论上不能否定上述两种的其中任何一种看法，而它们在使用方面的差别在于：第一种看法是基本观点，不管在哪里都应当以它为基础；第二种看法只是第一种看法在实际情形下的一种补充。

假如按照这种益然性，战争的特点越是接近于绝对战争，战争的轮廓就包括交战国的越广的群众，而且会将他们越深地卷入战争的漩涡，那战争的每次事件之间就越是有关联，而在开始行动时就应该想到最后的结局。

现在我们再来说一下关于战争目的和使用力量。

我方与敌方的政治要求决定着给予敌人什么样的压力。假如双方都很明白对方的政治要求，那么使用力量的程度是差不多的，而交战双方的位置以及情形不一样，就将会是第二个使用力量的原因；第三个使用力量的原因就应当是交战双方政府的决心、特点以及能力状况。这3个原因让人们没有办法明确将会遭遇多大的抵抗力量，因此也就不可以准确地清楚应当采用什么样的手段以及提出什么样的目的。

假如在战争中使用的力量缺乏，那就会造成更严重的损失，因此交战双方都会尽可能地在兵力上超过对方，而如此就产生了互相作用。

但是，假如任由这种情形发展，那么互相的作用就会让交战双方放弃考虑政治要求，而是将兵力发挥到最大程度。发动战争的一方往往会作出这样的选择：仅仅使用为了达到政治目的而使用的力量，只明确为了达到目标而明确的目标。而为了不违背这个原则，发动战争的一方就不再去考虑那些未来的可能性，而是放弃任何获得成果的绝对必然性。

为了确定进行战争需要使用多少手段，我们一定要想到敌我双方的政治目的，想到敌我双方的兵力以及各种实际关系，想到敌我政府以及民众的特点和能力，想到别的国家的政治结合关系以及战争给这种关系带来的影响。考虑这些错综复杂、交织在一起的各种事物是很不容易的，只有具备天生锐利的眼力才可以在其中快速地找出正确的东西，只是凭借死板的分析是绝不可能掌握这些复杂的事物的。

如果说在这里，各种关系很复杂以及很广泛，并且还缺少了正确可靠的尺度，那么就不容易获得正确的结论。我们只能看到，尽管这个问题绝对的重要性不会增加它的复杂性以及困难程度，但却可以增加解决这个问题的荣誉。对一个普通人来讲，危险和责任感会让他无法冷静思考，而不会提高他们精神自由以及精神活动。但对于某些人来讲，却可以让他们的判断更快速、更有准备。毋庸置疑，我们说到的这些全是罕见的伟大人物。

我们要承认，要想判断战争能够取得的目标以及在战争中所需要使用的手段，只有通过对各种情形的观察以及对实际特点的观察。但每一次对战争的判断都不会是完全客观的，那是由于它们取决于君主、政治家以及军队指挥官的智力特点与感情特点，不管这些特点是否聚集在一个人身上都是如此。

当我们观察时代以及环境形成的各个国家的总的情形时，问题都会拥有一般的性质，从而更加适用于进行抽象的分析。现在让我们简单地回顾一下历史。

半开化的鞑靼人、古代的共和国、中世纪的封建领主和商业城市、18 世纪的国王以及 19 世纪的君主和民众，他们都有自己独特的战争方式，他们所使用的手段也是大不一样的，所追求的目标也有明显的差异。

为了寻找新的居住地，鞑靼人经常携带妻儿老小全部出动，因此他们具备的人数之多是令许多军队都望尘莫及的。他们的目的就是要征服敌人或者赶走敌人，假如他们有更高的文明，就很可能会用各种手段打败全部的敌人。

由于古代共和国的版图都很小，因此军队的规模也很小，因为它们将大部分的居民都排除在外。这类的国家有很多，彼此距离很近，以致它们在自然形成的均势中始终会遇到一些阻碍，这让他们不可以采取大规模的行动。

但是，古罗马共和国却是一个例外，特别是在罗马共和国的末期，为了抢夺物资，为了与附近的国家建立同盟国，它曾长时期用少部分的军队与邻国进行小规模的战争。而当它逐渐变得强大时，就会更多地与附近的国家结盟，通过结盟让附近的民族慢慢地与自己的民族融合。等力量扩展到整个意大利之后，它才开始真正的征服活动。后来，迦太基灭亡了，西班牙和高卢被征服了，希腊屈服了，罗马的统治扩展到了亚洲和埃及。在这一时期，它的军队是庞大的，但由于拥有了大量的财富，因此并非为了维系军队而花费太多的力量，这样它成了超级强国，既不是古代的共和国，与自己的过去也完全不一样。

就其方法来说，亚历山大所进行的战争都是无人能敌的。尽管他的军队人数比较少，不过却有着较为完善的组织，因此而享誉整个世界。共和国的军队是做不到这一点的，也只有像亚历山大这样的国王才可以快速地完成如此辉煌的事业。

在中世纪，所有的军事行动都是短暂的，一切行动在短时间里没办法完成，都被当作是没有办法施行的行动。封建的军队自身是由封建从属关系联系在一起的每个部分构成，而法定的义务和自愿的同盟是将它们联系在一起的纽带，整体就是一个真正的联邦式的集合体，武器装备以及战术都是以武力自卫和个人战斗为基础的，因此，这对于具有庞大兵力的配合作战来说是缺乏灵活性的。在历史上，没有一个时期会是这样，国家的结构是如此的松散，各个成员是如此的自由。所有这些让这一时期的战争具有特定的形态，战争发展快速，军队通常很少停留在战场，战争的目标并非消灭敌人，大部分就是在惩罚敌人，他们只是抢夺敌人的东西、炸毁敌人的城堡。

大的商业城市以及小的共和国采取雇佣兵进行战争。这种军队需要花费大量的钱财，因此在人数方面是十分充裕的。从它们的战斗力来看，它们的价值就更小了，这样它们所发挥的战斗积极性较低，从而说不上将所有的精力都投入到战斗中去。总而言之，仇恨感与敌忾心变成了交易用的商品，而不再推动交战的国家直接参加行动。战争中，大多数的危险已经没有了，战争的性质也已全部改变了，按照战争的性质而确定的所有再也不适用于这种战争了。

后来，这种封建领地制度慢慢地变成了对整块领土的统治，国家的结构比过去更明确，人身义务也就成了实物义务。不过这种情形维持的时间不长，长期领军饷的士兵代替了短暂的雇佣兵，各国的军队都变成了需要国库给养的常备军。

军队朝着常备军发展，自然而然地产生了3种类型的军队。就像在各个时期的军队存在的形式不同一样，欧洲国家的情形也是大不相同。当时欧洲基本上已经分割成无数的小国家，在这些国家中，有一些是内部关系不稳定的共和国，还有一些是政府的权力不大的小君主国，如此的国家完全不能当作是一个真正的整体，至多就是一个由不同的力量松散地联系在一起的结合体。因此，我们不能将这样的国家当作是按照简单的逻辑就可以行动的组织。

较早进行的这一类的战争包括了英国对抗法国的战争，当时法国算不上真正的君主国，只能将它当作公国以及伯爵领地的结合体。尽管英国看起来更像是一个整体，不过它依旧用封建军队进行战争，而且在国内存在着一些不稳定的因素。

在路易十一世时期，法国开始逐步走向统一。查理八世时，法国已成为可以占领意大利的强国。到了路易十四世时代，它的国家和常备军发展到了最高点。

当然，其他国家的情形会发生变化。当时欧洲有几十个王国以及几个共和国，假如其中两个国家进行一场大规模的战争，那战争就必然不会牵涉更多的国家，这时各个国家的大部分都变成了一个内部关系很简单的君主国，等级权力以及影响都已经慢慢消失了。政府成了一个完全的整体，对外所代表的是国家。这时，一个有着独立意志的统帅以及骁勇善战的军队就可以让战争具有与它概念相符合的形态。

在这一时期出现了3个和亚历山大相似的人物：古斯塔夫·阿道夫、查理十二和腓特烈大帝，他们都力图用人数较少却有完善组织的军队将小国建立成巨大的王国,而且打败全部的敌人。假如他们也与亚洲国家交战过,那他们在历史上的角色就更相似于亚历山大了。不管怎样,从他们在战争中敢作敢为这一点来看,他们几乎可以算得上是拿破仑的先辈。

但是,战争在作战力量和彻底性方面获得的一切又会因为别的原因再次失去。

国库维持着军队的生存,在君主看来,国库并不属于人民,而是几乎属于他自己,或者至少是属于政府的。与其他国家的关系,除了贸易上的往来,大部分只涉及国库或政府,而不是居民的利益。政府自称是大量财产的所有者以及管理者,并不断地努力增加财富,不过国家的人民却对此没有很大的兴趣。

这时人们没有直接参加战争,只是利用一些自己的素质优劣对战争产生了一些间接的影响。这种情形所造成的后果是交战双方在战争中所采取的手段受到了很大束缚,交战双方都可以推断出对方的作战规模以及计算出作战的时间。有了如此的限度,就消除了战争最危险的方面,也就是趋向极端的趋势和与此有联系的一系列不容易估计的可能性就消失了。

就这种实质来讲,战争似乎变成了一种纸牌游戏,而负责洗牌的就是时间以及偶然性。就战争的意义来讲,这只是一种比较强硬的外交,是一种比较有力的求取谈判的方式,在这里,重要的外交文书就是会战与围攻。就算是极具荣誉感的人,他的目标也只是寻求合适的利益,以便在后面的议和中当做筹码。

我们说过,战争之所以具有如此有限的小规模的形态,原因在于它所凭借的基础是狭小的。就算是那些出色的统帅以及国王,比如古斯塔夫·阿道夫、查理十二和腓特烈大帝以及他们优秀的军队都不能够脱颖而出,只得满足于一般的战果,这其中的原因正是政治上的均衡。

如今国家大了,互相之间中心的距离也远了,只有各国日益发展起来的外交才能担负着阻止其他国家强大起来的责任。政治利益、政治上的吸引力以及排斥已经发展成为了一个十分发达的系统,以致没有一切的国家政府参与,这使得欧洲几乎没有战争发生了。如果还有人想做新的亚历山大,不仅需要一把利剑,更需要一支好笔。就算是这样,他在征服其他国家时还是极少有较大的发展。

曾经,路易十四想打破欧洲的这种均衡,在 14 世纪末期甚至不顾许多反对他的敌对情绪,依旧采取传统的方式进行战争,尽管他的军队最强大、最富有。就其性质来讲,依旧与别的王国的军队没什么两样。

在过去,抢夺以及破坏发挥了很重要的作用,但这已经不符合时代精神了,慢慢地,人们将这种行为当作是纯粹的野蛮行为,于是不但在其运动的手段上还是在

其目标上,战争都越来越被限制于军队本身。

　　军队依靠要塞和几个构筑工事的阵地就能形成一个国中之国，在其之内的战争因素便逐渐消失了。人们因这个趋势而感到高兴,将它当作是思想进步的结果。然而在这里存在着错误的理解，因为思想进步不会导致出现矛盾的结论。虽然这样,这种变化对于广大民众来说还是起了很好的作用。然而我们必须承认,这种变化促使战争更加纯粹。

　　在这一时期,假如一个国家是进攻者,那它的作战计划大部分是占领敌人的某个地区;倘若是防御者,那它的战争计划就是阻止敌人实现这个目的;而各个战局的计划在于攻占敌人的其中一个要塞或阻止敌人攻占自己的要塞。只有在免不了会战时,军队才会寻求会战。假如有人能够幸免会战,却出于求胜心理而发起战争,那就会被认为是冒险的行为。通常,一次战局只进行一次围攻,最多进行两次,而冬季已被认为是双方军队的休战期。冬营期间,一方的不利状态决不会成为另一方的有利条件,双方几乎根本不会接触到,因此说,冬营成了一次战局与另一次战局之间明显的临界点。

　　假如双方的力量处于均势,或者进攻方是较弱的一方,这时就不会出现会战以及围攻,战局中的一切行动只不过是保障某些阵地以及仓库的安全,或者是慢慢地占领敌人的一个地区。假如战局大多都是如此进行的,那战争的威力受到的自然束缚就总是直接和明显的,人们也会认为这所有的都是最普遍的。从 18 世纪开始的对均势艺术的评价只关注了战争的少数问题,而没有更多地想到战争的开端以及结局,于是各种关于伟大统帅的说法就出现了。这时,精辟的见解只是偶尔会出现,还有一些健全的理智的见解出现过,认为假如拥有优势的兵力,就应当争取到某种积极的成果,不然不管玩弄什么技巧都没有把握打好仗。

　　如此的情形在法国大革命爆发时就有所体现。奥地利以及普鲁士试图运用它们外交式的战争艺术进行战争,但这种战争艺术没过多长时间就不合适了。那时人们根据习惯思维观察事物,将希望放在数量不多的军队身上。1793 年却出现了意外的情形,战争突然成为以公民自居的 3000 万人的事情。在这里我们只分析由此发生的具有决定性意义的结论,因为人民参加了战争,而正是全体人民以其固有的力量来决定问题而非政府和军队。这时,战争中能使用的手段和能采取的行动已经没有一定的界线了,投入到战争中的力量再也不会遇到任何阻力,这对敌人造成的危险是巨大的。

　　假如说,在上述场合里,整个革命战争还没有让人们尽量感受它的威力,还没有让人们完全去了解它；假如说革命的将领们没有坚定地朝着最后的目标前进，没有将欧洲的君主王朝摧毁；如果说德意志军队偶尔能够赢得抵抗的胜利以及阻碍对方军队的胜利，那这些情形只是由法国不完善的战争艺术所造成的。起初，这种不完善表现在普通的士兵身上，后来则表现在将军的身上，最终则表现在政府自己身上。

但是，到了拿破仑时期，所有的都得到了完善，这支凭借着全体人民力量的军队以绝对的信心走遍了欧洲，他们从来没有犹豫过。然而，反抗的力量还是及时出现了。当战争进行到西班牙时，抗争变成了人民的事情。而在奥地利，1809 年，政府率先作出了特别的措施，组织了预备队以及后备军，结果让战争更接近于人民战争。相比较政府在过去所认为可能做到的事情，现在它将做得更多。

1812 年，俄国开始模仿西班牙以及奥地利国家。由于俄国国土面积广阔，就算是晚做准备也能发挥出巨大的作用，因此最终获得了辉煌的战果。在德意志，普鲁士率先发起行动，把战争变成了国民的事情，在人口缺少一半以及金钱缺乏且通过贷款的情况下，使得兵力比 1806 年增加了一倍。后来，德意志的各邦也都相继模仿普鲁士的做法。尽管奥地利所做的努力比 1809年小，不过也出动了较多的兵力。假如将参加战争以及伤亡的人员都包括在内，1813 年以及 1814 年德意志和俄国在两次对法战争中大约投入了 100 万兵力。

这样相比较过去，作战的威力得到了大大的提高，尽管还没达到法国军队的水平，不过就总的情形来说，战局已经依照新的方法进行了。8 个月后，战场从奥德河转移到塞纳河，巴黎第一次低下了高贵的头颅。

拿破仑出现以后，战争率先在发动战争的一方，后来又在另一方成为了全体人民的事情，因此战争就取得了几乎不同的性质。更明确地说，战争已经与其真正的性质很接近了，甚至接近于绝对完善的形态。战争中所采取的手段已经没有了显著的界限，这种界限已经在政府以及臣民的狂热以及热情之中消失了。因为手段的增加，可以获得的成果的范围扩大了，因为人们十分强烈的激情，作战的威力得到了大大的提高，军事行动的目标是打垮敌人。只有当敌人彻底失败时才能够停止行动，能够有目的地进行谈判。

战争因素开始爆发它固有的力量，这是因为有了民众的参加。而他们之所以参加，原因在于一方面是法国革命对各国产生的影响，另一方面是各国人民受到了法国人的威胁。

上面所说的情形是否会长久地存在？未来的欧洲战争是否倾尽全国力量？或者政府是否会慢慢地脱离人民？这些都是不容易确定的，至少不能武断地作出结论，不过人们或许会同意这样的观点：只有当人们对某种可能性还没意识到的时候才存在那些限制。一旦那样的限制被打破，就很难再重新出现，至少每当有重大的利害关系发生的时候，就需要用今天这样的方式来消除双方的敌对情绪，而且只能采用这样的手段。

对历史的研究就到这里，我们进行这种考察并非想仓促地为每个时代规定一些作战原则。在这里只想指出，每个时代的战争都不一样，它们有自己特别的限制条件以及范围。虽然有人想法设法地按照哲学远离制定战争理论，但各个时代依旧保持着自己的战争理论，因此在判断每个时代发生的事件时，一定要想到这个时代的特点，只有那些不在繁杂的细节上纠缠，而是全面观察事物、深入了解每个时代特点的人才能正确地了解以及评价当时的指挥。

但是，那些作战方法受到国家以及军队的特殊条件的束缚，还肯定带着某种比较具有一般性的东西，甚至是所有具有一般性的东西，这些东西是需要进行理论研究的。

最近几年，战争取得了绝对的形态，通常使用的和必要的东西是最多的，就好像战争一旦冲破了束缚就不可能再重新被限制一样，将来的战争或许不会具有如此规模巨大的特性，假如理论只研究这种绝对战争，那它就会将外来影响而发生变化的所有情形都排斥在外，或者将这些情形认为是错误的，这不可能是理论的目的，因为理论不应当是研究想象中的战争学说，而是研究现实情形中的战争学说。理论在考察、区别以及整理各种事物的时候永远都需要想到产生战争的各种情形的多样性；它在确定战争的大概轮廓的时候应当想到时代以及当时情形的要求。

我们需要指出，发动战争的人是按照其所处的实际情形而提出的目标和采用的手段同时具有时代及一般情形的特性，而且它们还需要服从由战争的性质取得的必然性结论。

第四章　对战争目标的进一步确定（1）

——打垮敌人

从概念上说，战争的目标永远都是打垮敌人，而这正是我们的论述所要依据的基本观点。

打垮敌人，并不是必须占领敌国的全部国土。比如，1792 年，假如联军占领了巴黎，那么当时就可能会结束其对革命党的战争，甚至完全不需要先打败它的部队。与此相反，1814 年，假如拿破仑还有较多的军队，就算是联军占领了巴黎，那一切的目的也实现不了，但拿破仑的大部分部队已经被歼击了，因此在 1814 年以及 1815 占领巴黎就决定了一切。假如在 1812 年，拿破仑可以在占领莫斯科前后，就好像他在 1805 年粉碎奥地利军队以及在 1806 年粉碎普鲁士军队一样彻底粉碎卡卢加公路上的 12 万俄军，尽管还有大面积的俄国国土尚未被占领，他对俄国首都的占领则可能会导致议和。

1805 年决定一切的是奥斯特里茨会战。在这之前，尽管拿破仑掠夺了维也纳以及奥地利 2/3 的国土面积，但并没有迫使对方签订和约。另一方面，在这次会战之后，虽然整个匈牙利国土还相对比较完整，不过也不可以阻碍和约的缔结，而必然的最后一击则是让俄军在这次会战中遭受失败。由于亚历山大大帝身边没有别的军队，因此拿破仑指挥的这次会战胜利的必然结果就是签订和约。假如俄军在多瑙河已经与奥军会合，而且与奥军一起遭到了失败，那拿破仑或许就没必要占领维也纳，而是在林茨签订和约了。

在战史上也有占据敌国的全部国土也没能解决问题的情形，比如在 1807 年，法军在普鲁士就是如此。当时值得质疑的是法军在艾老对普鲁士的盟军所获得的胜利，这个胜利对普军的打击还没有起到关键性的作用，就好像一年之前在奥斯特里茨所赢得的胜利一样，法军在弗里德兰所赢得的胜利却起到了决定性的作用。

我们明白，这种结果并非取决于一般原因，往往是一些当时不在现场就观察不到的真实的原因以及很多永远都没有人提到的精神方面的原因才有着决定性的意义。理论所需要指出的是：观察两国的主要情形是最重要的，这些情形能够构成一个整体所依赖的重心，也就是力量与运动的重心，一切力量的集中打击都必然会指向敌人的这个重心。

我们的论证一定要遵循这个问题来分析：大的始终决定小的，重要的始终决定不重要的，本质的始终决定偶然的。

大部分的指挥官，对他们来说重心就是自己的军队，假如军队被毁灭了，那他们也就起不了什么作用了；那些被国内的派别弄得四分五裂的国家，它们的重心大部分是首都；那些有着很强依赖性的小国家，它们的重心就是同盟军；在同盟中，重心就是共同利益；而在民众武装中，重心就是主要的指挥者以及民众的看法。假如与它们为敌的话，那目标就应当针对这些。假如敌人因为重心遭受打击而丧失平衡,赢得胜利的一方就不应当让对方有重新恢复平衡的机会,而是应当沿着这个方向继续打击。简单地说,不是以整体打击敌人的部分,而是一直打击敌人的重心。以优势兵力慢慢地占领敌人的一个地区,而不去争取很大的成果融入且竭力地占领这个小地区,这是不能将敌人打垮的。只有不断地寻找敌人的核心力量并投入一切的力量,力求赢得彻底的胜利,这样才可以真正地打垮敌人。

不过,在打击敌人的重心之前,战胜和粉碎敌人的军队始终都是最可靠的第一步,并且在任何时候都是极为重要的一部分。

从很多经验上看,打垮敌人可以采用以下几个办法:

1.假如敌人的军队起着主导作用,那应当毫不犹豫地粉碎这支军队。

2.假如敌人的首都不但是国家权力的中心,而且是各个政治团体和党派的所在地,那就需要占领它。

3.假如敌人的主要盟国比敌人还强大,就需有效地打击这个盟国。

我们始终会考虑到,战争中的敌人是一个整体,就算是在最一般的场合也是如此。但是,在我们指出打垮敌人的核心在于粉碎敌人重心上的抵抗力量之后,我们就一定要抛弃这个想法,谈论另外一种情形,也就是与我们作战的敌人不止一个特殊的情况。

假如两个或超过两个的国家联合起来敌对一个国家,那从政治角度看,它们所进行的就是一场战争。不过这样政治上的结合体联系的密切程度是不一样的。

此时出现了这样一个问题:在这些国家中,是否每一个国家都有其独立的利益以及追求所有这些利益所需要的独立力量?或者其他的国家只是依附于其中一个国家的利益以及力量?其他的国家越只是依附于一个国家,我们就越能够将不同的敌人看作是一个敌人,也就越能够将我们的主要行动简化成一次主要的打击。如此的做法,只要能够实现,就是赢得成果的最有用的手段。

我们能够提出这样一个原则:假如我们战胜了其中一个敌人,就意味着能战胜其他敌人。此时,战争的目标就是打垮这个敌人,因为这样就打击了整个战争的重心。

上面的观点只有在极少数的场合是不能成立的,换句话说,不能将几个重心归结为一个重心。这时我们只能将这种情形下的战争当作是两个或更多的各自有目标的战争,因为在这样场合的几个敌人是彼此独立的,占据较大的优势,因此这完全说不上打垮敌人。

现在我们深入分析打垮敌人这个目标在什么情况下才是可能的和适宜的。

首先,我们掌握着相当多的兵力,我们可以赢得一次决定性的胜利,可以经受得起必要的兵力损失,可以将胜利扩大到敌人不再可以恢复均势的程度。

其次,在政治上我们一定要保证这样的胜利不会招来新的敌人,不能导致我们为了对付他们而对原本的敌人置之不理。

人们在判断某种力量及其所能产生的作用时,常常会有这样的想法:时间和力学是一样的,也是力量的一个因素,因此他们会认为,使用一半的力量,在两年内就能够完成以全部的力量在一年之内也能够完成的工作。这种想法根本是不正确的。但是,它却好像成为了人们制订战争计划的依据。

与世界上的任何一种事物一样,军事行为也需要一定时间。但在军事行动中,诸如像力学上时间与力之间的那种互相关系是不可能存在的。

战争中的双方都需要一定的时间,问题就是双方中的任何一方就其所处的位置来看,能够在第一时间里取得特殊的好处。假如双方的特殊情形能够互相抵消,那失败者就能够率先获得这种好处。

经常会出现一些不幸者的自然的辩护者,包括妒忌、猜忌、忧虑,偶尔还会有义愤。它们一方面会给不幸者引来朋友,另一方面还会让敌人的同盟遭受削弱和瓦解。与其说是时间对征服者有利,还不如说是对被征服者有利。其次应当考虑的是:对于一开始胜利的利用,正如我们在别的地方已经指出的那样,需要耗损很多的力量。这种力量的耗损不是一次耗损就能够完结的,而是不断持续着,就像是维持一个大家庭一样。国家的力量能够让我们占据敌人的国土,不过并不是长久地负担得起继续占据敌人的国土所需要耗损的力量。这样国家的继续供给会越来越困难,以致最后甚至完全没办法供给。这样只是由于时间就可以让情形发生严重的变化。

假如所占领的地区很重要,而且对于那些尚未被占领的地区有着非凡的意义,以致占领它们以后,对方就会像病菌一样四处蔓延。就算是占领者不再采取别的任何行动,也会使获得的超过他所失去的。假如被占领者不能得到外来的支援,那时间会帮助占领者完成那些已经开始的行动,那些没有被占领的地区可能会相继沦陷。由此可见,时间有时也会成为占领者的力量的因素之一。只有在下面的场合才能发生这种情形:失败者已经不再有能力进行反攻,局势不可能发生有利于他的重大变化,即他的力量对占领者来说已经毫无作用,因为占领者已经完成了主要的任务,最大的危险已经过去了,敌人也已经被打垮了。

我们明白,占领的行动结束得越快就越好。假如完成占领所需要的时间比完成这个行动所需要的时间还长,就会让占领行动变得更艰难。假如说这种看法是对的,那同样正确的是:只要有相当多的力量占领一个地区,就应当一口气完成这种占领,而不应当在中间有停歇。这里所说的中间停歇,很简单,并不是指集中兵力以及使用某种措施所需要的短暂时间。

以上观点指出了进攻战中的一个重要特点:速战速决。这种观点已经完全打破了认为缓慢的、有序的占领比占领中不停歇的进攻更有把握以及更小心的看法。但是，对于到现在还始终同意我们看法的那些人，如此主张听起来就好像是奇闻怪谈，这与一开始的说法自相矛盾，而且与我们的主张和那种在书本里出现过无数次的、根深蒂固的偏见是相对立的。因此我们认为，应该深入分析那些与我们对立的没有依据的道理。

相比较遥远的目标，更容易达到近期的目标，假如近期的目标与我们的意图相悖，那我们就不会认为一个停歇点就可以让我们很轻松地走完下一半的路程。这就好比一次大的跳跃，一次小的跳跃会更容易一些，不过任何一个想跳过一条宽沟的人不会只跳了一半就停止下来，否则的话他只能掉进沟里。

假如我们深入分析实施有序进攻的原因就会发现，这个概念一般包括下面的内容:夺取进攻中所遇到的敌人的要塞;筹备必要的储备品;在仓库、桥梁、阵地等重要地点构筑工事;军队在冬营地休息;等待第二年补充物资。

为了实现这些目标，人们会把整个进攻分成若干个阶段，在行动中明确若干个停歇点，如此就可以取得新的基地以及新的力量，就好像自己的国家跟在自己的军队后面一样，几乎每一次新的进军都能取得新的力量。

尽管这些可以让进攻战方便进行，而获得进攻战的成果却不能得到保证，并且这种做法往往还会用来遮掩指挥官的矛盾心情或政府缺乏进攻决心的借口。现在我们会以相反的顺序来进行批驳。

1.双方都需要等待新的补给,可以说对手等待补给的心情将更急切。事物的本质将决定一个国家在一年内征集的军队与在两年内所能够征集的军队在数量上大概是一致的,因为相比较总数,一个国家在第二年实际所能增加的力量是很少的,简直可以忽略不计。

2.当我们休息的时候,在同一时间,敌人也得到了休息。也就是说,敌人在我们休息的同一时间内也得到了休息。

3.加固城市和阵地的工事不是军队的事情,因此不能成为作出停顿这一决定的理由。

4.从军队现在所使用的给养方式来看,相比较前进中,军队在驻扎时会更需要仓库。当进军十分顺利的时候,经常能够将敌人的储备品占为己有,当到了贫瘠的地区,这些物资就能够解决给养缺乏的问题。

5.进攻的停顿不包括夺取敌人的要塞,相反,还是积极的进攻。夺取要塞所引起的表面上的停歇与我们这里所说的情形不一样,这种停歇并非进攻力量的停止和缓和。对于一个要塞来说,是进行真正的围攻还是单单进行包围或单纯的监视,这需要视实际情况而定,在这里我们只能一般性地指出,在回答这个问题之前,一定要明确进行单纯围攻的同时继续前进是否会遭遇很大的危险。假如不会遭遇太大的危险,而且还有相当多的力量进行进攻,那最好将正式围攻行为延迟到整个进攻行动的最后。人们不应当只看到保留住已经获得的东西而忽略了更加重要的东西。在继续前进的时候,从表面上来看,已经取得的东西看来自然又会有立刻丢失的危险。

因此我们认为,在进攻战中划分任何阶段、设立停歇点以及中间停顿的做法都是不符合逻辑的。假如战争中免不了出现这些东西,那就应当将它们看作是障碍,因为它们的存在,会让我们没有信心去赢得成果。假如我们严格遵循普遍真理,那就一定要承认从中间停顿出发在我们力量较弱时始终是难以避免的, 这样的第一次行军通常是不能实现目的的。假如第二次前进是可能的,那中间站则是用不着的;假如我们的力量最初就不能够达到预定的目的,那它往往也会达不到目的。

所谓普遍真理就是这样, 我们只是想通过对它的阐述消除那种认为时间本身好像对进攻有利的观点。不过政治关系是一年年变化的,也恰恰是这种原因,才经常出现与这种普遍真理相矛盾的情形。

上面所说的大致会给人们这样一种印象:好像我们已经远离了一般观点,只注意进攻战了。其实我们的本意绝不是这样,当然那些明确以完全击溃敌人为目的的人是不会轻易采用仅以确保已占有的东西为直接目的的防御的。但是,在这里一定要坚持的观点是:没有任何积极因素的防御,不论在战略上还是在战术上都是自相矛盾的。同时我们还需要再次指出:任何防御,一旦失去了防御的利益,就应该按照自己的力量变换成进攻。在可能的情形下,不管目标大小,我们都应当将打垮敌人当成是防御的目标。还应当指出,或许还会出现这样的情形:尽管作战的一方有打垮敌人的远大目标,不过在最初却宁愿采取防御的方法。这就好像1812年的战局能够轻易证明这种观点并非没有实际意义。当时亚历山大大帝最初或许没有想到,自己所进行的战争就好像以后实际所表明的那样彻底打垮敌人。难道如此的想法不存在吗?尽管俄国人在当时已经有这样的想法了,不过战争开始时依旧采用防御形式,难道这不符合情理吗?

第五章　对战争目标的进一步确定(2)

——有限目标

前面一章我们已经谈过,假如打垮敌人的目的可以实现,这就应该当做军事行动的绝对目标。现在我们来讨论一下在不具备实现这个目标的条件下还会有什么其他的目标。

实现打垮敌人这个目标的基础是:追求这个目标的一方必须在物质或精神上占据绝对优势,或者具有敢作敢为的精神。在这些条件不充足的情形下,军事行动的目标就只有两种:一是占据敌国国土的小部分或相当的一部分国土;二是保障本国国土的安全,等待有利时机的出现。后一种目标往往是防御战的目标。

在实际情况明确前,一种目标合适还是明确后一种目标合适对于后一种目标,我们所说的那句话给我们带来了启示。等待有利的时机是以将来确实有可能给我们提供这样的时机为基础的,因为只有在具有这种基础条件的场合,我们才能够有理由进行等待。反之,假如未来给敌人带来了更好的前景而非给我们带来更多的利益,那我们只能采取进攻战,即应该充分利用眼前的时机。

第3种也许是最常见的,双方都不可以期待将来会带来什么肯定的东西,也就是双方都不可能从未来的前景方面取得任何行动的依据。这时,应当采用进攻战的明显是在政治上进攻的一方,也就是持有积极动机的一方,因为他恰恰是为了实现这个目标而进行战争准备的,对他来讲,无谓地浪费时间是一种损失。

决定什么时候采取进攻战、什么时候采取防御战所根据的理由与作战双方的兵力情形毫无关系。不过有人会将兵力情形作为主要的依据,这似乎有一定的合理性,但是,这样做正是离开了正确的道路。对于这个简单的逻辑推论,其正确性是不会有人怀疑的,现在让我们再来看一看这种推论在实际情形下是否合理。

假设一个小国与一个兵力占据很大优势的国家发生冲突,而且这个小国家已经预见了自己的处境会越来越糟糕,假如它不能避免战争的发生,那它必然会通过形势还不是非常糟糕的这一段时间,率先发动进攻,这么做并非因为进攻本身会带来什么好处,而是它需要在不利的时期到来之前彻底解决问题,或者至少暂时获得一些利益以备后面使用。假如这个小国家深信敌人会在短时间内向它进攻,那它就能够而且应当利用防御来对付敌人,便于赢得最初的成果,不致受到丧失时间的危险。

其次,假如小国与大国开战,而且未来的情形不会影响到它们的决心;假如小国在政治上是进攻的一方,那我们只能要求它去进攻对方。

既然小国能够积极地对抗一个较强的国家,并且敌人不采取行动,那它必然会向敌人发动进攻。在这个过程中,等待是荒唐的,除非这个小国在开展行动时,其政治决心发生了改变。在施行行动时改变政治决心是正常的,这在某种程度上让战争具有不确定性,对如此特点,哲学家也不清楚到底该怎么办。

直到如今,我们只是从战争目标的内在原因来分析战争目标的变化。从政治意图的性质来看,我们单单就政治意图是否追求积极的效果这个问题进行了分析。政治意图从根本上来看是与战争毫无关系的,但我们在第一篇第二章讨论战争的目的和手段时就已经获得了结论:政治目的的特点、敌我双方要求的大小以及我方的政治状况都会对战争起着决定性的影响,因此我们会在下一章里专门分析这个问题。

第六章 政治与战争目标

政治目的对战争目标有何影响

一个国家对另外一个国家的事情永远不会像对待本国那样认真,最常见的是,如果另一个国家有事,本国只会派出一支不强的队伍;这支队伍如果战败,那本国的义务就尽到了,然后开始设法脱身。

在欧洲,有一种政治惯例:加入同盟的国家有相互帮助的义务。但一个国家并不会不去考虑战争的对象是谁、两方投入兵力怎样,而是约定派出一支数量有限的军队。但在履行这项义务时,同盟国不会当自己真正处于和敌人的战争中,更不会相信这样的战争会将以宣战开始或以缔结和谈而终结,而且这种同盟的运用也是多变的,并没有十分明确的概念。

假如同盟国把计划的援军交给正在战斗的国家,并且一切都像雇佣军一样由它来指挥,那这时它们就有了某种联系,战争理论也就不能发挥作用了。但事实通常都不是这样的,援军常常都会有自己的指挥官,指挥官只会听从本国政府的命令行事,而通常本国政府下达的命令总与本国不彻底的政治意图是一样的。

即使当两个国家与一个国家开战时,也并不意味着这个国家就是两个国家一定要消灭的对象,它们通常会如同做生意一样,每个都会根据自己所面临的风险与能得到的利益投入一定的兵力,而不想承担除此之外的任何损失。

一个国家为了对它没有任何意义的事情去援助另一个国家是这样,甚至当两个国家为了巨大的共同意义时,援助也不是毫无保留的,同盟国只会派出条约规定范围内的较少援助,而把其他的军事力量保存起来,根据将来政治形势的变化而加以使用。

这种态度是十分普遍的,不过到了现代,当某种极端的危险迫使某些国家走上符合法则的道路时,使它们只得采取这样的态度。过去带有不彻底的态度是很不正常的,因为战争与和平是两个根本不能划分出阶段的概念。这样的态度只是源于人类所固有的局限性和弱点,并不仅仅是出于理性所不齿的、纯粹的外交习惯而已。

最后,当某个国家对另外的国家发动战争时,战争的政治动机对整个战局的进行都有着强烈的影响。

比如某个目标是可以不用付出太多的努力就能消灭敌人的少量军队,从而通过战争获得一个较小的等价物,那它的敌人也会想到这点。如果双方中的任何一方发现自己估计错误,发现自己并没有预期的那样比敌人强多少,而是比敌人弱小,他就会感到缺乏军费或者在其他的地方出现错误,从而在精神上很难激起更大的干劲来对付敌人。这时,他就只想尽量地拖延,希望能在战场上发生对自己有利的事情,就像久病的人一样勉强地拖延生命。

这样一来,战争里微弱的动机而引起的停顿与拖延就让战争里相互作用、任何一方都想胜过对方的竞争、暴力性与无节制性都会消失在其中,从而使双方在区域内所进行活动的安全就大大地减少了。

假如我们承认政治目的对战争有这样的影响,那这种影响就不会有任何界限,况且我们也只得承认如今也仍然有以这样为目的的战争, 仅仅在于威胁敌人而支持谈判的战争。

假如战争理论要成为而且始终成为哲学的分析内容,那它一定会陷入束手无策的境地。在这里,它找不到包含于战争概念中的一切必然的东西,因而会面临危险,失去它可以成立的一切根据。

军事行动中的缓和因素越多,或更确切地说,行动的动机越弱,行动就越消极被动、行动就越少,就越不需指导原则,这样,整个军事艺术就需要很谨慎,它的主要任务就在于使摇摆不定的均势不致突然发生对自己不利的变化,从而阻止真正的战争出现。

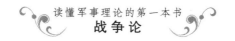
战争是政治的一种工具

直到现在，我们还是一直在战争的性质以及个人与社会团体的利益相对的情况下进行分析。有时从一方面分析，有时从另一方面分析，难免会忽视其中一方面。这种对立的根源还是主要存在于人本身，所以，仅仅通过哲学的思考是不能解决问题的。现在，我们想寻找这些矛盾的因素在实际生活中由于部分地抵消了而不能结成统一体。如果不是有必要将它们分开，单独考察各个不同的因素，我们在开始时就可以说说这种统一体。这种统一体的概念是：战争只是政治交往的一部分，绝不是什么可以独立的东西。

人们总是认为战争是由于人们与政府之间的政治交往引起的。可人们常常又做出这样的设想：当战争爆发的时候，政治交往就宣告中断，出现一种只受本身规律支配的、完全不一样的状态。

相反，我们认为战争只是政治交往的另外一种延续。之所以说是另外的一种手段，其实就是为了指出这种政治交往依然会继续，并不会因为战争而中断，也不会因为战争而变成另外一种东西，并且约束战争事件的主要路线还是会贯穿于整个战争中，直到议和为止。难道外文书中断了，人们与政府之间的政治关系会也会中断吗？当然，战争有它自己的语言，却并不存在什么逻辑。

战争是不可能离开政治交往的。如果离开了政治来研究战争，那就会切断各种联系线索，而且也将无所收获。

当战争变成了残忍的游戏，不受任何约束，也需要如此看待问题，因为所有那些作为战争基础的和决定战争主要方向的因素，诸如自己的力量、敌人的力量、双方的同盟者、双方的人民和政府的特点等都具有政治性质，与整个政治有着紧密的关系。现实战争并不像战争的概念所规定的那样是一种趋向于极端的努力，而是一种本身有矛盾的不彻底的东西。这样的战争只是另外一个整体的一部分，而这个整体就是政治，它不会服从其本身的规律。

当政治运用于战争时总会与那些产生于战争性质的严密的结论相悖，只是以最直接的可能性来作为依托，极少会认识到最终的可能性。假如整个行动的大部分都不确定，这就好像是一种赌博，任何政府都想在这场赌博中战胜敌人。如果任意发展，那战争就会成为政治的一种纯粹的工具，有可能是战刀，或者是一柄剑，而政治就用这个工具来进行搏杀。

战争拥有政治的特性，那是因为战争是从属于政治的。政治越是强硬，战争就越是强有力，因此我们在看待战争时需要经常去考虑到这种绝对形态的战争，而不应该忽视它,这样战争就成为了一个整体。只有坚持这样的观点,我们才能统一地看待战争这类事情。也只有这样,才能有正确而合适的立足点和观点来帮助我们判断以及制订和评价大的行动计划。

但政治因素并不可能细化到每一个细节,如哨兵和巡逻人员,这些都不用考虑。政治因素对于整个战争的计划、战局计划、会战计划都有决定性的影响。而在现实生活中,最关键的就是准确地找出了解和判断事物所必须依据的观点,坚持这个观点,更需要从这里出发,我们才会对纷繁复杂的现象有一个统一的理解,而且也只有观点上的统一,我们才不致陷入到矛盾中。

既然制订战争计划不能有两个或更多观察事物的观点,那我们要问:其他一切都必须服从的是不是一定就是政治呢?

回答这个问题的前提是:政治本身集中和协调政府的所有利益,也集中和协调个人的所有利益以及哲学思考所能提出的其他利益。因为政治本身不是别的什么,对于别的国家来说,无疑就是这所有利益的代表。

至于政治会有错误的方向,会为统治者的野心、私利和虚荣服务,这不是本章所要分析的问题,因为军事艺术不管在什么情形下都不能作为政治的导师,在这里我们只把政治当作是整个社会的一切利益的代表。

现在的问题只是:制订战争计划时,纯粹的军事观点应比政治观点更需要先考虑,如果这种观点能够想象的话。也就是政治观点彻底消失或从属于纯粹的军事观点,还是政治观点依旧是主导,而军事观点应当从属于它。

战争只有在由单纯的敌对感情导致的殊死战斗的场合才可以设想政治观点会随着战争的发展而消失。但是,就好像我们上面所说的一样,现实战争确实是政治本身的一种表现形式,但若是让政治观点从属于军事观点,这是极其荒唐的,因为战争本身就是从政治中产生的。政治是头脑,战争就只能是工具,彼此的关系不会产生相反的情形,因此军事观点只能从属于政治观点。

假如我们想一想现实战争的性质,回想一下在本篇第三章中已经说过的,我们就可以确信,确定战争主要路线以及指导战争的最高观点只会是政治观点。

从这个观点出发,政治利益以及军事利益之间的矛盾就至少不会是由事物的性质所决定的。假如这样的矛盾真的出现了,只能认为这是因为人们的缺乏一定的认识能力。假如政治向战争提出不可以实现的要求,那这就违背了政治应当清楚它所要使用的工具这个基础。假如战争事件的进程可以得到政治的正确判断,那确定什么样的战争事件以及战争事件的什么样的方向是与战争目标相符合的,就几乎是而且也只可以是政治的事情。

按照这个观点，人们不可以单凭一个大规模的战争事件或者它的计划就进行纯粹军事的评判，这是极其不恰当的。通过向军方咨询制订战争计划，就好像有些政府常常做的那样，让军方从纯粹军事的角度来判断，那确实是非常荒唐的；而有的理论家要求将现有的战争资源交予指挥官，希望指挥官以此来制订一个纯粹军事的战争计划或战局计划，这就显得更加荒唐。通常的经验告诉我们，虽然如今的军事很复杂，而且还有较大的发展，不过战争的主要轮廓并非由军事当局所决定，依旧是由政府或政治局所决定的。

假如没有进一步了解政治关系，那制订出战争所需要的主要计划是不容易的。当人们谈论政治对作战带来的不利影响时，其实他们所说的并不是他们想要表达的意思，他们责怪的是政治本身，而并非政治对于作战的影响。假如政治是对的，那就政治本身的意义来讲，它只能给战争带来有利的影响。当这样的影响与目标相悖时，其原因就只能从政治的错误中寻找了。

当政治希望从某些战争手段以及措施中获得的不符合它们性质的效果时，政治就会通过它的决定对战争产生不利的影响。就好像一个人用不太熟悉的语言就不能准确地表达自己内心的想法一样，因此政治也往往作出一些与自己本来意图相悖的决定，这样的情形经常会出现，于是人们就感觉到一定要对军事有相当的了解才能进行政治交往。

但是，在我们继续分析之前，一定要避免一种错误。我们不认为，当君主本人不亲自掌管内阁时，整天与公文打交道的国防大臣或熟悉军事的工程师，或能征善战的士兵就能够成为卓越的领导者。意思是，我们绝不认为首相的主要职责是熟悉军事。

假如要让一次战争完全与政治意图相一致，而政治又完全适应于战争手段，这时若缺乏一个既是政治家又是军人的统帅，那这时只有一个办法，那就是让最高指挥官成为内阁的成员，便于内阁能够参与指挥官的主要活动。只有当内阁，即政府距离战场较近的情况下，继而不需要耗费太长的时间就可以决定事情，这样才有可能实现这个计划。

1809年，奥地利皇帝就使用了这样的方法，在1813年、1814年和1815年，反法联盟各国的君主也同样采用了此种方法，并且这种做法完全是行之有效的。

但在内阁里，除了最高指挥官所受到的影响之外，别的军人所受到影响都是很危险的，因为这种影响极少可以导致理性的行动。但法国的卡诺于1793年、1794年和1795年在巴黎指挥作战的例子在这里用不上，因为只有革命政府才会执行恐怖政策。

现在我们以回顾历史来结束本章。

在欧洲，在军事艺术里曾经发生过一种巨大的变革，由于这种变革的发生，某些优秀军队的技巧已经丧失了一部分作用，同时人们在战争中还获得了一些在以往不能想象的规模较大的成果，人们就自然地认为军事艺术导致了所有错误的计算。过去，军事艺术始终被习惯局限在概念规定的狭小范围之内。尽管人们所了解的军事艺术已经超出了过去的范围，不过却依旧符合事物的性质。

有一些比较理智的人把这样的情形归咎于过去一直以来政治对军事艺术所产生的极为不利的普遍影响，这样的影响让军事艺术成为了一种很不完全的东西，经常会成为耍花招。的确如此，假如将这样的情形当作是有时发生的或能够避免的，那就大错特错了。

还有一些人认为，这一切能够从英国、奥地利、普鲁士等各个国家的不同政治所产生的暂时影响中获得解释。

但是，使人的思维遭受冲击的原因不是政治本身而真的是在军事范围吗？换句话说，到底是产生于政治对战争的影响，还是产生于错误的政治本身呢？

对于这个问题，我们从法国革命来看，其对外所产生的较大影响，与其说是由作战的新手段与新观点所导致的，还不如说是由完全改变了的国策与内政、政府的特点与人民的状况等所导致的。但各国政府尚未能正确地了解到这一些，很容易出现政治上的错误，以致希望用旧式的作战手段与那些新的以及压倒所有的力量相抗衡。

人们凭借纯粹军事的观点来看待战争，能否认识以及改正上面所说的错误呢？这显然是不可能的。就算是真的有这样一位有哲学头脑的战略家，他也只能按照敌对因素的性质推断出所有的结果，且按照这个结果作出对未来可能性的判断，但这样的判断基本是不会有什么结果的。

只有当政治能够正确推算法国的觉醒力量以及欧洲政治中新产生的关系时，政治才可以预见到战争的大致轮廓在这样的场合可能会是什么样的，而且也只有如此，它才可以明确采用战争手段和规模以及最恰当途径的选择。

我们能够这样说，法国革命在20年里获得的胜利主要是反对这次革命的各国政府的政治错误产生的结果。

当然，也只有在战争时期才能暴露出这些错误来，也只有在战争中才会出现与政治期望所相矛盾的现象，然而，之所以会发生这样的情形，是因为政治家当时信任的军事艺术，而非因为政治没有遵循军事艺术的缘故。在政治家世界的军事艺术是从属于当时政治的军事艺术,也是政治始终作为十分熟悉的工具来使用的军事艺术。正如这样的军事艺术,很自然地就会与政治出现一样的错误,因此它不可以纠正政治的错误。一些重大的变化在战争的本质以及形式上发生了,这些变化已经让战争更接近于绝对的形态。不过这些变化是因为法国革命在法国和整个欧洲引起的政治的改变而产生的,并非因为法国政府已经摆脱了政治的束缚而产生的。变化了的政治提供了与过去不同的作战手段以及作战力量,因此让战争具有了在别的情形下不可想象的威力。

政治改变的结果就是军事艺术的实际变革,这些变革不但不可以证明两者是能够被分割的,而且还有力地证明了两者是密切结合的。

最后再重复一遍:战争是政治的一种工具,其必然具有政治的特性,也一定要用政治的尺度来进行衡量。战争就其主要方面来讲正是政治本身,政治在这里以剑代笔,但并不因此就改变自己的规律。

第七章　有限目标的进攻战

就算是在不能够打垮敌人为目的的场合,依旧能够有一个直接的积极目标,当然这个积极的目标只可以是占领敌人的部分国土。

占领敌人的国土能够获得这样一些利益:不但能够让敌人的国家力量、军队遭受削弱,而且还能够让我们的国家力量以及军队得到增强,能够把我们进行的战争负担部分地转让给敌人承担。在签订和约时,能够将占领的地区当作是一种纯粹的利益,我们能够占领这些地区,或能够利用它们来换取其他的利益。

占领敌人国土的主张是极其合理的,假如不是进攻,会出现让其不安的防御状态,这个主张自身并没有什么自相冲突的地方。

我军占领敌人的地区必然会遭受相对的削弱,但对于削弱的程度,主要还是在于所占领地区的地理位置。这个地区越是相当于我国国土的补充部分,即被我们的国土所环绕或与我们的国土接壤、位于我军主力进攻的方向上,那我军遭受的削弱程度就会减轻。反之,假如占领的地区是位于敌国别的各地区的中间部分,位置比较偏远、地形十分不利,那我方的军队将会遭受严重的削弱,因此敌人不但很轻松就能赢得会战的胜利,甚至还能不战而胜。

还有一点必须补充：如此的进攻并不总是能够抵消在别的地方所受到的损失。假如我们占领了敌人的部分地区，那敌人也有可能在别的地点采取一样的行动，而且只要我们的行动产生不了重大的意义，敌人就不会因此只得放弃自己的行动。在采取这样的行动时一定要考虑在别的地方我们遭受的损失是否会超过在这里所获得的利益。

就算是两个地区的价值是一样的，但敌人占领我们的某个地区让我们受到的损失也始终会超过我们占领敌人某个地区所取得的利益，这是由于占领敌人的地区会让许多兵力变成守备军，因此不容易发生很大的作用。不过对于敌人来讲，情形也是差不多的，这个问题原本不应当是关注保持自己的地区以及忽略占领敌人地区的理由。保持自己的地区与自己的关系始终更紧密一些，而且只有在进行报复时才可以带来显著的利益，也就是远远超过失去的利益时，报复才可以抵消或者在某种程度上消除自己国土所受到的损失。

现在我们能够得出这样的结论：相比较这种有限目标的战略进攻与以敌国的重心为目标的进攻，不在进攻直接掩护下的别的地点更需要进行防御。这种小目标的进攻也不可能像以敌国重心力量为目标的进攻一样，在时间及空间上相对多地集中兵力。假如我们只是想在时间上集中兵力，那肯定会在一切适用于这样做的地点同时进攻，但这样就失去了在某些地点原本可用很小的兵力进行的防御的利益。在这种有目标的进攻战中，所有都没有轻重之分。整个军事行动将会变得分散，而如此就会增加阻力，还会随时发生偶然性的事件。

这些是事物的自然趋向，当这种趋向牵制着指挥官，便会越来越失去作用。而假如指挥官越是自信，方法就越多、兵力就越大，就越是会努力摆脱这种趋势，让某一个地点具有特殊的重大意义，就算这样做会有较大的危险也是一样。

第八章　有限目标的防御战

防御战的最终目标，就像我们之前所说的那样，绝不是绝对消极的。就算是力量悬殊很大的防御者，也肯定会拥有能够影响敌人与威胁敌人的一些手段。

可以这样说，这类目标就是疲惫敌人。既然敌人追求的是积极目标，那他所有的失败行动，就算是除了兵力以外没有别的损失，也算是一种撤退。而防御的一方受到的损失却不是没有意义的牺牲,因为他已经实现了防御这个目标。

人们似乎可以说,纯粹的据守就是防御者的积极目标。假如人们可以肯定进攻者在经过了一定次数毫无意义的尝试之后一定会感到劳累而放弃进攻,那这种看法也许就是正确的,但进攻者却并不一定会这样做。只要看看兵力消耗的情形就能够明白,防御者处于不利的位置。所谓进攻遭受削减,只是在可能出现转折点的情况下是这样。假如在完全不可能出现这种转折点的情形下,防御者是较为薄弱的一方,就算是双方的损失差不多,通常对方会占领防御者的一部分国土以及补给基地。

从这里可以知道,没有任何根据会促使进攻者停止进攻的想法,假如进攻者一再进攻,而防御者除了抵御就不再采取任何别的行动,那防御者就无法避免对方的进攻早晚会获得成功的危险。

在现实中,兵力较强的一方力量衰竭,常常可能导致议和,这就是由战争通常具有的不彻底性所造成的,不过在理论上不能将其看作是这种防御的以及最终的目标。这种防御只能从等待的概念中寻找到它的目标,但等待本身就是防御者固有的概念。这个概念包括了情形的改变以及处境的改善,当处境不能利用抵抗自身求得改善时,那就只能等待外力支援了。所谓外力,指的就是政治关系的变化,或者是防御者有了新的同盟国,或者是本来反对他的同盟渐渐被瓦解了。

由于防御者比较弱而难以发动强有力的反击,等待就成为了目标。但按照我们给防御规定的概念,并不是每一次的防御都是如此。防御是一种较强的作战方式,也正是因为如此,在可能以或强或弱的还击作为目标时,人们也能够采取防御。

最初我们就需要将这两种情况区分开,因为它们对防御有不同的影响。

在第一种情形下,防御者努力长久地占有以及完整地保护自己的国土,因为防御者这样做能够获得最多的时间,而赢得时间是获得目标的唯一办法。通常防御者也可以达到积极的目标,而且还可以为他提供在议和时实现自己想法的机会,但他不可以把积极的目标纳入到战争计划里。假如在战略上处于被动状态时,防御者在某些地点可以获得的利益就只是抵抗敌人的攻击;就算是他在这些地点赢得了优势,也必然会转化到别的地点去,因为这时任何地区通常都是很紧张的。假如他没有这样做的机会,常常就只能获得较小的利益,也就是获得短暂的休息时间。

当防御者的力量较强时,在防御的目标以及实质没有发生变化的情形下,也肯定能够采取一些小规模的进攻行动,诸如袭击、牵制性进攻、攻击少数的要塞等,但这时的目的并不是永久地去占领,而是获得暂时的利益。

但在第二种情形下,防御者包含了积极的意图,已经带有很多的积极性质,各种条件越是允许进行猛烈的还击,积极的因素也就越多。换句话说,越是主动地进行防御,那就越可以大胆地给敌人设下陷阱。向本国深处撤退是最大胆、成功时效果最大的陷阱,这也是同以上一种防御方法区别较大的一种行为。

只要回忆一下腓特烈大帝在七年战争中和俄国在1812年所处的不同处境就可以明白这一点。当战争发生的时候,由于完成了战争的准备,让腓特烈大帝占据了某种优势,这为他夺取萨克森创造了十分有利的条件。但萨克森确实是他的战区一个很自然的补充部分,因此对萨克森的占领不仅没有使他的兵力遭受削弱,反而让他的兵力得到了增强。

在1757年战局开始时,腓特烈大帝曾经希望继续进行战略进攻,在俄国人和法国人到达西里西亚、马克和萨克森战区之前,他进行战略进攻是可能实现的。但这次进攻最终以失败结束,他被迫在后面的战局中采取防御,再次从波西米亚中撤退,从敌人手中夺回自己的战区。当时他也是利用同一支军队先向奥地利人发动进攻才夺回了自己的战区,如此的优势只能归功于防御。

1758年,当敌人缩小了对他的围攻,而且在兵力比较方面已经开始对他极其不利时,他还力求在摩拉维亚发动一次小规模的攻击,很想在敌人还没做好准备之前就占领阿里木次。他只是想利用这个地方作为抵抗对方进攻的外围工事,而并非希望长时间地占领这个地方,也不希望把它当做继续前进的基地。如此做,让奥地利人在收回这个地区时只得为此发动第二次战争。但腓特烈的这次进攻行为失败了,他决定放弃发动任何真正的进攻,因为他感觉到这样的进攻只能让不利对比的差距拉得更大。

腓特烈把兵力集中部署在各个地区的中间,也就是萨克森和西里西亚,这样就可以及时地利用较短的战线向遭受威胁的地点补充兵力,而且还能够在难以避免时进行会战,假如有机会,还能够进行小规模的袭击,然后慢慢等待、积蓄力量等待有利时机的出现。但在进行这个计划的过程中,他的行为变得异常消极,因为就算是赢得了胜利也会付出严重的代价,于是他力求付出较小的代价来挽回局面。此时,所有都在于赢得时间、在于保障自己原本夺取地区的安全,他开始对土地珍惜起来,甚至还进行了真正的单线式防御。

现在我们从腓特烈大帝给达尔然斯侯爵的信中能够看出,此时他对于冬季休战期的到来的愿望该是多少强烈。

现在看来,崩策耳维次营垒、亨利亲王在萨克森的阵地与腓特烈大帝在西里西亚山区的阵地已经不再是可以寄托最后希望的手段,拿破仑这样的人物会快速冲破这种战术上的蜘蛛网。但我们应当记住，由于时代改变了，战争已经变得完全不一样了，它是由某一些不同于过去的力量进行的；当时可以发挥作用的阵地如今已经不再发挥作用了。在这里，需要考虑的还有敌人的特点。那些用来对付帝国军队、道恩和布图尔林的战争手段，就连腓特烈自己都不觉得有多么优秀，而在当时已经是最高明的方式了。

事实的结果也证明了这种看法是正确的。腓特烈通过等待达到了目的，而且还避开了那些可能使他的军队遭到毁灭的危险。

当1812年战争开始时，相比较腓特烈大帝在七年战争中与敌人的兵力对比，俄国人与法国人的兵力对比要差很多。但俄国人在战争的进程中让自己的兵力得到了大大的增强。对于拿破仑来讲，整个欧洲背地里都是自己的敌人，他的兵力已经发挥到了最大限度。西班牙的消耗让他失去了冷静，开始变得手忙脚乱，具有广阔国土的俄国就算是通过上百英里的撤退也能让他的军队遭受极大的削弱。只要法国的攻击不能完全成功，俄国就能够进行猛烈的还击，而且这种还击还可能会让敌人彻底毁灭。无意之中，俄国人执行了一次绝妙的战争计划，而且赢得了胜利，现在看来，就算是最聪明的人恐怕也制订不出比这个更恰当的战争计划来。

如果我们想从历史中学习，就肯定要将发生在过去的事情看成是以后也可能发生的事情。假如俄国人可以在边境勉强地进行防御，那法军力量的损失以及对俄国有利的变换还是极有可能会出现的，但这样的转换肯定不会很大，也不会具有决定性的意义。

所以说，人们只有通过积极的行为，也就是以决战为目标，而不是以单纯的等待为目标，才可以取得重大的积极效果。即便在防御中，也只有巨大的投入才可以获得巨大的利益。

第九章　以打垮敌人为目标的战争计划

在我们分析了战争可能有的几种不同目标之后，现在再来研究与这些目标对应的3种不同的战争整体部署。按照过去对这个问题的所有论述，有两个主要原则贯穿在整个战争计划之中，这两个原则还为别的事物明确了行动的方向。

第一个主要原则：把敌人的力量归结为较小的几个重心，假如可以，就归结为一个重心;再将对这些重心的打击归结为很少的主要几次行动,若可以,就归结为一次主要行动;最后,将一切的次要行动尽量地保留在附属地位上。总而言之,第一个主要原则就是尽量地集中行动。

第二个主要原则:尽量地迅速展开行动,假如没有充分的理由,就不要停顿也不要绕圈子。

是否将敌人的力量归结为一个重心,还取决于下列条件:

第一,敌人军队的政治联系

假如敌人是一个国家君主的军队,那把他归结为一个重心是很容易的。假如敌人是结成同盟的国家的军队,其中一个国家的军队只是履行同盟国的义务,并不是为了自己的利益,那将其归结为一个重心也可行。假如敌人是具有共同意图的同盟国的军队,那所有就取决于它们关系的密切程度。

第二,敌人每支军队所在战区的位置

假如敌人的军队是在一个战区内集中为一支军队,那它们就是一个整体。假如敌人的军队是一个战区内的不同国家的几支军队,那它们的整体就并不是绝对的,但每支军队之间有紧密的关系,对于一支军队的决定性打击会给别的军队带来一些影响。假如每支军队布防在附近的几个战区里,而这些战区又没有将战区全部隔开,那一个战区就会对别的战区产生决定性的影响。

假如每个战区相隔的距离比较远,而且中间还有中立地区或大山脉等等隔开,那一个战区就不一定会对别的战区产生影响,或者说产生影响的可能性是很小的。假如每个战区位于被攻击的国家的不一样的方向上,从而导致这些战区上的行动都是在离心方向上进行的,这时由各个战区之间所带来的影响的效果就没有了。

假如普鲁士同时受到俄国以及法国的攻击,那从作战的角度看,这就等同于两个不同的战争,只有在议和谈判时才能表现出它们的统一性来。

与此相反,七年战争中的萨克森军队和奥地利军队却被当作是一支军队,它们中间的一支军队受到打击,另外一支军队肯定会同时受到影响。一方面是对腓特烈大帝来讲,这两个战区是在同一个方向上的,另一方面是萨克森在政治上根本不独立。

1813 年,尽管拿破仑要与那么多的敌人作战,但对他来讲,一切的敌人几乎都是在同一个方向上,并且敌人军队的战区之间有紧密的联系以及强烈的彼此影响。假如拿破仑可以集中自己的兵力在任何一个地点击败敌军主力,他就同时决定了别的各部分军队的命运。假如他打败了在波西米亚的主军,经过布拉格直逼维也纳,不管怎么样,布吕歇尔也不能继续留在萨克森了,因为人们会让他去援助波西

米亚,而瑞典王储也不会留在马克了。

假如奥地利在莱茵地区以及意大利同时对法国作战,那么利用这个战区进攻所取得的胜利来决定另外一个战区的命运对奥地利来讲是极其困难的。一方面是两个战区被瑞士和它的山地完全隔开了,另外一个方面是通往这两个战区的道路是相反方向的。

与此相反,法国在一个战区的决定性胜利同时决定着另外一个战区的命运,这是因为它在两个战区里的军队的进攻方向都向心地指向奥地利的重心城市维也纳。相比较通过意大利战区的胜利同时决定莱茵战区的命运以及通过莱茵战区的胜利同时决定意大利战区的命运,前者比后者会更容易一些,因为从莱茵地区进攻的攻击主要是朝着奥地利的侧面,而从意大利出发进行的进攻更多的是指向奥地利的重心。

由此可见,敌人兵力的分离以及联系程度是不同的,只有在实际情况中才可以看清一个战区的事件对另外一个战区有着多大的影响,并且按此确定在多大程度上能够将敌人力量的各个重心归结到一个重心。

将力量都指向敌人力量的重心,这个原则的例外只适用次要行动能够带来不寻常利益的情形。但这时依旧有这样一个前提:我方占据决定性的优势,在进行次要行动时不可以让主要地点面对较大的危险。

总而言之,准备战争计划时应该遵循的第一个观点是:寻找敌人力量的每个重心,而且尽量将这些重心归到一个重心。第二个原则是,把用来进攻这个重心的兵力集中用在一次主要的行动上面。

对于这个问题,或许有人会找出与上述观点相反的理由。作为分散兵力前进的依据,其理由是:

1.军队原来的布防位置,也就是参与进攻的国家的位置不适用于集中兵力

假如集中兵力需要绕弯路和浪费时间,而分散兵力向前行进并不会有太大的危险,那分兵集合就是正确的行为,因为进行无谓的兵力集中会浪费更多的时间,会让第一次进攻的锐气以及速度遭到削弱,这违背了我们所说的第二个原则。在一切可以出敌不意的场合,这一点特别值得我们关注。

更需要考虑的是下面的情形:一起参与进攻的同盟国不是在一条直线上,它们是分散地面对着被进攻的国家,而不是前后重叠。比如,普鲁士和奥地利对法国作战,假如两国的军队想集中起来从一个地点向前进军,那是浪费时间以及力量的,也是极其不合理的,因为要进攻法国的重心,普鲁士军队的前进方向当然是从下莱茵地区进发,而奥地利军队的前进方向当然也是从上莱茵地区进发,这样集中兵力必然会遭受削弱。在实际情形下就要考虑是否有必要进行兵力集中,哪怕兵力受到如此削弱。

2.分散兵力前进能够获取更大的成果

我们这里所说的分散兵力是向一个重心的分兵前进,因此这是以向心的前进为基础的。次要的行动就是对于在平行线上或离心线上的分兵前进,这类的行动我们之前就已经说到了。

不管在战略上还是在战术上,每一次向心进攻都不难取得较大的成果,假如向心进攻成功了,其结果是在某种程度上切断敌人的军队,就不单单是打败敌人那样简单了。向心进攻始终会取得更大的成果,但这是用分割的兵力在比较宽阔的战区内作战,因此更危险。向心形式同离心形式的关系就与进攻与防御的关系一样,比较弱的形式本身可以带来较大的成果。

问题的关键是:进攻者的力量是否足够强大,从而可以追求这个巨大的目标?

1757年,腓特烈大帝是从萨克森和西里西亚分兵进攻波希米亚的。他之所以会这样做,主要基于两个原因:第一,自己的军队在冬季是这样布防的,假如先将军队集中在一个地点上然后再发动进攻,就难以取得出其不意的效果;第二,如此的向心进攻能够从侧面以及背后威胁奥地利军队两个战区中的任何一个。

但是,腓特烈大帝这么做还是会带来一些危险:他的两支军队中,任何一支都可能被占据优势兵力的敌军击溃。而只要奥地利人还没有用优势兵力击垮这两支军队中的任何一支,他们就只能将会战的地点定在中央,或者是他们将会有军队的任意一侧被切断后路的危险,从而导致惨败,这正是腓特烈大帝在此次攻击中希望获得的最大成果。

结果奥地利人果然选择了在中央进行会战,但他们的军队所在的布拉格却将面临着被围攻和攻击的危险。这时奥地利人几乎处于被动地位,因此此次包围进攻有相当多的时间能够将它的作用发挥到最大限度,最终奥地利人的会战失败了,这无疑是一次真正的惨败,因为他们2/3的军队以及其司令官都被包围在布拉格。

腓特烈大帝在战局开始时就可以赢得如此辉煌的胜利,因为他大胆地采用了向心进攻的行动。腓特烈大帝明白还有一些因素保障了自己计划的成功进行,这包括将领们的努力、军队精神上的优势以及对手奥地利军队行动缺乏灵活性。这样一来,谁会责怪他的行动太冒险呢?假如人们不想到巨大的精神力量,假如将这种胜利全部归功于进攻的简单几何形态,那这就是不正确的。

我们再回想一下拿破仑所进行的同样伟大的1796年战局。在那场战争中,奥地利人由于向意大利进行了向心进攻而受到严重的削弱。拿破仑在1796年所拥有的所有手段,除了精神上的以外,这在1747年奥地利的指挥官身上也同样具备,甚至还有可能会多一些,因为奥地利的指挥官当时的兵力不像拿破仑在1796年那样与敌人相差悬殊。从这里可以知道,假如我们向心地分割兵力前行,让敌人有可能通过内线摆脱兵力薄弱的不利因素,那我们就不应当分割兵力进行向心进攻;假如由于军队配置的位置,让我们只能分散兵力施行向心进攻,那也只能是迫不得已的行为。

假如我们按照这种看法来分析1814年制订的攻击法国的计划,就会觉得这个计划毫无作用。当时俄国、奥地利和普鲁士的兵力集结在美茵河畔的法兰克福附近,位于指向法兰西王朝重心的直线方向上。但为了让一支军队从美茵兹进攻法国,另外一支军队经过瑞士而进攻法国,这样军队就被分散了。当时对手的兵力很薄弱,完全没有办法防守自己的边界,假如这种向心前进能够成功,所有的利益也只是一支军队占领洛林和阿尔萨斯,而另外一支军队占领法兰斯孔太罢了,难道仅仅为了这点利益而需要经过瑞士进军吗?

另外一方面,拿破仑是一位善于以防御来抵挡向心进攻的指挥官,伟大的1796年战局很恰当地证明了这一点,就算是对方的军队在兵力远远超过自己,不管在什么情况下也只能承认他占据了精神上的绝对优势。尽管他很晚才来到位于夏龙的军队里,还过于轻视自己的对手,不过他还是差不多打败了两支尚未集中的敌军。在布里昂时,这两支敌军的兵力分散到什么样的程度呢?我们来看一看,拥有6.5万人的布吕歇尔在这里只剩下了2.7万人,拥有20万人的主力军队在这里只剩下10万人,如此的机会对拿破仑来讲是再恰当不过了。而在联军方面,也是从行动开始就感受到没有比重新集中兵力更迫切的事情了。

所以,就算是向心行动是能够赢得更大成果的战争手段,大多数也只能在军队本来就是分散布防的情形下使用它。为了进行向心进攻而让军队离开最短的以及最直接的前进方向,这只有在少数场合才是正确的。

3.能够将扩大战区看成是分散兵力前进的一个理由

当一支进攻的军队从一个地点前进,而且成功地深入到敌国境内时,它所可以控制的不但是在它通过的路线上的那些地区,而且还向两侧扩大,但敌人的国内是否团结一心以及是否有凝聚力将决定着所能扩展的程度的多少。假如敌人的国内并不团结、民众很脆弱且缺乏战争经验,那胜利方的军队就不需要花费太大的力气就可以占领较大的地区。但是,假如敌人的居民勇敢而又忠诚,那进攻的军队在自己背后所可以控制的地区只有很狭小的类似于三角形的地区。

为了摆脱如此不利的情形,攻击者必然要把前进正面的宽度扩大到一定的限度。假如敌人的兵力集中在某个地点,进攻者只有在遭遇敌人之前才能保持这个宽度,距离敌军的布防地点越近,正面宽度就应该越小。

假如敌人也布防在这样的宽度上,进攻者在一样宽的正面上进军也是符合逻辑的。这里我们所说的是一个战区或几个战区的问题,这显然已经属于我们所说的主要行动能够同时决定次要地点命运的情况。

但是,我们只根据这个观点行动吗?在主要地点对次要地点带来的影响较小,因而会出现危险时,我们还需要冒险进行吗?战区需要一定的宽度,这难道不是值得我们重视吗?也像在其他地方一样,在这里不可能将所有的行动都逐一列出来,但我们深信,除了少数的特殊情形,主要地点的决战将会同时决定次要地点的命运。除了很明显的特殊情况以外,通常都应该按照这个原则采取行动。

当拿破仑进入俄国时,他完全有理由进行向心行动,西德维纳河上游的俄国军队会因俄军主力被击败而撤退,因此他刚开始只命令乌迪诺的部队去对付这些俄军,但维特根施坦却转入进攻,而拿破仑才只得将第六军也派遣到那里。

为了对付巴格拉齐昂,拿破仑在最初就派出了一部分军队,可巴格拉齐昂因主力部队的撤退也跟着撤退了,于是拿破仑又把派出去的这些军队调了回来。假如维特根施坦不是被迫掩护第二首都的话,他可能也会随着巴尔克来的撤退而撤退了。

拿破仑于1805年在乌尔姆的胜利和1809年在累根斯堡的胜利分别决定了意大利战区和蒂罗尔战区的命运,虽然意大利战区是一个距离遥远的独立战区,但在1806年,拿破仑还是在耶拿和奥尔施泰特赢得了胜利,这也同时决定了所有反对他行动的命运,而这些行动是发生在威斯特法伦、黑森和通往法兰克福的道路上。

可以对次要的抵抗起作用的情况有很多种,主要是以下两种。

第一种情形:在广阔国土因而力量也较为强大的国家,诸如在俄国,对主要地点的决定性打击能够延迟进行,没必要急于将所有力量都集中在主要的地点上。

第二种情形:一些次要地点由于有很多要塞而具有非常特殊的独立意义,诸如1806年的西里西亚。当时拿破仑忽略了这个地点,当他向华沙进军的时候,尽管只得将这个地点留在后面,不过他只派了弟弟日罗姆率领两万人进攻那里。

上面所说的情形对次要的地点产生不了影响,这是由于在次要地点上,敌人配置了军队,这时进攻者就一定要将这些次要地点当成是不可避免的灾难,只能派出适当的军队去对付它们，这是因为进攻者不可能起初就放弃自己的交通线，这时保持小心谨慎可能会走得更远，他们可能认为对主要地点的进攻应该与对次要地点的进攻步骤保持一样，假如敌人不从次要地点撤退，就应该停止主要行动。

尽管这个原则与我们之前所说的尽量将所有力量全部集中在一个主要行动中的原则并不发生直接冲突，但这两个原则的指导思想却并不是完全对立的。假如按照这个原则行动，就会让军队的运动变得缓慢，让进攻的力量相对减弱，同时大大地增加偶然性事件的作用、增大时间的损失，因此这个原则与以打垮敌人为目标的进攻是一定不能相容的。

假如敌人在次要地点上的军队向离心方向撤退，那就会增大进攻的困难。设想一下，这时我们的统一进攻将会是什么样子呢？

所以我们一定要反对将主要进攻依赖于次要地点的行动当做一个原则。假如缺乏勇气像一支利箭那样射向敌人的重心，以打垮敌人为目标的进攻就不可能达到目的。

4.容易补充给养是将兵力分散的第四个理由

相比大部队通过一个贫瘠的地区，小部队通过一个富有的地区要顺利得多，不过只需要采取合适的措施，军队也习惯于吃苦耐劳，那大部队经过贫瘠的地区也是有可能的，因此不能实现让小部队经过富庶的地区这个目标将影响到我们的决心，以致陷入分散兵力前进的重大危险之中。

说到这里，我们已经承认分散兵力或者将一个主要行动分为几个行动，上面所阐述的理由是有依据的。假如可以认识这个目标，慎重地分析利弊得失，再按照上述理由的一个理由将兵力分散，那就会是比较妥当的做法。

假如像常见的那样，计划恰是由一个学究气十足的总参谋部依据习惯而制订，就好像下棋需要先在棋盘上摆好棋子那样，各个战区需要事先布置好军队才可以行动；假如行动只是一些想象的巧妙组合，而通往目标的途径却由复杂的关系组成，假如分散军队只是为了两个星期以后冒着很大的危险再把它们集中起来，那就是为了故意陷入混乱而离开了直接、简单的做法，这正是我们不能同意的。最高统帅对战争的指挥越是没有力量，就越是把战争当做个人的简单行动，而整个计划也就越是脱离现实，那只是总参谋部凭想象制订出来的，那么以上所说的愚昧行动就越是可能发生。

现在我们来研究第一个原则的第3个点，也就是次要行动应该尽量地保持着从属地位，因为人们把整个战争行动归结为简单的目的，而且尽量通过一次大的行动来实现这个目的,因此交战国遭遇的别的起点就会部分地丧失独立性,而那里的行动变成了从属的行动;假如将所有行动全部归结为唯一的行动,遭遇的其余地点就会丧失作用,但这种可能性是极少见的;因此不要抽调太多的兵力用于次要地点,且让主要行动遭受削弱,这是很重要的。

第一,就算是不可能将敌人的全部抵抗归结到一个重心,也一定同时进行两个几乎不同的战争,战争计划依旧一定要依据这个原则。我们总是将其中的一个战争当成是主要的,而且首先应该按照它来安排兵力和行动。

按照这个观点, 只有在一个主要地点上采取进攻而在其余的地点上采取防御才是符合逻辑的。只有在特别的情形下,在另外一个方向上也采取进攻才是对的。

第二,人们应当用尽量少的兵力来进行次要地点上的防御,并且还要最大限度地利用防御这种抵抗形式提供的所有利益。假如敌人的军队不是属于一个国家,不过它们共同的重心依旧在一个战区,那我们这个观点就十分适合。

假如次要战区的行动也是对于一定给予主要打击敌人的,按照我们的观点,在次要战区就不必进行防御了。这时主要进攻就是由主要战区的进攻以及按照别的因素而进行的次要战区的进攻所组成的, 而主要进攻没有直接掩护的各个地点上的防御也是用不着的,这时主力决战将决定一切,所有其他的损失都会在主力决战中获得补偿。假如兵力缺乏,而且有充分的依据能够进行这样的主力决战,就不能因为主力决战可能遭受失败而竭力在别的地点上避免损失, 因为如此做恰好会增大失败的可能性,而且在我们的行动中还会因此而产生冲突。

在整个进攻的其余的各个环节,次要行动也应该从属于主要行动,到底这个战区的哪些兵力以及那个战区的哪些兵力应当去进攻敌军共同的重心, 这大部分取决于别的一些原因,在这里只能指出,我们一定力求让主要行动位于主体地位,越是让主要行动居于主体地位,所有都将变得越简单,而偶然性的情形就会越来越少。

第二个原则是快速使用军队。

无谓地浪费时间、绕一些不必要的弯路都是力量方面的消耗,这是战略所忌讳的。更重要的是应该记住,通常出其不意地揭开战争的序幕是进攻的唯一的优点。进攻最有力的两个翅膀——突然性和不断前进,特别是在以打垮敌人为目标的攻击中,这两个部分更是不可或缺的。

理论的任务不应当去不断地谈论从左边还是从右边、向这里还是向那里的问题,而就是要找到通向目标的最恰当的途径。

假如我们回想一下在《战略进攻的目标》一章中关于国家的腹地所分析的内容,

以及在本篇第四章中对于时间的影响以及所论述的内容，那就很明白，快速地使用军队这个原则的确是具有我们所指出的那种十分重要意义的。

一直以来，拿破仑就是这样做的，他最喜欢利用近路直接冲向敌人的军队，奔向敌人的要害地区。

我们能够将所有都归结于为什么必须迅速和直接地实施主要的行动？

将敌人打垮，在各个实际的情形下不论最后取决于什么，在最初的行动始终是一样的：消灭敌人的军队，即对敌人的军队赢得一个巨大的胜利。赢得这种胜利的时间越是提前，赢得这种胜利的地点离我方边界也就越接近，就越容易赢得这种胜利；赢得这种胜利的时间越晚，即赢得这种胜利越是深入敌国的心脏，这种胜利就越具有决定性的意义。在这里与其他的地方一样，赢得的胜利越简单，成果就会越小；而赢得的胜利越困难，成果也就越大。

假如我们对敌军的优势还不能够保证肯定会赢得胜利，我们就应该按照提前找到敌人军队的可能性。之所以说按照这样的可能性，这是因为我方可能会绕很多弯路才能找到敌军的主力，如此寻找敌军主力就很容易成为一个错误：假如敌军主力不在我们进军的路上，去寻找它将会损害我们的利益，这样我们就能够确信以后肯定会遇到它，因为它是不会错过攻击我们的机会的。就像刚才所说的，我们将在糟糕的条件下作战，而这种糟糕的环境是我们所不能避免的。假如我们在会战中赢得胜利，那这次会战就会具有决定性的意义。

我们能够得出这样的结论：在我们对敌军还不能保证一定能够赢得胜利的情形下，假如敌军的主力就在我们前进的方向上，那错误的行为就是有意地从敌军主力侧旁通过。从这里还能够得出另外一个相反的结论：当我军占有决定性优势时，为了后面发动更有决定性意义的会战，我们可以有意地从敌军主力侧旁通过。

以上所说的彻底胜利不单单是赢得会战的胜利。要赢得这样彻底的胜利需进行围攻或者转换正面的会战，因为这两种进攻的形式常常可以赢得决定性的成果，因此，规定所需要的军队数量以及军队行动的方向是战争计划的主要内容。

直接向敌人的正面发动会战尽管不能让敌人遭受惨败，不过在战争史上也并不是不存在这样的例子。但双方军队在训练水平以及机动能力方面越是接近，这样的可能性就会越小，并且未来会越来越小。

一旦赢得了巨大的胜利，就应当进行追击，而不要考虑休息或者喘口气或是巩固胜利成果等等。假如有必要，还应该发动新一轮的进攻，占领敌国的首都、攻击敌人的支援部队，或者进攻敌国能够当做支援的所有目标。

当胜利的洪流将我们带到敌人的要塞前面时，我们就需要按照兵力的强弱情形决定是否围攻这些要塞。假如我们在兵力方面占据较大的优势，不提前占领这些要塞就是浪费时间。假如我们的军队没有进一步赢得胜利的把握，那我们就只得用尽量少的兵力来对付那些要塞，但这样要塞就更难以被击破。当要塞被围攻让我们不能继续前进时，进攻一般就达到了最大限度。所以，我们要求主力不断地前进和追击。由于我们已经否定了主要地点上的前进应当取决于次要地点上的结果的看法，因此通常我军主力的后面只有一个狭长的地带，不管这个地带的名字叫什么，它始终会是我们的战区。之前已经说过了，如此的情形会怎样削弱前面部队的进攻力量、会给进攻者带来哪些危险。

这样的困难能否大到足以阻止部队继续前进呢？这当然是可能的。不过就像前面指出的那样，为了让后面的战区不是那种狭长的地带，在战争开始时降低进攻的速度是不对的，这时我们依旧会认为，只要指挥官还没有打垮敌人，只要他确信自己的力量大到能够实现这个目的，他就应当力求实现这个目标。如此做也许会不断地增加危险，不过相对地，成果也会不断地扩大。当指挥官到了不敢继续前进时，认为一定要考虑到自己的后面、一定要向左右两侧扩展的时候，那他很可能已经达到了进攻的最高点，因而力量也衰竭了，假如在这时依旧存在敌人的力量，那很可能再也没有力气来打垮敌人了。

假如统帅为了要稳步前进占领要塞、隘口、地区等，尽管这些行动还是比较缓慢，不过已经不再是绝对的前进而是一种相对的前进了，这时敌人已经无处可逃，或许已经在准备新的抵抗，尽管进攻者还在稳步前进，不过防御者也已经开始行动，并且每天都会获得一点儿成果。总而言之，在经过一次必要的停歇之后，通常就不可能再进行第二次进军了。

理论要求的只是：只要还有将敌人打垮的念头，就要继续前进。假如统帅觉得如此做太冒险而放弃了这个目标，那他向两侧扩展而停止前进就是正确的。假如他停止前进只是为了巧妙地攻击敌人，那他就应该受到理论的指责。

我们认为存在逐步打垮一个国家的例子，首先我们要说明，这个原则并不是没有例外的绝对真理，它是以可能的和通常的结果作为依据的。其次，一定要区别开一个国家是被敌人作为战局的目标很快被打垮的，还是在历史上逐渐趋于灭亡的。我们现在所说的只是后面一种情形，因为只有在后面那种情形下才会出现兵力的对峙状态，也就是要么一方打垮对方的重心，要么是它的重心有被对方打垮的危险。

假如人们在第一年获得较小的利益，第二年又获得较小的利益，这样也是能够缓慢地接近目标的。尽管这样做不会产生重大的危险,不过还是会造成处处都分布着危险的情形,这样从一个胜利到另外一个胜利的中间停顿都会让敌人产生新的希望。前面的胜利对后面的胜利只是很小的影响或者根本没有影响,甚至还会产生有害的影响,因为这时敌人会获得相对的恢复,甚至因受到失败的刺激而进行更强有力的抵抗,或者是得到其他人的支援。假如所有的行动不停地在进行,那前面的胜利就有可能会导致后面的胜利,胜利之火会迅速蔓延开来。假如有些国家的确是在一次次打击下被征服的,换句话说,在这里时间对防御者产生了不利的作用。相比那些成功的例子,进攻者逐渐打击的企图完全落空的例子将会更多。

按照以上的观点,我们不会认为在向前推进的同时还应该常常建立相应的战区,也就是应该让两者保持平衡。恰恰相反,我们认为避免不了向前推进所产生的不利因素,只有当继续前进到已经不能赢得胜利时,才需要避免这样的不利因素。

通过拿破仑于 1812 年的战争例子让我们更加坚信,而决没有让我们质疑这个论断。拿破仑之所以会失败,是因为他争取胜利的唯一手段失去了作用,而并不是像某些舆论所说的那样是因为他进军太快太远,至少用现在欧洲国家的军队是征服不了俄国的,何况拿破仑当时只率领了 50 万军队。对于这样一个国家,能使之屈服的只有利用它自身的弱点以及内部的分裂作用。为了打击它政治上薄弱的地方,很有必要去动摇这个国家的重心。只有进行强有力的打击而直达莫斯科,拿破仑才会有希望打击俄国政府的勇气及其人民的坚定。他在这次战局中能够提出的合理也是唯一的目标是:希望能够与莫斯科进行议和。

他率领的主力向俄军的主力进攻,俄军主力经过德里萨营地撤退到斯摩棱斯克才停下。他还迫使巴格拉齐昂随俄军主力一起撤退,并且还打败了这两支军队,占领了莫斯科。与他过去的做法一样,在这里,他也采用了一样的行动。在过去他也只是采用了这种行动才成为了欧洲的统治者,而且也只有采用这种做法才能让他成为欧洲的统治者。

凡是在拿破仑过去的历次战局中都把他看作是最伟大的统帅的人,在这次战局里不应该责备他。

按照事件的结果来评判这个事件是允许的,因为结果恰恰是对事件的最佳的评判,不过单纯按照结果所获得的评论不应当看作是人们的智慧。仅仅找出了一次战局失败的原因并不意味着对这次战局进行了评判,只有证明指挥者没有预见到导致失败的原因,或者证明了他不应当忽视这些原因,才能够说是进行了评判,才能够责怪这个指挥官。

　　谁要是单单因为拿破仑在1812年的战局中受到了强烈的还击就认为这次战局是荒唐的,假如这次战局赢得了胜利,他又会认为这次战局是最优秀的行动,那他就肯定是一个完全没有评判能力的人。

　　假如拿破仑真的像大部分批评者所要求的一样在立陶宛停下来,便于首先确保要塞,因为在那里除了位于军队侧面距离很远的里加之外,根本没有要塞,只有博勃鲁伊斯克这样一个不重要的小地方,这样拿破仑在冬天就只能转入可悲的防御,这些人可能又会率先叫喊起来:这已经不是过去的拿破仑了。曾通过奥斯特里茨和弗里德兰的胜利在敌国最后一座城墙上打上征服烙印的拿破仑,在这里怎么会连一次主力会战也没有进行呢?他怎会如此优柔寡断,没有占领敌人的首都而让这个重心继续存在下去,在它的附近凝聚新的抵抗力量吗? 最佳的机会就摆在面前,袭击这个曾经的巨人国家就好像袭击一个附近的城市一样,或者就好像腓特烈大帝袭击西里西亚一样,而拿破仑却没有利用这个机会,在即将赢得胜利的时候停止了下来,难道是凶神绊住了他的双脚吗?这些人就可能会这样来进行评论了,因为大部分的评判者都会有这样的特点。

　　1812年的战局失败了,那是因为俄国政府是稳固的,其人民是忠诚以及坚定的,即使由于这次占据几乎不可能会成功,或许进行这次战争原本就是拿破仑的错误,至少结果所显现的是他的估计有失误的地方。我们认为,假如他要实现了这个目标,那可能基本上也就只能采用这种行动。

　　在东方,拿破仑并没有像在西方那样进行长时间的、代价巨大的防御战,而是采用了实现目标的唯一手段:一次大胆的进攻,逼迫心存畏惧的敌人议和,这样他将会面临着全军覆没的危险,这是他在战争中所压下的赌注,也是实现目标所一定要付出的代价。假如说他的军队遭受削弱是他自己的失误,那这种错误在于战争开始得太晚、在于采用了浪费兵力的战术在于军队的给养以及撤退路线考虑不成熟,还在于从莫斯科撤退的时间迟了一些,而非在于前进距离太远。

　　俄军为了阻止拿破仑撤退,曾经事先赶到别烈津河,但这样并不能作为有利的证据来反驳我们的观点。这是由于:这一点恰恰表明,要想真正切断敌人的后路并不容易,被切断后路的敌军在最糟糕的情形下依然开辟了一条后路。尽管俄军的这个行动确实扩大了拿破仑的失败,不过这并非拿破仑失败的根本原因;第二,用来扩大敌人的失败的地形条件是很少的,假如没有挡在大道前面的别烈津河的沼泽地、四周不是森林茂密就是通行有困难,那想要切断法军的后路是不可能的;第三,为了避免后路被切断,只能让军队在一定的宽度上前进,这样的方法我们在以前已经驳斥过了。假如人们使用这种办法让中间的部队向前推进、用左右两侧的部队进行掩护，不管是哪一侧部队的随便一次失利，都会迫使前进在前面的中间部队回来增援。而这时进攻还会带来什么样的益处呢？

我们不可以说拿破仑没有注意对侧翼的保护。为了对付维特根施坦，他留下了人数占优势的兵力，在包围加里时使用了差不多一个军的兵力，而这个军在那里看上去是多余的。他在南方有施瓦岑贝格带领的 5 万人，这支军队超出了托尔马索夫的兵力，甚至能够与契查哥夫的兵力相抗衡，另外他还在后方的中心有维克多率领的 3 万多人，以至于在 11 月，俄军的兵力已经得到极大的增强，法军的兵力却遭受更大削弱的决定性时刻对于在莫斯科的法军兵团来讲，其后面的俄军兵力还不是占据很大的优势。维特根施坦、契查哥夫和萨肯的兵力总共是 11 万人，而施瓦岑贝格、雷尼埃、维克多、乌迪诺和圣西尔也只有 8 万人。就算是最小心的指挥官，可能也不会在前进时派出更多的兵力去掩护自己的侧面。

1812 年，拿破仑在渡过涅曼河时的兵力有 60 万人，假如他调回来的是 25 万人，而不是与施瓦岑贝格、雷尼埃和麦克唐纳一起渡过涅曼河的 5 万人；假如拿破仑并没有犯下上述的那些错误，尽管这次战局并没有胜利，不过理论就不可以对它进行指责了，因为这样损失的兵力多过总兵力一半是经常出现的情况，假如这个损失会特别受人关注，那也是因为损失的绝对数量太大的缘故。

现在再来说一下次要行动，首先指出：一切的次要行动都应该有一个共同的目标，但这个目标不能影响到每个部分的活动。假如有 3 支军队分别从上莱茵地区、中莱茵地区和荷兰进攻法国，企图在巴黎会师；假如在会师之前，每一支军队都要尽量完整地保留自己的力量，那这样的计划就是不利的计划。在执行这样的计划时，3 支军队的行动肯定会相互牵制，因此每个部分的军队在前进时就会缓慢、畏惧不前。可行的方法就是给每支军队分配一定的任务，直到它们不同的活动自然地结合成一个整体时才把它们统一起来。

将军队分成几个部分，行军几天后再将它们集中起来，这种做法在一切的战争中都有可能会出现，但这样的做法却是没有丝毫意义的。假如要分兵进军，就一定要了解为什么要这样做，要一定有充分的依据，不能只是为了后面的会合。

当军队向不同的战区进军时，应该给各支军队规定各自的任务，每支军队的进攻力量就应当尽量地完成自己的任务，这时重要的问题在于从各方面进行这种打击，而不在于各个部分获得相应的联系。

假如敌人的防御和我们预想的不一样，那我们的部分军队就会由于任务过重而遭受失败，但是，就算这样也不允许影响其他军队的行动，否则我们起初就会失去获得总的胜利的可能性。

对于那些本来担任防御任务、在防御成功后转入进攻的军队来说，假如不能将多余的兵力转移到主要的进攻地点去，那这条规则也是适用的。

但是，这时，整个进攻的几何形式和统一性又会怎么样呢？和被打败的军队附近的各支军队的侧翼和后面又如何呢？这就是我们需要反驳的问题，将一次大规模的进攻与一个几何学上的四方形联系起来，这就陷入了错误的理论体系中。

我们之前已经说过，几何要素在战略上没有像在战术上那么有用。我们只想在这里重复一下结论：在进攻中，更值得关注的不是各个胜利逐渐形成的几何形式，而是在各个地点取得的胜利，在进攻中尤其是这样。

在战略的范围内，最高指挥官将考虑和决定每个部分的几个位置，任何次一级的指挥官都没有权力过问他的邻近部队应该做什么以及不应该做什么，他只是按照指示无条件地追逐自己的目标，这在任何情况下都是需要坚决执行的。假如因为这两个原因导致了严重的不协调，那上级始终能够进行补救。通过这样的方式就能够避免分散活动所造成的主要问题，这些主要问题是：影响事件进程的是许多疑虑以及推测而非具体的情形；每个偶然事件不但影响到与它直接有关的那个部分，而且还将同时影响到整体；下级指挥官的自身弱点和自身的仇恨心可能会让他们的行动超出一定的限度。

这就像有经验的人认为的那样，在分成几个纵队进攻的时候，要凭借各个部分军队准确地共同行动来赢得胜利，这在战术范围内是很困难的，不过在分散的战略范围就会异常困难或者几乎不可能实现。假如赢得胜利的必要条件是每个部分经常保持步伐一致，那分兵进行的战略进攻就应该完全被否定，但我们不可以随意地全部否认这样的进攻，因为我们没有办法改变的情形很有可能迫使我们使用这样的进攻。另一方面，就算是在战术上、在作战过程中，每个部分常常保持共同的行动是没有意义的，在战略上就更加用不着，因此在战略的范围内要尽量忽视各部分军队常常保持的共同行动的问题，应该坚持分配给各个部分各自的任务。

在这里，我们还要对如何适当分配任务做一个重要的补充。

1793 年和 1794 年，奥地利军队的主力在尼德兰，普鲁士军队的主力在上莱茵地区。奥军从维也纳前往孔代和伐郎兴时，在路途上曾经与由柏林出发到兰道去的普军交叉而过。奥地利在尼德兰能够防守它的比利时各省，而且还能够很轻松地占领法属弗郎德勒，不过在当时，这些利益并不是主要的。考尼茨侯爵死后，奥地利大臣土古特为了集中兵力而完全放弃了尼德兰。奥地利人离弗郎德勒的距离远远超过了离阿尔萨斯的距离,在兵力受到严格的束缚,所有都要凭借现金维持的时代,他的这种做法并不是一件小事。不过很显然,土古特大臣还有别的意图,他想将尼德兰置于危险的境地,继而迫使与尼德兰和下莱茵地区的防御利害攸关的国家作出更多的努力,但他的计划落空了,因为当时的普鲁士政府是根本不会掉入这个陷阱的。不论怎么说,这件事情的过程总是表明了政治上的利益对于战争进程所发挥的作用。

普鲁士在阿尔萨斯不需要防御,也没有必要占领这个地区。1792 年,普军曾在骑士精神的影响下通过洛林向香槟进发,不过当形势对行军不利时,普鲁士继续作战的兴趣就大大减少了。假如普鲁士军队是在尼德兰,它们就会与荷兰建立直接关系,甚至能够把荷兰当成是自己的国土,因为荷兰在 1787 年被普鲁士征服过。普军在尼德兰就能够掩护莱茵地区,继而也就掩护了普鲁士王国最接近战区的那些国土,同时普鲁士在这里能够得到英国的支援,它们之间的同盟关系还是比较巩固的,这样就不会那么轻易地变成普鲁士政府的欺诈计谋。

假如奥军的主力都配置在上莱茵地区,普军的全部兵力配置在尼德兰,而奥军在尼德兰只留下一个普通的军,那就可能得到更好的效果。

1814 年,假如用巴尔克来将军代替敢作敢为的布吕歇尔统率西里西亚兵团,而让布吕歇尔留在主力军队中受施瓦岑贝格的指挥,那一战局也许就会完全失败。

在七年战争中,假如勇敢的劳东所在的战区是帝国军队所驻扎的地区,不是普鲁士王国最难以攻破的西里西亚地区,那整个战争的情形或许就完全不一样了。为了深入认识这个问题,我们一定要将这些情形按照它们主要的不同区别开来。

第一种情形:其他国家与我们共同作战是因为它们是我们的同盟国,而且也是为了它们自身的利益。

第二种情形:盟国的军队前来作战是为了援助我们。

第三种情况是:将帅个人的特点不一样。

在前面两种情形下,可能有人会提出问题:是像 1813 年以及 1814 年那样尽量地将各国的军队各自分开,让它们较为独立地行动好呢?还是把各国军队全部混合起来,让各个兵团都由各国的军队混合编成的好呢?

显而易见,第一种方式是最有利的,但这必然要以一定的密切关系以及共同利益为基础,且具备这种基础的情形是十分少见的。在各国军队都全部混合起来的场合很难区分各国政府的利益,指挥官自私的想法所起的不利影响也就只能表现在次一级指挥官的身上，因此只表现在战术范围，而且就是在战术范围，也不会像在各国军队全部分开时那样能够自然而然地表现出来。当各国的军队全部分开时，这种不利的影响就会牵涉战略范围，继而起到决定性的作用。就像之前所说的那样，假如使用了第一种方法，各国政府就肯定具有罕见的牺牲精神。1813 年，危急情形让各国的政府都使用了这种方法，当时俄国的兵力最多，并且对扭转战局的贡献也最大，不过值得肯定的是，他将俄国军队交给普鲁士和奥地利的指挥官指挥，而不是在虚荣心的驱使下让俄国军队独自战斗，这是应当大加赞赏的。

假如各国军队不联合起来，那相比较军队半分不分，各国军队全部分开会好得多。最不利的情形是不同国家的两个独立的统帅在同一个战场上指挥作战，比如在七年战争中，俄军、奥军和帝国军队的情况就常常是这样的。在各国军队全部分开作战的情形下，一定完成的任务就能够全部分开，于是各国军队会负责各自的任务，在形势的逼迫下，自己想办法开展出更多的活动。假如分开的各国军队联系十分紧密，甚至在一个战区内，那情形就不会如此了，一支军队不好的想法会让另外一支军队的力量全部消失。

在上面的 3 种情形里，第一种情形，各国军队要全部分开很容易，因为每个国家自身的利益始终就是已经为本国规定了目标。而第二种的情形，前来支援的军队往往能够完全处于从属地位，这是由于它们没有自己的目标。

对于指挥官个人特点的问题就需要从实际情形来看了，但我们必须提出一点看法：从属部队的指挥官不要任命很谨慎的人来担任。我们讲过，在军队分开行动时要想赢得战略上的成果，最重要的就是每部分的军队都积极地发挥自己的全部力量。只有这样，在一个地点所发生的错误才可以灵活地被别的地点所赢得的成果所抵消。只有当指挥官的行动是快速而果敢的、促使他不断前进的是其内心的意志以及内心的欲望，这样战局的各个部分才可以充分地行动起来。假如指挥官只是客观地、冷静地考虑行动的必然性的人，是很不容易让他指挥的那部分军队充分地活动起来的。

最后还应当指出，在对军队和指挥官的使用上，只要情况许可，就应使他们的任务和地形情况与其特点结合起来。

要把常备军、训练有素的部队、大量的骑兵以及谨慎而聪明的统帅用在宽阔的地区上，将民兵、民众武装、亡命之徒临时结合起来的武装、英勇的指挥官用在森林地、山地以及关口上；而前来援助的军队用在它们所喜欢的富庶地区。

现在我们已经从总的方面分析了战争计划，在本章中还专门说到了以打垮敌人为目标的战争计划，在这些阐述中，我们尤其要强调战争计划的目标，而且指出使用战争手段以及方法时应该遵循的原则。通过这些，我们想让读者清楚地明白在战争中要实现什么样的目标以及应当怎么做。我们想强调必然以及普遍的东西，这给特殊的以及偶然的东西给我们留下了思考的余地，不去考虑那些随意的、没有依据的、不严肃的、幻想的或诡辩的东西。假如我们实现了这个目标，那我们就认为已经完成了任务。

在这里，我们没有说到绕过河流、利用制高点来控制山地、避开坚固的阵地、寻找攻占敌国的突破口以及别的问题，如果有人对此感到奇怪的话，那他是还没有了解我们。而从我们这方面看来，他还没有从总的方面来认识战争。

我们已经指出，相比较按照流行的观点，它们的作用往往会更小。在以打垮敌人为目标的战争中，它们就更不会发挥多大的作用，即它们不应该对整个战争产生什么样的影响。

对关于领导机构的问题，我们将在本篇的最后加以详细论述，现在让我们用一个例子来结束。

假如奥地利、普鲁士、德意志联邦、尼德兰和英国决定对法国作战，而俄国持中立态度，那它们就能够进行以打垮敌人为目的的进攻战。不管法国多么强大，它依旧会免不了陷入到如此的境地：大面积的国土被对方所占领，首都沦陷、资源缺乏，而且除了俄国以外没有哪一个大国能够给予有力的援助，西班牙距离太远了，所处的位置也很不合适，意大利各邦暂时太腐化，根本没什么力量。

对法国作战的国家，就算不包括在欧洲以外的领土也超过了 7500 万人口，而法国却只有 3000 万人口。这些国家为了对法国进行一场战争，可以毫不夸张地讲，它们可以提供下面这些兵力：奥地利将会有 25 万人，普鲁士有 20 万人，德意志别的各邦有 15 万人，尼德兰有 7.5 万人，英国有 5 万人，一共是 72.5 万人。

假如它们的确可以动员到如此多的兵力，那很有可能超过法国用来抵抗它们的兵力，因为就算是在拿破仑统治时期，法国却从来没有过如此多的军队。假如法军还需要调出一部分兵力来守卫要塞以及建立补给站，毋庸置疑，联军会在主要战区内占据绝对的兵力优势，而这个优势恰恰是实现打垮敌人这个目的的重要前提。

法兰西的重心是它的军队和巴黎，联军的目的应该是一次或几次的会战中击败法国军队以及占领巴黎，而且把法国的残余部队驱逐出卢瓦尔河。法兰西王朝的腹地在巴黎和布鲁塞尔之间，从国境到首都只有 30 英里。而反法联盟的部分国家，诸如英国、尼德兰、普鲁士以及北德意志各邦都有合适进攻这个地区的驻军地，甚至有的就靠近这个地区，有的在这个地区的后面。奥地利和南德意志只要从上莱茵地区出发就能够参加作战,它们的进攻方向是指向特鲁瓦和巴黎或者奥尔良,假如分别从尼德兰和上莱茵地区进攻将是直接、自然、简洁和有力的,而且都是指向敌军重心的,一切敌军肯定都分布在这两个地点。

这个计划十分简单,不过有两点考虑却与此相冲突,奥地利人可能不愿意让意大利独自占据功劳,他们始终想自己能够控制所有,因为他们反对通过法国心脏的进攻来间接掩护意大利。基于意大利的特殊政治情况,它的这个次要意图是可以理解的。假如要从意大利进攻法国南部,将这个已经尝试过若干次的想法与这个次要意图相联系,因而在意大利保留大量的兵力就是极其严重的错误。假如我们遵循这个计划、集中兵力实现这个主要思想,那在意大利就只能保留在战局第一阶段防止极其不利情况所需要的兵力。假如想在罗纳河附近征服法国,就算是把进攻法国南部当作是次要行动也应该坚决反对,因为这种进攻只会激起新的反对力量。对于遥远地区的进攻,始终是可以让原本不起作用的利害关系产生对我们不利的影响。只有具体情况才能表明,由于留在意大利用来保障安全的兵力太多而无所事事的时候,从意大利进攻法国的南部才是对的选择。

需要再说一遍:留在意大利的军队应当少到能够允许的最低限度,只要能够保障奥地利军队不致在一次战局中丧失整个意大利就完全可以了。在我们这里的例子中,这个兵力可以假设为 5 万人。

还需要考虑的是法国是一个临海的国家。因为英国在海上占据着优势,法国很忧虑整个大西洋沿岸都会遭受攻击,因此它会多少派兵来加强海岸固守。不论这样的海岸固守的力量是多么薄弱,法国的防线也会因此而增大 3 倍,这样就必须从作战兵力中抽调出大量的兵力。假如英国要用 2 万至 3 万人的登陆部队来威胁法国,也许能够牵制比自己多一倍或两倍的法军。同时法国不但要派出军队,而且还需要大量的金钱以及火炮给舰队和海岸炮台。我们先来假设英国为了实现这个目标用了 2.5 万人。

我们的战争计划很简单,其内容是:

首先,在尼德兰集中下面的兵力:普鲁士军队 20 万人,尼德兰军队 7.5 万人,英国军队 2.5 万人,北德意志各邦军队 5 万人,一共是 35 万人。其中约有 5 万人驻守边境要塞,其余 30 万人向巴黎进军与法军的主力进行会战。

其次,20 万奥地利军队和 10 万南德意志各邦军队集结在上莱茵地区,便于与从尼德兰方面进攻的军队一起前进,进攻塞纳河上游地区,然后向卢瓦尔河推进,找到法军的主力进行会战,最后这两个方面的进攻也许能够会合在卢瓦尔河。

这样就已经确定主要的内容了。现在我们还要说的就是与消除错误观念有关的问题，这些问题是：

第一，指挥官一定需求已经计划好的主力会战，争取在优势兵力以及条件充分的情况下进行可以赢得胜利的主力会战。为了实现这个目标，指挥官应该不惜一切代价，在围攻、包围、防守等方面尽可能地少用一些兵力。就像施瓦岑贝格在 1814 年所做的那样，刚进入法国就四处分散攻击，这样就会遭到完全的失败。联军在 1814 年之所以没有在前两周内就遭到彻底的失败，只是因为当时的法国已经没有太多力量。进攻不应该像一个逐渐膨胀最后破灭的肥皂泡，而是要像一支强有力的箭。

第二，应该让瑞士利用自己的力量进行防御。假如瑞士保持中立的态度，那我们在上莱茵地区就会有一个很恰当的依靠点。假如瑞士受到法国的攻击，它完全能够用自己的力量抵抗，瑞士在许多方面都很适合用于进行这样的抵抗，但最愚昧的看法是认为瑞士是欧洲地势最高的国家，因此它能够在地理上给战争带来决定性的影响，但这种影响只有在很多束缚条件的情形下才会出现，瑞士完全不具备这样的条件。

在本国的重心受到攻击的情况下，法军不可能从瑞士向意大利或者施瓦本进行强有力的进攻。瑞士的高地不容易被看作是具有决定性意义的条件。制高点在战略方面的优越性主要表现在防御上，对于进攻来讲，其余的优势只能在一次进攻中才能表现出来。

第三，两路进攻军队之间的地区不用去考虑它。假如 60 万大军集中在距离巴黎 30 至 40 英里的地方打算攻击法国的重心，这时难道还需要考虑掩护中莱茵地区的柏林德累斯顿、维也纳和慕尼黑吗？如此的思维方式显然是违反常识的。

在我们所讲的两路进攻中，每一路都有自己的目标。投入到进攻中的兵力很有可能会远远超过对方的兵力。假如每路进攻都很有效，它们只会互相带来有利的影响。假如敌人的兵力不是平均分布，我们的一路进攻遭受失利的话，那就完全有理由期待另外一路进攻的胜利来抵消这个失利，这就是两路进攻之间的关系，因此两路进攻之间有很远的距离，平时的小事情是不会发生相互作用的，因为直线的联系并不存在多大的价值。

在本国重心地带受到进攻的敌人也不可能用许多兵力来切断这种关系，唯一需要忧虑的是受别动队支持的当地民众很有可能会切断这样的关系。为了对付这样的情形，只要从特里尔向兰斯方向派出一支以骑兵为主的约 1 万至 1.5 万人就行了，这支军队可以击败任何别动队，同时还能够与主力并驾齐驱，因此它不需要围

攻要塞,也不需要对要塞进行监视,而只需要从要塞之间通过。假如遭遇优势的敌人,它还能够躲避到其他地方去。假如遭到了失败,这对整体来讲却并不是重大的失败,这样一支军队或许也就能够成为联系两路进攻的中间纽带。

第四,两个次要的行动,即在意大利的奥地利军队行动以及英国登陆部队的行动,能够用最恰当的方法实现它们的目的。假如它们或多或少地采取了一些行动,那它们便从根本上实现了目的。在任何场合,两路大规模进攻中的任何一路都绝对不能够在任何程度上依附于这两个次要的行动。

假如法国还想保持骄傲的态度,就像过去150年那样压制欧洲,我们完全能够用这种方式来击败法国,让其受到应有的惩罚。只有在巴黎那一边的卢瓦尔河上,我们才能够从法国取得保障欧洲安全的必要条件。也只有采用这样的方法,即7500万人对3000万人的自然优势才能够快速地表现出来,才不至于像150年来那样从敦刻尔克到热那亚的各国军队围着这个国家。它们追逐着四五十个不重要的不同的目标,而这些目标中没有一个能够克服普遍存在的,尤其是在联军中不断产生且反复出现的阻碍以及外来的影响。

读者会看到,德意志邦联军队目前的部署与这里所要求的部署是很不一样的。在目前这样的邦联中,德意志力量的核心就是德意志邦联,而普鲁士和奥地利却遭受这个核心的削弱,丧失了其本来的重要性。但在一场战争中,一个邦联的核心是很脆弱的,因为人们不可能希望它有什么统一、士气、毅力、合理选择指挥官、威信以及责任心。

德意志帝国进攻力量的两个中心是奥地利和普鲁士,它们是一个支撑点,相当于一柄刀剑的刃口。对于久经战争经验的君主国家来讲,它们有自己特定的利益,有相对独立的军队,是别的各邦的盟主。一个组织不应当顺应虚伪的主张,而是需要遵循这些自然的特点。在目前的情形下,统一是完全不能实现的,假如谁为了追逐不可能做到的事情而忽略了别的能够做到的事情,那他就是相当愚笨的人。